财政史研究

(第十辑)

中央财经大学中国财政史研究所 编

中国财经出版传媒集团
中国财政经济出版社

图书在版编目（CIP）数据

财政史研究. 第十辑/中央财经大学中国财政史研究所编. —北京：中国财政经济出版社，2017.12
ISBN 978-7-5095-7886-5

Ⅰ.①财… Ⅱ.①中… Ⅲ.①财政史-研究-中国 Ⅳ.①F812.9

中国版本图书馆 CIP 数据核字（2017）第 290632 号

责任编辑：洪　钢　　　　　　责任校对：张　凡
封面设计：孙俪铭

中国财政经济出版社出版

URL：http://www.cfeph.cn
E-mail：cfeph@cfeph.cn

（版权所有　翻印必究）

社址：北京市海淀区阜成路甲 28 号　邮政编码：100142
营销中心电话：88190406　北京财经书店电话：64033436　84041336
北京中兴印刷有限公司印刷　各地新华书店经销
787×1092 毫米　16 开　14.5 印张　328 000 字
2017 年 12 月第 1 版　2017 年 12 月北京第 1 次印刷
定价：58.00 元
ISBN 978-7-5095-7886-5
（图书出现印装问题，本社负责调换）
本社质量投诉电话：010-88190744
打击盗版举报热线：010-88190414　QQ：447268889

《财政史研究》编委会

顾　　　问：李俊生　孙翊刚　李炜光
编委会主任：马海涛
编委会成员：白彦锋　王文素　马金华　李　佳
　　　　　　张广通　刘　明
主　　　编：王文素

前　言

中国财政历史，源远流长。我们的祖先在为民族昌盛、国家富强的奋斗实践中积累了丰富的财政思想和精深的安邦智慧，是我们取之不尽的文明宝藏。

财政虽然属于经济范畴，但又是一个历史范畴。当社会发展到一定阶段，人类创造的劳动成果日趋丰富，私人占有财产形成一定规模，凌驾于普通百姓群体之上的权力集团随之出现，所需公共事务开支就必然对私人经济部门的产品进行再分配——早期的财政产生了！我国舜禹时期，正是人类历史上如此重要的年代。当黄河、淮河流域的水患基本治理平复，两岸居民有了安居和生产的条件后，大禹划地居民，在组织生产、生活的同时，通过对版图内自然环境的调查研究，制定了居民赋税贡纳制度（见《尚书·禹贡》）。规定每个社会成员必须承担纳赋（土地税）、进贡（山林出产税）的义务，根据地质、地势和产出品种确定不同的税率及贡物，体现了区别对待、公平负担的财政原则。所以司马迁肯定地说："自虞、夏时，贡赋备矣"（见《史记·夏本纪》）。进入西周时期，相传周公制定了集夏、商以来国家机构设置（包括财政经济管理机构）及其职责、职权的制度大全《周礼》；西汉中，司马迁作《平准书》《货殖列传》专篇，前者为西汉前期的财税制度，后者为秦汉时期的经济地理。自此，各朝代国史均设《食货志》为财经专章，沿袭至清朝。

中国立国数千年，"以史为鉴"始终是各代政治家、思想家治国平天下，史学工作者治史的金科玉律。近代历史学家吕思勉说："历史果何等学问？治之果有何用耶？自浅者言之，则曰：史也者，前车之鉴也。""史也者，所以求明乎社会之所以然者也。""历史者，研究人类社会之沿革，而认识其变迁进化之因果关系者也。"司马迁所著《史记》，人称"事覈词简，是称实录"。财政史的研究，亦是对财政思想、发展规律和实践经验的记述及科学总结。我们不仅要运用现代财政学理论对人类社会历史上的各种财政现象作定量和定性的分析、研究，从中提炼出财政制度变迁史研究的理论框架，还要进而揭示财政发展的客观规律，对现代财政学理论的研究做出贡献，为未来国家财政政策、制度的设计提供发展趋势的建议。

我们确定的财政史研究范围是中国古代至近现代的财政史实；研究对象主要是中国物质资料的生产方式及在此基础上产生的财政制度、财政政策、财政思想；研究内容是以中国财政制度和财政思想为核心，并将关系密切的货币金融、会计、审计、贸易等部门经济史融合一体，构成独具特色的中国财政体系；重点研究中国古代与近代社会中居支配地位或起决定性作用的政治、经济、制度等因素对中国财政制度和理财思想的形成、发展所产生的影响，并从中西方的社会性质、经济制度以及政治、文化、宗教、地理环境的差异中，探寻中国财政制度、财政思想发展演变的规律及其在世界经济史和经济思想史中的地位与价值。

　　财政史展示的是一个宏大而久远的课题，为了把对她的研究推向更高的阶段，对国家和社会做出更大的贡献，中央财经大学各届相关领导和教师对此倾注了大量心血。我校曾经编著并公开出版了第一部《中国财政史》教材，举办了第一届全国财政史助教进修班，成立了中国财政史研究所，并创建了第一个"中国财政史"研究网站，承办了第一届全国财政史专业委员会年会，举办了第一届财政史教学国际研讨会。我们一直在努力奋斗，力争使中央财经大学财政史学科发展成为国内领先的、特色鲜明的成熟学科，成为实质性的全国财政史教学科研基地和人才培养基地。我们也清醒地认识到：社会在向前发展，新的事物不断涌现，财税历史的教学和研究，必须紧跟时代的步伐，迎接新的使命和挑战。为此，在中央财经大学各级领导的支持下创办《财政史研究》刊物，以期为全国广大财政工作者，理论研究者、教授、专家提供一个探究财政历史发展理论和史实的平台。为此，我们希望各位专家、教授和广大读者热心参与、勤奋耕耘、精心呵护、精诚合作，共创财政历史研究的繁荣局面！

目 录

财政与政治经济

节用与裕民并重 …………………………………………… 叶 青（3）
贪污惩治、税政革新与派系权争
　　——抗战胜利前后直接税署长高秉坊贪污案解析 ………… 魏文享（12）

收入与管理改革

我国古代的预算和审计管理制度探析 ……………… 孙翊刚 王文素（41）
中国税收的起源：从传说走向信史
　　——蚌埠禹墟发掘的展示 ……………………………… 阮宜胜（50）
中国历史上分税制研究 …………………………………… 赵云旗（59）
简牍所见秦"内史"及相关问题分析 ……………………… 朱德贵（84）
民国时期个人所得税的历史变迁及评价 …………………… 齐海鹏（99）

思想人物与文化

浅论桑弘羊的财经改革 …………………………………… 洪 钢（111）
岂必加税而后收入始增
　　——试述民国北京政府盐政改革中的丁恩 ……………… 李胜良（131）
中西合璧，亦中亦西：孔祥熙理财思想探析 ……………… 蔡志新（145）

财政史教学改革

浅谈国家治理体系下政府与大学的关系 ……………… 李佳 鲁艳（159）

借鉴参考与对比

比较："结构"还是"类型"
　　——中外财政史比较方法论要 ………………………… 姚轩鸽（179）
中西中古税制差异及对当代国人的启示
　　——读顾銮斋《中西中古税制比较研究》 ……………… 曹钦白（192）
制税权·政体·税收制度

——中、英、法三国封建社会财税体制与政体路径分析 ………… 马金华 刘 锐（195）
从"领地国家"到"税收国家"
——中世纪晚期法国君主征税权的确立 ……………………………… 熊芳芳（202）
增值税历史沿革及中国与欧盟比较
——兼论中国与欧盟增值税差异 …………………………………… 刘燕明（214）

财政与政治经济

节用与裕民并重

叶 青

摘要："节用裕民"一词出自《荀子·富国》。从 2005 年起，国务院提出建设"节约型政府"。在 2017 年的全国人代会上，政府工作报告中提到"坚守节用裕民的正道"。最近几年，节用与裕民并重，逐年降低企业负担，促进了实体经济的发展。要做到"节用裕民"，最有效的办法是财政学、国学进入各级党校，提高干部的财政素养。

关键词： 节用裕民　节约型政府　减税降费

一、节用裕民是正道

2017 年 3 月 5 日，李克强总理代表国务院在全国人民代表大会第五次会议上所作的《政府工作报告》中强调[1]：压缩非重点支出，减少对绩效不高项目的预算安排。各级政府要坚持过紧日子，中央部门要带头，一律按不低于 5% 的幅度压减一般性支出，决不允许增加"三公"经费，挤出更多资金用于减税降费，坚守节用裕民的正道。

据一位政府工作报告起草组成员说[2]：总理专门在报告中加了一句话"坚守节用裕民的正道"，就是要增收节支，要精打细算过日子，把钱花在刀刃上。2016 年的《政府工作报告》中的"除烦苛之弊，施公平之策，开便利之门"这句话也是总理加上去的，把简政放权、"放管服"真正的含义充分表达出来了。

"节用裕民"一词出自《荀子·富国》："足国之道，节用裕民，而善藏其余。"意即使国家富足的办法途径是节约用度，使百姓富裕，并且善于储备那些节余的东西。荀子希望用礼法制度节约用度，用政策使百姓富裕。可见，"节用"主要是对政府及官员的要求，"裕

作者简介：叶青，男，1962 年生，福建建阳人。博士，中南财经政法大学财税学院教授、博士生导师，湖北省统计局副局长。

[1] 李克强：《政府工作报告》，2017 年 3 月 5 日。
[2] 陈凌墨：《总理亲自将"坚守节用裕民的正道"写入报告》，《楚天都市报》2017 年 3 月 6 日。

民"是政府工作所要达到的目标。又可以说成是"节用减负"。

（一）"节用之道"的由来

2005年7月，国务院颁发了《国务院做好建设节约型社会重点工作通知》，提出"各级政府部门要从自身做起，带头厉行节约，在推动建设节约型社会中发挥表率作用"。要"推行政府机构节能采购，优先采购节能（节水）产品和节约办公用品，降低费用支出。"

2007年3月5日，时任国务院总理温家宝在第十届全国人民代表大会第五次会议上所作的《政府工作报告》中提出："当前一个重要任务，就是要解决一些行政机关存在的严重铺张浪费问题"；要"堵塞管理漏洞，努力降低行政成本，建设节约型政府。"

但是，党的十八大以前，建设"节约型政府"的行动的效果并不明显。也就是说，在落实上欠佳。

2013年11月12日，中共十八届三中全会通过的《中共中央关于全面深化改革若干重大问题的决定》指出，"必须切实转变政府职能，深化行政体制改革，创新行政管理方式，增强政府公信力和执行力，建设法治政府和服务型政府"。

2014年3月5日，《政府工作报告》中指出：各级政府必须厉行节约，反对浪费，坚持过紧日子。要严格执行"约法三章"：政府性楼堂馆所一律不得新建和改扩建，财政供养人员总量只减不增，"三公"经费只减不增。

（二）"裕民之道"[①] 的举措

在2016年6000多亿元的减税降费政策基础上，2017年国务院公布新一轮5500亿元减税降费新政，全年减税降费总规模有望突破万亿元，从而大力降低企业成本，帮助企业转型升级。

营改增专家、上海财经大学教授胡怡建预测，随着营改增政策完善等因素，2017年减税力度将更大，全年减税规模有望达到7000亿元。因最大减税举措营业税改增值税（营改增）已于2016年全面推开，减税空间将逐步减小，但是，减税还是目前的重点。

根据预算草案报告，2017年新减税政策除了简并增值税税率，还有三项聚焦于中小微企业减税新政。一是扩大享受减半征收企业所得税优惠的小微企业范围，年应纳税所得额上限由30万元提高至50万元。二是科技型中小企业研发费用加计扣除比例由50%提高到75%。三是继续实施2016年年底到期的物流企业大宗商品仓储设施城镇土地使用税等6项税收减免政策。

政府工作报告还披露了详细的五项降费举措，预计全年再减少涉企收费约2000亿元。一是全面清理规范政府性基金，取消城市公用事业附加等基金，授权地方政府自主减免部分基金。二是取消或停征中央涉企行政事业性收费35项，收费项目再减少一半以上，保留的项目要尽可能降低收费标准。三是减少政府定价的涉企经营性收费，清理取消行政审批中介服务违规收费。四是继续适当降低"五险一金"有关缴费比例。五是通过深化改革、完善政策，降低企业制度性交易成本，降低用能、物流等成本，比如，采取降网费、电费、物流

---

① 参见陈益刊："万亿减税降费新政下月起陆续落地 中小微企业将享更多红包"，《第一财经日报》，2017年3月21日。

成本等措施。

二、历史上的"三政"①

通过研究中国的财政思想史，节用往往是一种主流的思想。其中的"三政"具有代表性。

（一）政在节财

《孔子家语·辩政第十四》记载："子贡问于孔子曰：昔者齐君问政于夫子，夫子曰：政在节财。鲁君问政于夫子，子曰：政在谕臣。叶公问政于夫子，夫子曰：政在悦近而来远。三者之问一也，而夫子应之不同然，政在异端乎？孔子曰：各因其事也。齐君为国，奢乎台榭，淫于苑囿，五官伎乐，不解于时。一旦而赐人以千乘之家者三，故曰政在节财……察此三者，政之所欲，岂同乎哉？"

子贡问孔子说：从前齐景公请教您如何才能使政治清明，先生说：政治清明在于节省财用。鲁哀公请教您如何使政治清明，您说：政治清明在于教育臣下。楚大夫叶公请教您如何使政治清明，先生说：政治清明在于使近者高兴，远者来归。三个人问的是同一个问题，而您的回答却不同，难道是有不同的解释吗？孔子回答说：因为各人有不同的情况啊。齐景公治理国家，亭台楼阁建筑得太奢侈了。打猎时所圈的土地太大，声色之好，没有一刻停止过。一个早上就赏赐了三个能够提供一千辆战车的采邑，所以我说：处理政务在于节省财用……仔细考察这三个方面的问题，难道政务上所要解决的困难，可以用同一个方法吗？

（二）政在得民

《孟子·尽心上》记载，孟子曰："仁言不如仁声之入人深也，善政不如善教之得民也。善政，民畏之；善教，民爱之。善政得民财，善教得民心。"

孟子说：仁德的言语不如仁德的声望那样深入人心，好的政令不如好的教育那样赢得民众。好的政令，百姓服从；好的教育，百姓喜爱。好的政令得到百姓的财富，好的教育得到百姓的心。孟子在这里强调，民心比民财更为重要，因此，"得民"可以演绎为"为民"。有一条"儒家定律"很重要，即《大学》中说"财聚则民散财散则民聚"。孟子是主张得民财要适可而止，得民心则是多多益善。

（三）政在去私

西晋的傅玄在《傅子》中说："政在去私，私不去，则公道亡"。主持政务关键在于去掉私心，否则就没有公道可言了。官员不论大小，私利不可图。

（四）取之有度

为政之道，应该节民财、得民心、去私心，对于一个个具体的官员来说，就是节约公物的事多多去做，不取不义之财，官官如此，政府也就是应该能够得民心的政府。

---

① 参见叶青："政在节财，政在得民，政在去私"，《党政研究》，2014 年 3 期。

节用爱民就成为历代为政者推崇的执政理念和伦理准则。"节用"思想源于先秦墨家,墨子所主张的节用,对于个人和社会而言是指朴素简约、不尚奢华、注重实用的生活态度和社会风尚。对个人而言,"耳目聪明则止,不及五味之调";对于国家而论"国家贫则语之节用、节葬","圣人为政一国,一国可倍,大之为政天下,天下可倍也,其倍之,非外取地也,固其国家,去其无用之费,足以倍之"①。墨子阐释了为政者须节用的原因,小国寡民、物力有限,只有节用才可以实现财富的积累。

"节用"的主张虽源自墨家,但是为同时代的许多思想大家所推崇,并与民本主义的主张合流,成为传统政治的伦理基础。春秋时期政治家思想家管仲指出:"取于民有度,用之有止,国虽小必安;取于民无度,用之不止,国虽大必危"②。即征敛民力要节制,使用民财要适度,这样即使是小国也可以保持安定;如果对百姓横征暴敛,无节制地浪费民力,即使是大国也会有倾覆的危险。管仲从政权兴衰存亡的高度告诫统治阶层一定要节制物欲、爱惜民力。

从历史上看,凡是取之有度的年代,官民关系就比较和谐,反之,则是激烈的税收冲突。以武汉为例,就可以充分说明这一点。

梁元帝(550-577)时,武昌称郢州,当时的郢州刺史陆法和发明了一个商民自觉交税的盒子,盒子上有一个入口。陆法和命人将盒子放置到街市上,也就是说,来市场交易的商人根据售卖货物的多少,自觉将税钱投入盒中,税钱多少由自己估计决定。到晚上,官员再开箱清点税钱入库。史载"又列肆之内,不立市丞牧佐之法,无人领受,但以空槛龠在道间,上开一空受钱。贾客店人随货多少,计其估限,自委槛中。行掌之司,夕方开取,条其空目,输之于库"③。

与古代常见的商人逃税、税官追缴现象形成鲜明对照,那时商民诚信经营,自觉纳税,成为风气。这一点无论在中国古代,还是放在今天,都是十分罐见。商业诚信,武汉人在中国历史上可谓领风气之先。

这种自觉纳税的行为,有诸多好处,一是极大地降低了纳税成本与征税成本。对纳税人来说,只是在回家路过税箱的时候顺便把税给交了,成本极低。对征税人来说,几乎是零成本。做一个箱子要花多少钱呢?因此,在当时的汉口市场上,征税机构与征税官员几乎可以忽略不计。二是税收征纳关系和谐了。不可能出现为了征税而争吵的面红耳赤、大动干戈的场景。三是真实的税收带来了商贸发展的真实数据。市场商贸税收的多少,反映了市场商贸业的发展状况。如果把市场每天的税收"大数据"加以分析,就很容易得出市场商贸健康程度的判断。可惜,在中国的赋税史上,这种和谐的关系并不多见。相反,大部分朝代的更迭,都是由于赋税、徭役的过重造成的。

同样在武汉这个地方,也发生了暴力征税的故事。是全国的一个缩影。

南宋时期,鄂州(现在的武昌)已经设置了固定的收取商税的机构——税务亭,当时的税务亭设在南市江边。税务亭掌握着收税大权却没有有效的监督,少数税官便用手中职权为非作歹,进行欺诈勒索。税务亭因有盘查商人的权力,这些税官就雇佣爪牙,在商船到来

---

① 《墨子·节用上》。
② 《管子·权修》。
③ 李百药:《北齐书》卷22《列传第二十四》。

之时，上船恫吓商人以便勒索，商人如果争辩，船只和货物便会被扣留。税务亭的勒索行径无法无天，因而，有商人称这类税务亭为"法场"。当时的商人把税务所视为"法场"，可见税政之苛。

明代在汉阳城与鹦鹉洲之间的夹河处设有鱼税征收机构——河泊所。因鹦鹉洲是长江中游著名的竹木市场，故河泊所一带商贸繁荣、人烟稠密，从事打鱼的人也不少。

除了收鱼税，还征收矿税。河泊所实际上已经成为一个税关。由中央派出专门的税监到地方进行监督。派出去的税监大都是皇帝身边的太监红人，到了地方之后，以皇帝的代言人自居，骄横跋扈，不把地方官放在眼里，而且越俎代庖，控制了各种税的征收权，还勒索鱼肉百姓。

明万历二十四年（1596年），明神宗（1563-1620年）派税监陈奉在湖广会馆（武昌）设点征税。陈奉在武昌横征暴敛，抢劫民财，甚至随意殴打湖广官吏。万历二十九年（1601年），其爪牙擅闯民宅，奸淫民妇，致民怨沸腾，由此引发了历史上著名的武昌商民反税监斗争。

武昌商民万余人包围征税衙署，湖广佥事冯应京（1555-1606年）列陈奉十大罪状。消息传至京城，明神宗却下诏，将冯应京解职并押送进京。武昌商民得知消息，再度包围征税衙门，陈奉逃入楚王府，其属下15人被商民抓住后丢入大江，"每投一人，两岸居民皆拊掌大笑为乐"（黄宗羲：《明文海》卷426传40，清涵芬楼抄本，第4207页）。此文可能有出入。武汉江段甚宽，不太可能武昌鼓掌汉口看得见的。

不过，可见武汉商民对税监及其爪牙平时作恶的深恶痛绝。经此一事，明神宗看到了人民的力量以及众怒难犯，被迫把陈奉撤回京城。武昌商民反税监，致全国反税监、矿监的斗争风起云涌，影响波及全国。

1889年张之洞督鄂后，采取一系列发展湖北经济的洋务新政，对汉口市场的发展起了极大的促进作用。其中，张之洞主张振兴工业，多出土货。为此，他减免土货税厘，对民族资本工厂实行请免税厘政策。之后，武汉的官办私营工商业有了很大的发展。据统计，至1911年武汉有较大型的官办、民办企业28家，资本总额达1724万元，在全国各大城市中居第二位。在商品流通方面，也是尽量减少负担。制定"便商""利商"的规章，"除免省城护房捐""裁并百货厘卡，改征统税""裁厘局十有九，留二十局"等措施打击了敲诈勒索、中饱私囊的厘卡人员，大大减轻了商人的负担。可见，"大武汉"与"大减税"是相对应的。

统税，是旧中国征收的一种货物税，也是"厘金"的一种，统税首见于1904年。中国清朝政府连年战争，国库空虚。为了充裕国库特地新增的新型货物税，谓之统税，该赋税为课征于特定货品的货物商品税，因税收方式视商品类型统一税率征收而得名。清朝结束后，中国长期内战将近15年，北洋政府时期的中国各地统治者税收方式不一，统税制度并无全面施行。

仅从武汉一市来看，就经历了从"盒子征税""视如法场""暴力反抗"到"裁并百货厘卡"对城市经济发展的影响。说明了在中国的历史上，武汉这座城市，既有很和谐的税收关系，也有很激烈的税收冲突。税收与经济发展，有一种鱼与水的关系。

三、节俭养德财政为先

长期以来,在安排我国各级财政支出中,必须坚持三条原则:量入为出、收支结合原则;统筹兼顾、全面安排原则;厉行节约、讲求效益原则。但是,说到不一定就会做到。目前属于既要说到又要做到的阶段。

2014年5月27日,中宣部、国家发改委发出开展节俭养德全民节约行动的通知,要求以实现中华民族伟大复兴中国梦为根本目标,紧紧围绕社会主义核心价值观的培育践行,深入进行节俭节约宣传教育,广泛开展多种形式的节俭节约实践活动,在全社会营造厉行节约、拒绝浪费的浓厚氛围。节俭节约是中华民族的传统美德,是社会主义核心价值观的重要内容。开展节俭养德全民节约行动,对于推动生态文明建设,加快构建资源节约型、环境友好型社会,培育和践行社会主义核心价值观,在全社会凝聚起实现"两个一百年"奋斗目标的强大力量,具有重要的现实意义。

加强正面宣传,弘扬中华民族戒奢克俭优良传统,大力宣传节俭节约的先进典型,积极倡导节约光荣社会风尚,推动人们养成健康文明生活方式。要抓好监督,曝光铺张浪费的典型案例,形成破除讲排场、比阔气等不良风气的强大舆论压力,强化节约光荣、浪费可耻的导向。

注重结合融入,广泛开展节约主题的群众性教育实践活动。党员干部、党政机关要起模范带头作用。在党政机关和党员干部中开展"俭以养德向我看齐"教育实践活动,引导党员干部在崇尚节俭、反对浪费上发挥模范带头作用。在社区和家庭开展"俭以养德 人人行动"教育实践活动,号召全社会从每一个人做起、从每个家庭做起,让节俭节约蔚然成风。动员各行各业开展"俭以养德见于管理"教育实践活动,把节俭节约理念做到管理中、融入实际工作中、贯穿于社会治理中。

把节俭节约意识融入学校教育。开展青少年节俭养德主题教育,加大节约资源教育与宣传力度,让青少年在浓郁的氛围中受到熏陶、得到感染,从小树立节约光荣、浪费可耻的思想观念。在大中小学开展"文明餐桌"等主题实践活动,建设节俭节约实践基地,组织开展节粮、节水、节电体验活动和志愿服务活动。

各地各有关部门要把节俭养德全民节约行动摆在重要位置,精心组织、密切配合、各展所长,形成规模、形成声势。要充分发挥群众的主体作用和主动精神,把群众发动起来,让群众参与进来,使群众成为全民节约行动的主角。要不断创新形式和载体,增强群众性、广泛性和吸引力、感染力。

消费而不浪费,勤俭节约,这符合中国的传统财政思想。

四、增强干部的财政素养

2015年10月,中共中央印发了《中国共产党廉洁自律准则》,其中,第三条是"坚持尚俭戒奢,艰苦朴素,勤俭节约"。

习近平总书记2015年12月11日在全国党校工作会议上指出:"党性教育是共产党人修身养性的必修课,也是共产党人的'心学'。"为广大党员干部加强党性学习、提高党性修养提出了新的要求。这意味着党员、领导干部要从内心认识到勤俭节约的重要性。为了增强党员干部的财政素养，建议财政学课程与国学课程进党校。

构建一个节约型政府，应当恪守的道德伦理准则是：节制物欲，俭以养德；公私分明，慎于用权。"天育万物有时，地生财有限，而人之欲无极。以有时有限奉无极之欲，而法制不生期间，则物暴殄而财乏用"①。自然是一个大的生态系统，其物质和能量转换是恒定的、有限的，它可以供给人类合理的需求，但不能满足人类无限膨胀的私欲；如果一个社会物欲无限膨胀，又没有公平合理的制度加以调节，那么其结果将一方面是大量浪费资源，另一方面则物乏财尽民生凋敝。俭以养德、勤俭持家、勤俭建国是中华民族优良的道德传统，中国共产党几代领导集体都坚持了勤俭建国的基本原则。毛泽东强调艰苦奋斗是中国共产党人的政治本色，党和政府应该始终保持勤俭节约的优良作风。勤俭节约不仅为了建设社会主义国家，加速经济积累；更是为了政治上保持党和群众之间的联系，整肃党风党纪，保持党的纯粹性和革命性。

当今的中国贪官都有一个最大的共同特点：不珍惜国家的钱财，而孔子早就说过："政在节财"，即行政的关键是节约公共财富。

——2014年11月6日至15日，河南省委原常委、洛阳市委原书记陈雪枫在参加中国延安干部学院第7期省部级干部党性教育专题培训班期间，违反中组部关于"不准秘书等工作人员陪读"规定，安排秘书丁某、市委副秘书长董某等人陪读，产生的交通、食宿、差旅等费用共2.6万余元，公款报销。

——2014年1月至2015年7月，吉林省政府原党组成员、原副省长谷春立，在已分得副省级干部周转房的情况下，长期占用长春市乐福大酒店1间客房，房费共计34.38万元。

——2014年8月以来，浙江省宁波市原市委副书记、市长卢子跃，多次安排公务用车接送浙江省金华市的理发师，往返500公里，到宁波市专门为其理发。

2013年，凤凰网、腾讯网等多家媒体披露，中国"三公"消费已经突破9000亿元，占全国财政收入的10%。据测算，2013年公车消费的支出是2000亿。关于公车数量，以2011年北京市政府公开的资料来看，当时北京市党政机关和全额拨款的事业单位保有的公车是62026辆（不包括军队、国有企业和超编配置的公车），相比之下德国柏林仅有公车92辆，其中个人专车37辆，一般办公用车15辆，送文件车23辆。在森林覆盖率超过75%的芬兰，全国保有的公车仅4辆，包括部长在内的政府高官骑自行车上班已经蔚然成风。

公车改革到底能不能起到节约的作用？我们可以以江西省新余市为例加以说明。

从2014年1月1日起，江西省新余市市直党政机关事业单位公务用车制度改革正式实施。根据车改方案，涉改的700多辆车中的5/6将面向社会公开拍卖处理，拍卖款项全部上缴国库。剩下的130多辆车由新组建的市公务用车服务中心集中管理，便于车改后远程公务用车和市内重大活动、抢险救灾、执法执勤用车等。

根据车改方案，对参加车改的县级（含县级）以下人员分9档发放个人公务交通补贴，发放标准为每人每月300—2500元不等②。单位公共交通经费，按照该单位个人公务交通补贴标准总和的10%—15%划拨。

---

① 《白居易全集》卷63。
② 2014年7月全国统一车改以后，最高一档降到1690元。

因此，新余市公车改革具有综合性的效应。实施车改以来，新余的公车使用不仅发生了巨大变化，而且公车改革还成为撬动其他改革的一个支点。

首先，公车改革大大缩减公车经费，遏制了"车轮上的腐败"。以往"三公经费"中，公车费用一直占大头。车改后，新余仅市直单位每年就可节约公车经费支出28%以上，节约行政成本1500万元左右，仅在公车运行方面就直接节约500万元左右，节约率达9%，车改后全市节约行政成本2800万元左右。

其次，公车改革带动了预算和人事制度改革，使政府用钱、用人更加规范。车改前，新余每年公车预算经费为1000多万元，但在当地，一辆公车每年的司机工资、修理费、过桥过路费等约为8万元至10万元，800辆公车就是近8000万元。这些钱全部是从工作经费、摊派、小金库里来。通过车改，把这个问题彻底解决了，使预算更加规范合理。

通过取消一般公务用车，还割断了一些不良利益链条，封堵了各种漏洞，对推动党风廉政建设具有积极作用。比如，新余以公车改革清退部分公车司机为契机，加快了政府清退编外临时用工的步伐。据了解，车改前，新余市政府机构有编外临时用工5000多人，其工资都是从工作经费中解决。通过改革，新余共清退1500多名政府临时用工，其余都转到劳务公司，通过劳务派遣或政府购买公共服务的形式使用。

最后，改变了工作作风。公务用车改革不仅没有影响工作，反而促进了领导干部工作作风的转变。不少受访群众表示，车改后不管是科级干部还是县级领导，一样同老百姓挤公交车、打出租，还有一些领导干部经常用私车去办公事。大多数基层单位反映现在来办实事的人多了，坐车"走马观花"的人少了。广大干部下基层搞服务既讲效率，更讲效益，呈现出几件事一天办、几个问题一次办的良好局面。

笔者建议，各级干部要学一点《财政学》与《国学》。学习《财政学》，至少知道财政收入、财政支出、财政平衡等是怎么一回事，手中花的钱是要如何"取之于民，用之于民"？因此，各级党校要开财政学的课程，并且，根据当年温总理的说法，要适当加入惊心动魄的财政史的内容。

而党校的课程又是如何呢？笔者上网查了2012年湖北省委党校春季县处级干部进修二班（经济管理类）的课程。学制二个月。其中，只在第五单元：依法行政与能力提升（6个学习日）的第6门课是《传统官德与公务员道德规范建设》。没有任何财政学的内容，而国学的内容只有一门课的一半，最多两个小时。因此，加一门《财政分配理论与实践》与《国学概述》是非常应该的、非常必要的。现在，普通市民、企业家都喜欢听国学课程，企业家甚至花数百万参加名校的国学班学习。而我们的党校只是蜻蜓点水。此外，党校还应该结合本土教材学习国学，比如，武汉之所以成为"大武汉"，要归功于张之洞17年的不懈努力。湖北省委党校、武汉市委党校就可以开《张之洞与武汉》课程。

习近平同志多次强调，优秀传统文化书籍"其智慧光芒穿透历史，思想价值跨越时空"，在他看来，"读优秀传统文化书籍，可以增强对人与人、人与社会、人与自然关系的认识和把握能力，正确处理义与利、己与他、权与民、物质享乐和精神享受等重要关系"。

全国领导干部国学教育系列教材的发行，这代表着中华优秀传统文化作为领导干部正心、修身、治国的理论资源和文化基础将有本可依。从教材的内容来看，11册书涵盖了修身、处世、用人、廉政、谋略等内容，既有治国理政之道，可以提高领导干部的行政能力，也有道德修养的内容，可以帮助领导干部形成正确的人生观、价值观和世界观。

国学是中华民族的瑰宝，是中华文明几千年来赖以生存的沃土，其中蕴含着极为丰富的做人处事哲理。其实早在2010年，中组部就在部分国家部委中试行干部培训制度改革，在司局级干部中用选课替代集中培训。国学等传统文化专题成为领导干部们自主选学的首选内容。这固然与"国学热"有关，但同时也说明传统国学在为领导干部传道、授业、解惑上是有很大帮助的。而各级党校的国学教育却十分薄弱。当然，国学不仅要"学"，更重要的是要"做"，变成每个公务人员的一言一行。

今年10月2日，黄小希、王思北在新华网发表文章：《这是习近平的晚餐菜单和餐费！看总书记如何践行八项规定》。文中介绍："砥砺奋进的五年"大型成就展在京开幕。在这次展览中，有这样几件展品吸引着观众的目光，让人们深切感受到习近平总书记以上率下，带头践行中央八项规定的风范。

我对其中的两张发票特别感兴趣。分别是习近平总书记2012年12月在河北省阜平县调研时的晚餐菜单。在河北阜平考察时，习近平总书记跟陪同人员、工作人员在一起，吃同样简单的饭菜。他住的是县招待所的一个小套间，只有16平米，家具陈旧，卫生间磁砖开裂。当地人员歉意地说，本来是可以安排在附近一家条件好一些的旅馆的。他笑着说，这样就挺好，不必讲究。

这个情况，我很有感触。2003年5月，从中南财大到省统计局任副局长。到县里出差，同事说，你这个级别，可以住套间，县里领导要到套间的客厅里来与你谈工作。我信以为真，可是等了两次，发现县里领导大都是在餐厅的包房里与我见面。从此，我就要求，我也住单间，不影响休息就行，不要再定套间了。浪费钱。有的同级领导对我说：这是制度，待遇还是要享受的。我不太相信这一点。公车制度就是拿来改革的。才会有今天的新公车制度。

党的十八届七中全会公报在原有的党的凝聚力、战斗力和领导力、号召力的基础上，加了一个"创造力"，而且置于其他四"力"之首，变成创造力、凝聚力、战斗力、领导力、号召力，可见，在新的历史起点上，党的创造力问题将是一个分外重大的命题，这也是一个重要判断。怎么发挥每个党员干部节俭养德的积极性、主动性，就是一个需要创造力的问题。

参考文献

[1] 习近平. 习近平谈治国理政 [M]. 北京：外文出版社，2014.
[2] 国务院总理李克强. 政府工作报告——2017年3月5日在第十二届全国人民代表大会第五次会议上 [R].
[3] 王阳明. 传习录 [M]. 郑州：中州古籍出版社，2012.
[4] 阎志. 汉口商业简史 [M]. 武汉：湖北人民出版社出版，2017.
[5] 石磊. 节约型政府的理论内涵与构建路径——基于生态政治的视角 [J]. 学习与探索，2015，(7).

贪污惩治、税政革新与派系权争

——抗战胜利前后直接税署长高秉坊贪污案解析

魏文享

摘要： 抗战胜利前夕，重庆又发惊天要案。财政部直接税署署长高秉坊以贪污罪被起诉，初审被处死刑，复审改为无期。高为直接税之创办人，有功于战时财政，但又为孔祥熙之亲信，夹身于CC系、军统及孔派之间，案件审理扑朔迷离。高案起诉后，法院直指其随意提拨所得税"一丙保证金"，谋取私利，依贪污惩罚条例，应予重判。章士钊担任辩护律师，指其虽有挪用事实，但并未贪污自肥，且高为税政革新之功臣，应予轻处。高案发生，实祸起于派系夹缝下的税政革新。CC系将高视为防止孔祥熙东山再起的打击点，高在推行直接税的过程中，坚持独立训练税务人员，排斥CC系人马，撤换营业税局中的军统及中统势力，亦开罪了陈果夫及间谋王戴笠。中统遂乘反贪之机，拿下高秉坊。案外公众舆论，亦将此视为国民政府反贪政绩，但案情审判之中疑点尚多。高作为税务干才，并不同于一般贪污案犯。同情高秉坊的力量包括私谊交往、署内同仁及居正等非蒋派高层人士。他们认为高虽有挪用事实，但主要用于员工福利与税务公用，判处死刑量刑过重。在复审之中，同情力量发挥作用。回溯高案，可发现税政革新受制于派系人事困境。高虽为税政革新派，但要借助于孔祥熙的力量才能推行税政。税政革新，亦需要进行人事更替以整顿税风。同样，孔、高借助税政人事考训制度来防止外在干预，培养己方人马，并由此加剧了派系利益冲突。

关键词： 直接税 高秉坊 贪污 派系

引言

1945年2月，抗战胜利前夕，陪都重庆。2月3日下午，时任国民政府财政部直接税署

作者简介：魏文享（1974-），男，湖北安陆人，历史学博士，华中师范大学中国近代史研究所教授，博士生导师，主要从事近代商人、商业及财税史研究。

① 项目说明：2016年国家社科基金重大项目《近代中国工商税收研究》阶段成果，项目编号：16ZDA131；2013年国家社会科学基金项目"国家与民间互动视野下的近代所得税研究"的阶段成果，项目编号：13BZS051。原文首发在《史学月刊》2017年第7期。

署长的高秉坊正在批阅文件,财政部视察室主任张子奇叩门而入,告称军委会已下达撤职查办令。高身居财政部要职,又是直接税创办功臣,自认为有功于抗战财政。此时知悉消息,惊疑不定,对文职官员为何由军委会下令不解。4日,高两次往见财政部次长鲁佩璋探问内情,知撤职系接蒋电令,已由新任财政部部长俞鸿钧批办。又至俞鸿钧之寓所,确认其事①。5日,撤职令及查办令正式下达,直接税署署长一职暂由李锐接任。15日,重庆地方实验法院派法警押送入狱。陪都重庆地方实验法院提起公诉,指控高贪污滥权。5月,法院公审,虽有著名律师章士钊担任辩护律师,一审仍被判处死刑。高秉坊惊慌失措,提出上诉。章士钊认为审判不公,放弃再辩。8月21日,经最高法院发还更审。至1946年1月29日,死刑改判为无期,以此定谳。5月10日,高秉坊送押四川省第二监狱②。

高秉坊为国民政府财政部首任直接税署署长,向被视为"直接税创办人",更有甚者称为"直接税之父。"③ 高深得原财政部部长孔祥熙之信任,私谊深厚。孔、高二人在直接税问题上颇有共识,合力推动所得税、遗产税的立法开征。在高的主导下,直接税署整合了营业税、印花税征收机构,位高权重,声誉渐隆。高案爆发之后,不仅控辩双方角力,且引发舆论高度关注,被称为"重庆胜利前夕所审判的一件轰动全国的贪污案","昔日红极一时的高秉坊,到此成了万人唾骂的贪官。"④ 报纸连篇报道,各方立场不一。法院起诉高以"一丙保证金"贪污自肥⑤。高秉坊否认挪用税款及贪污案由,认为个人是CC系、军统与孔祥熙派系之争的牺牲品。公众舆论视高为孔祥熙一党,在财政部、司法部则有些官员对高表示同情。各方在评价高秉坊个人时,也指向案情所及之幕后派系关系。

与这一时期的众多贪污案不同的是,高平日并非是纨绔子弟或无能贪官的形象,而是作为税务干才为官方和公众所熟知。在高案的贪墨事实认定、量刑标准方面,控辩双方都存在激烈争论。高案由死刑改判为无期,又引发舆论上的轩然大波。那么,高被查处究竟是因为派系之争,还是因为贪污滥权,改革税政是否隐含着噩运的必然?透过围绕高案的明争暗战,或可深化对抗战时期直接税改革进程的理解,也可对抗战胜利前夕陪都重庆之吏治状况

---

① 鲁佩璋初由高推荐予孔祥熙,受其重用。在孔去职之后,鲁转投CC系,在俞鸿钧接任财政部部长后,升任次长。参见高秉坊:《冤狱回忆》,山东省淄博市博山区委员会编:《中国直接税创始人:高秉坊》,博山文史资料选辑第5辑,1993年,第159页。
② 高秉坊:《冤狱回忆》,山东省淄博市博山区委员会编:《中国直接税创始人:高秉坊》,博山文史资料选辑第5辑,1993年,第159页。
③ 越古:"直接税之父——高秉坊",山东省淄博市博山区委员会编:《中国直接税创始人:高秉坊》,博山文史资料选辑第5辑,1993年,第147页。
④ 林天行编辑:"轰动陪都的高秉坊案",《中国政治内幕》1948年第4辑,第188–190页。
⑤ "一丙保证金",即一时营利事业所得税一类丙项的简称,按货估计总值,预征税款25%,如果在五个月内不申报纳税,逾期即将原缴纳保证金拨充税款上缴国库。后大多按20%征收。此保证金于1940年4月开征,目的是防止商家拒税逃税。

及政治生态加以探析①。

一、高秉坊所得税保证金案发及案情控辩

高秉坊被查处后，不论官场还是民间，都极为关注。在查办之前，高知上峰已派人在查核账目。去职可能难免，但未想到会遭起诉并被判死刑。高究竟有无贪污事实，抑或是否其罪当死，先需从案情控辩出发加以厘清。

案件确定由重庆地方实验法院主理审判，法院院长是查良鉴。1945年5月3日，检方提起公诉，指称高滥用职权、营私舞弊、贪污公款。5月25日，法院举行公审。审判长为李懋萱，检察官为于凤坡。高秉坊以直接税署署长、重庆营业税处处长职级被提起公诉。经高妻唐蕴奔走，请动著名律师章士钊担任辩护。同批被控的还有重庆直接税分局事务科长袁文祥、重庆市营业税处出纳股长赵世璧、重庆市营业税处合作社经理姚遐龄，均为高之部属。此时营业税合并到直接税署征收，高因此也担任重庆市营业税处的处长。公诉方认为有共谋犯罪事实，因此并案起诉。起诉书陈述犯罪事实归纳如下：

（1）"一时营利事业所得纳税保证金拨充办法、一丙保证金利息余额支配标准，均未呈请财政部核准。"

（2）"依限清理税款者，为数寥寥，创办伊始，毫无规章，以致全国一丙保证金收支数额，漫无可考。"

（3）"高秉坊乃利用职权，营私舞弊"，经核其在职期间随意计提、拨用税款保证金，任意开支，借以图得不法利益②。

起诉书的核心内容是关于"一时营利事业所得税保证金"的征收及其使用问题。一时营利事业所得税是1942年开征的新税，在原有的所得税之外，针对一时营利商人征收，目的是增加新税源。从税基上讲，其实有重复征税之嫌，商人逃税严重。高秉坊主导的直接税署自行制订了现款保证金收付办法、现款保证金补充办法、一时营利事业所得纳税保证金拨充办法、一丙保证金利息余额支配标准等政策，以预缴保证金的办法来防止商人逃税，同时进行货物登记。一丙保证金按照估计货物总值收百分之二十五，商人如未于五个月内申报纳

---

① 税收史的研究一向重视制度、政策与思想的讨论，对其中的派系、人事及利益纠纷问题关注较少，不利于完整了解税政变迁中的政治及社会要素。本文希望透过高案问题，分析直接税改革中所面临的人事及政策困境。这一研究与直接税、控案问题、国民党派系研究相关。相关论著有国家税务局编著：《中国工商税收史》，中国财政经济出版社1990年；侯坤宏："抗战时期的税务控案"，《财政与近代历史论文集》，台北"中研院"近代史研究所1999年印行，第693 – 737页；林美莉：《西洋税制在近代中国的发展》，台北"中央研究院"近代史研究所2005年；邹进文：《民国财政思想史研究》，武汉大学出版社2008年版；付志宇：《近代中国税收现代化进程的思想史考察》，西南财经大学出版社2010年版；夏国祥：《近代中国税制改革思想研究》，上海财经大学出版社2006年版；柯伟明：《营业税与民国时期的税收现代化（1927 – 1949）》，复旦大学博士论文2013年；魏文享："国家税政的民间参与—近代中国所得税开征进程中的官民交涉"，《近代史研究》2015年第2期；魏文享："'对逃税作战'：近代直接税征收中关于逃税问题的论述"，《兰州学刊》2016年第2期等。关于国民党派系政治方面的研究有：吴振汉：《国民政府时期的地方派系意识》，台北文史哲出版社1992年版；田湘波：《中国国民党党政体制剖析（1927-1937）》，湖南人民出版社2006年版；金以林：《国民党高层的派系政治：蒋介石最高领袖地位是如何确立的》，社会科学文献出版社2009年版。关于高秉坊其人及高案尚乏专题研究，仅有回忆文章，主要载于文史资料。最为集中的是山东淄博市博山区政协所编的《中国直接税创始人：高秉坊》（博山文史资料选辑第5辑，1993年），汇集了高本人的自述及亲友属下的回忆。

② 刘云峰："高秉坊贪污案重庆实验地方法院检察官起诉书"，《法律知识》，1947年第1卷第6期，第27 – 28页。

税，即将原缴之保证金拨充税款，移归国库①。公诉方认为，高秉坊身为署长，擅自制订保证金规则，收支管理混乱，有专权之嫌。更为关键的是，高及其部下随意提拨保证金现款，侵占公款，倒卖物资黑市出售，贪污获利，数额巨大（具体款项下文将与辩护书对比列举）②。

检方综合上列行为，认为高秉坊违反《惩治贪污条例》第二条第六款，第三条第二款、第六款。袁文详提用一时保证金近200万元存入中国工矿银行私人账户，赵世璧、姚遐龄均提用一时保证金50万元存入金城银行私人账户，违反《惩治贪污条例》第三条第六款。罪证确实，合依刑事诉讼法第二百三十条第一项起诉。《惩治贪污条例》是国民政府1940年6月颁布的，其前身是1938年的《惩治贪污暂行条例》，目的是加强对军人、公务人员经济犯罪的惩罚，澄清吏治，维系抗战民心，较之刑法规定更为严厉。第二条规定：对违背职务行为而要求期约或受贿等七种行为之一者，处死刑、无期徒刑或十年以上有期徒刑。第三条规定：凡是犯有盗卖侵占或窃取公有财物，克扣或扣留不发属于职务上应发的财务，利用主管或监管的事务直接或间接图利等七种行为之一，处死刑、无期徒刑或七年以上有期徒刑③。高秉坊等属公务人员，随意提拨保证金图谋私利，触犯《惩治贪污条例》，应依罪定刑。

章士钊律师出庭辩护，其辩护意旨书分两个层面：其一是关于违法性质及适用法条。其二是事实之辩正④。在违法性质方面，章士钊针对检方认为高违反《惩治贪污条例》第二条第六款，第三条第二款、第六款的指控进行反驳。章认为，按惩治贪污条例第二条第六款之擅提公款罪名必要具备：有图得之故意；违背法令之规定；擅提公款之行为；所提之款确系公款等四个条件。高提借保证金一部分系为维持员工生活，一部分系为维持业务税收，无图不法利益之意旨，并非贪污。高所制订之税款保证金收付办法系根据业已呈准行政院及财政部备案之战时直接税税务组织计划暨工作纲要及一时营利事业所得税稽征办法而来，同时依直接税处组织法规定，直接税处（直接税署）有权特许提借税款保证金之权。针对第三条第二款罪责，主要事实是仁裕钱庄十万元化名存入问题，章认为并非被告化名存入而是经办人汪松联存入，不能以侵占公有财物论罪。至第三条第六款罪责，章认为控方指被告利用运送税票车辆购买廉价物品倒卖及购买纸张售与黑市牟利证据不足，时间、货物、合伙商号等均不清楚⑤。

在违法事实层面，章士钊对检方所列证据提出怀疑，认为应区分行政过失和刑事罪责，不可全以刑事论罪。在控辩双方的交锋之中，高秉坊也有供认及自我辩护。此处将三方观点及证据列表对比，以明判断（参见表1）。

---

① 焦超然编：《现行直接税法令解释汇编》，直接税实务丛书，财政部川康直接税局万县分局1943年版，第143页。
② "高秉坊贪污案辩护意旨书被告高秉坊"，《法律知识》，1947年第1卷第6期，第28-29页。
③ 《惩治贪污暂行条例》（1940年），中国第二历史档案馆编：《中华民国史史料长编》第61辑，南京大学出版社1993年版，第839页。
④ "高秉坊贪污案辩护意旨书被告高秉坊"，《法律知识》，1947年第1卷第6期，第28-29页。
⑤ "高秉坊贪污案辩护意旨书被告高秉坊"，《法律知识》，1947年第1卷第6期，第28-29页。

表 1　　高秉坊贪污案公诉方、辩护方及被告三方观点对照

时间及问题	公诉方	辩护方	被告供认及自辩
重庆区保证金提取及是否计息及用途问题	自1940年4月至1944年6月共收一时保证金10395179.1元，退去2604183.81元，实存770余万元并未于5月后缴入国库。分存重庆银行及亚西实业银行，前者并不计息，后者计息八厘。"令该银行享受利益，揆诸情理，已觉有违"。经查重庆区结存770余万，但该署前后提用达7154370元，多为逾期之款	本案被告提借一丙保证金一部分系为维持员工生活（如发放米代金，合作社资金，员工眷属生产合作社购物费用是），一部分系为维持业务税收（如拨支办公经费，购置办公房屋宿舍趸船，训练税务人员及发奖金购办公纸张文具等是）。被告自己固无图不法利益之意思	高秉坊供认两行计息差别，依公库法应送存公库代理银行及邮政，高称国家银行不肯办
1942年4月，重庆银行提10万元转存汪松隐账户问题	经本院饬员查明，并无汪松隐其人，足证化名图利	并非被告化名存入，实系经办人员以提款单与汪兑换现金后由其存入，职员汪潋素证言。无侵占事实	
1943年11月，重庆亚西实业两银行提一时保证金60万元向民治纺织公司购毛线交财政部妇女工作队出售图利	法院函请会计师出具报告，且查妇女工作队隶属妇女指导委员会，非该署机关。队长为高妻唐蕴充任。高利用该署卡车购廉价物品交工作队出售获利，此为"中统"调查报告查实	不知究在何时？被告曾利用运送税票车辆购买廉价物品，又不知所谓廉价物品，究系何种货物？至于暗交合伙商号出售一节，既未指明牌号，复未加以调查或传案质讯，被告亦无货物交与财政部妇女工作队出售	
1944年3月，提400万元保证金分电长沙、衡阳、曲江各局购买纸张及日用品利用税票车辆运回重庆假借合作社及合股商号或妇女队名义出售	经证人陈刍供述，直接税署在湖南及广东购物资用款400多万元系一时保证金项下开支，有购买物品券可任。法院函请"中统""军统"调查结果，"由江西湖南等地运回官推进林热料各种纸张，名为印制印花税票，实际系大部售与黑市牟利自肥。""至直接税署在湖南运纸卖与京华印书馆重庆印刷厂，均属事实。"	被告所买公用纸张，除一部分运到柳州，因战事被焚毁，一部分因纸商无法交货，换成油墨日甚一日纸，迄今尚未运到，有卷可查，已如前述外，其余运来之纸张，明明存在京华印书饮料及綦江分局，现尚未用，纸张俱在，事实可查	高称为供应署处办公及合作社之需要
1941年6月11日提3万元	均未注明用途，任意开支，借以图利。经会计师王逢辛等就重庆及亚西实业两银行之账册稽核属实	今之三万元者，等于战前少为十二元，多不过二十四元耳，以此区区之数图利，为利又属几何	
1944年5月25日提100万元	均未注明用途，任意开支，借以图利。经会计师王逢辛等就重庆及亚西实业两银行之账册稽核属实		
1944年6月24日提100万元	均未注明用途，任意开支，借以图利。经会计师王逢辛等就重庆及亚西实业两银行之账册稽核属实		
袁文祥于1944年3月重庆银行提40万元	转存入中国工矿银行私人账户。复于4月4日及26日，分别存入公库支票1076844.87元、527580元。已有中国工矿银行之账册可证		

续表

时间及问题	公诉方	辩护方	被告供认及自辩
赵世璧于1943年8月向重庆银行提用一时政保证金50万元	存入金城银行私人账户，被告供认		赵世璧供明："金城银行我私人有户头，公家款存在我户头上，因取用方便。"
姚遐龄1944年5月9日向重庆银行提用一时保证金50万元	存入金城银行私人账户，被告供认		姚遐龄供称，金城银行我私人户头，50万元是合作社周转金

资料来源：据前引起诉书、辩护书及补充辩护书整理而成。

  检方核查了直接税署及一丙保证金的账目，列出提用违规款项。就违规类型而言，有化名转存、公款私存、购售物资、任意开支等方式。检方经会计审计、司法调查、证人证词、银行查账等方式，认定被告存在滥用公款、贪污谋利事实。在调查方面，值得注意的是重庆地方法院不仅运用了会计师审计，而且还有中统之调查报告。从辩方观点来看，并没有否认检方所提出的质疑款项，但对提款用途及性质提出不同意见，有些用款的细节也提出质疑，认为指控不实。章士钊认为，直接税署征收一丙保证金是出于税政需要，提拨保证金主要是用于职员生活及办公所需，并非图谋私利。在抗战形势下，帑库窘乏，"凡各官署生活补助费，分粮或米代金，不能按时接配"，"此提用保证金之迫于万不得已，为当时情势之所必至"，"推之买取毛线，扩充员工福利，统购用纸，预防经费超支，义取为公，事同一律，通共伦类，有何不可。乃起诉书不问内容如何，遽以利用职权，营私舞弊定罪？"高安排提拨，实有不得已之处。章士钊引同类判例，"将国家岁入，拨充他用，纵属违法处分，究行意图不法所有有别，其所负责任，不涉及刑事范围，何况本案保证金之所拨充，尚不得以违法二字龇龇之者乎"，"本案被告高秉坊实无贪污行为，应以刑事诉讼法第二百九十二条第一项论知无罪之判决，以示大公"①。归纳而言，高之拨提行为系行政过失，而非刑事罪责。

  初审控辩已可见案件之关键结点：高秉坊存在随意提拨保证金行为已属无疑，但是究竟是行政过失，还是贪污公款，控辩双方定性完全不同。检方认为触犯惩治贪污条例，辩方实际上是做无罪辩护。案件审理之中，高在庭上并未有过多自辩。但对于自己被查处及审判，高对检方所举罪证不予承认，更否认有贪污行径。

  高案初审系公开审讯，到场还有不少官员及报纸记者。沈钧儒亦到场旁听。初审之后，又进行两次审讯。至6月30日，正式宣判。重庆地方实验法院判决书裁定：高秉坊连续意图谋利，截留公款，处死刑，褫夺公权终身；姚遐龄对于主管事务直接图利，处有期徒刑十五年，褫夺公权十年②。法院依照惩处贪污条例，采取重判。

---

① 章士钊："补充辩护意见书"，《法律知识》，1947年第1卷第7期，第18-19页。
② "重庆实验地方法院刑事判决"，《法律知识》，1947年第1卷第7期，第19页。

高被判死刑，大出其本人意料。据传，高听到法官宣读判决书之后，当庭晕倒，经法警扶出，押回监牢①。就是章士钊也觉不可思议。章认为司法不公，高之行事虽有违规之处，但属行政过失，罪不致死。高妻唐蕴得知判决结果，惊慌失措。高秉坊提出上诉，要求再审。高妻再请章士钊继续辩护。章士钊认为，案情受派系干预，已非辩护所能解，拒绝再担任辩护律师。后请动中央大学法律系教授戴修瓒担任辩护律师。在当事人之外，司法院院长居正召司法行政部部长谢冠生、重庆地方法院院长查良鉴，对之表示不满②。7月20日，重庆将案卷送最高法院。

8月21日，最高法院第一分院发还重庆更审。更审审判长是法院推事李坚夫。9月22日开庭，未公开。9月20日及1946年1月12日重审，1月24日再公开审讯。检方指控依旧，戴依理诉辩。经过调查，认为指控非实，所述林森路致祥号及陕西街祥和号为申请人合股之大商店，经查生活费独资经营香烟、土烟摊贩，资本仅2万元，并无合股。妻唐蕴在长寿县开工厂之事，经委长寿县查证，未得证实。所述直接税职员朱庆才对高、汪勾结事，但经查并无朱庆才其人③。戴依然为高做无罪辩护。

更审结果发生变化。1946年1月29日宣判，"高秉坊连续对于主管事务直接图利，处无期徒刑，褫夺公权终身，其余部分无罪。"④ 宣判之时，高妻亦伫立庭外，高着长袍，意态颇安祥，与一审之时大为不同。当李审判长宣读判文时，高抄手低头沉思，并无张皇之色。⑤ 5月10日，由重庆法院看守所转至四川省第二监狱。

由一审死刑，到二审无期，高性命得保。从控辩情况来看，提款为事实，高本人亦未否认。但对提款是否用于图谋私利，还是用为员工福利及公务，控辩双方有根本分歧。这直接影响到高案的适用法条及量刑定性。控方举出证据，但仍有较多漏洞。辩方在更审之时，对涉及合股、开设工厂等事进行核实，澄清部分事实。但是，为何在一审被判死刑，二审又判无期？究竟是更审辩护之功，还是有其他影响判决的因素存在？在案件审理过程之中，各方都是何态度？这都需要转向法庭之外来寻求答案。

二、案外的公众舆论及问题焦点

法庭上的控辩主要围绕违法证据及适用法条展开，但不论是当事人高秉坊，还是检察官、主审法官、律师，甚至"围观"之官员及公众，都对案件有着主观认识与解读。高秉坊被撤职查办恰在孔祥熙留美辞职之后，高又一向被视为孔党，高被重判究竟是依法断案，还是借力打力，带给各方无限的遐想空间。

高案一出，媒体关注，"高秉坊案开审时重庆的法院盛况空前，大家想赶来一看高秉坊的庐山真面目。可惜法庭临时挂了免看牌，连新闻记者都未便一饱眼福。大公报记者不择手

---

① "贪官高秉坊能被大赦吗？"，《京沪报》，1946年创刊号，第3页。
② 高秉坊："冤狱回忆"，山东省淄博市博山区委员会编：《中国直接税创始人：高秉坊》，博山文史资料选辑第5辑，1993年，第170页。
③ 高秉坊："冤狱回忆"，山东省淄博市博山区委员会编：《中国直接税创始人：高秉坊》，博山文史资料选辑第5辑，1993年，第172页。
④ "高秉坊贪污处无期徒刑，姚遐龄徒刑二年五月"，《申报》，1946年1月30日，第一版。
⑤ "高秉坊处无期徒刑"，重庆《大公晚报》，1946年1月29日。

段，竟然在门口缝里探视写成高案特稿，于是天机泄露，毕竟使大家知道些大概情形，而当时有兴赶来看高秉坊的观众，唯有败兴而返了。""但人们所以打紧高秉坊案而不肯放松了他，其主因还在黄金作祟，谁叫他非法'拾黄金'呢！"① 中国共产党主办的《新华日报》上也刊载新闻，"高秉坊大贪污案昨日开庭，听众拥挤。"② 媒体关注，既是因为高的身份，又因为贪污案系社会关注的热点。法院进行新闻管制，反而激发了社会上的传言。

在确定6月23日续审之后，官方机构及官方媒体可获准前往旁听，但也要申请旁听证方才能够入庭。在6月20日前后，军政部部长办公室调查组、重庆市磁器口商业同业公会申请23日之旁听证，得到地方法院许可③。1945年6月21日，中央银行、财政部、商务日报社也分别向法院索取旁听证④。中国国民党军政部特别党部也致函法院，表示要派员前往旁听请核发旁听证⑤。此时虽实行新闻控制，但仍可申请旁听证获得直接信息，公众可由此渠道对案情有较多了解。由此可见，高案舆论影响极大，且受到国民党党政甚至军方机构关注。

到二审之时，重庆地方法院关闭旁听。这一禁令引发媒体的反对，大公报晚刊发表言论对此加以批评。1945年10月24日，地方法院电达国民党中央宣传部请示应对策略，国民党中宣部表示，此因误解法条所致。法院按战务秘密原则处理诉讼是否公开事宜⑥。政府对于更审之时的旁听管制从侧面说明此案的敏感性，但也导致媒体报道案情难以完整，细节难以知晓，公众对于案情的猜测揣度更为严重。赵超构在其文集中提及此事，国民党和法院拒绝更审旁听是像是在保护贪污，"高秉坊案重审，各报形容高的神气，有的是满面春风，有的是眉头开展，面色红润。这完全是胜利者的丰采。另一面据各报记载，高案开审时，所有各报记者要求旁听均被拒绝，记者多人均被法警逐出。这是新闻自由的又一次失败。许多人希望新闻自由可以监督官吏战胜贪污，但请看事实：一个落网贪污嫌疑犯尚且可以压倒整个舆论界，又有谁敢惹那些未落网的好汉呢？新闻自由毕竟还是敌不过贪污自由呵！"⑦ 这样的说法显然是国民党中宣部和法院未曾料到的，高与一审时完全不同的神情被认为是胸有定案，对于改判结果早有知晓。新闻媒体不能入庭旁听，被认为是强权保护压制新闻自由。

在高案审理过程中，报刊时有评说报道。如将案外舆论与庭上控辩结合，或可对高案起因及其判决症结有更全面的了解。在法庭之上，高主要就事实自辩，然内心深处，实为自己喊冤。在高看来，自己孜孜于税制改革，成效卓著，但却因孔祥熙受到牵连，成为CC系及军统、中统打击孔祥熙的筹码。高在自述中回忆说：

"我自参加国民革命，开始工作即回乡主办林业，继而协助孔祥熙办理鲁案，以及任职

---

① "黄金案主角：高秉坊还在笑么？（附照片）寿山"，《图文新型综合趣味图画周刊》1946年第1期，第1页。
② "高秉坊大贪污案昨日开庭听众拥挤"，《新华日报》，1945年5月26日，第3版。
③ 重庆市档案馆藏：《军政部部长办公室调查组、重庆市磁器口商业同业公会关于请检赐审理高秉坊贪污案旁听证致重庆实验地方法院的函》，0110－0004－00382，第30－31页。
④ 重庆市档案馆藏：《重庆实验地方法院、中央银行监事会、财政部国库署稽核室、商务日报社关于中央银行监事会等索要审理高秉坊贪污案旁听证的函》，0110－0004－00382，第26－29页。
⑤ 重庆市档案馆藏：《重庆实验地方法院、中国国民党军政部特别党部宣训科关于中国国民党军政部特别党部索要审理高秉坊贪污案旁听证的函》，0110－0004－00382，第14页。
⑥ 重庆市档案馆藏：《中国国民党中央执行委员会宣传部、重庆实验地方法院关于高秉坊案件拒绝旁听的往来代电》，0110－0004－00300，第16－18页。
⑦ 赵超构：《赵超构文集》第3卷，文汇出版社1999年版，第128页。

实业部，推行国货展览、工业试验，莫不勇于任事。其后任职国民党政府财政部，初任赋税司长，一九三四年执行第二次全国财政会议议决各案，废除苛杂，举办土地陈报，推行县市预算，又创办所得税，逐步发展为中国直接税。而不料竟因此在孔、陈两大家族争夺财权的斗争中，以采用直接税考训用人制度，得罪了 CC 系首脑陈果夫，作了替罪羔羊。陈果夫利用 CC 系掌握的中统特务，捏造假证据，诬控贪污，伺机进谗于蒋介石，谓我植党营私，遂得径由侍从室密令财政部将我撤职查办。然后挟制法官，煽动舆论，先置我于狱，初判极刑，复判无期徒刑。要不是解放，即今不死于狱中，迄今当亦得不到自由。"①

高写这份回忆是在 1965 年。在 1949 年后，新政府对其案件进行查证，未得实证。重其专业才能，中南税务局聘请他赞襄税务。在湖南省编的《中南税务》中介绍，高系中国直接税创办人，提倡新税新人新精神，而遭国民党反动派陷害，颇予肯定②。高对贪污罪名耿耿于怀，认为沉冤难雪。他的这段话，对他和孔家的关系及为何得罪 CC 系都说得很明白。直接税署自训人马，得罪了控制用人权的 CC 系。同时，CC 系为打击孔祥熙，因此借抗战时期反对贪污的民意，借一丙保证金案来判其重刑，以此截断孔祥熙复出的后路。

在辩护律师章士钊看来，高之行事虽有违规之处，但没有直接或间接图利之事实，无贪污行为，所负责任不涉及刑事范围。章士钊在案情辩护之外，还对高在抗战财政方面的功绩大加颂扬，认为于法于情，不应判其重罪。其言如下：

抗战军兴，国家严惩贪污，颁布条例，而所适用之法，不能有二于此。必如前汉诏狱之只许失入，不许失出，谅非当时立法者之用心。查被告躬预一国计政，凤夜在公，二十余载，直接税为所手创，惨淡经营，且复十年，国家递增岁入由年五百万元至年七十五万万元以上，此税制今后萧规曹随，当历久而不衰。假定该员不幸为天下之大谬，综其有功抗战劳勋，仍不可没，此人之成就，既已斩斩若是，而以人之心度人，何至其平生全无自重觉念③。

章士钊对高的贡献评价甚高。抗战军兴，国家财政为重要基础，高主持直接税改革，增加抗战财政，功不可没。以此干才，仅因违规而处重罪，有失立法之初衷。这也是高案与其他贪污案不同之处。当时舆论也认同高的才干。上海的《海星》在案结后刊文称，"轰动陪都之高秉坊渎职贪污一案，业已判处无期徒刑。按高为财部直接税署署长，我国之有此机关，一切制度与组织，皆高所首创，其人盖一专家也。"④ 章士钊在一审辩护失败后，拒绝再为辩护，是认为高案判决并非在于案情本身，而是取决于案外。

检方起诉高贪赃枉法，并引 1940 年修订的《惩治贪污条例》作为断案量刑依据，从重处罚，将高案视为打击贪污的重案之一。1945 年 7 月 4 日，王世杰在日记中载："财政部司长高秉坊以贪污被法院判处死刑。盖《惩治贪污条例》对于此项犯罪行为处刑特重，非由于法院苛酷也。"⑤ 法院重判，既有法律依据，也回应了公众憎恨贪污的集体心理。公众大多拍手叫好，认为是政府整顿吏治的重要成绩，"那时的确人心为之一振，认为法律究竟是

---

① 高秉坊："冤狱回忆"，山东省淄博市博山区委员会编：《中国直接税创始人：高秉坊》，博山文史资料选辑第 5 辑，1993 年，第 159 页。
② 中南税务管理局：《中南税务》，1950 年第 1 卷，创刊号。
③ 章士钊："补充辩护意见书"，《法律知识》，1947 年第 1 卷第 7 期，第 18 - 19 页。
④ 张仁："高秉坊贪污案秘闻"，《海星》（上海），1946 年第 4 期，第 4 页。
⑤ 《王世杰日记》，1945 年 7 月 4 日，阴历 5 月 25 日，台北中研院近代史研究所 2009 年。

神圣的，而各地的大小报纸也都大大的颂扬政府当局打老虎的本领。这样一来，中国澄清吏治的前途似乎的确豁然开朗起来。"① 臧克家在1945年7月也写了一首诗《一个大污染池——感高秉坊案判死刑》，"法律、法律、法律，你终于在一个不大不小的人物脸前，直起了身子"，"法律的网，捕获了一个高秉坊"，为高被判死刑叫好②。抗战时期公务人员贪污现象极为严重，民众对之深恶痛绝。不明就里的公众对高之死刑，当然要表示庆贺。到高由死刑改判为无期，在高秉坊一方仍然鸣不平，但公众却认为是枉法放纵的结果。高现在又复活了，说明"贪赃枉法者的神通广大，确令人心寒发指的"③。《读者》上文章的作者以打老虎来比喻高案，"打老虎毕竟是谈何容易，非特老虎有爪有牙，会把打老虎的人生吞活剥，当点心嚼掉，而且有时候甚至连被打得遍体鳞伤，注定要一命呜呼了的考虑，也会突然复活呢。"高案由死刑改判无期，"大概这是由于政府的爱惜人材吧"。因为章士钊大律师曾引经据典地说高秉坊是"国家有用的人才"。主审高案的李懋宣庭长被贬到璧山法院去了，"因为他摧残有用的人才而且不通世故"。作者还说，高由处死而复活的历程，"如镜子照出了中国政治乌烟瘴气的真相，照出了大小官吏们墨黑的良心，也照出了整个中国死症的所在。""高秉坊之类，官做大了，钞票自然也刮了不小数目。"④ 名作家张恨水1945年时正居重庆，据他目睹，高初审被判死刑时，民众莫不叫好，二审改判无期，大失民望。张还写了几首听包公戏诗来讽喻时事，"反映人心鼓板前，放粮断狱美如仙。无非大嚼屠门意，转觉愚民太可怜。"⑤

　　章士钊的评价与公众舆论对高案的认知完全不同。在章眼中，高是税务干才，有功于国家。在公众眼中，官场贪污习气浓重，高也难保清白。高案复判，公众反而认为是"贪赃枉法者的神通广大"，吏治腐坏，公众信任度极低。在高入狱之后，高的妻子四处营救，聘请律师，疏通关节。高妻曾至财政部向次长鲁佩璋求情，企免一死，鲁告以无法。高妻情急之下，也在财政部拍案大叫："其中除了石狮子，哪一个干净的"，语惊四座，而鲁仍关门默然以对⑥。无论实情如何，高案查处是符合公众对整顿吏治的期待。高案一审被判死刑，二审改为无期，坊间均认为是贪污者神通广大。在高秉坊方面，高妻四处奔波，仍觉求告无门。

　　结合高案审判过程之中及结案后的各方评议，公众舆论更关注的是高案背后的权争及惩治贪污的政治意义。据坊间传言来看，高之自述并非只是自说自话。《海星》（上海）1946年载高案秘闻，称闻陪都来人谈及此案内幕：

　　"高秉坊为孔祥熙之亲信，其任直接税署署长，出孔氏之推荐，当孔氏尚未下台，俞鸿钧任财次时代，高之公事，往往不经俞手，直接呈孔核阅，凡署内高级职员，胥经考试后，始量才录用，由政府大员或亲友介绍者，则一例视为雇员，因此开罪若干人士。某次，更因琐屑小事而获咎于陈果夫氏，地位逐渐见动摇。高旋又奉命办理'货运登记'，擅自以所征收之巨额款项，移作别用，当时高曾对人言，此举纯为同人谋福利而已，不谓有人竟以此密

---

① 张帆："高秉坊的复活"，《读者》，1946年第3期，第41-42页。
② 《臧克家全集》第二卷，时代文艺出版社2009年版，第24页。
③ 张帆："高秉坊的复活"，《读者》，1946年第3期，第41-42页。
④ 张帆："高秉坊的复活"，《读者》，1946年第3期，第41-42页。
⑤ 杨群一编著：《诗话今说》，贵州科技出版社2012年版，第146页。
⑥ "财政部的沧桑：鲁佩璋与高秉坊旁观"，《海星》（上海），1946年第10期，第9页。

呈主席，时陈果夫方任侍从室主任，即批'严惩'二字，高遂入狱。"①

此言印证了高的说法。高为孔祥熙之亲信，不仅官场所知，就是社会公众也广为知晓。孔祥熙本人的政声并不好，贪污之名在外。此时因美储券套购案滞美不归，辞职下台。高既开罪俞鸿钧，又得罪陈果夫。高案查处审判中，亦有多项证据表明中统的直接干预。高案被查，是有人检控。在法院，出席的检举人是周光亚、方仲豪二人。方、周二人均为中统人员，方还是徐恩曾的第三房妻子费侠的湖北同乡，是中统专员②。高的部下吴天培在回忆中也说，高案是经检举告发查处的，"由蒋介石侍从官直接交办，经审计部及中统、军统专案调查，由重庆实验地方法院检察官提出公诉。"③ 陈果夫时任侍从室第三室主任，而在检方提交的证据中，亦说明系由中统、军统查证。时任国民党中央党部秘书的王子壮在日记中载，"春如兄竟被撤职交法院查办，令出自蒋先生，系因行商保证金案"④。蒋将此视为打击贪污之举，但暗中推波助澜者，仍与中统及军统有关。王子壮也分析背后的原因，"此案与调查统计局有关，彼等以走私衔恨春如，此次法院以调查统计局作证，而无事实，讵非可异。"⑤ 中统与军统势力干预，可以证实。

主导审理的司法行政部部长谢冠生、重庆地方实验法院院长查良鉴，在人事脉络上都有CC系背景。谢冠生是浙江嵊县人，早年震旦大学毕业，后至法国巴黎大学获得法学博士学位。谢也是知名的法学家，在1937年被委任为司法行政部部长，直至1948年为梅汝璈所替任。⑥ 司法行政部掌控着法院设置、法官任免、监督检察官，核准执行死刑等司法权政。司法行政部与司法院之间的隶属关系多次变更。1928年司法行政署改部，本属司法院。到1931年又划归行政院，1934年又复归行政院。到1942年，司法行政部再次改隶行政院。行政院管辖司法行政部，削弱了司法院的司法权的独立行使。谢冠生又属CC系人马，并不受居正直接管控。查良鉴也是刑法学的名家，得谢冠生赞许，曾委任他担任四川第一高等法院的检察官。1943年，英、美等国废除不平等条约后，国民政府确定陪都重庆法院为实验法院，以作为推行法治、改良司法的示范。

在高去职之后，原直接税署副署长李锐扶正。但为时不长，一年之后，直接税署长即由王抚洲担任。王抚洲是河南正阳县人，早年毕业于国立北京法政专门学校，学习政治经济。1921年赴美，入华盛顿大学，后入俄亥俄州立大学获工商管理学硕士学位。归国任东北大学教授，著有《工业组织与管理》一书，由商务印书馆出版。王抚洲得戴笠信任而由学界进入官场，受任财政部货运管理局副局长。戴笠对其"才识品德，素所钦迟，以局务全部付托，授以代行之权"。王有守有为，就职以后，措置裕如，经济作战成效显著。1944年，出任河南省财政厅长，兼田粮处处长。田赋超收，为各省之冠。"蒙极峰嘉奖，许为贤能"。高被查处后，王即由财政厅长任上奉调财政部任职，历充直接税署署长、钱币司司长、盐务

---

① 张仁："高秉坊贪污案秘闻"，《海星》（上海），1946年第4期，第4页。
② 赵毓麟："中统我见我闻"，《中统内幕》（江苏文史资料选辑第23辑），江苏古籍出版社1987年，第213页。
③ 吴天培："高秉坊事件始末"，《巍巍歌乐山》，沙坪坝文史资料第18辑，沙坪坝文史资料委员会。
④ "春如案被判决死刑"，1945年6月30日，《王子壮日记手稿本》第10册，台北"中研院"近史所编，2001年，第221页。
⑤ "春如案被判决死刑"，1945年6月30日，《王子壮日记手稿本》第10册，台北"中研院"近史所编，2001年，第221页。
⑥ 吴斌：《法苑撷英——近代浙籍法律人述评》，华中师范大学出版社2012年版，第206-207页；查良鉴："谢冠生二三事"，《时代文摘》，1982年11月号，第6-10页。

总局局长等职。① 王抚洲能够由河南省财政厅长跃至财部署长，显系戴笠超擢。

案内控辩与案外舆论对比，可以看到案件焦点不仅在于犯罪事实的认定，而且也与派系利益相关。在高看来，自己之所以成为派系斗争的目标，与税政改革之中的人事与利益冲突相连。舆论之中，高案也并不单纯，而是与官场贪污的整体状况联结在一起。各方对高的看法，存在矛盾之处。

三、孔、高关系及税政革新中的派系冲突

高案是如何与派系权争关联，高之自述是否确实，有两点需要追查：其一是高、孔关系，其二是高主导直接税改革是否触犯了中统或军统利益，是否引发 CC 系的打击。至高为何由死刑而转判无期，亦须由此着手探究。

（一）孔、高关系

高秉坊是山东人，其仕途发达，确起步于与孔祥熙的交谊。高秉坊毕业于金陵大学，习的是林科，毕业之后即到山东林业部门任职，还撰写过林业方面的著述。之所以转轨到财税部门，与其在金大读书时的老师凌道扬相关②。凌道扬与王正廷是留美同学，王正廷曾担任南京临时政府参议院副议长、工商部长，长于外交。1922 年王正廷受北京政府任命为鲁案善后督办，凌推荐高秉坊至其办公署担任科长，其顶头上司恰好是孔祥熙。孔、高二人由此相识。后来，孔祥熙一路升迁，高均追随左右，二人之间颇有互信。孔调任青岛电报局长时，高为总务科长。1924 年孔任广东革命政府财政厅长，高也在手下任职。

孔担任南京国民政府实业部长，高担任总务司长。到 1933 年 10 月，孔祥熙得到蒋介石的信任，出任行政院副院长兼财政部部长并中央银行总裁③。高秉坊作为孔深为信任的财政干才，被提拔为赋税司司长。1941 年，直接税处改组为直接税署，高担任直接税署署长。1942 年直接税署又接办营业税，职权更重。可以说，直接税署虽为财政部下新设署，但因有孔祥熙的支持及显著政绩，高秉坊在财政部的根基极为牢固。据说，高常出入孔家，曾接送孔令侃上学，只是孔令侃、孔令俊与其相处不好，宋霭龄对高的印象也不佳④。但官场和公众眼中，孔、高不论公事私谊，均极为密切，因此将高列为孔的亲信及孔系的核心人物，荣辱难免相连。

极为难得的是，孔祥熙和高秉坊在推动税政革新方面有高度共识。孔负责与国民政府及国民党中央高层沟通，高负责税政推行，在直接税改革中配合默契。孔祥熙重用高秉坊来推动直接税改革，成功开征所得税，其理财家的声誉益得彰显。

孔对高的信任，与高本人的行事方式有很大关系。高虽追随孔之左右，但确属能干之才。勇于任事，不畏艰难，对孔的理财工作大有助益。杨铎曾任财政部长沙货物局局长，与高同是孔祥熙的部下。据杨自述，自己常被作为高党。因其在工商部任编辑科长时，高任总

---

① "王抚洲先生行述"，《"国史馆"现藏民国人物传记史料汇编》第 1 辑，台北"国史馆"1988 年 6 月编印，第 91 页。
② 刘国铭主编：《中国国民党百年人物全书（下册）》，团结出版社 2005 年版，第 1878 页。
③ 郭荣生编：《民国孔庸之先生祥熙年谱》，台北商务印书馆 1981 年版。
④ 谭光："我所知道的孔祥熙"，载寿充一编：《孔祥熙其人其事》，中国文史出版社 1987 年版，第 1 页。

务处处长。高案发生时,杨任长沙货物局局长。据杨观察,在工商、实业部时期,高勇于负责,劳怨不辞,深为孔所信赖。但受宋霭龄干涉,高在宋任财政部部长后,初只能任赋税司司长①。高秉坊行事善于研究,原主管林业之时,即著有林业著作。后随孔在工商及财政部门任职,复能精研工作,撰写多本税收论著。对于中国当时税政现状及发展思路,有较为清晰的认识。观察孔祥熙的税收方面的言论,与其主旨基本一致。均主张改善中国以关税、盐税、统税为基础的财政收入结构,将以间接税为主转向增开直接税。同时,在整顿地方杂税方面也形成共识,组建了整理地方捐税委员会。在税收机构的建设、训练税收人才方面,孔对高所提出的主张也多予以支持②。

孔祥熙的赏识是高不断得以高升的重要原因,但"成也萧何,败也萧何",高被视为孔党中山东帮的骨干,孔祥熙在高层派系斗争中的得失未免会波及部下。孔祥熙在1927年促成蒋宋联姻后,其政治地位不断上升。1928年就任工商部长,后担任实业部长。1933年10月,又取代宋子文,继任行政院副院长、财政部部长,同时兼中央银行总裁。1938年,孔更升任行政院院长,继续兼任财政部部长、中央银行总裁。杨天石分析,孔祥熙深受蒋之信任,有以下几点原因:其一是孔对蒋绝对忠诚,以蒋之主张为主张,决不和蒋争权。其二是善于理财。在1933年宋子文认为财政就要崩溃而辞职之时,孔接任财长整顿财政,救蒋于危难之时。其三是不顾财务制度,蒋要钱就给。王世杰日记中记,外界指责孔舞弊谋私,傅斯年亦致函指责。孔以退为进,表示辞职。蒋命陈布雷将辞信退返,并表示慰问鼓励。早期的反孔风潮被压下去③。

国民党内派系林立,大致可分为地方实力派与中央政治派系两大系统。金以林将之划分为以地域为基础的政治军事集团和长期追随孙中山的党内领袖及其追随者的派系两类,前者是以地方对抗中央,后者是通过寻求党员支持来掌控部分或全部政权④。在中央政治派系中,有胡汉民、汪精卫、西山会议派、太子派等,还有以蒋介石为核心的蒋派势力。蒋介石以军权为中心,逐步排挤其他派系,占领党权。蒋介石在1932年就任国民政府军事委员会委员长,到1938年临时全国代表大会上成为国民党总裁,最终确立最高领袖地位⑤。蒋派势力掌控国民党及国民政府的中央权力。但在蒋派之内,亦分为多系。最为核心的是中统和军统,中统由陈立夫把控,背后还有陈果夫控制的中央组织部。军统受戴笠控制,其背后是黄埔系。中统和军统之间为争夺权势,互相倾轧。蒋采取平衡策略,抑此扬彼,抑彼扬此维护自身的核心地位。CC系在"二陈"执掌下,掌控了国民党中央组织部和中统。中央组织部除在1939~1944年由朱家骅担任组织部长外,基本是由陈果夫独占。在蒋派之内,宋子文、孔祥熙凭借姻亲关系及自身才能,在不同时期均受蒋之重用。

孔祥熙在接替宋子文出任财政部部长后,本兼多项要职,一度升任行政院院长,且用人唯亲,到处安插私人,遭到中统及军统的忌恨。孔虽为官场干才,唯蒋之命是从,但有一要命之处是贪财。孔祥熙和宋霭龄及其子女的舆论风评一向不佳,被认为是借权谋私、生活豪

---

① 杨铎:"高秉坊'贪污案'内幕",《文史精华》,1998年第2期。
② 参见魏文享:"'新税、新人、新精神':抗战时期直接税人员的考训与选用",未刊稿。
③ 杨天石:"蒋孔关系探微——读孔祥熙致蒋介石书",《民国档案》1992年第4期。美国哥伦比亚大学收藏的孔祥熙档案中所含信函。
④ 金以林:《国民党高层的派系政治:蒋介石最高领袖地位是如何确立的》,社会科学文献出版社2009年版,第8页。
⑤ 金以林:《国民党高层的派系政治:蒋介石最高领袖地位是如何确立的》,社会科学文献出版社2009年版,第8页。

奢、不知民间疾苦的官僚豪门。著名学人傅斯年一直以倒孔为己任。1938 年时，傅斯年就致函蒋反对任命孔为行政院院长，"孔氏无权不揽，无事不自负。"① 孔的院长宝座还未坐热，就在 1939 年被降为副职。后来，又多次联署在国民参政会公开揭露孔祥熙，称其虽为官场上等人才，但对建设国家毫无所知，纵容夫人及子女聚敛钱财，用人唯亲②。

在财政部的内部，也有军统的势力。1940 年蒋令财政部设缉私署，一直由戴笠任署长，人事不受财政部节制。孔祥熙即使掌控财政部多年，仍无法排除军统干预。到 1941 年时，国民政府为控制物资，在财政部下设货运管理局，戴笠任局长，副局长是王抚洲。通过缉私和运输控制，军统实际上控制着战时的物资运转大权。孔、戴之间矛盾很深，戴也在寻找机会打击孔祥熙的势力。到 1942 年，孔祥熙的亲信林世良贪污案爆发。林世良担任中央信托局运输处经理，办理外贸及进口业务，但林世良以公车运送私货，被军统运输统制局查获侦办。林初被判无期，后改判死刑③。林世良案的侦破主要是军统负责，孔屡次说情而为戴所拒。林判死刑之后，孔祥熙将矛头对准戴笠。

孔氏家族爆发多项弊案，极大打击了孔祥熙的声望。1941 年 12 月，重庆国民政府派飞机接社会名流自香港至渝，结果接到孔祥熙一家及孔二小姐的狗。新闻一出，舆论大哗，昆明学生组织倒孔运动④。1942 年，孔祥熙亲信林世良的贪污案更动摇蒋对孔的信任。蒋在日记中写："非此不足以昭信与立国，庸之只知包庇所部，而不知政治与法律之重要。"⑤ 到美金公债案爆发，舆论对孔之抨击已达顶峰⑥。1944 年 9 月，傅斯年在国民参政会继续炮轰孔祥熙，列举孔氏家族企业借权经营、中央银行任用私人、美金储蓄券舞弊、买卖黄金多项控诉。甚至美国总统罗斯福还通过宋子文转达意见给蒋，提议更换财政部长。1944 年 6 月，孔祥熙赴美出席国际货币基金世界银行会议，滞美不归，且辞去财政部部长之职⑦。11 月，孔免财政部部长，由俞鸿钧接任。1945 年 5 月，宋子文、翁文灏为正副院长。7 月，傅斯年继续在国民参政会四届一次大会提出《彻查中央银行、中央信托局历年积弊，严加整顿，惩罚罪人，以重国家之要务而肃官常案》，二十一人联署，抨击国库局贪污⑧。同月，孔祥熙自美返国，辞中央银行总裁及中国农民银行董事长。1945 年 6 月 1 日，蒋在日记中记："庸之不能为党国与革命前途着想，而徒为本身毁誉与名位是图。"⑨ 孔祥熙失去蒋的信任，

---

① 杨天石："傅斯年攻倒孔祥熙"，《百年潮》，1997 年第 4 期。
② 杨天石："蒋介石反贪枪毙孔祥熙亲信"，《炎黄春秋》，2013 年第 10 期。
③ 杨天石："蒋介石反贪枪毙孔祥熙亲信"，《炎黄春秋》，2013 年第 10 期。
④ 据杨天石先生考证，飞机运洋狗事件是件假新闻。真相是《新民报》日刊采访部主任浦熙修所写现场报道，标题是：《伫候天外飞机来——喝牛奶的洋狗又增多七八头》，为逃避新闻检查，省略具体内容。后来学生倒孔，喊出了"打倒以飞机运洋狗的孔祥熙"的口号。参见杨天石："'飞机洋狗'事件与打倒孔祥熙运动"，《南方周末》，2010 年 3 月 18 日。
⑤ 《蒋介石日记》，1942 年 12 月 21 日。
⑥ 1943 年财政部将 1942 年同盟胜利美金公债交中央银行分拨各地发行，总额美金 1 亿元。每元折合国币 20 元，以国币购买，胜利后还美元。以美元为基金，初发行不畅，但后因通货膨胀，国币贬值，美券发行一元升至 200 余元。财政部不得不停售，但孔却允许国库局长及财政部职员低价套购。据传，孔从中受益千余万美元。参见陈赓雅："我所知道的孔祥熙贪污美金公债案"，《文史精华》，1996 年第 4 期。陈赓雅是与傅斯年合作扳倒孔祥熙的知名记者。
⑦ 郭荣生编：《民国孔庸之先生祥熙年谱》，台北商务印书馆 1981 年版。
⑧ 傅斯年等提案："彻查中央银行、中央信托局历年积弊，严加整顿，惩罚罪人，以重国家之要务而肃官常案"，参见中国第二历史档案馆编：《国民参政会纪实》（续编），重庆出版社 1987 年版，第 209 页。
⑨ 《蒋介石日记》，1945 年 6 月 1 日。

中枢之路由此断绝。

孔的失势为中统和军统所乐见。在高因贪污罪被起诉之后,舆论对孔氏贪婪敛财的印象更为加剧。先不论案情是非,高在公众舆论之中已处于不利地位。中统和军统据此推波助澜,亦未可知。据高的部下杨铎回忆,在孔因黄金案倒台之后,高已经处于危险之中。据杨的揣测,高未辞职是因他认为已培养有政治基础,不致随个人动摇①。高被查处是孔被免财政部部长但尚未撤除行政院副院长之时,未到最后时刻,还不能轻易断定孔祥熙会就此完全垮台。傅斯年之所以持续追打,亦不希望孔有东山再起之机。中统和军统抓住高案下手,也有同样的可能。王子壮在日记中载,闻高被判死刑,其"至为焦灼,是为时代之牺牲者,真初料所不及。据余观察,此案滚入政治浪潮,是以变化益烈。挽回虽尽人力,恐无甚大之希望。"孔祥熙此时成众矢之的,"数次开参政会,必欲以打孔而不使再起者政治方面大有人在……易打倒其所属,以证实孔之罪恶为上策。"②"滚入政治浪潮"中的高秉坊案,成为派系势力角逐焦点之一,高的命运已难为自己左右。

(二) 直接税革新中的人事之争与政策困境

在高秉坊看来,中统背后主导查处自己,固然因为是要打击孔祥熙,也是因为自己在税政改革的过程之中得罪了 CC 系。这一观点是否得以证实,需要反观高的改革措施加以考察。

南京国民政府初立,宋子文在任财政部部长之时,在国地税收划分、关税自主、裁厘加税等方面已经取得明显成就,只是仍然入不敷出,无法满足蒋介石的军事之需。宋又不愿屈从蒋的独断专裁,予取予求,将财政部当成蒋的钱袋子,因而去职。孔祥熙在1933年接替宋任财政部部长之后,改变了应对方略,唯蒋之令是从,同时又整顿税收,扩展财源,赢得蒋的信任。在税务改革方面,孔祥熙重用高秉坊,清理地方税收,开征直接税,改进税务行政,统一税收机构,中央税权大为增强,取得了不错的政绩。

孔、高联手推进的税务改革,涉及人事变动较大的也是在直接税改革之中。高初任财政部赋税司司长,在1936年推动所得税开征,就任所得税处主任。所得税是直接税中最为核心的税种,此后又开征遗产税,归并营业税、印花税,直接税的数额节节上升,直接税机构之职权相应增重。据1940年调查,"全国设有省处凡十四处,分处七十四处。"③ 1940年3月国民政府公布《直接税处组织法》。1943年3月,国民政府公布修订财政部组织法,设定财政部下属国库署、直接税署、关务署、税务署、总务司、公债司、地方财政司、盐务总局、钱币司等。1944年3月,直接税处改组为直接税署,高秉坊为首任署长。下设五科六室,五科分别为所得税税务、遗产及印花税税务、营业税税务,财产租赁所得税税务、税务行政事务等。

在直接税的开征及推行过程中,孔祥熙、高秉坊坚持"新税、新人、新精神"的原则,招募新的税收人员,通过训练、考核等方式来提升税务员之素养,再加以任用。孔祥熙提

---

① 杨铎:"高秉坊'贪污案'内幕",《文史精华》,1998年第2期。
② "春如案被判决死刑",1945年6月30日,《王子壮日记手稿本》第10册,台北"中研院"近史所编,2001年,第221页。
③ 饶廉江:"我国所得税之征收",《直接税月报》第一卷第一期,1941年1月,第2页。

出,"办新税,决以新人才、新精神办之。用人概须经过考选,并加以保障,尤注重青年之训练,以利用其朝气奋发之精神,而不使有庸沓之习气滥竽其间。"① 在1938年时,崔敬伯提出了"四风理论",即学校之风,重研讨;家庭之风,重亲爱;军队这风,重纪律;宗教之风,重信仰②。高秉坊更是大力提倡"新税新人",试图通过训练来剔除税吏污名旧习,确立新的税收风气,改善税收绩效。为了达到这一目标,孔、高合作,建立了一套直接税人员的考用制度。直接税人员的招聘与任用,必须经过考训程序,达到相当资格方才予以录用。

在所得税开征之后,财政部即与考试院合作制定规章。1937年7月,考试院专门出台了《特种考试财政部直接税税务人员考试暂行条例》,规定其考试资格:中华民国公民,年在二十二岁以上三十五岁以下;公立或经立案之私立大学、独立学院或专科学校会计、经济、财政、商业各学科毕业得有证书者;或教育部承认之国外大学及学校毕业得有证书者、同等学力经高等检定考试及格者。考试分笔试与面试两部分,笔试有国文、宪法、经济学、财政学、统计学、会计学,此外还有面试③。考试合格,方才能进入培训班受训。培训班亦非借用国民党的中央政治学校等机构,而是由财政部单独创办。最早的训练班在1936年所得税开征时就已开始。第一期是在南京孝陵卫举办,为严明纪律、提升素养,高秉坊特请全国学生军训教导总队队长桂永清兼任税训班训育主任,依军队方式对中央直接税税务人员进行训练④。抗战时期,直接税处搬到重庆渝城山王庙,训练营曾在重庆青年会训练。

桂永清是黄埔一期毕业,又是复兴社的干将,是蒋的嫡系。桂曾往德国学军事,在军事训练方面颇有手段。1933年6月,桂永清受任"中央军校教导总队"总队长,到1936年10月又授陆军中将衔,官场得意。抗战爆发前,还任第七十八师师长、首都警备副司令全国学生军训教导总队队长⑤。按桂永清的履历,与税务并无干系。为何财政部创办训练班,要请桂永清任训育主任?据高秉坊的部下杨铎说,高办税训班,与CC系陈果夫发生直接矛盾。陈要求孔放弃办税训班,高坚决不同意,并请桂永清来当挡箭牌⑥。这里提到,财政部办税训班,得罪了陈果夫。陈果夫是国民党中央组织部长,1938年又任中央政治学校教育长,1939年任军事委员会委员长侍从室第三处主任。中央政治学校是国民党的培训人才的重要基地,也是CC系掌控党内人事的重要平台。据说,陈曾向孔祥熙建议,税务干部可由中央政治学校输送。财政部训练人才弃政治学校于不顾,反而另起炉灶,引起陈的忌恨是极有可能的事情。高请桂永清来当训育主任,也是存有保护自身的用意。在国民党内,通过办训练班、办学校来建立派系势力实为常见做法。朱家骅为CC系竞争,在1939年担任中央组织部部长后,也曾举办党务讲习班和战地干部训练班,扩张个人势力⑦。孔、高通过税训班来提拔人才,就可以抵制CC系的人事干预。

---

① 孔祥熙:"推行所得税问题",张森编:《中国现行所得税释疑》,财政部浙江所得税办事处1938年版,第204页。
② 崔敬伯:"学术与财政",《财政学报》,1942年第1期,第15页。
③ 《特种考试财政部直接税税务人员考试暂行条例》(1937年7月,考试院公布),江苏省中华民国工商税收史编写组、中国第二历史档案馆编:《中华民国工商税收史料选编》,第四辑直接税与印花税,南京大学出版社1996年版,第640页。
④ 高秉坊:《中国直接税史实》,财政部直接税处经济研究室1943年版,第64页。
⑤ 汪新、刘红:《南京国民政府军政要录》,春秋出版社1988年版,第87-89页。
⑥ 杨铎:"高秉坊'贪污案'内幕",《文史精华》1998年第2期。
⑦ 郭绪印:《国民党派系斗争史》,上海人民出版社1992年版,第601页。

因应直接税的征收需求，通过训练来提升税收人员的专业素养，又是极具正当性的事务，得到蒋介石的认可。1938年，财政部在重庆川东师范设立了训练所，按考试院颁行的暂行条例公开招考，实施组训。所长孔祥熙，财务人员训练仍与直接税一样，请桂永清派军官来实施军事训练。受训人员分会计、银行、税务三组。直接税署还委托浙江、陕西、江西等省的直接税局举办过初级税务员训练班，以满足各地的征税需要。到1943年7月，直接税高级税务员考训12期，约计有2800余人。初期考训班有11期，约计有3300余人。仅依训练班培养数量有限，直接税处派税务干部或资深税务员到大学讲授，吸引品学兼优的大学生入职。又与复旦、朝阳、交通、重庆、广西等大学设办训练班，还与广东、国民两校合办初级税务员讲习班。高还训令，各级长官对所属人员详加考核，其不称职者，准予报明停职，嗣后补充人员并应切实遵照《特种考试直接税税务人员考试暂行条例》办理，不得稍违①。直接税的税务人员分实习员、助理员、初级税务员及高级税务员。为激励晋升，财政部颁布税人考升办法，职、官分离，可通过考试谋求官阶晋升②。针对权贵请托，孔、高二人早有预案：同意报考，但亦得接受考训。如不符条件，则照样剔除在外。不过，只是宣示如此，实际仍难执行。

真正为CC系不满的，可能不是一般税务人员的考选，而是地方税局要员的任用。直接税署是在所得税处的基础之上逐步建立起来的，是新设机构，空职很多。高在组建各地机构之时，基本上是任用新人，尤其重视学有所长的财税专才。如崔敬伯早年在英国伦敦大学经济学院毕业，1932年归国后在中法大学、燕京大学、北平大学任过教。他时在报刊发表财税文论，引起高的注意。在所得税筹备过程中，特聘他担任财政部所得税筹备委员会特邀研究员，在1938年提任川康直接税局的局长③。梁敬錞1919年赴美入哥伦比亚大学，后转至伦敦大学经济学院，习经济。1921年获硕士学位。返国任教北大，并入司法部为参事，参与商法起草。1933年任宁夏高等法院院长。1935年返南京，见知于孔祥熙，奉命草拟所得税条例，并试办上海所得税，贡献尤多④。高在任用税务官员的过程中，既重专才，也注重其派系立场，希望以此来强化自己的权力基础。在统一税政的思路下，直接税机构强力扩充，又先后合并过营业税、货物税的征收机构。这就在很大程度上破坏了以前的权力格局。1942年，营业税划由直接税处征收，营业税机构并入直接税机构。直接税原有机构全国仅二百余处，原有人员二千余人，接受营业税之后，"直接税机构之新名称突增七倍以上，直接税之新人员突增五倍以上。"⑤ 营业税机构也进行裁撤合并⑥。在营业税合并到直接税署时，四川营业税分局中的六个分局长，被高撤了五个⑦。据高自己回忆，中统局局长徐恩曾派员持函说情：四川省营业税务分局中有六个分局长担任着中统的任务，商请保留。高回复："直接税税务人员需有一定的资历，合格的一律留用，不合格的就无法通融。"没有答

---

① "直接税处关于补充人员应按特种考试条例办理的训令"，江苏省中华民国工商税收史编写组、中国第二历史档案馆编：《中华民国工商税收史料选编》，第四辑直接税与印花税，南京大学出版社1996年版，第691页。
② 《财政部直接税处工作人员考升规则》，江苏省中华民国工商税收史编写组、中国第二历史档案馆编：《中华民国工商税收史料选编》，第四辑直接税与印花税，南京大学出版社1996年版，第701页。
③ 崔敬伯：《崔敬伯财政文丛》，中央编译出版社2015年版。
④ "梁敬錞先生事略"，《"国史馆"现藏民国人物传记史料汇编》第1辑，台北"国史馆"1988年编印，第346页。
⑤ 高秉坊：《中国直接税的生长》，财政部直接税处经济研究室1943年版，第23页。
⑥ 包超时："中央接管营业税之经过及一年来整顿之概况"，《直接税月报》，1942年第4-6期，第31页。
⑦ 杨铎："高秉坊'贪污案'内幕"，《文史精华》，1998年第2期。

应，后来这六个分局长有五个被撤，只留任一个分局长，由江津调到永川。全国营业税人员经审核调剂，裁汰的有 800 多人①。据其所述，章士钊曾约请财政部次长谈话，说及侍从室交待不仅止于查案，还令查高植党跋扈。可惜，关于此事章士钊并未留下文字。

　　1943 年，财政部又推动直接税与货物税机构合并，改组为税务管理局。但直、货两税人事不和，到 1945 年仍予分开设局征收。在合并过程中，人事有较大调整。如 1942 年 10 月贵州税务局与直接税局合组税务管理局，以原直接税局局长毛龙章为局长。1942 年 11 月湖北直接税与货物税合并，由吴仕权任局长。这两省试办后，后方各省相继推行。四川所设的东川税务局，代理局长是崔敬伯。西川税管局是方东，云南是孙东明，浙江是张淼。全国共有 17 个局，人选以直接税局长继任为多，如东川、宁绥、陕晋、贵州、福建、浙江、江西、广西、湖南②。崔敬伯、张淼等，均深得高之信任。

　　公诉书中所提"一丙保证金"，是为保障一时营利事业所得税征收的非常之举。所谓一时营利所得税，是针对各省境内无固定牌号或临时贩销货物之一时营利事业商人征收。依《一时营利事业所得税缴纳办法》，行商应于每次营业开始时，向当地所得税征收机关办理申报登记手续。一时营利事业商人在移运货物时，如遇查验需出登记证呈验③。此税开征，税务申报与货运登记同步，带有跟货寻税的特性，既可增加税收所得，也是物资控制的重要方法。为防范商家逃税漏税，税局要求在当地有固定住所之地商须经当地两家纳税住商担保方可领取行商购销证。未领购销证之行商及未取得购销证或登记证的住商，在运销货物时需由当地店商担保纳税，或者预缴货值百分之二十以为税款保证金。在此状况下，愿意为他人作保的商家极少，一些税务人员乘机登记空头住商牌号，提供虚设担保取利。行商所缴保证金，也极少愿意取回。因核定税款后，商家可能还要补交欠款。如此，"保证金源源不断缴纳，结算保证金者则绝无仅有。税务稽征人员将过期的保证金户头，沟通亲朋，冒名结算，核定一点点税款，退出大部分保证金，尽入私囊。"④ 本为预防逃税的措施，成为舞弊谋私的渊薮。1943 年税务督查员李如霖在对浙江、安徽、福建、广东等地进行调查后发现，"对保证金之收取，以前各地不同，即在浙省内亦有百分之二十与百分之十五之别。年来虽经统一，概照百分之二十征收，但货价之估计仍各地不一。有照原价课征，有照经过地点市价，亦有推算运售地点价值者，标准纷歧，莫衷一是。至直接税局对所利得税与营业税之课征，除少数根据账簿核算者外，大都出于估计，各地所采标准尤其高低不一，非特商民时有不平之感，即税局本身亦滋生流弊。"⑤ 严格说来，一时营利所得税主要是考虑增加战时税收，税制本身并不合理。既有重复征税之嫌，再加上手续繁琐，阻碍商贸流通。保证金管理混乱，税局及税务人员从中取利，贪污勒索，时见报端。不论是直接税署还是地方各税局所收缴的一丙保证金数目庞大，税局收缴保证金，商人以之转嫁于消费者，税吏得此保证金，复

---

① 高秉坊著、张元彪整理："高秉坊自述"，山东省淄博市博山区委员会编：《中国直接税创始人：高秉坊》，博山文史资料选辑第 5 辑，1993 年版，第 159 页。
② 参见张琼．"南京国民政府时期直接税署研究"，华中师范大学中国近代史研究所 2014 年硕士学位论文，第 40 页。
③ 财政评论社编辑：《战时财政金融法规汇编》，财政评论社 1940 年版，第 209 页。
④ 胡先传："直接税舞弊种种"，全国政协文史资料委员会编：《文史资料存稿选编》，中国文史出版社 2002 年版，第 121 页。
⑤ "财政部秘书处摘抄李如霖视察浙皖闽粤税务报告函"，《中华民国工商税收史料选编》第一辑，第 1611 页。

以之为作祟市场的资本，更属病民！① 从这个角度来说，"一丙保证金"滥用状况其实已为社会所知。中统如欲打击高秉坊，由此入手具有正当性，也是回应到商民的诉求。

高在直接税人事任用中，重视专业考选，希望以此来澄清税治，符合税收革新的长期目标。新税、新人、新精神的提倡，严格的考选制度，的确招揽了一些专才，也一度藉由宣传渠道得到社会好评。但是，高对于如何监控税吏滥权谋私也没有更好的办法。虽然推行了公库制度，但税务控案仍然很多，尤以直接税纠纷最为集中②。在人事更替过程之中，还触动税收体系中原有的派系力量。开征一时所得税并征收保证金，也是防止逃税的无奈之举。在当时税收征稽能力有限的情况下，所得税的征收初采申报查账法，后来又简化征稽办法，统一标准，由商人评议，再行照缴。到1945年，又恢复申报查核制度。征收保证金是防止商家偷税漏税的可取办法，但是在实行过程之中，税局权力过大，缺少监察，最终成为税吏滥权的黑洞。直接税署及地方税局随意支用保证金亦给了中统以可乘之机。

高入狱之后，有人拟联挽叹。一联以高的身份自挽：想老夫费尽心思，创新税，造新人，满以功大无妨亏小节，卒遭刑典。愿尔辈善自奋勉，改旧念，涤旧非，须知山颓从兹失依恃，慎免愆尤。一联以旁观者身份嘲讽，"新人办税，新法敛财，内惑贪妻，外蛊婪属，身后谁为歌薤露。前辙可循，前车已远，上有好者，下必甚也，门旁桃李笑春风。"③ 创新税，造新人，是高在主持直接税改革训练新人时的口号。讽刺其新人办税、新法敛财，是说高虽有办理新税之功，但藉此谋私，判刑入狱是咎由自取。小报《海晶》上也发表对联：小吃馆，高秉坊；花柳病，林柏生④。林柏生是汪伪政府的高官，抗战胜利后曾随陈公博逃往日本，后被押解回国，1946年在南京处死。社会小报的冷嘲热讽，道尽公门荣辱事。

四、改判背后的同情力量及高层较量

在对高案的来龙去脉有所了解之后，有必要再回探一审与二审之间的尖峰时刻。高被判死刑，中统予孔系以致命一击，又获得公众反贪舆论的支持。但在国民党高层，不乏同情高秉坊的力量。

在高案一审之后，据传，时任司法院院长居正就将司法行政部部长谢冠生、重庆法院院长查良鉴召至院中大批一顿。他在1945年7月3日的日记中写道："高秉坊判死刑，张参政难先以讽刺语气贺我，又发一顿牢骚，并面告谢冠生，如实验法院如此告人，司法前途不堪设想。原余去西北早有此心，因此两事而离开重庆之心愈急意强耳。"⑤ 居正是国民党元老，是早期西山会议派的骨干。西山会议派与蒋为争夺国民党正统曾对立相争，但在1927年后与蒋合作。居正自1932年至1948年一直担任司法院院长，虽扮演分权制衡的角色，但在蒋

---

① "轰动陪都的高秉坊案"，《中国政治内幕》，1948年第4期，第188-190页。
② 侯坤宏：《抗战时期的税务控案》，《财政与近代历史论文集》，台北"中研院"近代史研究所1999年印行，第698-705页；《抗战时期的养廉与贪污——经济史角度的观察》，提交中国社科院近代史研究所经济史研究室、中南财经政法大学经济学院联合举办的第一届中国近代经济史研讨会，2016年10月，武汉。
③ 千诺："高秉坊挽联：高署长自挽、挽高署长"，《大光明》1946年第8期，第11页。
④ "小吃馆、高秉坊"，《海晶》，1946年第5期，第6页。
⑤ 谢幼田整理：《居正日记书信未刊稿》，1945年7月3日，第一册，广西师范大学出版社2004年版，第63页。

总揽军权和党权的情况下,其权限受到制约。居正认为高案量刑过重,明显受案外因素影响①。居正批斥谢冠生,是因其掌控着重要职权部门司法行政部。查良鉴出任重庆地方法院院长,高秉坊案是他在任上所面临的重要考验。据其亲友的回忆,查良鉴在处理高案时的坚决态度为其赢得惩贪声誉②。但在居正看来,高案证据尚有可推敲之处,判死刑有失实验法院的法治声名。居正的态度与章士钊较为相近,认为从司法公正而言,高虽有失,但罪不至死。居正身为司法院院长,却对司法极度失望,日记中感叹"做一日和尚撞一天钟",极夜不得安眠③。王子壮7月4日日记中所载亦证实了居正的态度,"居正先生亦深不以为然,以至多不过春如滥用职权,何至处死刑。"④

高妻唐蕴在高秉坊被判死刑后四处奔走,托人说情。唐蕴找到山东老乡丁惟汾和自己的湖南同乡程潜⑤。丁惟汾是山东日照人,也是国民党元老。在1931年至1934年,曾任国民党中央执行委员会秘书长。1932年至1937年又出任监察院副院长。国民政府迁都重庆后,丁赴渝任国防最高会议委员。丁在党内有一定声望,但并无实权,与蒋的关系在不即不离之间。丁惟汾对高秉坊极为赏识。1945年2月4日,在高被撤职查办之时,丁即委托王子壮代写上总裁函,转请陈布雷呈送给蒋。陈回以"此案来自情报",同意转呈,但建议最好由财政部声请覆查。王子壮受丁委托,又转访财政部鲁、李二次长,未获同意。王子壮的观点与丁相近,对高表示同情。丁的信函转送给蒋介石时,法院已准备审查⑥。丁惟汾联合山东旅渝同乡会的秦德纯、孔德成等联名呼吁,呈请高院改判。秦德纯是山东沂水人,出身保定军校,1940年时任军法执行总监部副总监。1944年,担任兵役部次长,次年冬又调任军令部次长。1946年,任国防部次长⑦。孔德成是孔子后裔,曾任国民党政府孔子奉祀官。丁惟汾希望以此增加舆论压力,影响高院判决。程潜是陆军一级上将,当时还是军事委员会委员长武汉行营主任,位高权重。丁惟汾与王子壮、陈布雷相善,屡次委托王子壮向陈布雷建言并陈情于蒋。丁认为高有功于直接税改革,人才难得。自始至终,奔走相助,未避乡讳。

初审之时,沈钧儒也曾前往旁听。沈钧儒是中国民主政团同盟的组建者之一,当时代表全国救国联合会参与国民参政会任参政员。法院院长查良鉴特意在初审之后问他的意见,沈钧儒回答说如高秉坊庭上的辩诉,则审讯者应具有财经知识,否则恐生误会⑧。沈所以有此言,是因审判长李懋宣在庭上表现不佳,对于财经问题缺乏经验。沈钧儒也不赞同死刑判决。

值得注意的是,工商界也有同情高秉坊的声音。吴蕴初等工商企业家及经理人对法院审

---

① 沈钧儒:《沈钧儒文集》,群言出版社2014年版。
② 查良鉴的生平参见"地方法院院长查良鉴",《现实》,1947年。蒋连根:《自称"渺小"的大法官——堂哥查良鉴》,见《江南有数人家:金庸和他的家人们》,人民日报出版社2014年,第177页。查良鉴是金庸的堂哥。蒋在写作这本书时,走访了金庸及其亲友,其中提到查良鉴处理高案的情节。
③ 谢幼田整理:《居正日记书信未刊稿》,1945年7月3日,第一册,广西师范大学出版社2004年版,第63页。
④ "赴丁先生寓",1945年7月4日,《王子壮日记手稿本》第10册,台北"中研院"近史所编,2001年版,第232页。
⑤ 杨铎:"高秉坊'贪污案'",《文史精华》,1998年第2期。
⑥ "高春如兄之撤职查办案",1945年2月4日,第48页;"为春如案再进城",1948年2月9日,第53页;"上星期反省录",1945年2月10日,第55页;"中央委员谈话会",1945年2月19日,第67页。以上各条均见《王子壮日记手稿本》第10册,台北"中研院"近史所编,2001年版。
⑦ 秦德纯:《秦德纯回忆录》,传记文学出版社1981年版。
⑧ 高秉坊:"冤狱回忆",《中国直接税创始人:高秉坊》,博山文史资料选辑第5辑,第165页。

案中的事实认定提出疑问。在一审之后，他们通过重庆市工商局呈文最高法院，请慎重复判。呈文中曰：

今日凡欲涉足我国之外人尤以资本技术赞助我国建设工业之友邦人士，对于我国之法律及法官审案情形等更为特别注意。苟我法官审案均能善无残守，根据真实事实，确绝证据判断案情，而以引法律条文又能刑当共罚。不枉不从，则自然信任，不仅尊重我国之习法，且为乐于与我经济合作，如若不然，一经对我习法最生疑虑，为将影响将来之工业投资与技术合作。查市实验地方法院审理财政部直接税署前署长高秉坊判处死刑一案，据后载庭审情形，法官对被告律师所提辩诉及辩护等理由及事实，既未加反驳，似未予注意。第二庭法官临时提出之新事实，未准律师请求，予被告以提出反证申辩之机会，而判决却指合营商之政祥、祥和等商号，竟经营何业，资本若干，何人主持，高之资本几何，均未明白宣布，似此案情尚有更事调查推究之为要①。

呈文对法院审判过程之中对事实未加严格认定表示质疑，认为在犯罪证据调查方面仍有深入必要，并担心由此影响法律信任，不利于和国外的合作。此文虽是以工商局的名义上呈，但实际签名者却都是内迁陪都的知名企业家。其名单如表2所列②。

表2　　　　　　　　工商界人士呈请最高法院慎重复判高秉坊案名单

姓名	职位	地址
吴蕴初	天原化工厂总经理　全国工业协会理事长　国民参政会参政员	林森路二号
李烛尘	久大精盐公司总经理　重庆市公董协会理事长	保安路
胡厥文	新民机器厂总经理　迁川工厂联合会理事长	五四路三号
潘仰山	豫丰纱厂经理　国货场商联合会理事长	
仇秉敷	纱商公会理事长　重庆市商会主席	东升楼一号
周锦水	华成电器厂总经理　全国工业协会理事	南岸后央街七十号
高功懋	恒顺机器厂经理　第一区机器董公会常务理事	林森路华记五金刘
陶桂林	馥记筷工厂总经理　迁川工厂联合会常务理事	美丰四楼
薛旺剑	久利实业公司总经理　迁川工厂联合会常务理事	南岸虞新生院一号
李祖谦	中国化学实业社经理　国货厂商联合会理事	临江路71号
熊荫村	宝星实业公司总经理　国货厂商联合会理事	陕西街宝元渝
陈容贵	中国南洋烟草公司经理　本市工业协会理事	林森路16号
徐佩蓉	迁川工厂联合会监事　冠生园经理	民权路70号
沈云峰	茅二区印刷工业同业公会常务理事	莲花池西街五号
章剑慧	茅二区棉纱同业公会常务理事新纱厂经理	民族路特区号
厉无咎	茅二区机制面粉同业公会理事	民族路特区号
陈涤清	光华化学制革厂董事会	美丰方楼23号
张树霖	轮渡公司总经理　西南实业协会副总干事	林森路
吴味经	中国纺织公司总经理　西南实业协会副总干事	炮台街二郎庙十号
黄流尘	宝元渝百货公司协理　百货业公司理事	陕西街

---

① 重庆市档案馆藏：《市工商局关于请慎重复判高秉坊上最高法院的呈》，0273 - 0001 - 01288 - 0000002。
② 重庆市档案馆藏：《市工商局关于请慎重复判高秉坊上最高法院的呈》，0273 - 0001 - 01288 - 0000002。

领衔者如吴蕴初、李烛尘、胡厥文等,均为工商界名宿,所创办企业在行业内有重要影响。其余列名者也多为知名企业家或经理人,所属企业如恒顺机器厂、中国化学实业社、南洋烟草公司、冠生园、中国纺织公司等,皆为中国实业界一时之选。工商界人士列名者大多还担任着迁川工厂联合会、国货场商联合会、全国工业协会、各行业同业公会、西南实业协会等经济社团的职务。按照常理,高秉坊等推动直接税改革,其中主要部分是营利事业所得税,征税对象即是工商企业。直接税署后又合并营业税,该税亦是企业主要税负之一。作为税政制定者的高秉坊,为何能够得到作为纳税人的企业家的说情。在呈文中,吴蕴初等对其缘由有所说明,"高秉坊身任直接税署长,在地位上为收税人,蕴初等从事工商业,在地位上为纳税人,利害实属对立,且既非朱故,又无友情,在人事关系上更鲜往来。战后我国经济建设需要友邦赞助,外资外材能源源而来,胥视我国环境是否适合以为断,习法一项至关重要,对业经引起各方注意之高案,似更应郑重审理,秉公决断,以期罪当刑平,折服中外,用敢不当冒昧签请。"① 吴蕴初等人所提意见,显不能以通常说情看待。正如呈文所言,高为税务官员,吴蕴初等为纳税人,利益实处对立。工商界人士对案情提出质疑,是认为事实认定存在漏洞,如模糊判决,于我国法律信任不利,影响战时与外商之合作。

在同情力量中,除丁惟汾、程潜等人的私谊请托色彩较重外,居正、沈钧儒、吴蕴初等与高并无直接的利益与人情关系,所论主要立足于案情与司法,也未将之与孔祥熙连带批判。与普通公众舆论相比,他们对于高秉坊个人及案情的了解较公众更为全面,判断更为理性。居正身居司法院院长要职,法理应用了然在胸。他们的质疑,说明案情认定存问题。

孔祥熙去职之后,接任者为俞鸿钧。俞鸿钧在抗战前任上海市市长,赴重庆后担任财政部次长。俞到财政部任职得到过孔祥熙的帮助。1941年8月,任中央信托局局长。蒋介石看中俞的财经专长,在1944年11月任命他为财政部部长,取代孔祥熙。俞虽参与调查高秉坊,但并无直接利害冲突。在高被判死刑之后,财政部中对高抱有同情心理的人很多。在高生死攸关的重要时刻,财政部针对案中指控事实也进行了调查。财政部将调查结果汇成二十一条呈送蒋介石,并呈请最高法院慎重裁决。具体调查情况如表3所列。

表3 财政部内部调查情况汇总②

编号	检控事项	事项说明	结款状况
1	1942年4月22日提借10万元	垫发抢征奖金,事前均有收据。12月移作垫购唐宁路14号职员宿舍	1944年垫款缴库,房屋经审计部验收
2	1942年12月提借30万元	15万连上10万垫购宿舍及地皮。15万垫付直接税分局员工消费合作社基金	
3	1943年6月11日提借3万元	该署并无提款命令,无核准通知书	查此款系磁器口直接税查征所提取

---

① 重庆市档案馆藏:《市工商局关于请慎重复判高秉坊上最高法院的呈》,0273-0001-01288-0000002。
② 此项资料来源于高秉坊的"冤狱回忆"(《中国直接税创始人:高秉坊》,博山文史资料选辑第5辑,第167—170页)。高作为当事人,其回忆不能作为证明财政部内部调查的证据,需以财政部或俞鸿钧方面的史料为佐证。但笔者在台北"中研院"近代史研究所、台北的"国史馆"、重庆档案馆均未查到相关记载,俞鸿钧之个人文献亦未见提及。不过,财政部内部进行调查之事在他人回忆中也有记载,只具体内容难以证实。整体上来说,在财政部尤其是直接税署内部,有较多人认可高的办事能力。

续表

编号	检控事项	事项说明	结款状况
4	1943年6月22日提借12万	该署核准增垫重庆分局合作社基金	1944年12月由重庆分局清理归垫
5	1943年7月29日提借50万元	系垫发忠县等十七分局合作社基金	报部有案,有核发清单,款已归还
6	1943年7月23日提借10万元	系垫支重庆分局海棠溪训练班税务人员经费	1944年1月重庆分局经费领到呈报归还有案
7	1943年8月12日提借55万元	系垫付海棠溪办公房部分价款,又1944年建康宁路14号新宿舍挪用	1944年12月到款归垫
8	1943年11月提借60万元	系垫付直接税员工家属生产合作社基金,购买纺织毛线	1944年还款,文书案卷可查
9	1944年1月17日提借190万元	系垫付重庆直接税分局公园路职员宿舍价款	款领到已归还
10	1944年3月10日提借15万元	系垫付日用物品管理处办公室公用品价款	清单俱在,款已归还
11	1944年5月提借160万元	系垫付重庆市营业税处员工消费合作社基金50万元,又垫付该处超支经费50万元,又垫付重庆直接税分局超支经费60万元	均有账据,款已归还
12	1944年6月24日提借50万元	5月10日垫付重庆营业税处超支经费	有账据,已归还
13	1944年3月27日提长沙征收局200万元	预购办公纸张	遵照前部长官邸会议指示,已运到者存在,损失者有卷,证件均送法院,款已归还
14	1944年3月17日向广西郁林分局提借50万元	购公用煤炭	遵照前部长官邸会议指示,有订货单,款已归还
15	1944年4月向皖北太和分局提借324350元	垫付员工消费合作社买制服呢、毛巾线袜	有分配清单账据,款已归还
16	1944年4月17日向衡阳征收局提借50万元	预购办公用品垫付曲江分局代购蜡纸	遵照前部长官邸会议指示,有分配会议记录可查,款已归还
17	1944年4月15日向衡阳分局提借120万元	定购印单法令书纸	遵照前部长官邸会议指示,款已归还
18	1944年5月25日向长汀征收局提借143106元	垫购纸运费	补发核准书,因购运困难未办,款即归垫
19	浙江审计处函称财政部妇女工作队在浙购买挑花布提借45万元	该署并未授意,该浙江直接税局提供保证金,至妇女工作队所托浙江直接税局局长张森代购麻绣手工样品,系自行委托,价款包装及关税消费税等计132472.9元	系该队面交该局秘书王道平手收,无在浙提借45万元之事

续表

编号	检控事项	事项说明	结款状况
20	贵州审计处报向贵阳征收局提借1706610元	该署无案可查,亦未填发核准通知书。惟至1945年2月及4月始据该征收局两次所列账单,系11月抢救湘贵黔各撤退人员税票所需汽车油料修配所用计120万元	系该局自行提用,数字不符,正电查中。此条移交后任处理,该前署长实无在黔提借174万之事
21	1944年6月17日向浙江平阳分局提借80万元	系前署电知浙江省局预购办公文具纸张,电知需用款电报即汇,未令提垫保证金	后向平阳分局先行提垫,于6月17日补发核准,后战事紧张,已饬该局退售归垫

财政部的调查说明分项列举款项用途及收支状况。所控1000余万元的贪款,仅有30万未说明账目清单,但用途也是用于公用。调查说明两个问题:其一是高案所控滥用款项,并非用于谋私,而是耗于公用。公用内容包括购买办公用品、垫付员工福利、用于合作基金、税训班费用等。其中,绝大多数款项是用于员工福利和办公费用。其二是高案所控款项的收支回款情况。据财政部所查,绝大多数账目均有清单可查,有垫有还。财政部的说明正是针对高院的指控。从法律上讲,财政部内部调查难以作为呈堂证供,但持同情态度者仍不少。呈书最高法院,也可能影响到判决结果。

俞鸿钧的这份调查报告书虽未得确认,但在重庆档案馆的法院档案中,笔者发现一份题为"平心而论高秉坊生活及工作"的文件。因案卷不全,未见落款。按其措辞语气,应属财政部直接税署内人员所写的呈文。按时间判断,应在1946年7月间,即复审之后①。呈文历数高主政直接税之功绩,称赞高选人唯贤,重视训练,领导下属,赏罚分明。尤其提到,因物价飞涨,员工生活入不敷出,高在不违法原则下,订立考绩晋薪制度,提拨周转金,供应员工生产合作,或准予借俸津。呈文认为,"高前署长,立身行事,待人接物,颇有分寸,无可指疵,虽未能谀为税圣,至少应非税蠹。若论现行直接税之得失,在种种条件不甚适合之我国,似不能过于求全责备,盖方在初期,向无成轨,矧草创即逢寇祸,国内环境瞬息万变,一切规章,自难任意伸缩更张,立符现实,而拟定原则,逐步立法,又非一人或一部门之主权。"语外之意,高功在税政,关心属员生活,虽然政策有瑕疵之处,但并非主观之过。所用款项,"确系因公急需,始行筹垫,与税款保证金收付补充办法第五条甲项之规定并无不合,所提各款,先后归垫,有财政部造送直署一丙保证金归还明细表可证,无丝毫舞弊情事。"呈文指控的串通舞弊、假公济私、违法提用,违法存放等情逐条批驳,"若高氏之被议,启览情节,胥为部属生活所种因,经费支绌情势之所迫。万一毕生难邀平反,而历年追随奋斗之员工,受惠既深,知情最切,一丝一缕皆高氏牺牲之代价。"就受惠于高之员工角度看来,高被判无期仍属重判,而高之所以入狱,皆因部属生活及经费支出所迫。

高改判入狱之后,部下仍记其开办直接税之功。1947年7月,冀察热区直接税局北平分局杨翼谋在致谭子薪的信函中说,在7月1日直接税节时曾举办纪念仪式庆祝,"惟本税开办人高先生春如尚在囹圄",中途遥阻,不克前往面慰,请谭子薪代为致意②。直接税节

---

① 重庆档案馆藏:《平心而论高秉坊生活及工作》,0273-0001-01288-0000065,时间推测在1946年7月间。
② 重庆市档案馆:《关于请代向高秉坊慰问致谭子薪的函》,0273-0001-01288,第166—167页。

是高秉坊在 1941 年确定的，每年 7 月 1 日进行宣传，"全国各机关举行纪念并扩大宣传，以促进国民之深刻认识。"① 谭子薪之职位不详，应是高去职之后仍在直接税署任职，时常前去探望高秉坊。高入狱之后，妻子及七个儿女生活困难，直接税署及分局同仁还筹集救济款项。1947 年 6 月 10 日，江西直接税局的张济美、胡光传等致函谭子薪，表达对高秉坊的问候之意，言语中称为"高师"。函中还说联系诸多同仁汇款资助高秉坊，数额近百万②。又有四川宜宾直接税分局同仁葛廷韶、王明衣、洪克振、余先达、薛理轩、刘浦成、杨培仁等 84 人等共捐款一百零一万元，寄送高妻唐蕴。捐款多者三万，少者五千。函中说："奠新税之宏碁，开财政之大业，懋勋卓绩，海内共知，大功告成，忽罹奇祸，凡我同仁均为惋惜嗔闻。"③ 谚曰"人走茶凉"，高在入狱之后，仍深受部下尊重，且众多职员汇资救济妻小，亦不枉其创办直接税的功业。高在《新税历程》也有感叹："三年来每逢七一节（直接税开办日），辄承旧友契好，赐函慰问，且捐廉俸，助余生计，情深谊重，感愧良殷。"④ 不论外界评价如何，高在任职其间对直接税员工多方照顾应可肯定。从这个角度看，所得税保证金用于员工福利并非虚言。

又有说高案被判死刑后，孔祥熙曾设法关说。但是因失去蒋的信任，不敢直言，于是找了美国驻华大使赫尔利来劝蒋。赫尔利的理由是，判高死刑有违人权法治。蒋顾及国际影响，最后改变主意⑤。又有说是居正直接向蒋说情⑥。孔祥熙、赫尔利的私人记录中，也都未提及。但从私人关系上讲，赫尔利与孔祥熙交好，存有这个可能。蒋的态度如果转变，会直接影响到判决结果。倒是中统的态度，在复审之前尚未发现有直接干预。在复审之时，更审审判长改由法院推事李坚夫担任，检举人方仲豪、周光亚并未到场。李实际上也受谢冠生指使⑦，方、周二人在更审时均未出席。更审判处高秉坊无期徒刑，最终定谳。高即使改判，中统已达到控告目的。

结语　税政革新中的人事困境

就断案而言，本文并未发现新的证据，足以更改或确认高案判决结果。但基于案内与案外的角力，却可以对惩治贪污、税政革新与派系权争之间的关系有新的认识，亦可理解税政革新背后之人事纠葛。高秉坊贪污案爆发，在时机上是因为中统的检举与查证。中统与孔系之间，一直存在争斗。此时孔祥熙失势，高秉坊成为打击孔祥熙的重要着力点。高在税政改革之中，推行税务人员考训，调整高级税务官员，撤销多位中统和军统派系的人马，亦被中统忌恨。但不论原因如何，中统查处高秉坊贪污案却顺应了公众舆论的呼声。中统既行检

---

① "直接税处关于规定直接税宣传日的训令"，《中华民国工商税收史料选编》，第四辑，第 39 页。
② 重庆市档案馆：0273 - 0001 - 01287 - 0000060，《关于将各员资助名单抄上请转达及高师原文已递交各员传阅致谭子薪的函》。
③ 重庆市档案馆：0273 - 0001 - 01288 - 0000022，《关于汇上款项请接纳致高秉坊的函》。
④ 谭子薪、张淼："高秉坊与中国所得税"，《文史资料存稿选编》，第 80 页。
⑤ "高秉坊贪污案"，《民国经济案籍》，群众出版社 2001 年版，第 46 页。
⑥ 李养之述、李安怡整理："蒋介石为什么要杀高秉坊"，《中国直接税创始人：高秉坊》，博山文史资料选辑第 5 辑，第 229 页。李养之是高秉坊的外甥，给高送过一年的监饭。他在回忆中提到此事，有可能是在狱中听高秉坊言及。
⑦ "春如被判无期徒刑之背景"，1946 年 2 月 14 日，《王子壮日记手稿本》第 10 册，台北"中研院"近史所编，2001 年，第 512 页。

举，又搜罗证据，还通过司法行政部及地方法院的人事安排，确认高借权谋私，由此判处死刑。纵观全案，中统力量虽然没有明面出手，但隐然可见。高指责中统干预案情，应属事实。

高自认为是中统出于派系利益而查处自己，但他却忽视了蒋本身的态度。抗战时期高级官员的贪污腐化，深受民众痛恨。在直接税署及地方税局中，税务控案也连续不断。蒋最为痛恨贪污与结党，中统报告之中提及高不仅借权谋私，而且还指称用人唯亲。中统的行动得到蒋的认可，查处令由侍从室下发且指责高有若干罪行，决定了高的生死。公众媒体对案情是非难以探知，却多为高被判死刑叫好。孔祥熙亲信林世良走私一案，蒋钦点判处死刑。对照来看，一审判处高死刑并非无前例可循。高虽被改判，但仍属被查处的贪污重案。蒋的侍从室高级幕僚唐纵在日记中提到，"更新人事，肃清贪污。盛世才、孔祥熙之被撵下台，此为近年来舆论抬头之第一次现象。高秉坊贪污案、黄金舞弊案、程泽润失职案，亦为近年来稍快人心之事。"①

在一审案情控辩中，检方和被告各执其理，事实上双方均有漏洞。章士钊为高辩护，强调高为税务能吏，有功于抗战，也强调其挪用款项并非用于谋私，而是出于同仁福利和公务，但是即使是用于公利，所得税保证金滥用也是事实。章士钊针对证据提出的疑问，但多事理推测，较少实际的财务审计与证明。检方提交的证据也并不充分，且法院主审法官表现不佳，被沈钧儒等批评缺少财经专业知识。可以明确的是，保证金的收取和滥用属于事实，究竟是用于私利还是公利，就直接决定了高案判决时的法律适应尺度。倾向于前者，判处死刑罪有应得；如属后者，则量刑过重。在这个重要时刻，同情高秉坊的力量开始进行说服工作。同情者可分为三个类型，一是出于私谊，如山东旅渝同乡会的丁惟汾等，因与孔、高交好，故而出面游说。二是强调司法公正，如居正、沈钧儒，还有迁川工商团体的吴蕴初、李烛尘、胡厥文等。他们主要是认为判处死刑，量刑过重，有违法治。三是财政部直接税署同仁，如俞鸿钧进行之内部调查，直接税同仁的呈书辩解，都说明高虽有滥用保证金行为，但主要用于税务办公和员工福利。税署同仁受其恩泽，故而出面说情。在高入狱之后，更是捐款救济其妻女生活。这在其他贪污案中，绝难有见。此类意见上呈法院，也有可能上达天听，最终枪下留人。复审改判无期，高秉坊得以保命。但是，公众舆论却极为失望，甚至认为是国民政府反贪失败的典型。可见，对于高案的理解，民众与部分高层的角度绝然不同。

在高案查处及追溯过程中可见，直接税改革受制于派系政治和人事关系。国民党内派系林立，互相争斗。蒋在确立其最高领袖地位之后，依然防范地方实力派及其他非蒋势力。在蒋派之内，中统、军统、黄埔系及孔、宋势力争夺不休。蒋难以强力统驭，转采平衡战术，抑此扬彼，抑彼扬此，以维护自身之中枢独裁地位。高秉坊是推行直接税的功臣，但不论是自身的仕途升迁，还是税改政策的推行，都需要依赖于孔祥熙的权势才能得以实现。高被公认为是孔的心腹和智囊，与孔荣辱相关。孔、高合力，是直接税改革取得成功的重要人事因素。在孔祥熙失势之后，高难以独存。直接税改革虽然获得的税收绝对数额有限，但是在一定程度上改变了国民政府财政完全依赖于关、盐、统三税的局面，为抗战财政拓展了新的来源。在孔因美债案下台之前，其实二人都享受到直接税改革所带来的政声和荣誉。

高充分利用了税政革新所带来的政治权力，但也在这个过程中得罪了其他派系的既得利

---

① 唐纵：《在蒋介石身边八年——侍从室高级幕僚唐纵日记》，群众出版社1991年版，第527页。

益者。直接税被认为是良税，分级征收，有平衡贫富之功。所得税、遗产税的开征，主要征税对象是有产者及薪水较高者。在抗战时期，政府开征一时所得税、财产租赁所得税，主要也是商人。政府官员、财经学者也支持直接税的征收。政府也极为看重直接税的税源，对孔、高寄予厚望。高秉坊因此握有推行直接税的重要权力。高为革新税政，必须更替人事。他采用税员考训的办法来选拔人才，重视专业能力，抵抗人事请托，倡导新人新风新税。高重视人才的选拔，聘请有多位学者到税局担任税务官员。但在注重专业能力的同时，高也重视建立自己的势力。出身税训班者，被高视为自己派系的人马，往往更受重用。胡先传回忆，直接税人员考训了一批又一批大学毕业生，总计不下千名以上，"这批大学生都成为高的子弟兵，也是控制直接税基层机构的基本力量。"① 高重视直接税署的员工福利，受到部属拥戴，也有利于增强其权力基础。高在公众舆论眼中，不无嚣张跋扈之处，但在属下心中，却是宽宥仁恕。一丙保证金问题上，不仅显示直接税署的直接管辖混乱，地方的保证金更是收支不明，高作为直接税署署长，负有不可推卸的直接责任。高应也知晓，直接税虽然税额不断增长，财政贡献有目共睹，但是税员训练和税纪监察的效果却不是很好。基层税吏滥政谋私的情况较为严重。从情理上讲，高为员工福利而挪用款项受刑，颇值同情，但如从严肃法纪的角度而言，用于部门利益并无改其随意支配公用款项的事实。革新需依赖于派系力量的支持，孔、高又运用税政改革的权力来扩充势力，最终使高自己也身陷权争漩涡之中。

---

① 胡先传："孔祥熙与高秉坊"，载寿充一编：《孔祥熙其人其事》，中国文史出版社1987年版，第301页。

收入与管理改革

我国古代的预算和审计管理制度探析

孙翊刚　王文素

摘要：预算制度是财政制度构建的最重要环节。我们国家预算制度何时形成？有学者认为：在唐代我国就已经形成了完备的财政预算制度；也有学者认为：清末引入西方的预算制度是我国建立预算制度的开始。我国古代预算制度与现代预算制度的形式的确存在差异，但是就预算的内容而言，二者并无差异。本文认为：通过对秦汉竹简与典章制度的解读，秦汉时期我国已经形成了完备的预算制度安排，形成了预算的基本原则。

关键词：上计　预算　财政管理

我国古代预算制度何时形成？学界存在颇多讨论。陈明光认为：虽然我国古代没有预算一词，但是对国家财政收支的计划性的认知是充分的，并将这种认知早已安排在财政体制之中，《礼记》之中就有："冢宰制国用，必于岁之杪，五谷皆入，然后制国用，用地小大，视年之丰耗，以三十年之通制国用，量入以为出"的规定[①]，他认为解决这一问题的关键在于：能够掌握一个王朝编造年度收支基本计划的法定程序及其计划的周密程度。他通过解读《仪凤三年度支奏抄、四年金部旨府》与唐代的典章制度，认为我国在唐代形成了完备的国家预算制度[②]。葛承雍认为唐代的户部概算、度支预算以及比部的决算构成了完备的预算制度[③]。邢铁从财政思想的角度回答这个问题，他认为唐代中叶以前是"量入为出"，而唐中叶以后则是以"量出为入"为主，在这种财政思想的支配下政府需要掌握中央及地方的财政收支，由是逐渐形成统一的财政预算[④]。李锦绣、蔡次薛等学者也认为唐代确立了我国的预算制度[⑤]。

作者简介：孙翊刚，男，中央财经大学教授，现已退休。王文素，女，经济学博士；中央财经大学教授，博士生导师。

① 《礼记·王制》。
② 陈明光："中国历史上何时建立'国家预算'"，《厦门大学学报（哲学社会科学版）》，1995年第1期。
③ 葛承雍：《唐代国库制度》，三秦出版社1990年版，第16页。
④ 邢铁："我国古代专制集权体制下的财政预算与决算"，《中国经济史研究》，1996年第4期。
⑤ 蔡次薛：《隋唐五代财政史》，中国财政经济出版社1990年版，第187页。李锦绣：《唐代财政史稿》，北京大学出版社1995年版，第7页。

也有学者认为传统时期的中国虽然存在类似预算形式的财政制度安排,但是和近代意义上的财政制度却存在极大的不同。陈锋认为虽然古代已存在的"预算"形式较为完备,但是与具有现代色彩的预决算制度还是有区别的,"清末的预算,从立宪的酝酿、实施,到财政机构的重新设置,从财政事项的调查,到财政预算的编制,大都前所未有,是接受西方预算思想和预算制度的产物"[1]。邓绍辉认为清末新政时期的预算摒弃了过去由各省向户部单独报告,再由皇帝裁定的旧制,而是实行由各省编制预算表册,上报度支部审核,最后经资政院审批的程序[2]。邹近文认为:清末西方预算思想传入我国并取得了很大影响,通过对西方预算制度的研究,我国学者撰写了第一部预算学著作——《比较预算研究》,同时我国也将这种西方预算思想引入政治体制改革,形成清末的预算制度改革[3]。李炜光、任晓兰认为通过公共预算这一外部机制来约束政府的财政行为,是现代国家的选择,现代意义上的预算制度即由此产生[4]。

其实这两种观点争论的焦点是古代的预算制度和现代的预算制度到底是不是一回事,笔者以为这要区别传统预算与现代预算的不同,要从形式与内容两个角度来看这个问题。预算指的是"经法定程序审核批准的具有法律效力的政府年度财政收支计划,是政府筹集、分配和管理财政资金的重要工具。"[5] 从预算的形式来看,传统时期的预算是君主及其政府以预算的形式对年度的财政收支进行规划与统计,君主及其政府控制预算的权力来源是神授之君权,而现代的预算则是具有一定民意基础的议会对政府财政情况的审议、批准以及监督,其权力来源是民权的主张。但就预算的内容来看,无论是传统时期的预算还是现代意义的预算,其内容都是对政府财政收支情况进行的规划与总结,就此而言,先秦时期我国存在的"上计"制度就已经具备有预算的形式[6],秦汉时期,这种预算制度已经基本完备。本文即通过对我国古代典章制度的解读以及对秦汉时期竹简关于财政制度的记载的探索来讨论我国古代的预算制度。

一、从上计制度到国家预算

我们再次考究《礼记·王制》:"冢宰制国用,必于岁之杪,五谷皆入然后制国用。用地小大,视年之丰耗,以三十年之通制国用,量入以为出。……国无九年之蓄,曰不足;无六年之蓄,曰急;无三年之蓄,曰国非其国也。三年耕,必有一年之食;九年耕,必有三年之食;以三十年之通,虽有凶旱水溢,民无菜色,然后天子食,日举以乐"的记述,可以看到这段话包含了国家财政收支计划(预算)编制的时间、编制依据、编制方法以及编制的原则等内容。(1)编制时间:一年年末,种植作物都已收割完毕,晒干入仓。(2)所属土地的多少以及当年是丰收抑或歉收,即当年入库的实际收入。(3)编制方法:"以三十年

---

[1] 陈锋:《清代财政政策与货币政策研究》,武汉大学出版社2008年版,第503页。
[2] 邓绍辉:《晚清财政与中国近代化》,四川人民出版社1997年版,第283页。
[3] 邹进文:"清末财政思想的近代转型:以预算和财政分权思想为中心",《中南财经政法大学学报》,2005年第4期。
[4] 李炜光、任晓兰:"论近代中国国家建构中的财政预算尝试",《中州学刊》,2013年第11期。
[5] 李燕:《政府预算》,经济科学出版社2012年版,第3页。
[6] 孙翊刚:《中国财政问题源流考》,中国社会科学出版社2001年版,第285页。

之通制国用",按《正义》所云：①量其今年人之多少（年末统计数）以为来年出用之数。②"以三十年之通制国用",《正义》曰：每年之率入物分为四份：一份拟为储积，三份而当年所用；二年，又留一分；三年，又留一分；是三年总得三分，为一年之蓄。三十年之率，当有十年之蓄（书记为九年之蓄）。③"祭用数之仂"，祭祀支出占总支出的十分之一。④所说三年、六年、九年，是古代认为水旱凶荒，历运有常，九年、七年、五年、三年之灾，需三年、六年、九年之蓄。(4) 编制原则：①以收定支。根据当年的农业总收入实际收入数，安排次年（来年）的国家支出。②量入为出。这一原则是建立在当时尚无力抗拒重大水旱凶荒，国家财政必须精打细算，通盘安排，根据已经实现了的财政收入情况，谨慎地安排下年的支出，并留有后备，以备不时之需，使国家不致处于十分被动的境况，实为稳妥的决策。③储粮备荒。古代对气象情况尚在摸索；对自然灾害无力抗拒。尧舜时期，长年水患，先是共工、继而是鲧，之后是大禹，禹治水用时十三年。禹长年跋山涉水，脚都变形，流传后世的"禹步"，就是瘸腿走路，足见治水的艰辛，多年洪水灾害，百姓冻饿水淹而死者应是不计其数，只是史无记载。我们可从大禹一边治水一边救民的记载中获得一些信息：禹和益教民鲜食；与稷教民播种之法，艰食、鲜食；还要对远山远水缺少食物的居民进行救济，调有余以补不足。这应该是国家在自然经济条件下，为国家延续、百姓生存，做的最详尽、全面的备灾预算。

中国古代的预、决算制度，有史籍可证的当在西周。《礼记·王制》云：（季秋）合诸侯制百县为来岁受朔日，与诸侯所税于民。轻重之法，贡职之数，以远近土地所宜为度；以给郊庙之事，无有所私。原注云：秦以建亥之月为岁首，于是岁终使诸侯及乡遂之官受此法焉。合诸侯制者，定其国家宫室、车、旗、衣服、礼仪也。诸侯言合制，百县言受朔日，互文也。贡职所入天子。凡周之法，以正月和之，正岁而悬于象魏。《疏》引正义曰：合诸侯制者，秦十月为岁首。此月，岁之终也，当入新岁，故合此诸侯之法制。又命百县为来岁受朔日之政令，并授诸侯所税于民，轻重之法，贡职之数。天子有朔日政令，诸侯所税民轻重之法，贡职之数，皆天子制之，百县来此受处分，故云受朔与诸侯所税于民轻重之法……以道远近、土地所宜为度者，言定税轻重，入贡多少，皆以去京远近之差，土地所宜之物为节度，无有所私者。言既给郊庙之事、百县等物，无得有所偏积，不如法制也。《正义》云：税于民者，是积贮本国；贡职之数者，是指输纳天子。（季冬）天子乃与公卿、大夫共饬国典，论时令，以待来岁之宜①。

我们再看《周礼》的记载：

天官大宰之职：岁终，则令百官府各正其治，受其会，听其政事而诏王废置；三岁，则大计群吏之治而诛赏之。

天官小宰之职：岁终，则令群吏正岁会；月终，则令正月要；旬终，则令正日成，而以考其治。治不以时举者，以告而诛之。

地官小司徒之职："及三年则大比。大比则受邦国之比要。""岁终，则考其属官之治成而诛赏。令群吏正要会而致事。"

《礼记·王制》云："大司徒、大司马、大司空斋戒受质，百官各以其成，质于三官；大司徒、大司马、大司空以百官之成，质于天子；百官斋戒受质，然后休老劳农，成岁事，

---

① 《礼记·月令》。

制国用。"《疏》称司会主总群官簿书，司徒、司空、司马簿书亦司会掌之，司会以一岁之成质于天子。所谓质，古作平，是指奏上文簿，听天子平量。"休老劳农"者，即十月蜡祭之时，饮酒劳农，成岁事，制国用。"成岁事"者，断定计要，一岁事成，乃制来岁之国用，故云制国用也①。

可见，西周的国家预算编制，是在该年度终了（岁末），地方政府逐级向上报告一年来的工作业绩，包括财政、民政、农田（增、减）、水利、人口增减和社会治安等情况，其中尤为重要的是人口增长、土地垦辟和财税增加。这就是古代所说的上计。上计，实源于对官员的考核。史称，自黄帝开始，就有对官员一个时期的业绩进行考核的规定，三年一大考，官员按治绩的好坏进行奖罚。据《尚书》记载：舜将正式继承尧位之际，于正月元日至文祖庙，先后听取四岳、十二牧的意见，确定禹、契、皋陶等人的职位，组成和四岳十二牧在内的中央领导集团。确立"三载考绩，三考，黜陟幽明。"②三年一考核，经过三考（九年），视其业绩好坏决定升降。三年一大考的制度，流传至春秋时期，仍然在严格遵行。"晏子治东阿，三年，景公召而数之曰：'吾以子为可，而使子治东阿，今子治而乱，子退而自察也，寡人将加大诛于子。'晏子对曰：'臣请改道易行而治东阿，三年不治，臣请死之。'景公许之。于是明年上计，景公迎而贺之曰：'甚善矣！子之治东阿也。'晏子对曰：'前臣之治东阿也，属托不行，货赂不至，陂池之鱼，以利贫民。当此之时，民无饥者，君反以罪臣。今臣后之治东阿也，属托行，货赂至，并重赋敛，仓库少内，便事左右，陂池之鱼，入于权家。当此之时，饥者过半矣，君乃反迎而贺臣，臣愚，不能复东阿，愿乞骸骨，避贤者之路。'再拜，便辟。景公乃下席而谢之曰：'子强复治东阿，东阿者，子之东阿也，寡人无复与焉'。"③ 不管什么情况，"三载考绩"制度，成了后世历代王朝的成法。而上报一年的财政收支业绩（上计），则是考绩中的一项重要内容。

就当时来说，上计是属于稳妥可行的制度。第一，在各级政权机构中，设置了主管财政、财务会计的机构，任命了专职官员。第二，预算编制的时间，是在本年年末，种植作物收割入库之后，"冢宰制国用，必于岁之杪，五谷皆入"，以此作为依据，编制来年的国家预算："制国用"。第三，各项收入数额和支出限额的确定，则根据"用地大小"，"年之丰耗"，"以三十年之通制国用"，即根据耕地面积的增减、粮食的丰歉，从连续数年、十几年的农业收入统计中，选定一个常（中）数作为收支指标（任务），下达各省执行。第四，作为国家预算的编制，严守"量入以为出"的原则外，还有一点就是在具体安排各项收支指标时，不能满打满算，必须留有余地，以备不时之需。

二、上计制度的时间、内容、审批与执行

（一）上计的时间

财政情况会直接关系到吏治的好坏、人口的增殖、土地的开发、农业的丰歉，最终是影响到国家的安定（稳定），所以统治者十分重视。他们通过"上计"对全国的财政收支情况

---

① 《礼记·王制》。
② 《尚书·舜典》。
③ 《晏子春秋·外篇下》。

进行直接的观测,故"上计"便是每年伊始之事,史称"正月旦,天子幸德阳殿,临轩。公卿、将、大夫、百官各陪位朝贺;蛮、貊、胡、羌朝贡毕,见属郡计吏,皆陛觐,庭燎。宗室诸刘亲会,万人以上,立西面。位既定,上寿。群计吏中庭北面立,太官上食,赐群臣酒食,西入东出。"①

在《汉律摭遗·上计律》中对上计的时间做了明确的规定:

汉初以十月岁首,朝会在十月,计吏自不得不以九月为断,自太初正历,以正月为首,而计文书仍断于九月者,计吏岁尽即诣京师,不及候至十二月,郡国之远者必断于岁尽,即不及赴正月之朝会,故断于九月②。

在这段记载中可以看出:汉代初年,以十月为每年的岁首,故每年九月就需要通过上计工作将全国各地的经济情况汇总至京,各地计吏也要于此时赶赴长安,为了能赶上正月的上报,郡国通常必须在九月之前把上计簿书做好,即所谓"计断于九月"。

(二) 上计的内容

上计内容一般包括各郡国向中央报告郡县户口、垦田、钱谷等方面的内容。据商鞅所说,包括库藏之数、丁男丁女之数、老弱人口数、官士数、游士数、利民及马牛刍藁等十三类内容。上报的上计簿,一式两份,分别一送丞相,一送御史府,以接受他们的考课。史称"宣考绩功课,简在两府,不敢过称以界欺诬之罪。"③ 即是说,郡国守丞、长史、上计吏的主要任务就是专送上计文书(上计簿)及有关的上供物件给两府,丞相及其属官则根据各郡国的上计簿,考核各郡国官员业绩的优劣,以诏王废置。

按《睡虎地秦墓竹简·金布律》所说:

以四月、七月、十月、正月膚田牛。卒岁,以正月大课之,最,赐田啬夫壶酉(酒)束脯,为旱(皂)者除一更,赐牛长日三旬;殿者,谇田啬夫,罚冗皂者二月。其以牛田,牛减絜,治(笞)主者寸十。④ 有(又)里课之,最者,赐田典日旬;殿,治(笞)卅⑤。

汉承秦制,年终考评也分殿最两级,但进行了细化,分上中下。"积其日,陈其实,计功量罪,以多除少","三三列之,亦有上中下。"⑥ 各郡国上计的内容,在财政方面,可能包括:(1)所属土地情况(原有耕地亩数,新开垦土地)。(2)辖区居民数(原有户口、新增户口、丁男、中男、老弱孤寡病残人数)。(3)森林、沼泽、河、湖、陂塘。(4)家畜饲养。(5)家庭手工业等。(6)当年租税收入。库存财物数。(7)各级官吏人数等。在汉代,随着经济的发展和政权巩固的需要,十分注意对人口的增加、土地的垦辟和财税收入的稳定增加,这也就成为考核地方官吏业绩的主要内容,这部分内容也就是财政决算(上计)的主体。

汉代规定,上天子书时必做二封,一正一副。尚书先检查副封,不合者不奏。上述这些

---

① 《续汉书·礼仪志》。
② 转引自朱德贵:《汉简与财政管理新证》,中国财政经济出版社2006年版,第264页。
③ 《汉书》卷83《薛宣传》。
④ 秦王朝的年终考绩规定在来年正月进行,考评分为两级:最、殿。评为最者受奖,赏酒和肉乾,除一更;评为殿者受罚。
⑤ 睡虎地秦墓竹简整理小组编:《睡虎地秦墓竹简》,文物出版社1978年版,第30页。
⑥ 《春秋繁露·考功名》。

簿籍，在上达"县廷"时，要按规定匣盛、缄闭、印封，如有违制或内容存在诈伪，或劾论，或处以赎耐。

战国秦汉时期，地方州县为保证上计内容的准确，首要是抓好民户登记。当时叫名籍，名籍即户籍。即经过官吏调查核实后的某户家庭成员的概况。以三国吴简为例①：

包括内容：居址、爵位、姓名、年龄、体况特征、所患疾病。…

户籍又分：吏籍、师佐籍、民籍。

秦简的统计很细致具体：

□二户	士五七户□	大一户	司寇一户	夫寡三户
小男子□	不更一户	大女子□	小上造三户	凡廿五□
小公士一户②				

（三）上计的审批

上计的审批史称："御史察计簿。"③ 丞相则主持上计（审核）工作。丞相考核的情况，据《汉书·黄霸传》载张敞所说："窃见丞相请与中二千石博士杂问郡国上计长史守丞，为民兴利除害成大化条其对，有耕者让畔，男女异路，道不拾遗，及举孝子弟弟贞妇为一辈，先上殿，举而不知其人数者次之，不为条叫者在后叩头谢。"

在汉代，丞相和御史对官吏的荐举、国家财物（租、户赋、园池入钱等）收支情况等都有了解、监督的职责。《汉书·匡衡传》云："衡位三公，辅国政，领计簿，知郡实，正国界……"

按制度规定：在上计期间，帝君（包括各国诸侯）是要亲自听计（听取各地上计吏的汇报）的，因为他要了解各级官员勤惰的情况，因为它牵涉到农业的发展、社会的稳定；还要掌握国家财政收支情况，因为国库丰足与否，它关系国家安危（天灾、瘟疫、战乱、外族入侵……）、政权稳固等等重大事由。所以韩非子说王："终岁之计，王不一以数日之闲自听之，则无以知吏之奸邪得失也。"④ 实际上，在重大政治活动或节日活动中，皇帝也主持郡国的上计。秦始皇是否听过上计，我还没有看到这方面的文字记载，但汉武帝是主持过上计的，而且是多次在有重要活动的场合下主持上计，影响很大，作用力也很大。史称：元封五年（前106年）"春三月，武帝还至泰山，增封。甲子，祠高祖于明堂，以配上帝，因朝诸侯王、列侯，受郡国计"。武帝天汉三年（前98年）、太始四年（前94年）都是在"行幸泰山"，修封时，"因受计"。武帝也在甘泉受计，史称太初元年（前104年），即"春还，受计于甘泉。"

朝会上计之事前后，还有两件事要提一下，一是有的上计吏可能留京任职，另外一件事就是皇帝召见。《汉官旧仪》："郡国守丞长史上计事竟，遣君侯出坐庭，上亲问百姓所疾苦

---

① 三国吴简的数量估计在十万枚左右。在一个地点发现如此巨大数量的古文献，在当今世界上也属罕见。从目前整理的情况看，其内容包括赋税、户籍、司法、钱粮出入、军民屯田、往来书信等，涉及社会、政治、经济、军事、法律等各个方面。属于三国时期吴国所属长沙郡、临湘县及侯国的文书。

② 武汉大学简帛研究中心主办：《简帛第八辑》，上海古籍出版社2013年版，第153页。

③ 《汉书》卷8《宣帝纪》。

④ 《韩非子·外储说右下》。

……"① 《汉书·王成传》: "后诏使丞相御史问郡国上计长史守丞以政令得失，或对言前胶东相成伪自增加，以蒙显赏，是后俗吏多为虚名云。"对于郡国计书，一般都要专案保存。里耶秦简记载：卅年、卅一年二月计已事。廿九年、卅年计籍志副具此中。

（四）上计的实际执行

这里要说的是，当时有些郡国的官员，为了业绩考核从优，不惜加重农民负担，达到升迁的目的。史称"李兑治中山，苦陉令上计而入多。李兑曰：语言辨，听之说，不度于义，谓之窕言；无山林泽谷之利而入多者，谓之窕货②。君子不听窕言，不受窕货，子姑免矣。"③而晏子治东阿，藏富于民，使农民生活逐渐改善，加厚农村经济基础；对上不请托，不贿赂中央部门官员，清白为官；在受到责难时，以去职相求，最后得到景公的理解和褒奖。

这样的例子还有，"西门豹为邺令，清剋洁悫，秋毫之端，无私利也。而甚简左右，左右因想与比周而恶之。居期年，上计，君收其玺。豹自请曰：臣昔不知所以治邺，今臣得矣。愿请玺复以治邺，不当，请伏斧锧之罪。文侯不忍而复与之。豹因重敛百姓，急事左右，期年，上计，文侯迎而拜之。豹对曰：往年，臣为君治邺，而君夺臣玺；今臣为左右治邺，而君拜臣，臣不能治矣。遂纳玺而去。"④

虽然国家对上计如此重视，但不可避免的还是时常有弊病发生。如宣帝时，对上计中出现的种种问题，斥责其"上计簿，具文而已。务为欺谩，以避其课。"实际上，两汉王朝时期，都轻重不同的存在郡县作弊问题。据石奋传所记，汉武帝就曾指责郡县"今流民愈多，计文不改。"注引如淳说："郡上计文书，自文饰，不政正也。"这里有两种情况，一种情况是春夏遭灾，灾民得不到有效救济，盲目流动，计书未能如实反映救济灾荒的过程；另一种情况是，因为计书只能在九月份完成（"断九月"），而流民就食情况还未结束，故此未将此事写入计书中。

为了保证上计制度的顺利执行，古代政府制定了一系列法律，秦汉规定，上计记账，不允许发生差错。秦简记载："计脱实，及出实多于律程，及不当出而出之，直（值）其贾（价），不盈廿二钱，除；廿二钱以到六百六十钱，赀官啬夫一盾；过六百六十钱以上，赀官啬夫一甲，而复责其出殴（也）。人户、牛马一以上为大误，罪一等⑤。"又如"数而赢、不备，直（值）百一十钱以到二百廿钱，谇官啬夫；过二百廿钱以到千一百钱，赀啬夫一盾；过千一百钱以到二千二百钱，赀啬夫一甲；过二千二百钱以上，赀官啬夫二甲。"⑥这是指清点库存财务，如发现有多于或少于账簿记录的情况，根据数量的大小，作出对主管官吏轻重不同的处罚。《汉书·酷吏传》：大司农田延年"上簿诈增值车二千，凡六千万，盗取其半。"而下狱死。

---

① 《汉官旧仪》。
② 窕言，指空虚、不充实之言，引申为虚假不实之言。窕货，指假货不可恃以为富者。
③ 《韩非子·难二》。
④ 《韩非子·外储说左下》。
⑤ 睡虎地秦墓竹简整理小组编：《睡虎地秦墓竹简》，文物出版社1978年版，第125－126页。
⑥ 睡虎地秦墓竹简整理小组编：《睡虎地秦墓竹简》，文物出版社1978年版，第115－116页。

三、"上计"与预算管理的原则

传统时期在形成以"上计"为核心的预算管理制度的同时,若干预算管理的原则也逐渐形成:

其一,量入为出原则。量入为出原则是夏商周时期的政策制定者根据当时的生产力发展水平,总结多年来的财政运行经验而形成的一条财政原则。史称"冢宰制国用,必于岁之杪,五谷皆入,然后制国用。用地大小,视年之丰耗,以三十年之通制国用,量入以为出。"① 这是因为从炎黄到西周,历经一千多年,生产力在发展,社会在前进,但生产力发展水平仍然很低,人类还难以掌握农业的丰歉,所以,在制定财政收支年度计划时,必须考虑耕地面积多少、农业收获情况和天象变化规律等诸多因素。而量入为出这一原则,它较为准确地体现了经济决定财政这一客观规律发展的要求。

其二,均节财用原则。由于受农耕工具落后的影响,农民每年创造的财富有限,所以,国家在督促农民努力耕作,通过多种渠道增加收入(粮食物资及其他财物)的同时,在用财方面还必须精打细算,均节财用。荀子说:"足国之道,节用裕民而善藏其余。"就是说,"节用"这一措施,是关系到整个国家利益的问题,所以他不只是对底层民众的,而是包括从上到下、从政府到庶民都要遵行的大问题。要求"节用以礼,裕民以政",则"彼裕民故多余"。结果,"裕民则民富,民富则田肥以易;田肥以易则出实百倍。上以法取焉,而下以礼节用之。余若丘山。"②

其三,专款专用原则。西周初,既规定了国家财政总的收入渠道和征收原则、征守制度,又制定了国家财政支出的原则和规范用途。这就是我们在前面研究过的"以九赋敛财贿""以九贡致邦国之用"和"以九式均节财用"。但在具体执行时,还需有关职能机构根据中央的有关精神进行平衡后组织各级、各部门组织执行。据《周礼》的记载,除了军事耗费、教育科学文化以及政府机构的人员事务开支外,一应费用开支,都是根据国家的政策要求而制定的相应制度。"凡颁财,以式法授之。关市之赋,以待王之膳服(羞服);邦中之赋,以待宾客;四郊之赋,以待稍秣(刍秣);家削之赋,以待匪颁;邦甸之赋,以待工事;邦县之赋,以待币帛;邦都之赋,以待祭祀;山泽之赋,以待丧纪(丧荒);币余之赋,以待赐予(好用)。"③ 即每一项支出,都规定有一项资金(资财)来源,或者说,每一项国家收入,都规定有专门的用途。为便于看清楚,我们分列如下:

收入(资金来源)   支出用途

邦中之赋 ——————— 宾客之式

四郊之赋 ——————— 刍秣之式

邦甸之赋 ——————— 工事之式

家削之赋 ——————— 匪颁之式

邦县之赋 ——————— 币帛之式

---

① 《礼记·王制》。
② 《荀子·富国》。
③ 《周礼·天官·大府》。

邦都之赋 ———————— 祭祀之式
关市之赋 ———————— 羞服之式
山泽之赋 ———————— 丧纪之式
币余之赋 ———————— 好用之式

上面所列各项，可以说明如下几个问题。第一，当时的收入规模，如都城内有多少收入，都城外一百里范围内的收入有多少，一百里外至二百里的范围内的收入有多少，基本上就是"邦畿千里"的范围。其中，在京城三百里自五百里范围内，其中有大夫的采地，其收入归大夫。第二，各项支出，受上年收入多少限制；如贾公彦所说，所谓"待"，是指收进后才给，即以上年的实际收入作为本年的财政支出。这就使国家的财政支出建立在确实可靠的基础上。第三，后世宋人有言："夫一岁止有一岁之财赋，一政止有一政之财源。"① 虽然项目之间不能自由流动，但几项重要的开支，都有比较充裕的财源作保证，如以邦中、四郊、邦甸之入保障宾客、刍秣、工事之需。第四，列入国家大事的祀与戎，戎有诸侯"勤王"，祀有专用之财。史称"凡邦国之贡，以待吊用。"② 郑康成曰：此九贡之财所给，给吊用，给凶礼之五事。五事，即大宗伯丧礼、荒礼、吊礼、禬礼、恤礼，五礼皆需以财货衷之。意即凶礼五事，其费则多，故邦国之贡，以待吊用。

四、结语

预算是一个公共权力机构对履行职能需要的各项财政收支实行的有计划性安排；对这种计划给予审查、监督是国家进行有效管理的必然选择。古代如此，现代亦如此，中国如此，外国亦如此。因此，在国家建立后，有计划地安排财政收支、并设计审查和监督制度就是符合财政发展规律的一种迫不得已、自发性的行为安排。

就预算的形式来看，传统时期的预算制度与现代的预算制度的确存在很大差异，传统时期的预算是君主及其政府以预算的形式对年度的财政收支进行规划与统计，君主及其政府控制预算的权力来源是神授之君权；而现代的预算则是具有一定民意基础的议会对政府财政情况的审议、批准以及监督，其权力来源是民权的主张。但是就预算的内容来看，二者并无太大差异。我国的预算和审计制度在秦汉时期就已经完成了制度安排：在中央与地方各级政权组织中有专业主管财政、审查、监督的机构与官员；在年末，各级官员通过上计制度将财政收支上报中央，"冢宰制国用，必于岁之杪，五谷皆入"，以此作为依据，编制来年的国家预算："制国用"；同时政府制定了法律来保证上计制度的顺利执行；作为国家预算的编制，形成了量入为出、均节财用、专款专用等预算原则。而这一切，不仅仅是古代文献的记载，更有大量文物足以证明，这已是不争的事实。

---

① 《宋史》卷130《食货上五》。
② 《周礼·天官·大府》。

中国税收的起源：从传说走向信史

——蚌埠禹墟发掘的展示

阮宜胜

内容提要：蚌埠禹会村遗址是自汉代司马迁以来两千多年考证、研究，"禹会诸侯于涂山，执玉帛者万国"之"涂山"所在地最重要的考古学证据。2007年以来蚌埠禹墟的五次发掘成果，展示了它许多历史的震撼，从而揭示了"禹会诸侯于涂山，执玉帛者万国"的真实性，从而也为国家形成提供了重要的学术支撑，并从侧面证实了"夏后氏五十而贡"的存在，进而印证了中国税收起源于4100年前的禹夏王朝，使中国税收起源从传说走向了信史。

关键词：蚌埠禹墟　税收起源　传说　信史

一、中国税收起源的疑惑

众所周知，中国税收的起源问题，史学界一直争论不休。

一种观点认为，中国税收产生于鲁宣公15年的（公元前594年）"初税亩"即履亩而税。还有一种观点认为，税收甚至产生于国家存在之前的原始社会。

当然，主流观点还是认为，中国税收产生于公元前21世纪建立的禹夏王朝。其依据显然是有关历史文献的记载。据《尚书·禹贡》记载："禹别九州，量远近，制五服，任土作贡，分田定税，十一而赋"。又据《孟子·滕文公上》记载："夏后氏五十而贡，殷人七十而助，周人百亩而彻"。当然，还有其他一些文献的记载。但是，仅有历史文献的记载，特别是这些文献多为古人根据前人的传说而追记的，并没有相关考古佐证，就不能使传说成为信史，也就是说中国税收起源于第一个奴隶制国家——夏王朝只是传说。

本文作者从事税收教育三十余年，对税收起源问题一直耿耿于怀。一方面作者坚信马克

作者简介：阮宜胜，安徽财经大学教授（二级），原财政税务系主任，享受国务院特殊津贴专家。研究方向：财政、税务。公开发表学术论文150多篇；出版专著有《税收学》《税收制度学》《财政学》和主编教材《税收学原理》等。

① 《马克思恩格斯选集》第一卷，人民出版社1972年版，第181页。

思主义税收观,认为税收与国家之间的关系,正如马克思所说:"国家存在的经济体现就是捐税。"①又说"捐税体现着表现在经济上的国家存在。官吏和僧侣、士兵和女舞蹈家、教师和警察、希腊式的博物馆和哥特式的尖塔、王室费用和官阶表这一切童话般的存在物于胚胎时期就已安睡在一个共同的种子——捐税之中了。"① 税收与国家之间的本质联系,可以理解为税收是随着国家的产生而产生的,或者说有了国家就有了税收。同时,有了税收也就有了经济意义上的国家。税收就是以国家为主体,以国家的政治权力为依据的分配。可另一方面中国的考古却一直无法从中国税收的起源佐证上述观点。

我们知道,我们的传统习惯认为,夏王朝是在殷商之前中国历史上建立起来的第一个王朝。自从殷墟甲骨文的考古发掘,让殷商以后的历史从传说成为了"信史"。然而,殷商之前的禹夏王朝是否真的存在,禹、启及其后的夏王是否真实有其人其事,至今却是个谜团。可见,对禹、夏的考古发掘是关键之所在。

那么,夏王朝的历史谜团究竟从哪儿能解开或者说对夏王朝考古发掘的希望在哪儿?

我们知道,夏王朝的建立与大禹治水密切相关。大禹治水是广为流传的故事。根据相关史料记载,大禹治水涉及中原的广大山川,包括在冀州先完成了壶口的工程,又治理梁山及其支脉;治理好太原地区,一直到太岳山之南;修治好覃怀之后,又继续修治了衡水和漳水;接着,还先后治理了济水、淮水和长江。可见,大禹治水的工程浩瀚。也正因为大禹治水的丰功伟绩,才会有"禹会诸侯于涂山,执玉帛者万国"的盛典。这样,禹会诸侯于涂山的涂山究竟在哪里,便成为揭开禹夏王朝谜底的重要一环。

禹会诸侯的涂山在哪里?历来说法不一,主要有四种说法:一是在河南嵩县西南伊河北岸的三涂山;二是在重庆巴县,俗名真武山;三是浙江绍兴县西北之涂山;四是安徽蚌埠市西郊怀远县境内的涂山。四种说法的涂山相隔十万八千里,而且各有古籍为依据。禹会诸侯的涂山究竟在哪里?

本文作者认为,从地望上看禹会诸侯的涂山就是蚌埠市西郊怀远县境内的涂山。请看这里的涂山的地望特征:

第一,这里的涂山与荆山隔淮水相望,与大禹劈山导淮形成荆、涂二山的传说相吻合。我们知道,淮河从桐柏山发源而来,在茫茫的山丘和平原与无数条河、溪汇合奔流而下,在荆涂山脉受阻造成水患可想而知。大禹治水,劈山导淮,会让淮水从荆、涂二山之间穿过,形成两山夹淮的景观。2016年11月上旬,中国著名财税史学家孙翊刚先生受邀参加中国税务学会税史部在蚌埠西郊涂山召开的研讨会期间,曾登上涂山半山腰,看到对面荆山隔淮水与涂山相望,也对大禹劈山导淮的传说颇有感触。

第二,这里的涂山之巅有纪念大禹的禹王宫,有启母石、台桑石等。我们知道,大禹治水时天下的"万国",几乎都没有为后人留下历史传说。涂山氏国属于少数留下历史传说的氏族之一。这主要是因为有大禹娶涂山氏女这个历史事件。史学界有一种观点认为,涂山氏女是当年涂山氏国一位年轻"君主",是雄踞淮上的一方诸侯。大禹作为华夏族酋长之一,通过与夷族世家涂山氏女的婚姻,可以寻求淮夷力量的支持。从禹墟的发掘来看,总面积达到50万平方米,并且出土农业工具石器较少,采集和渔猎遗迹较多,与淮夷特点相符。专家认为,如果能证明禹墟是涂山氏国的地域,将有助于研究中国原始社会如何向文明社会

---

① 《马克思恩格斯选集》第一卷,人民出版社1972年版,第181页。

过渡。

启母石、台桑石分别是涂山氏女望夫（禹）化石和"启所生处"而来，大禹娶涂山氏女后，治水十三年，"三过家门而不入"，涂山氏女生儿子后抱子望夫，最后化成一块巨石，被称为启母石。当然，启母石、台桑石也只是传说。如果能发现涂山氏女和夏启的遗迹，那就绝对坐实了涂山氏国的存在，坐实了大禹治水和娶涂山氏的史实，而且也会开启夏启王朝的历史明灯。

第三，尤其是蚌埠西郊这里的涂山南麓有禹会村及其遗址，是传说中的禹会诸侯的地方。我们知道，有关大禹治水的传说很多，各地的禹王宫和禹王庙也不少。它们都是纪念大禹治水的功绩而修建的，但是以大禹会诸侯即"禹会"为名的地名就难得一见了。如今，禹墟就在这个禹会村子内。大禹庙原来也在禹会村子里。大禹治水成功使当地百姓远离水患，老百姓感激其恩德，便兴建了大禹庙。该庙一直香火很旺，后来由于战火不断和经常发洪灾，就将大禹庙迁移到了涂山山顶。

村子里的禹墟面积很大，在一个大土堆上。上面有两个大石碑，还有一些庙宇的残留石墙，但在1960年前后村子里一些人将这里作为储藏山芋的地方，将土挖走了一部分。"文革"期间又将石碑砸毁。现在立着"禹会村遗址"的石碑，属蚌埠市重点文物保护单位。

诚然，这些地望特征只是大禹治水和禹会诸侯在此涂山的地望征象，而更重要或者说更关键的是考古，即禹墟考古。

二、蚌埠禹墟考古及其展示

本文作者所在高校就坐落在安徽蚌埠西郊涂山这个历史名山附近。所以，每每上课讲到中国税收起源时，便手指涂山振振有词地对学生说："禹会诸侯于涂山，执玉帛者万国"就是这个涂山脚下的禹会村！虽然在中国名为涂山的地方还有浙江、陕西、河南、四川等处，但安徽蚌埠涂山上有禹王庙、启母石，涂山脚下有禹会村的恐怕仅此一地。这便是作者振振有词的理由。

据查，古代《汉书》中就有"禹会"村名的记载，延续到今天。根据当地人们的传说，这里便是"禹会诸侯于涂山，执玉帛者万国"的地方；关于大禹治水三过家门而不入和大禹娶妻"涂山氏女"并生子启等传说也在这个地方。

根据当地老百姓的讲述，大约四千多年以前，淮河在这里泛滥成灾，帝舜派大禹的父亲鲧治水，因其主要采取"堵"的办法，所以鲧治水九年没有成功，最后被杀。后来，舜又派大禹治水。大禹治水因势利导，劈山引淮，治水成功，消除了水患。至今，蚌埠禹会村内还保留有一条路，叫走马岭。传说这是大禹治水的时候查看治水工程经常骑马走过的路。这条路的尽头还有一个水池，叫作饮马泉，传说是大禹捉住水怪魔头时作囚牢用的。大禹在此治水过程中，还娶了涂山氏女为妻。他们结婚第三天，禹即别妻离家外出治水，治理好淮河后又去长江一带治水。传说他出发时还带走了涂山的石头，放在长江岸边上，并将放涂山石头的那个地点当作"涂山"，取地名为当涂（即现在长江南岸的安徽当涂县）。大禹治水十三载，"三过家门而不入"。禹的妻子生儿子启，抱子望夫，最后化成一块远望酷似抱子望夫的巨石，后人称之为"启母石"，现在仍屹立在涂山之腰。大禹治水的功绩卓著，"万国"诸侯"执玉帛"来朝，其场面极为壮观。为了纪念大禹治水成就，后人兴建了大禹庙，至今犹在。

禹墟的传说在禹会村一带几乎代代相传,但是因为没有确凿的实物考证,"传说"仅仅还是"传说"。直到 1981 年,安徽蚌埠市的文物部门在这里首次发现了龙山时期的古文化遗址,才使禹墟的传说首次得到了考古学印证。2007 年禹会村遗址被列入国家文明探源工程。2013 年 5 月,被国务院核定为第七批全国重点文物保护单位。

2007 年上半年以来,中国社科院考古研究所选择了安徽蚌埠市西郊涂山脚下禹会村的禹墟进行考古,无疑备受世人瞩目,因为历来关于大禹治水和禹娶涂山氏女的传说,或是口头流传或有文字记载,都与禹墟的发掘存在着千丝万缕的联系。

笔者认为,如果考古佐证"禹会诸侯于涂山,执玉帛者万国"确实存在,那么,大禹、夏王朝和夏贡这种税收形态也就可能真实地存在。可见,涂山脚下禹墟的考古发掘就是希望所在。

(一) 禹墟:禹夏王朝的历史传承

禹会村的禹墟,位于蚌埠市禹会区秦集乡涂山南麓,分布的范围:其东西宽约三百米,南北长约两千米,总面积约六十万平方米。应该说它是一处较大的龙山文化时期遗址。

首先,禹墟遗址时代与大禹所处的时代相同。禹会村遗址的地表遗存的有石器、陶器等等。陶器以夹沙红褐陶为主,另有少量为蚌末陶;陶器的陶胎很厚重而火候低;陶器的纹饰主要是素面,也有少量划纹、弦纹和绳纹等。根据禹墟遗址分布的特点和采集的标本看,该村遗址是淮河流域新石器时期龙山文化晚期的一处比较大的古人类生活遗址。按照 C14 测定其距今大约四千一百年,这与传说中的大禹时代在时间上是完全吻合的。所以,当年禹会村遗址便被列为国家文明探源工程。

其次,考古发掘现场与历史记载的地点很接近。根据史料研究论证的结果,有关专家认为"禹会诸侯于涂山,执玉帛者万国"中的"涂山"和"夏之兴以涂山"的"涂山"就是安徽蚌埠市境内的涂山。在 2006 年 10 月下旬,中国社会科学院考古研究所研究员王吉怀率考古队在禹墟试掘,发现"甲"字形遗址的头部是一处面积达两千平方米以上的早期龙山文化大型建筑基址时,"禹会诸侯"的历史遗存似乎具备了可能性。

我们知道,大禹,不仅是人们传说中的治水英雄,还被认为是我们中国从原始社会进入文明社会的关键人物。根据有关史料记载,大禹在帝舜死后,就"即天子位,南面朝天下,国号曰夏后",正式开启了中国历史上第一个朝代——夏王朝,并由此将中国带进了文明时代。从这个意义上说,勾勒大禹时代的历史,就有助于中国古代文明的"正本清源"。可见,禹墟的发掘非常令人期待。

(二) 禹墟的五次发掘

首次发掘:2007 年 4 月 30 日由中国社科院考古研究所王吉怀研究员等一行 9 人的考古队先期入驻蚌埠市禹会村,与来自安徽大学的 9 名考古学专业研究生共同组成禹墟发掘工作组,开始对蚌埠禹墟展开挖掘工作。专家们对禹墟考古发掘现场进行了实地的考察。据了解,专家们一致认同了禹墟遗址属于龙山文化晚期,对王吉怀研究员前期发掘出的一些遗址迹象,特别是夯土层功能这一关键点也纷纷发表了自己的意见。另外,这次来蚌埠的中国社科院考古所实验室专家还带来了一份碳 14 年代测定报告,其中得出了禹墟遗址的准确年代。

据了解，王吉怀率领的考古队在2006年10月在禹墟进行了试挖掘，其中出土的木炭等标本被送交考古所实验室。经过专家测定后确定，该标本的年代为公元前2350至公元前2190年，这个结果使禹墟遗址的断代有了科学依据，同时也印证了考古队员根据现场出土文物而作出的断代推论。

第二次发掘：2008年4月28日，在禹墟遗址考古发掘现场，工作人员已经开挖了四个10米见方的探方，每个探方挖掘深度有50厘米左右。王吉怀研究员介绍，根据2007年第一次发掘揭露的迹象，在这次发掘的四个探方下面可能保存着一个非常重要的人类堆筑的遗迹现象。

第三次发掘：2009年10月15日正式启动。这次发掘历时2个月，参与发掘人员的规模超过了前两次。与之前两次的发掘面积1000余平方米相比，此次考古发掘面积将超过5000平方米，为历次面积最大的。另外，在前两次发掘的基础上，对祭祀台、夯土层和文化层都进行充分发掘。通过对祭祀台的全面发掘整理，传说中的"禹会诸侯于涂山"之谜将可能得到印证。

第四次发掘：2010年5月26日，开始了禹墟第四次考古发掘。这次发掘在文化层探方发现多处成排的柱洞，且呈南北对称的分布。有关专家判断是大型棚屋建筑遗迹，面积可能超过1万平方米。棚屋区的发现，是大禹会诸侯的又一重要历史物证。

第五次发掘：2011年5月禹墟第五次考古发掘。应该说，这次发掘确实取得了非常重大的突破。在这里，全国绝无仅有的祭祀坑群落和大量磨石的出现，表明了大禹会万国诸侯时，可能出现过一个空前规模的"临时城市"。为什么这样说呢？这是因为：（1）有全国最大的祭祀坑群落。在发掘现场的中央，看到很多凹凸不平的坑。考古专家王吉怀告诉记者："这些坑都是龙山文化时期古人取土制陶留下的"，"取土遗迹大约有800多平方米。"可以想象，在龙山文化时期的某一天，很多人突然出现在禹墟，取土用于制造祭祀的陶器。从取土的面积看，制造礼器数量相当可观。取土遗迹之外，王吉怀还说，这次还发掘出了三处祭祀坑，并出土了不少的鼎、盆等祭祀用品。从第一次发掘到第五次发掘，在禹墟遗址共出土了八处龙山文化的祭祀坑。这可以说是目前在全国范围内数量最多、规模最大的了。所有这些，不能不让人们惊叹远古时期那场祭祀的盛况。（2）出土磨石数量非常庞大。发掘中不断出现的磨石引起了考古工作者的巨大兴趣。这些磨石虽然粗糙，但数量令人惊叹，形状也各不相同，说明早在龙山文化时期，也就是大约四千一百多年前，禹墟这里曾集结过很多很多的人。他们为了一场大型祭祀活动，磨制了大量礼器。（3）有千千万万人踏出的通道。王吉怀介绍，"除了这些，我们还在遗址南二区到祭祀台一带，发现一层类似千层饼一样的土层，这是千万人踏过的证明，这是一条远古的通道啊！"，这条通道大约3米宽，约80米长，是千千万万远古人从生活区到祭祀台踩踏出来的。为了修建祭祀台，这里留下了无数远古人走过的痕迹。

应该说，从第一次禹墟考古发掘到第五次考古发掘，工匠临时性工棚、绝无仅有的祭祀坑群落、大面积取土层和数量巨大的磨石等等，这一系列的发现都与大禹会万国诸侯的传说相符。

（三）禹墟五次考古发掘的历史震撼

1. 四千多年前小麦显现出来

考古发掘中除了器物之外，禹墟的每一粒沙土都极可能是一个历史谜团的关键所在。在禹墟第三次发掘中，中国社科院考古所科技考古中心科研人员在对禹墟工地文化层土壤标本浮选过程中，出乎意料的发现了 5 粒炭化小麦颗粒。注意：提供浮选的土壤标本是禹墟夯土台西南的祭祀坑内。当时，考古科研人员在浮选过程中发现疑似小麦的颗粒物，后又在多袋土壤标本中发现。经过认真比对，科研人员发现籽粒腹沟明显，确认就是小麦炭化颗粒。

考古队负责人王吉怀介绍说，这 5 粒小麦入土前经过炊煮，入土后若干年干结炭化，使原有形状得以保存。我们知道，从目前已知的考古报告看，淮河流域最早发现小麦的记录是春秋中晚期的亳州钓鱼台遗址。这次禹墟发现的小麦是淮河流域年代最早的古代小麦遗存。它填补了我国史前农业考古的一项空白。这无疑对考证中国小麦的起源、研究中国古代农业发展史、探讨淮河流域早期农耕面貌，意义重大。

2. 几千年前的顶级"奢侈品"现身

考古发掘中除了一些能够反映当时生活面貌的日用品外，禹墟还出现顶级"奢侈品"。

发掘中几乎就在发现小麦的同时，禹墟还发现了一尊约 30 厘米高的白土陶鬶，陶鬶腹径约 14 厘米，侈口鼓腹，长颈低裆，三足中空，整体匀称。颈部上粗下细，有四道凸起纹饰的带状把手自颈至腹。敞口流部近锥形，流尖上翘。尊鬶的底部有火烤烟熏的痕迹，与 2008 年第二次发掘发现的红色夹砂陶鬶迹象一致。考虑到埋藏它们的器物坑紧邻夯土祭祀台，器物坑内的这些陶器为祭祀礼器的用途已确信无疑。

大家知道，白鬶的材质是类似于"高岭土"的白色陶土，只在少数地区分布。在四千年前的龙山时期，白陶比较罕见，当然也很珍贵。从地理上看，最近的也在禹墟 100 多公里以外才有这种陶土的产地。由于禹墟还没有发现烧制陶器的窑址，所以这尊陶鬶很可能是从外地携来①，属于"执玉帛"范畴。

3. 禹墟灰沟里潜伏着龙图腾

2009 年 12 月 29 日，禹墟第三次考古发掘过程中，在遗址核心区的夯土台西侧灰沟里发现了一块带有龙形图案的陶片。如上图，该块陶片虽不完整，但却能明显地观看到有一条龙形图案，龙首、龙身、龙爪都清晰可见。

据考古队王吉怀说，这是禹墟发掘以来首次发现带有龙饰的陶片，在龙山时期出土文物中相当罕见，特别是在淮河流域是绝无仅有的。这块陶片与华夏族龙图腾应当有着密切联系。这无疑为考证大禹事迹提供了有力的物证。②

4. 禹墟遗址发现史前大麦，人类大麦种植史延伸至四千年前

2013 年 4 月 20 日新华网（朱青）报道，安徽蚌埠禹墟考古发掘中再次有了新发现，考古专家在对此前五次的发掘所提取的禹墟土壤标本浮选过程中发现了史前大麦。据了解，这一发现将人类的大麦种植史延伸至 4000 年前商周之前，是史前农业考古的一项重大突破。

禹墟考古发掘项目负责人王吉怀介绍，在之前的五次考古发掘中，中国社会科学院考古研究所科技考古中心已经在提取的土壤样品中发现了史前小麦、水稻、黍、稷等，其中史前小麦在淮河流域是首次发现，而此次发现史前大麦是考古界首次在龙山文化地层中发现大麦，是史前农业考古的一项重大突破。王吉怀说"国内以前发现的大麦时间比较晚，大约

---

① 蚌埠新闻网　2014 年 12 月 18 日 10.10。
② 蚌埠新闻网　2014 年 12 月 18 日 10.10。

在商、周之后，而现在发现的这个史前大麦标本可以证实在 4000 年前人类已经掌握了大麦的人工培植，打破了以前我们对于大麦的传播和人工培植的农作物历史研究，在农业史和环境历史的研究上都是一个突破"。

5. 这里 25 只大脚印是谁踩下？

2010 年 1 月 2 日，在禹墟考古现场，其先期发掘出的祭祀台周边发现了不少形似"大脚印"的土坑。这些土坑的大小基本相同，呈长方形，历经岁月磨砺，其周边已不太规则，看上去就像是一个个"大脚印"。这些"大脚印"的排列相对规则，并且是与先期考古发现的祭祀台在同一个轴线上。中国社科院考古所研究员王吉怀猜想"难道是大禹会诸侯时为每个诸侯国插放国旗的地方？或是各国诸侯拜见大禹的路线？"当时的发现令所有人都感到困惑。同时，每个土坑内还有一个直径约 20 厘米的圆洞坑，用途也有待于进一步考证①。

三、禹墟考古：中国税收起源从传说走向信史

（一）禹墟考古揭示了"禹会诸侯于涂山，执玉帛者万国"的真实性，从而证实夏禹王朝的真实存在和中国税收起源于夏禹王朝

禹墟考古的带头人，中国社会科学院考古研究所研究员王吉怀这样说："从禹墟第一次考古发掘至今，每一次重大考古发现都令人振奋，比如工匠临时性工棚、大面积取土层、绝无仅有的祭祀坑群落、数量巨大的磨石等等，都与大禹会万国诸侯的传说相符，也与大禹治水的年代相吻合。"

作为中华文明探源工程在淮河中游地区确立的唯一研究课题，禹会村遗址经过 2006 年的试掘、2007 年至 2011 年的 5 次规模性发掘，揭露面积达 8000 多平方米。到目前为止，已经全面揭露出一处面积为 2500 多平方米的大型祭祀台基以及大型祭祀沟、祭祀坑和大型简易式工棚建筑等，并出土了大量相同时期且具有不同地区考古学文化特点的陶器，地域范围涵盖了安徽、山东、河南、江苏、上海、浙江等地，凸显各地文化交汇于此。

从已出土的文物特征和碳 14 年代测定报告（距今 4350 年至 4100 年）来看，该遗址属龙山时代晚期，即夏代初年前后，这与典籍记载的"大禹治水"、"禹娶涂山氏"的年代吻合。

据中安在线报道，2013 年 12 月 22 日下午，禹会村遗址与淮河流域文明研讨会学术成果发布会在蚌埠召开。来自北京、山东、河南、浙江等数十个省市的近 60 位权威专家学者聚集在蚌埠。大家根据禹墟考古资料的显示和多学科研究，并结合文献记载和对涂山地望的考证，形成共识：安徽蚌埠禹会村遗址的发掘成果，是"禹会诸侯于涂山，执玉帛者万国"传说中的"涂山"地望的最重要的考古学证据，其学术上的说服力是五种"涂山"说（包括安徽、浙江、四川、陕西和河南）中最充分的。

在禹会村遗址与淮河流域文明研讨会学术成果发布会上，北京大学考古文博学院教授李伯谦宣布，禹会村遗址是自汉代司马迁以来两千多年考证、研究，"禹会诸侯于涂山，执玉帛者万国"之"涂山"所在地最重要的考古学证据。禹墟遗址中所展现的经过精心设计营

---

① 蚌埠新闻网，2014 年 12 月 18 日 10.10。

建、面积达 2000 平方米的大型而别致的 T 形祭坛和以祭祀为主的器物组合，以及不同区域的文化特征，大体再现了那时来自不同地域的氏族部落在这里为某项重要事务而举行过大型聚会或祭祀活动，由此烘托出"禹会诸侯于涂山，执玉帛者万国"的历史真实性；中华文明探源工程在淮河流域的实施，给该地区提供了发掘和研究的空间，通过禹会村所展示的考古成果，在学术上确立了淮河流域（尤其是淮河中游地区）是中华文明起源的重要地区之一，并对黄淮、江淮地区早期文明的发展产生了重要的影响。同时，禹会村龙山文化晚期遗存，为研究该地区社会复杂化进程提供了考古学证据，因此，禹会村遗址发现的重要现象，为国家形成的探索起到了重要的学术支撑。

既然"禹会诸侯于涂山，执玉帛者万国"不再是美丽的传说，而有历史的真实性，也就是说禹夏王朝已从传说进入信史，同时也随之证实了中国税收起源在禹夏王朝。因为历来都认为"执玉帛"是禹夏王朝的税收，虽然只是一种特殊税或临时税，但终究是税。

（二）禹墟考古从一个侧面证实了"夏后氏五十而贡"的历史真实性

《孟子》曰："夏后氏五十而贡"，又曰："贡者校数岁之中以为常"。显然这里的夏贡是指田赋，即一夫耕田五十亩要拿数年平均收获量的十分之一纳贡。这里的关键是要有当时的农业及其小麦、水稻、黍、稷等农作物的考古来佐证。而此前的考古，对殷商之前的农业和农作物是一片迷茫。

如前所述，在禹墟考古发掘中，对殷商之前的农业和农作物却有了新发现。禹墟考古发掘项目负责人王吉怀介绍，在之前的 5 次考古发掘中，中国社会科学院考古研究所科技考古中心已经在提取的禹墟土壤样品中发现了殷商之前的小麦、水稻、稷、黍等，殷商之前小麦在淮河流域是首次发现。此外，在对此前 5 次的发掘所提取的禹墟土壤标本浮选过程中，还惊奇地发现了史前大麦。这一发现显然将中国的大麦种植史延伸到了四千年前即殷商之前，是中国农业考古的一项重大突破。

禹墟考古对禹夏时期农业和农作物的这一突破，无疑从一个侧面证实了"夏后氏五十而贡"的历史真实性。因为只有当时农业和小麦、水稻、稷、黍等农作物的存在才能使夏贡这种田赋有存在的经济基础。当然，夏贡这种田赋存在的具体形式包括是否什一税，尚待考证。

（三）涂山氏国有助于揭示税收与国家的本质联系

禹会诸侯时执玉帛的"万国"，即大大小小的晚期氏族王国，基本上都没有留下历史传说。涂山氏国应该属于个别留下历史传说的晚期氏族王国之一。这主要是因为有大禹娶涂山氏女这个历史事件的传说。最近，史学界有观点认为，涂山氏女是当年涂山氏国一位年轻"君主"，是雄踞淮上的一方诸侯。如果是这样，当时华夏氏族的首领之一的禹通过与淮夷族世家的涂山氏女的联姻，也就是寻求淮夷力量在治水上的支持。当然，更重要的是禹会村遗址发掘的许多重要现象，使国家形成的探索得到了重要的学术支撑，也就是说涂山氏国时期也是国家形成时期。无疑，这就证明了初期的税收与初期的国家有着本质联系。

从禹墟目前的发掘来看，总面积达到六十万平方米，其中出土的农业方面的石器工具很少，但采集和渔猎的遗迹却比较多。这与淮夷氏族渔猎特点基本上相符。笔者认为，如果能够证明蚌埠禹墟是当时涂山氏国的地域，必将有助于研究中国的原始社会形态如何向文明社会形态过渡，也有助于研究国家的初级形态。

参考资料

［1］ 4100 年前蚌埠就是城市？［N］．新安晚报，2011 年 5 月 20 日．

［2］ 蚌埠禹墟考古发掘再有重大发现［OL］．蚌埠旅游网，2010.6.7．

［3］ 蚌埠"禹墟"30 日正式开始考古发掘［N］．安徽商报，2007.4.29．

［4］ 蚌埠新闻网．2010.1.2．

中国历史上分税制研究

赵云旗

摘要：在分税制的研究中，学界往往重视西方国家的分税制体制，而对中国历史上的分税制关注不够，其实中国历史上是存在分税制的。周代出现分税制的萌芽，唐后期明确实行过分税制，近现代的分税制进一步完善。本文从中国历史上分税制的产生与发展，与其相适应的环境及原因，分税制对政府间财政分配关系的影响等方面进行了分析研究，认为周代分税制属于分权制，唐代分税制主要是划分财力，近代分税制是划分财力、划分事权的完整的分税制。中国历史上的分税制不仅具有实际意义，而且经验教训值得借鉴。

关键词：中国历史　分税制　研究

财政体制决定政府间财政分配关系。"分税式"财政体制决定了西方市场经济下政府间财政分配关系，"集中式"财政体制决定着单一制国家政府间财政分配关系，这样的划分似乎成为财政学界的共识。那么中国历史上有没有分税制？中国历史上的分税制是什么形态？为什么会产生分税制？对政府间财政分配关系有何影响？是一个值得探讨的问题。这不仅会对中国历史上财政体制的认识获取新的突破，而且对我国目前进一步完善分税制财政体制、协调政府间财政分配关系具有借鉴意义。

一、中国历史上分税制的产生与发展

从现有的史料来看，中国历史上也存在分税制财政体制，最早产生于东周，唐代后期再度出现，中国近代分税制得到全面发展。西方发达国家分税制财政体制的构成，主要是分权、分税、分管和转移支付，分权主要是划分事权，分税主要划分税种，分管是分机构征管各级的税收，转移支付是调整中央与地方的财政分配关系。中国历史上由于时代环境不同，受其制约各时期的分税制既有相同的地方，也有不同之处，反映了各时代的特点。

作者简介：赵云旗，中国财政科学研究院研究员、博士生导师。兼任中国财政学会理事，中国经济史学会当代经济史分会理事，中国财政学会财政史专业委员会常务理事、副主任，中国财政学会县域财经专业委员会会员、副秘书长。

(一) 周代分税制萌芽

在周代的分封制下，实行的是财政分权制。这种分权制的特点是：天子与诸侯，各有其财政，周天子用自己（即今天意义上的中央）的财政收入保障其财政支出，诸侯国及受封的卿大夫用他们的财政收入满足其财政支出。他们与周天子的关系，只是一种臣服的关系，财政上是一种纳贡的关系，把自己收获的一部分贡献给周天子。周天子不给诸侯国支付军费和官俸，这些在中央的财政支出中是不会出现的，也不是中央财政的负担。

周天子的财政收入，首先，是九赋。九赋是经常性收入，《周礼·天官·冢宰》载："以九赋敛财贿，……以九贡致邦国之用"。所谓九赋：一曰邦中之赋，二曰四郊之赋，三曰邦甸之赋，四曰家稍之赋，五曰邦县之赋，六曰邦都之赋，七曰关市之赋，八曰山泽之赋，九曰币余之赋。其中，邦中之赋是国人缴纳的军赋，四郊之赋是四郊六乡农夫缴纳的田赋，邦甸之赋是距王城一百里至二百里之间六遂农夫缴纳的田赋，家稍之赋是距王城二百里至三百里之间家稍农夫缴纳的田赋，邦县之赋是距王城三百里至四百里之间邦县农夫缴纳的田赋，邦都之赋，是距王城四百里至五百里之间邦都农夫缴纳的田赋，关市之赋是各地出入国境的关税和市税（市场营业税），山泽之赋是山林川泽等农产品的产品税，币余之赋是各乡遂官厅各种额外收入和收支相抵之余财。前六项带有受益税田赋的性质，后三项相当于今天的物产税，带有工商税的性质。九赋中的四郊之赋、邦甸之赋、家稍之赋、邦县之赋、邦都之赋都是指公田中的助耕收入。而"邦中之赋"是指藉田，助耕与藉田不同，藉田虽也是借民力助耕，但参加藉田的人只是居住在国中的所谓"国人"，与一般所谓居住在四郊以外的"庶人、野人"等的助耕不同。国人助耕的公田，是同族的公有地之延续。

其次，是万民之贡，用于充实国库。也有九种：一是三农贡九谷，二是园圃贡草木，三是虞衡贡山泽之财，四是薮牧贡鸟兽，五是百工贡器物，六是商贾贡货贿，七是嫔妇贡布帛，八是臣妾贡聚敛疏材，九是闲民贡执事。

最后，是其他收入。西周政府除了上述收入以外，还有居宅、园圃、采地、邑赋等收入。"凡任地，国宅无征，园廛二十而一，近郊十一，远郊二十而三，甸、稍、县都皆无过十二，唯其漆林之征二十而五。凡宅不毛者，有里布，凡田不耕者，出屋粟①，凡民无职事者，出夫家之征，以时征其赋"。换言之，凡是国家分配给官府的宅基和办公场所，一律免征其赋。但是在国中的国人、工商者居住的"廛"和士大夫居住的"里"，以及在三里方圆之外和七里方圆之内的空地，园林艺场种植瓜果蔬菜等，都要缴纳百分之五的园廛赋。类似这样的土地，近郊赋率百分之十，远郊百分之十五，在郊外的甸、稍、县、都者，都按照百分之二十缴赋，只有南方漆树之林的经营者，要按照百分之二十五的定率缴纳。凡是在住宅周围，不种瓜果蔬菜或桑麻苎荻之类，也要征收住宅占用费，荒芜良田者，要缴纳相当于三家农夫的宅基赋，对那些不肯务农又懒惰任职的人，要罚他们缴纳一夫一妻正常缴纳赋的数量。以上是周王室政府的财政收入，也即所具有的财力与财权。

周天子府的财政支出，是遵循"以九式均节财用"的原则，以九种收入支付九种费用，做到专款专用。九式：一是宾客之式、二是诌秩之式、三是工事之式、四是匪颂之式、五是币帛之式、六是祭祀之式、七是羞服之式、八是荒服之式、九是好用之式。这些支出大部分

---

① 屋粟，古代三夫为屋，屋粟指三家农夫的宅基所缴纳的赋。

都是与周天子宗室相关的支出,包括祭祀、王室的膳食、衣服、赏赐、赠送、接待宾客等等。由此可知,周代王室的职能比较小,所以事权也比较少,属于大社会小政府,许多事权下放到地方诸侯管理。

诸侯国在其封国制定税制,征收赋税,自收自支。他们与周天子的财政关系,不是隶属关系,而是一种纳贡的关系,即邦国之贡。邦国之贡有九种:一曰祀贡,二曰嫔贡,三曰器贡,四曰币贡,五曰材贡,六曰货贡,七曰服贡,八曰斿贡,九曰物贡。其中,祀贡是祭祀所用的各种物质,嫔贡是接待宾客常用的物品,器贡是宗庙陈列的各种物件,币贡是缯帛礼品,材贡是木材,货贡是黄金、珠宝和玉器之类,服贡是制衣用的布、棉、丝、麻等物品,斿贡是羽毛、皮革、玩物等物资,物贡是各地土特产品。诸侯给周天子进贡的数量,也有具体的规定:"诸公之地,封疆方五百里,其食者半;诸侯之地,封疆方四百里,其食者叁之一;诸伯之地,封疆方叁百里,其食者叁之一;诸子之地,封疆方二百里,其食者四之一;诸男之地,封疆方百里,其食者四之一"①。诸公要进贡财政收入的50%,诸侯、诸伯进贡财政收入的33%,诸子、诸男进贡财政收入的25%。九贡收入,都是各地诸侯,定期向中央政府缴纳当地出产的土特产品为主,由于诸侯方国的数量很多,这方面的实物收入,亦是国家财政收入的重要源泉之一。

(二) 唐代中后期的分税制

自秦代统一六国进入封建社会后,一直首先"集中式"财政体制,也即"统收统支"的财政体制。但到了唐代中期,由于藩镇割据,中央财政没有保障,再次实行分税制。

1. 分税制下的税收划分

唐代建中元年财政体制改革后,国家的主要税种有两税、青苗钱和盐铁茶酒专卖收入。在此基础上,国家把税种划分成中央税和中央与地方共享税。

(1) 中央税收

一是青苗钱。青苗钱开征于唐代宗广德二年 (764年),开始按田亩向青苗征钱,每亩征15文,故称青苗钱。这种税实际上是田赋附加税。另外,从代宗永泰元年 (765年) 又征收一种地头钱,是向垦地面积征税,每亩25文,其性质是地税上的附加税。至大历五年 (770年),将两种税合并,以青苗钱为名,"每亩减五文,征三十五文"②。到大历八年 (773年),青苗钱制定了全国统一的税率,每亩征钱15文。永泰二年 (766年),总收入为490万贯。青苗钱之所以是中央的直接税,是因为这一税种的开征,主要用于发放中央官吏的俸禄,而且在征管方面中央专门设置"地税钱物使"来征收,不让地方政府插手。青苗钱收入储藏于中央专门的青苗库,保证专款专用。

二是专卖收入。唐后期的专卖主要包括盐、酒、茶等重要生活物资,其中盐专卖是主要的收入之一。唐代宗永泰二年 (766年),以户部尚书刘晏为盐铁使负责专卖,开始每年收入60万缗,到大历末年均收入600万缗,达到以前的10倍。国家每年的财政收入为1200万缗,"而盐利居其太半"。茶叶从唐德宗贞元九年 (793年) 开始征税,对出茶州县的茶户和其他地方的茶商分三等定估,缴纳1/10的税。到了唐文宗时,改税茶制为专卖制,收

---

① 《周礼·地官·司徒上》。
② 《资治通鉴》卷223,广德二年条胡三省注。

入大约每年100万贯,与盐并称,成为国家财政的主要收入之一。酒专卖开始于唐德宗建中三年(780年),大和八年(834年)收入156万余缗,除去1/3的成本,纯利大约是100万缗。以上的专卖收入,再加上铁、铜等矿产专卖,成为国家财政收入的重要支柱。

(2) 中央和地方共享税

中央和地方共享税是唐代的"两说"。唐代中后期,随着均田制的崩溃租庸调法遭到破坏,为了适应唐后期私有土地的发展,唐德宗建中元年对农业税进行了改革,废除了租庸调制,实行了两税法。"两税"由地税和户税合并而成的,收入不是来自于某个专项,而是全国所有的民众,由各州县来完成。"两税"的征收额是根据"以支定收"的原则来制定的,实施的第一年制定两税的总额3000余万贯,米麦1600万石。中央根据每个州县土地和人口的多少制定各地的两税征收额,采取的是一种定额制。"州府两税(钱)物斛斗,每年各有定额,征课之日,皆申省司"①。从唐代后期两税法实施的情况来看,不是在特定的情况下,不经过中央批准征收额不准增加,全国的征收总额和规定的地方的总额基本上是固定不变的。

由于两税是唐代财政中最大的税种,是属于全国性的农业税,因而它作为中央和地方的共享税。"天下之财,限为三品,一曰上供,二曰留使,三曰留州"。这里明确指出把"两税"分作三部分,"上供"是指中央分享的部分,也是地方政府上缴中央的部分;"留使"是没有节度使的一般州送缴节度使州的两税收入,所以也称作"送使";"留州"非节度使州自己留用的部分。两税的收入划分为三,一部分归中央,两部分归地方,但三部分不是平均划分的,不仅多少不同,而且根据形势不断地进行调整。作为两税法的实施细则《起请条》中规定:"每道定税讫,具当州府应税都数,及征纳期限,并支留、合送等钱斛斗,分析闻奏,并报度支、金部、仓部、比部。"②所谓"支留"是指留使和留州的,即中央划给地方留用的部分;"合送"是地方上缴中央的部分。这两部分划分的数量及送交的期限,都要上奏皇帝,并报给国家负责财政的部门度支和金部,管理国库的仓部和负责审计的比部。

2. 分税制下的事权划分

两税法规定:"凡百役之费,先度其数而赋于人,量出制入。"③ 所以,上供、留州、送使数额都是根据支出额来确定,支出数额还要根据事权的不同来决定。

(1) 留州的预算项目与事权

在留州的财政预算中,州级的百役之费,就是本州每年的各项开支。项目主要有以下方面:

一是发放本州官员的俸禄。官员的俸禄是唐代政府主要的一项开支,原来全国官员的俸禄都由中央财政发放,分税制实行后,各州官俸的支出由州级财政负责,这是州级财政最大的支出之一。而且,本州官员的俸禄中除州府官员外,还包括本州所属的县级官员。如元和八年(813年)敕文中云:"申、光、蔡三州县官,……应支俸料,今量定员额……每月课料钱,委所司量与支给。"④ 由于州的大小不同,因此各州官员的俸禄总额也不完全一样。

二是州级军费。唐代的军队分三级,即中央禁军、方镇兵和州兵。后者称地方军队,地方军队除节度使所在州的驻军外一般的州也有军队,称"州兵"、"镇兵"、"团练"等,所

---

① 《全唐文》卷78《武宗加尊号赦文》。
② 《唐会要》卷83《租税上》。
③ 《文献通考》卷3《田赋考》。
④ 《唐会要》卷75《杂处置》。

以唐代"诸州并设军额"①。军队的经费原来全由中央财政供给,分税制实行以后,中央财政负责禁军的军费,地方财政负责地方军队的经费。唐代实行募兵制以后,军队的所有费用都由政府开支,地方军队的军费也是各州的一大支出。如元和四年(809年)敕中云:"自今以后,送省及留使匹端,不得剥征折估钱,其供军酱菜等价值,合以留州、送使钱充者,亦令见钱,匹段均纳。"② 军费的总额由两个条件构成,一是州兵的数量,即"常数",二是不同兵种的供给标准。

三是馆驿等交通费。唐代的馆驿等交通费历来由政府部门支出,"馆驿所破,并是官钱"③。实行分税制后,各地的馆驿均有地方政府出资管理,所以它成为留州经费中的一个重要内容。如《陆宣公集》卷20《论度支令京兆府折税市草事状》中云:"谨检京兆府应征地税草数,每年不过三百万束。其中留供诸县馆驿及镇军外,应合入城输纳,唯二百三十万而已。"馆驿费不仅仅是草料,而且还包括"鞍马、什物、作人、功价、粮课"等各项费用,这些费用要上报中央有关部门。

四是行政管理费。州县行政管理费也是一笔不小的开支,唐后期称为"杂给用钱"。"留使、留州杂给用钱,即合委本州府并依送省轻货中估,折纳匹段充。"④ 这是说地方政府用于行政管理的费用如何征收的规定,反过来它就是地方政府的一项开支。

以上是留州的主要预算项目,也是主要的事权。各州的预算项目虽然基本相同,但由于州与州大小不同,官吏、州兵人数也不一样,馆驿的多少也不平均,所以各州的留州额是有差别的。

(2) 留使的预算项目与事权

留使(即诸道节度、观察、处置、经略等使级军府的费用)赋税额与留州大致相同,也必须按照"量出以为入,定额以给资"的原则和事权进行预算。预算项目主要有:

一是军费。唐代的军镇,都驻有数量不等的军队。大历九年(774年),"河南、河北、山南、江淮,小镇数千,大镇数万"⑤。由于驻有大量的军队,军费就成为留使的主要支出。所以,留使钱粮又称为"供军钱"、"供军粮"、"供军钱米"、"军资钱米"等。供军钱米的使用分作两部分,一是将帅费用,二是士兵费用,其中以士兵费用为主。军费不包括战费,只是生活费,即衣粮酱菜。留使的军费总额由国家规定的将士数量和供应标准来定,超员士兵的费用也由诸使自行筹集。

二是官俸。使级州官员的俸禄总额,与州级官员俸禄的预算方法相同,由官员数量和相应的俸禄标准来定。唐代诸道节度使、观察使、处置使、经略使的属官国家都有明确的规定,据《新唐书·百官志》来看,节度使一级官员最多,计30员,这一级的官俸支出也最高。

三是赏赐费。此项费用主要用于赏赐和犒劳军队,从唐德宗建中初就已列为留使的预算项目。唐宣宗大中六年(852年),"赏赐每道每年给五千贯文,天德军则给三千贯"⑥,但各道多少是不一样的,规定只是制作预算的大致标准。如果在战事过多赏赐费不够用的情况

---

① 《全唐文》卷536《请停执刀资粮奏》。
② 《唐会要》卷83《租税上》。
③ 《全唐文》卷646《论许振武进奉请驿递送至上都状》。
④ 《唐会要》卷83《租税上》。
⑤ 《旧唐书》卷120《郭子仪传》。
⑥ 《全唐文》卷81《给夏州等四道节度以下官俸敕》。

下国家还要追加，唐代中后期战乱颇多，犒劳军队已成惯例，这一费用不可轻视。

四是兵器修理费。唐代士兵的军器，在府兵制下有一部分是士兵自备，募兵制实行后由国家供给，分税制后作为军府来说修理兵器是一项必不可少的开支。

五是管理费用。这项费用也称"杂给用钱"，主要用于杂费。其他费用还有行政管理费用、交通管理费等。总之，留使的预算项目据《唐会要》卷79《诸使杂录下》所载，有"俸料、职田、禄粟、时衣、杂给并诸色人事用度等"。各项的费用额也有明确规定，即使杂给用钱也有详细的预算①。

中央的财政开支主要有皇室费用、中央军费、官俸、工程建筑费用、行政管理费用等。中央支出预算造好后，分摊给各州府，分摊的部分就是上供的租税额。

以上是唐代分税制下，两税划分中留州和留使额的预算项目，这些项目是按照各自的事权来制定的，与其说是预算划分，倒不如说是事权划分。

3. 分税制的发展及其变化

两税作为中央财政和地方财政的共享税，被划分为上供、留使和留州三个部分，划归于中央财政、使级财政和州级财政。负责财政的度支部门通常把上供的部分称为"供京师"，将留州和留使的部分称作"供外费"。

上供、留使和留州这三部分的划分实行定额制度，两税的征收每年是定额的，各州的征收量也"每年各有定额"。也就是说，把每年两税的总收入，按照中央、留使和留州的预算额划分开来。关于每年供京师和供外费的数额历史记载不尽相同。如表1所示。

表1

年代	两税项目	合计	供京师	供外费	各占比重	资料来源
建中元年（788年）	钱	3000万贯	950万贯	2050万贯	京31.7% 外68.3%	《新唐书》卷52《食货志》
	米麦	2000万斛	1600万斛	400万斛	京80% 外20%	
建中初年	钱	3000万贯	950万贯	2050万贯	京31.7% 外68.3%	《资治通鉴》卷266
	米麦	1600万石	200万石	1400万石	京12.5% 外87.5%	
建中元年	钱	3139.8万贯	1689.8万贯	2050万贯	京53.8% 外65.3%	岑仲勉据《通典赋税下》《资治通鉴》计算
	米麦	1615.7万贯	215.7万石	1400万贯	京13.3% 外86.7%	
建中元年	钱	3000万贯	950余万贯	2050万贯	京31.7% 外68.3%	《通典》卷6《赋税下》
	米麦	1600万石	200万石	1400万石	京12.5% 外87.5%	

---

① 详见陈明光：《唐代财政史新编》，中国财政经济出版社1991年版。

以上是建中元年两税总收入的划分情况，根据《通典·赋税下》所载，两税钱的分配中央和地方的比例大约是1:2，两税米中央和地方的比例大约是1:7。岑仲勉先生认为，建中元年两税钱总收入为3139.8万贯，划分给中央的是1089.8万贯，划分给地方的是2050万贯；两税米总额为1615.7万石，划分给中央的是215.7万石，划分给地方的是1400万石；合计两税钱米总额4755.5万贯石，中央划分的总计1305.5万贯石，地方划分的总计为3450万贯石①，中央和地方的比例大约为1:2，两税粮划分中央和地方的比例大约是1:6，合计中央和地方的比例大约为1:3。看来这收入划分并不是平均划分，特别是留使和留州的数额，各州和各使州相互之间不是均等的。

上供、留使和留州的赋税调拨，大致是这样：国家每年制定总预算，再根据中央、地方的情况划分各自的数额，即上供、留使和留州的部分各是多少。然后分配给地方去征收，把其中上供的部分缴回中央财政，送使的部分交给使州，留州的部分作为地方财政的经费。

对于上供的部分地方必须首先完成，这是国家的硬性规定。如武宗时下诏指出："州府两税钱物斛斗，每年各有定额，征科之日，皆申省司。除上供之外，留后（即留使）、留州任于额内方圆给用，纵有余羡，亦许州、使留备水旱。"② 即地方要优先保障上供外才能留州、留使，如果不够，允许通过别的办法周转。即使遇到水旱，所欠上供部分也要由州县长官想法填补。又如唐僖宗时，下令"自今以后，如辄将上供一钱物支用，并当加谴责，不在原贷之限。"③ 虽然在执行中也有不能按时完成的，拖欠在所难免，但那是另外一回事。由此证明，上供的部分不是留州和留使的剩余，而是要首先保障的，不是有余的州府就上供，无余的州府就不上供，而是每个州都必须上供。有节度使、观察使、防御使和经略使的州，根据中央预算划分的上供、留使和留州的数额，首先把上供的部分送交中央，然后把留使（地方经费）的部分划出来，不足的部分（也就是供军钱粮）即是各州送使的部分。即不足的部分中央再根据各州的大小分摊下去，由各州交送给使州。没有节度使的州，根据中央预算划分的上供、留使和留州的数额，首先把上供的部分上交中央，然后把留州（地方经费）的部分划分出来，再把分摊的送使的部分送缴给有节度使的州。如果还有剩余，作为地方经费，以备灾荒时所用。

从元和四年开始，唐宪宗认为这种运作方式"事须重迭"，手续烦琐，对调拨方法给予了改进。改变之后的运作方式是："带使州"（节度使、观察等使治所所在的州称"带使州"，其他下属州称支州、支郡）的留使部分先在本州原定的上供和送使的部分中抵扣，不足的部分从下属其他州征收的两税钱总数中均摊。一般的州把原来送使的部分改为上供，直接上缴中央，不再送缴带使州。也就是说，带使州不再上供了，一般的州不再送使了，每年的两税收入只划分为上供和留州两部分，减省了带使州上供和一般州送使的手续。这样一来，送使的部分就减少了，而上供额得到增加。

各州上供、留州、送使的赋税形式分为两种：一是钱币，称为送使钱、上供钱等；二是实物，即粮食和绢帛等。起初，上供、留州、送使都用钱币，至元和十五年（820年），由于钱轻物重，为避免农民"贱卖匹帛"，决定改钱为物。

---

① 详见岑仲勉：《隋唐史》下册，中华书局1982年版，第383页。
② 《全唐文》卷78《加尊号赦文》。
③ 《唐大诏令集》卷72《乾符二年南郊赦》。

(三) 国民政府时期的分税制

孙中山先生领导的辛亥革命，彻底推翻了封建政权，在政治是、经济上和文化上革故鼎新，采用西方发达国家的制度体系更替原来的封建制度，西方国家的财政制度第一次在中国落地，到国民政府时期得到多次调整和修改。

1. 国民初年的分税制改革

（1）国家税收与地方税收的划分

国民政府1928年国地税收划分，国家收入有16种，地方收入有12种。具体税目如表2所示。

表2　国民政府国家和地方财政收入划分表

国家收入	地方收入
盐税	田赋
海关税及内地税	契税
常关税	牙税
烟酒税	当税
卷烟税	屠宰税
煤油税	内地渔业税
厘金及一切类似厘金的通过税	船捐
邮包税	房捐
印花税	地方财产收入
交易所税	地方营业收入
公司及商标注册税	地方行政收入
沿海渔业税	其他属于地方性质的现有收入
国有财产收入	
国有营业收入	营业税*
中央行政收入	市地税*
其他属于国家性质的现有收入	所得税附加*
所得税*	
遗产税*	

资料来源：《全国财政会议汇编》上海大东书局1928年版，第21—23页。

注：*表示预计税种，当时还没有实行。

第一，国家税收主体。国地税收划分后，国家税收与地方税收从此形成了各自的新格局。国家税收以盐税、关税、统税为主体。

关税——关税原来由列强所把持，北洋政府只能得到一些盐余而已。至国民政府时期，关税获得了自主权，实施国定七级关税税率，最低税率为7.5%，最高税率为27.5%，税目分14类718目。1930年裁厘后，又施行了固定税则，进口税税目有16类647目，税率分12级，最低为5%，最高为50%；出口税则分6类270目，规定从量部分税率为5%，其余税率为7.5%；转口税率为7.5%，项目有632项。因此，关税在税收中居于首位，1928年占总税收的69%。

盐税——盐税在国民政府时期也是一项目重要的税收，在总收入中占第二位，1936年收入达到1.774亿元，是1928年的8倍多。1927年盐税占税收的44.7%，1930年占28.1%。

统税——统税渊源于统捐，统税货物包括多种，有卷烟、酒类、棉纱、火柴、麦粉、熏烟、水泥等。征收办法分为三种：一是驻厂征收，二是驻场征收，三是由商人自报。统税体系建立后，因制度健全，又避免了厘金的诸多弊端，因而税收逐年增加，1927年占税收的12.9%，在税收中居第三位。

关、盐、统三税成为国家税主体税收，共同组成了国民政府初期赋税的中坚。三税收入1927年占总税收的84.6%，1931年占总税收的97.9%。由这三种税为主体，加上其他各税收，国家税收形成了一个坚实的体系，从而保证了国家的财力。

第二，地方税收主体。地方税收以田赋、契税和营业税为主体。

田赋——1928年国民政府第一次全国财政会议，确定田赋正式划为地方税，这是地方收入中第一大税种。田赋划归地方后，各省基本上按土地肥瘠定税率，按亩征收，交纳方式统一折纳银元。至于田赋附加，税收划分后国民政府财政部颁布了限制征收的八条办法，规定田赋正税附加的总额不得超过当时地价1%，已超过者不得再加附捐。但各省却以建设不足为由继续征收，特别是1931年裁厘后，几乎各项经费皆取于田赋附加和摊派，致使田赋附加税超过正税的若干倍。因此，田赋征收额逐年增加，在各省岁入中占重要地位。从1931年各省预算岁入中显示，山东田赋占岁入总数的60.8%，山西、宁夏、西康各省田赋占岁入总数的50%以上，江苏、河南、新疆为40%以上[①]。由此看来，田赋为各省税收的重要组成部分，被视为各省财政收入的中坚。

契税——是地方税收中的第二大税种。契税包括正税、附加和验契三部分。正税各省不一，高者卖九典六，一般卖六典三，低者卖四典二。附加有与正税相等的，也有超过的。验契是对契约呈验注册收费，验契未在全国推行，只有江苏、浙江、安徽、江西、福建、河北、湖北、湖南、山东等省实行，收入最多者是江苏省，1931年约为430万元。

营业税——市级政府的主要税种。1931年，南京市财务收入为54.6775万元，营业税为47.6080万元，房捐收入为40.0000万元，杂税杂捐为0.6470万元，杂项收入438.8530万元。合计5811385.647万元，营业税占8.19%。

(2) 省、县、市税种的划分

1928年国民政府第一次全国财政会议，地方财政定为三级，即省财政及特别市财政、县财政及普通市财政和镇乡财政（特别市直接属中央管辖，与省平级；普通市与县为一级；镇乡为一级）。据此，会议提出将地方财政收入划分为省收入、县收入、市收入和镇乡收入。省收入有7种：省有产业收入、省政府行政收入、市镇乡土地税、渔业税、省特别估税、省营事业收入、中央补助金。县收入有6种：县有产业收入、县政府行政收入、屠宰税、契税、县特别估税、国家和省政府补助金。市收入有14种：市产业收入、市行政收入、房捐税、营业税、普通商业注册税、车捐、船捐、码头捐、市特别估税、市公营事业收入、市公用事业特许权税、土地增价税、市罚金、国家或省政府补助金。镇乡收入有6种：镇乡产业收入、镇乡行政收入、镇乡房捐收入、镇乡车捐、镇乡特别估税、省和县政府补助金[②]。

---

① 孙翊刚、董庆铮主编：《中国赋税史》，中国财政经济出版社1987年版，第350—351页。
② 《全国财政会议汇编》，上海大东书局1928年版，第32—35页。

省级收入中，土地税（即田赋）为最重要的税，广义而言土地税包括田赋、地价税、土地增值税、契税和一切以土地为对象的捐税，狭义而言土地税指地价税和土地增值税。地价税是对田赋的一种改革，因为田赋原来主要向农民征收，而城市里的土地占有（如宅地、厂地等）不纳税，为了公平起见，对城市的土地按地价征收。随着经济发展和人口的集中，城市土地价值比农村要高得多，而且会出现自然增值的趋势，因此对土地还要征收增值税。1930年国民政府正式颁布了土地法，其中规定了地价征收标准。市改良地地价税为千分之十至二十，未改良地地价税为千分之十五至三十，市荒地地价税为千分之三十至一百。乡村改良地地价为千分之十，未改良地地价税为千分之十二至十五，荒地地价税为千分之十至一百①。

县级税种中，契税是最大的收入，原来一直被划归国家税收中，收入也是很可观的。1931年各省契税收入总预算为2380.6795万元，其中辽宁省783.0121万元，河北省119.6569万元，河南省167.6349万元，四川省198.1557万元，山西省126.3095万元，一般的也在30万—80万元之间②。契税从民国初期到国民政府将此税划为地方收入后一直都是重要的一项税收，成为县级财政收入中的主干税种。市级税收中，营业税为主。镇乡财政收入有6项税种，但没有重要的税种，基本上靠镇乡产业收入和省县的补助金。

2. 国民政府省以下分税制的实施

国民政府1928年分税制的实施，即只解决了中央与省级的税收划分，没有真正解决省以下政府的税收划分问题，这是一个最大的缺陷。鉴于此，1934年国民政府第二次全国财政会议决定实行省以下分税制财政体制，加大县级财政收入。

（1）省、县税种的划分

国民政府1934年第二次全国财政会议上，议定了五项《划分省县收支原则》。1935年，立法院通过公布的《财政收支系统法》，确定了财政收支系统分中央、省（市）、县（市）三级，县市财政由此成为独立收支系统。

划分后的县级财政税收共有7项，如表3所示。

表3　　　　　　　　　县级税种改制前后比较

1928年县级税种	1934年县级税种③
田赋附加	土地税（田赋附加）
契税附加	土地陈报后正附溢额田赋全部
屠宰税附加	中央拨补印花税三成
其他附加	营业税三成
房铺捐	土地改良物税（房捐）
杂捐	屠宰税
	其他依法许可的税捐

资料来源：《财政年鉴》三编，第12篇，中央印务局1948年版，第3页。

---

① 吴兆莘：《中国税制史》，商务印书馆1937年版，第168页。
② 同上书，第97-99页。
③ 据中国财政史编写组：《中国财政史》中国财政经济出版社1987年版，第601页所载，1934年分税制之后县财政主要收入为：土地税、房产税、营业牌照税、使用牌照税、行为取缔税，与《财政年鉴》所载有些出入，今以《财政年鉴》所载为准。

通过比较可知,民国初年,县级财政基本上没有什么税种,全都是一些附加税和杂捐,仍然是省级财政的附庸。经过这次划分,土地税和田赋附加全部划给了县级财政,除此还有印花税的三成、营业税的三成,从此县级收入大为增强。

土地税——在1934年5月国民政府第二次财政会议之前,只在上海、青岛、杭州、广州和广东省部分地区推行。第二次全国财政会议之后,作为县级主要的税种很快推广开来,1937—1942年间,全国开征地价税者已增加到49个县市。为了增加土地税收,在第二次全国财政会议上通过了《土地陈报纲要三十五条》,决定实行土地陈报。土地陈报有两个好处:一是可以增加负担田赋的土地,因为查清了原来的无粮土地、黑地;二是在一定程度上可以平衡负担,因为按土地多少负担田赋。正如马寅初先生所指出的:"全县地籍,洞悉无遗。在粮多田少者,自可以剔除其不合理之重累;在粮少地多者,自可使其负应负之负担。平衡负担之效,由此可见"①。经过陈报,田赋收入大为增加,如河南陕县多出68万余亩,减轻人民负担65%,省县盈收3.7万余元。又如安徽当涂县,溢出土地28万亩,减轻人民负担29%,省县盈收11万余元②。而且,田赋和田赋附加本来就是一项巨额收入,1931年,江苏省征田赋正附税1192.64万元,县征3616.35万元;湖北省征117.59万元,县征374.35万元。可知,这一时期,土地税划归县级财政后,其收入比以前有所增加。

印花税——1934年,国民政府制定印花条例二十九条。第二次全国财政会议又提出整理办法两条:一是印花税改托邮政局代售,由人民自由购贴;二是印花税提拨一成归省,三成归县,二成接济边远贫瘠地区,作为裁减或废除苛捐杂税,减轻田赋附加的抵补。1935年9月1日,印花税法开始实行,纳税人是在中国领土上有经济流通行为的中国人和外国人。征收对象是交易凭证、人事凭证、许可凭证之类,共35项。税率分三种:一是分级税率,适用于发货票等,税额低者,每件贴印花一分,最高为六分;二是定额税率,适用于支取汇兑货币的单据簿折等32种,税额最低为四分,最高为四元;三是比例税率,适用于保险单等11种,最低为十万分之一,最高为百分之四。

营业税——1928年之后成为省财政主要税种之一,1934年将其三成划为县财政收入,这笔收入是比较可观的。1935年,江苏省的营业税收入为490万元,按30%计算,县级财政可收入147万元;浙江省营业税为610万元,县级财政收入可得183万元。此年,江苏、浙江、安徽等12省的营业税为4090万元,县级财政可得1227万元③。这只是部分省份的情况,但从此可知县级财政中营业税的三成收入是不小的。

除以上三大税收外,还有土地改良物税(即房捐)屠宰税、使用牌照税等,县级财政收入具有了一定规模。

3. 国民政府1942年二级分税制财政体制改革

1937年抗日战争爆发以后,为了适宜战争的需要,1942年国民政府在第三次全国财政工作会议上,对已经建立起来的分税制财政体制进行了调整,将全国财政划分为国家财政与县财政两大系统,省级财政并入了国家财政。从此,原来的国家、省、县(市)三级分税制财政体制改为国家和县两级分税制财政体制。

---

① 马寅初:《财政学与中国财政》上册,商务印书馆2001年版,第338页。
② 同上。
③ 杨荫溥:《民国财政史》,中国财政经济出版社1985年版,第82页表2—16数据。

在国民政府 1942 年第三次全国财政工作会议通过划分的国家与地方税收中，国家税种有 14 种，县级税种有 12 种。详细内容见表 4 所示。

表 4　　　　　　　　　　　1942 年国家与县二级财政税种划分表

国家财政税收	县级财政税收
税课收入	土地税的 25%
所得税	土地陈报后正附税溢额
遗产税	土地改良物税（房捐）
地价税	营业税的 3—5 成
土地改良物税	遗产税的 2—5 成
营业税	印花税 3 成
营业许可税	营业牌照税
契税	使用牌照税
关税	行为取缔税
货物税	屠宰税
货物出产税	契税附加
货物出厂税	筵席及娱乐税
货物取缔税	
印花税	
专卖收入	

资料来源：《第三次全国财政会议提案》第 3 辑，第 126 页；《财政年鉴》三编，第 12 篇，第 3 页；马寅初：《财政学与中国财政》上册，商务印书馆 2001 年版，第 187 页。

第一，国家税收主体。二级分税制实行后，由于省级税收并入中央财政，国家的税收主体得到加强。主要税种有：

所得税——国民政府的所得税开征于 1936 年，抗战爆发后，国民政府对所得税看好，于 1938 年又开征了《非常时期过分利得税》。1943 年，又开征了财产租赁出卖所得税，以土地、房屋、堆栈、码头、森林、矿场、舟车、机械等财产的租赁所得和出卖所得为课征对象。所得税呈增长趋势。1942 年收入为 1.97 亿元，1943 年增加到 7.6 亿元，1944 年为 11.45 亿元，到 1945 年增加到了 20.09 亿元[①]。

遗产税——始行于 1940 年 7 月，规定起征点为 5000 元，满 5000—50000 元者征收 1% 的比例税。超过 50000 元除征收 1% 的比例税外，并加征超额累进税，超额累进税率从 1% 分为 16 级，累进至 50%。抗战时期，由于通货膨胀严重，原定起征点过低，国民政府于 1945 年又将起征点提高到 10 万元。同时对加征超额累进税的限额也略有修改。这一时期，遗产税也呈不断增长的态势，从 1942 年的 100 万元增加到 1945 年的 1.11 亿元[②]。

营业税——原来定为地方税收，由各省自行办理。这次分税划归国家税，从而确定了营业税的基础。这次分税制后，营业税仍以营业的总收入额为课征标准，征收 1%—3%；不

[①] 杨荫溥：《民国财政史》，中国财政经济出版社 1985 年版，第 112 页。
[②] 同上。

能以营业总收入额计算的,以营业资本额为课征标准,征收2%—4%。营业税也是抗战时期国民政府重要的一项税收,1942年为6.10亿元,1943年为17.85亿元,1944年为30.32亿元,到1945年增长到73.18亿元①。

印花税——抗战初期,国民政府颁行非常时期印花税暂行条例,将1935年印花税法规定的税率提高了1倍。1943年又公布新印花税法,扩大了征收印花税的凭证范围;发货票、账单、银钱货物收据等三种税率改为比例税率;废除分票。1945年抗战胜利以后,为了适应通货膨胀政策的需要,多次提高税率。印花费也是抗战时期国民政府主要税种之一,1941年为0.16亿万元,1942年为0.26亿元,1943年为3.55亿元,1944年达到10.63亿元,到1945年增加到31.40亿元②。

地价税——即田赋。由于当时粮价上涨,国民政府为了保证粮食的供给,避免法币购买力下跌对财政收入的影响,田赋划归国家财政后,改征收货币为征收实物。田赋收入,1941年为5800万石,1942年为9500万石,1943年为7900万石,1944年为7000万石,1945年为5500万石③。从1941年开始到1945年间,征收的粮食约达3.6亿石,折合美金约18亿元④。

食盐专卖——抗战时期,国民政府对食盐专卖也视为一项重要税收。食盐专卖开始于1942年,1943年又征收食盐战时附加税。1941—1945年间,国民政府通过食盐专卖、盐税及食盐附加税收入共达到1515.39亿元,占同期国家税收的62%⑤,取代了关税,居抗战后期工商税收的首位。

由上可知,在两级分税制下,所得税、营业税、遗产税、印花税、田赋、盐税,构成了国民政府税收主体。国民政府在关税、盐税、统税三大税急剧下降的情况下,新形成的食盐附加、货物税和直接税三种新税起而代之,适应了抗战的需要。

第二,县级税收的主体

在这次分税制之后,县级财政的收入比以前进一步增加。虽然田赋全部划归国家财政,但仍然从国家财政分得土地税(田赋契税)的25%,遗产税的3.5%,营业税的30%—50%,印花税的3%。这些都是当时主要的税种,分成也甚可观。除此还有土地改良物税(房捐)、营业牌照税、使用牌照税、行为取缔税、屠宰税五大独立税种。另外,县级财政还有来自国家财政为数不少的补助,如1940年国家财政补贴占县财政年度预算的34.98%。再加之公营业及事业盈余收入、物品售价税等,县级财政收入比以前大为改观。正如《财政年鉴》三编第12篇地方财政综述中所言:"县市财政,复经督促整理,规模大具,对于促进地方自治,利赖殊多。"⑥当然,在抗战时期,县级财政"支出亦日益增钜,尤以战时军事摊派纷繁,使县市财政,殊难悉纳正轨,收入仍不免涉入苛细之途"⑦。所以,这一时期县财政收不敷支是在特殊情况下造成的,并不能否定1942年分税制下县市财政收入的

---

① 杨荫溥:《民国财政史》,中国财政经济出版社1985年版,第112页。
② 同上。
③ 中国财政史编写组:《中国财政史》,中国财政经济出版社1987年版,第551页。
④ 中国财政史编写组:《中国财政史》,中国财政经济出版社1987年版,第550—551页。
⑤ 中国财政史编写组:《中国财政史》,中国财政经济出版社1987年版,第543页。
⑥ 《财政年鉴》三编上册,第12篇,第1页,中央印务局1948年版。
⑦ 同上。

增加。

4. 国民政府 1946 年三级分税制财政体制的恢复

1945 年抗日战争取得胜利，中国政治、经济、战争形势发生新的变化，国民政府于 1946 年召开了第四次全国财政会议，决定取消抗战期间实行的两级分税制财政体制，恢复原来国家、省、县三级分税制财政体制，并对税种进行了重新划分。

（1）恢复后的三级分税制税收划分

国民政府 1946 年以后的分税制，在税种划分上分三个等级：一是国家财政；二是省级财政，行政院辖下的市与省平级；三是县级财政，普通市与县平级。这次的税收划分，国家税收有 10 种，省级税收有 3 种，院辖市税收有 9 种，县市级税收有 10 种。具体税目如表 5 所示。

表 5　　　　　　　　　　1946 年国民政府三级财政税种划分表

国家税种	省级税种	院辖市税种	县市税种
营业税（由院辖市收入的 30% 划归国家）	营业税（总收入的 50%）	营业税（总收入的 70%）	营业税（省分给总收入的 50%）
土地税（省县市 30% 归国家，院辖市收入的 40% 划归国家）	土地税（总收入的 20%） 契税附加	土地税（总收入的 60%） 契税 契税附加	土地税（总收入的 50%） 契税
遗产税的 50%		遗产税（国家分给 15%）	遗产税（国家分给 30%） 土地改良物税（房捐）
印花税		土地改良物税（房捐）	屠宰税
所得税		屠宰税	营业牌照
特种营业税		营业牌照税	使用牌照税
关税		使用牌照税	筵席及娱乐税
货物税		筵席及娱乐税	特种课税
盐税			
矿税			

资料来源：《财政年鉴》三编下册，第 12 篇，第 2 页。

三级分税制财政体制恢复后，税种划分呈现出共享税、中央税和地方政府税的新格局。

（2）中央税收主体

国家财政的主要税种有货物税、关税、盐税、印花税和特种营业税。

货物税——战后居于税收的首位，1946 年货物税收入预算额为 20.25 亿元，占当年税收的 32.3%；实际征收额比预算额增长了 1 倍，占当年税收的 35.1%。1947 年货物税收入的预算额为 124.76 亿元，占年度税收的 37.3%。1948 年预算额为 978.80 亿元，占本年度税收的 32.6%。

关税——由抗战时期的下降趋势开始上升，从 1946 年占税收的 16% 上升为 1947 年度的 18.6%，到 1948 年上半年达到了 22%。关税的增长速度非常快，1946 年预算额为 1000 亿元，实收额高达 3166 亿元，增长了 3.17 倍。关税一跃又居税收的第二位。

盐税——虽然一直没有恢复到国民政府初年的首要地位，但其收入也是可观的，名列税收的第三位。1946年预算收入为20亿元，占税收的32.0%；1947年预算额为53亿多元，占税收的15.9%；1948年预算额为400亿元，占税收的13.4%。

印花税——1944年预算额为10亿元，实征8.90亿元；1945年预算额为22亿元，实征33.97亿元，超过了10亿元；1946年预算额为300亿元，实征484.54亿元，超过了184亿元①。

三级分税制恢复后，税收划分的格局是：国民政府不像抗战时期把地方主要税种都集中在国家财政，不得不与省、院辖市、县市重新划分，但总的来说主要的税种国家财政仍占多数，在财政收入中仍然保持着绝对优势。与此相反，省级财政除与国家分成的营业税和土地税之外，只有契税附加而已。院辖市除与国家分成的三种税外，还有契税附加、土地改良物税、屠宰税等。县市除与国家财政分成的三种税外，其余税种与院辖市相差不多。而且，这些税种历来属于地方税，国家财政也不得不划归地方。地方财政相比之下，省级财政的实力仍显得薄弱，院辖市与县市实力旗鼓相当，而院辖市稍占优势。

(3) 中央与地方共享税

营业税——原为地方税收，自1942年划归国家税，修订税法，统一征收，奠定了营业税的基础。1943—1946年间又对营业税进行了修正，于1946年8月16日公布实施。由于"营业税税源丰富，征收简易，自中央接管整顿后，税收税政，日益良好"，成为国民政府主要税种之一。1946年预算数额为400.99671657亿元，实征数额为646.51252307亿元，超额245.15580650亿元②。1946年6月，国民政府财政部与粮食部召开改订财政收支系统会议，决定将营业税划归地方，充实地方财政。从本年7月1日以后，由地方征收，省县限于9月底以前移交完毕。营业税虽然划为省税及院辖市税，但由于是当时一项重要税种，所以采取了由国家和地方分享的办法进行划分。《财政收支系统法》规定：省应以其总收入的50%划归所属县市局，院辖市应以其总收入的30%划归中央。即行政院所辖市的营业税留总收入的70%，30%上缴国家财政；省级财政的营业税留总收入的50%，另外50%拨给县市财政。

土地税——土地税包括田赋、地价税和土地增值税。田赋历来是国家的重要税种之一。国民政府通过征实、征购、征借三种渠道征收了大批粮食，1946年田赋总额为42亿石，1948年为20.30亿石。地价税以土地法为基础，1946年分税制之后，土地税划归地方征收，国家土地税业务移交本部地方财政司接管。1934年，地价税征收额为1.56亿元，土地增值税征收额为1.06亿元，合计为26.25亿元。由于土地税数额大，也采取国家和地方分成制。《财政收支系统法》规定：土地税在省市局地方应以其总收入的50%划归县市局，30%划归国家财政，20%划归省财政。即院辖市的土地税留总收入的60%，其余40%划归国家财政；县市级的土地税留总收入的50%，其余30%划归国家财政，20%划归省级财政。院辖市土地税与国家财政分享，县市土地税与国家、省级财政分成。

遗产税——自1942年开征，以后经过三次修改，至1946年底，各收复省区遗产税预算大都超收，"遗产税前途极有希望"。1945年预算额为2亿元，实征3.60亿元，超出了1亿

---

① 《财政年鉴》三编，上册，中央印务局1948年版，第44页。
② 《财政年鉴》三编上册，第4篇，中央印务局1948年版，第47页。

余元;1946年预算额为26.14亿元,实征37.66亿元,超过十几亿元[①]。遗产税也作为重要税收之一由国家和地方分享。规定遗产税为国家税,但国家财政应以其总收入的30%划归县市局,15%分给院辖市。即国家财政占有55%,其余45%划归地方,其中院辖市由国家划分15%,县市由国家划分30%。

二、中国历史上分税制产生的原因

分税制在西方有着悠久的历史,是从中世纪产生发展而来的,从其产生的基础来看,与西方国家的联邦制分不开的,这应该是它生产发展的土壤。那么,离开了这块土壤,在单一的政治体制下会不会生产分税制,从中国的历史来看是可以的。

(一)周代财政分权制与分封制

周代的财政分权制的生产与当时政治上的分封制密切相关。我国奴隶社会发展到周代时期,政治统治仍然维系这宗族分封制。分封制是"既封且建",即"列爵曰封,分土曰建",也就是政治上封爵位,经济上分疆土,而且可以世袭。

周武王灭商后,为了统治殷商辽阔的疆域,对殷人和一切被征服的方国部落,大封诸侯,以助西周的政权之稳定。在原殷人统治的疆域上封兄弟15人,同姓40人和异姓将领们为大小诸侯。这些被封的诸侯们,率领各自的军队和同族之国人,到全国各地筑城建邦,统治当地的臣民,护卫着周天子的中央政权。

诸侯"授民授疆"有明确的规定,《周礼·大司徒之职》中说得很清楚:"掌建邦之土地之图与其人民之数,以佐王安抚邦国。以天下土地之图,周知九州之地域广轮之数,辨其山林、川泽、丘陵、坟衍、原隰之名物,而辨其邦国都鄙之数,制其畿疆而沟封之"。每一个诸侯国的疆域多大,川泽山林多少,耕地土产怎样皆有定制,诸公之地,封疆方五百里;诸侯之地,封疆方四百里;诸伯之地,封疆方三百里;诸子之地,封疆方二百里;诸男之地,封疆方百里[②]。在这种分封制下,由于公、诸侯、伯、子、男以及卿、大夫、士都封给大小不等的疆土和民众,由其自立,费用王室统统不管,这就是所说的"公食贡,大夫食邑,士食田,庶人食力",各诸侯国必须有自己的财权。所以,在这种分封制下需要实行财政分权制,难以实行高度集中的财政体制,这是由政治体制所加大的。这时期的分权制显然早于西方国家分税制产生的中世纪,分权制与分税制既有区别又有相同之处,不同之处是分权制比分税制还有彻底,相同之处是中央与地方各有其财政。为什么在世界的东西方都会产生这样的财政体制,大概是二者的政治体制相近。

(二)唐代分税制与藩镇割据

从中国封建社会的历史看,集中式的财政体制大多是与统一的政治体制和环境相匹配,等政治体制发生变化时财政体制也会随着发生变化,分税制便由此而来,唐代的分税制就是这样产生的。

---

① 《财政年鉴》三编上册,第4篇,中央印务局1948年版,第41页。
② 《周礼·大司徒之职》。

唐代前期，在均田制上实行的是府兵制，士兵是从农民中征调而来的，轮番服役，战事结束，兵散于府，将归于朝，帅无握兵之权，兵无世袭之家。这种军事制度的最大优点，保障军事权力高度集中在中央，使全国的政治形势始终保持着内重外轻的局面。到从唐代中期开始，随着均田制的破坏，府兵制改为募兵制。府兵制改为募兵制以后，军队成为专业性质，而且可以带家属，国家在边防给田地屋宅，长期生活在驻地，士兵"皆成为父子之兵，不习农桑之业"。与此同时，军队的将帅也由临时任命改为长期任职，唐初每道设大总管，后改为大都督，唐高宗永徽以后，都督改称节度使。至天宝元年（742年），置十节度使，西边有安西、北庭、河西节度使，北边有朔方、河东、范阳节度使，东边有平卢节度使，西南有陇右、剑南、岭南节度使。

节度使的职责，本来主要是防守边境的，但由于当时吐蕃、大食、突厥的侵扰，中央为了加强防御，给予节度使的权限越来越大。一是掌有军权。开元初，边防军多达60余万，天宝时有49万人，平均每个节度使拥兵4.9万人，最大的节度使有兵9万多人。二是具有行政权。如边防的屯田和营田都由节度使来管理。开元、天宝年间，节度使在财经方面的权力进一步扩大，安禄山"持节充平卢节度使、度支、营田、陆运、捍（押）两番、渤海、黑水等四府经略、处置、平卢军摄御使大夫、管内采访处置等使"①。随着节度使权力的膨胀，节度使不仅成为地方一级政府，屯田、财政、粮食调拨、司法、检察都由节度使来掌握，而且形成唐代中后期尾大不掉的地方藩镇势力。"安史之乱"以后，节度使的设置急剧增加。原来节度使只设在边郡，安史之乱中在内地州县也开始设立节度使，史言：河南、山东，列镇相望，"大者连州十余，小者犹兼三四"。而且，在政治上形成了藩镇割据的混乱局面。各地藩镇与中央分庭抗礼，不听调遣，称王称帝。有的"招合遗孽，治兵缮邑，部下各数万劲兵"；有的"文武将吏，擅自署置，贡赋不入于朝廷，虽称藩臣，实非王臣"②；还有的互为表里，"意在以土地传付子孙"。三是藩镇在经济和财政上取得了独立。在所控制的范围内，土地自行处理，户口各自规定，而且所有赋税自行征收，攫为己有，"户版不籍于天府，税赋不入于朝廷"。如成德节度使李宝臣，"不输王赋"；淮西镇节度使李师道，"征赋所入，尽留赡军，贯绢尺帛，不入王府"；宣武镇节度使韩弘，"四州征赋，皆为己有，未尝上供"。可知这些藩镇"既有其土地，又有其人民，又有其兵甲，又有其财富"③。四是中央集权极度削弱，藩镇不听调遣，号令不出国门。五是财政收入大为削减，藩镇控制的地区赋税不仅不缴纳中央，而且还截留其他地区上缴中央的赋税。如地处运河附近的汴州（今开封）节度使李灵曜，"据汴州，公私财赋，一皆遏绝"。因此，中央越来越弱，藩镇越来越强。

在与藩镇长期斗争的过程中，中央一方面为了取得一定的财政收入，保证中央的财力；另方面为了照顾到藩镇的利益，不得不承认已经形成事实的地方财权，让各地节度使上缴一部分赋税，供中央费用，留下一部分由地方开支。于是，唐王朝对传统的统收统支的财政体制进行了改革，在两税的收入上制定了上供、留使、留州的分税制。由此可知，只要政治体制上发生分裂，分税制就会重现，唐代中期中央与藩镇的关系就如同周代王室与诸侯的关

---

① 《安禄山事迹考》卷上。
② 《旧唐书》卷143《李怀仙传》。
③ 《新唐书》卷50《兵志》。

系,也如同西方国家中央与自治州的关系,这是这种政治体制诱发了分税制的出现。

(三) 民国政府分税制实施的原因

1. 政治体制的革新

1912 年辛亥革命推翻了中国的封建帝制,开启了资产阶级民主共和政体,这是我国历史上政治体制的第二次重大改革。孙中山为大总统后,参照西方政治制度,结合中国考试、监督二权,建立了一种新的分权制,设行政、立法、司法、监察、考试五院。行政院是国民政府的最高机关,负责执行国家政策,推行代表国家意志的法律命令。立法院是国民政府最高立法机关。司法院是国民政府的最高司法机关,具有独立地位。考试院是国民政府的最高考试机关,负责考试与铨叙事宜。检察院是国民政府最高监察机关,主要职责是弹劾与审计。这是临时政府的构成,这种政府组织在当时是面貌一新的。这是临时政府的构成。同时,在以孙中山为总统的临时政府(即总统府)之下,又成立了总理内阁制,设置总理与各部部长职务。建立了国会制度,国会分为两院,一是参议院,由各省选派的参议院组成,有立法权、选举大总统组织政府之权、财政权和对行政的咨询权。二是众议院,成员由各省按人口选举,任期三年。当时地方政府仍然采用省制,对于省的地位,孙中山主张地方自治,袁世凯取得大总统后下来实行行政制,但实际上地方政府已经开始自治或独立。这样的政治体制是按照西方国家的政治体制而建立的,财政体制要与其相适应,自然要废除以其政治体制格格不入的高度集中的财政体制,实行分税制财政体制。这种政治体制虽然在袁世凯时期遭到破坏,使其名存实亡,但袁世凯当皇帝以及之后的张勋复辟都是短命的,没有逆转历史发展的潮流,这种政治体制尽管走样但在形式上却延续下来。

2. 国家财政严重空竭

民国初期,由于各省独立,地方向国家解款制度中断,国家财政处于极度困难的境地。尤其是袁世凯称帝灭亡后,国家完全失去了对各省的控制,不仅解款无望,就连中央的专款制度也无法实行,加之军阀连年混战,军费急剧增长,致使国家财政步履维艰。1921 年以后,财政状况更加恶化,各省解款全部停止,税收也被截留。如盐税,"初则请求协助,继则自便截用;外债以信用薄弱固不能进行,内债亦成强弩之末"①。虽然北洋政府加倍地搜刮民脂民膏,滥发国债和向银行借款,但仍不能维持巨额费用。如军费 1916 年为 1.75 亿元,占财政总支出的 37%;1919 年为 2.17 亿元,占总支出的 44%;1925 年为 2.97 亿元,占总支出的 47%②。债务费仅次于军费,1916 年为 1.37 亿元,占总支出的 29%;1919 年为 1.28 亿元,占总支出的 26%;1925 年为 1.66 亿元,占总支出的 26%,军费与债务合计占总支出的 60%—80%。因此,北洋政府财政长期处于亏空,1916 年亏 2000 亿元,1919 年亏 5700 亿元,1925 年亏 17200 亿元③,最终全面崩溃,无法维持。这一时期,国家财政已到了崩溃的程度,在这种基础上建立起来的国民政府不仅一无所获,而且背负北洋政府累积如山的债务。

3. 地方财政面临危机

北洋时期各省始终处于独立或半独立状态,特别是袁世凯死后,地方财政几乎不受国家

---

① 《财政年鉴》(上册),商务印书馆 1953 年版,第 1 页。
② 杨荫溥:《民国财政史》,中国财政经济出版社 1985 年版,第 13 页表 1—表 7。
③ 贾德怀:《国民财政简史》下册,商务印书馆 1941 年版,第 697 页。

的节制，各省自治。由于地方财政支出增长迅猛，收支悬殊日益加大。如 1925 年，19 个省有 16 个省发生亏空，占总数的 84.21%，只有 3 个省略有节余，占总数的 15.80%。收支悬殊最大的有：四川省亏 1751.7 万元，河南省亏 1049.7 万元，广东省亏 732.5 万元，福建省亏 712.9 万元。如果与 1913 年相比，各省支出都超过好多倍。河北省财政支出由 1913 年的 554.7 万元增加到 1096.2 万元，增加了 2 倍；察哈尔由 1913 年的 5.4 万元增加到 179.6 万元，增加了 33 倍；山东省由 1913 年的 140.3 万元增加到 1730.6 万元，增加了 12 倍；河南省从 1913 年的 739.7 万元增加到 1982.4 万元，增加了 2.6 倍；福建省从 1913 年的 119.4 万元增加到 1320.5 万元，增加了 11 倍；贵州省从 1913 年的 57.9 万元增加到 448.9 万元，增加了 7.7 倍[①]。为了应付巨额的军费与其他各项开支，地方政府同样是大举外债。1921—1927 年，北洋政府的 387 笔外债有不少就是地方政府的。与此同时，滥发纸币，湖北有官票、山西有晋钞、东北有奉票、吉林有官帖、黑龙江省有官帖和哈大洋票。奉系军阀统治下的东北三省，到 1928 年左右，官办银行发行的钞票达 7 亿元之多，被称为"纸币世界"。如果说北洋政府是靠借债度日的话，那么地方财政是靠发纸票维生，财政危机由此可想。国民政府成立后面对的地方财政也是山穷水尽，危在旦夕。

4. 财政制度的极度混乱

北洋时期，军阀混战无处不在，无时没有，对财政制度造成极大的破坏，不论国家财政还是地方财政都是极端混乱的状态。苛捐杂税，多如牛毛，除全部保留了清王朝的税捐外，又先后增加了印花税、烟酒牌照税、验契税、契税加征、车税加征、厘金加征、牲畜及屠宰税加征等等，名目繁多，成倍增长，而且任意征敛，毫无限制，如印花税刚开征时，只有 10 种，从 1917 年扩大到 20 余种。契税税率原来卖九典六，1917 年改为卖六典三，各地还增加契税附加税。原来契税不包括土地、房屋不动产，只是在买卖中对契据征税，1922 年又颁布不动产登记时要交纳不动产费。这样一来，契税类税收包括契税、不动产费、验契费和契税附加四类。再如盐税附加税，有中央附加、外债附加等，数量竟超过了食盐正税，由 1917 年的 53 万元增加到 301 万元，增加了 5.6 倍。

至于地方财政就更混乱了。首先，是在旧税目外大量增加所谓的"附加税"或其他新税。如田赋附加税，国家规定不得超过正税的 30%。但实际上不仅大大超过国家的规定，而且达到正赋的若干倍，海门县田赋附加税竟超过正赋的 26 倍，山东 1926 年至 1927 年土地税超过了农民的总收入。致使农民负担大大加重，各省卖儿鬻女、弃田逃走者比比皆是。厘金发展到后来的产销税、落地税、统税等等多达几十种，税率有的地方高达到 25%。全国有厘卡 784 个分局，卡不下 2500 处[②]。致使交通艰滞，货价提高，人民遭殃，工商业难已发展。其次，是苛捐杂税与日俱增。直隶省有 16 种，吉林省有 20 多种，奉天有 33 种，四川省开征各种杂捐达到 99 种，仅警察官厅开征杂捐就有 24 种。再次是摊派普遍出现，"在偏僻贫瘠之区，军费不足，即任意取诸人民，苛捐杂税，诛求无厌，至民不聊生，赤地千里。而繁富省份，亦复拥兵把持，以贪官污吏为爪牙，搜括民财，尽饱私囊，工商因之凋敝，而军费之积欠如故，民众怨毒所积已久"[③]。

---

① 参阅张静如、刘志强：《北洋军阀统治时期中国社会之变迁》，中国人民大学出版社 1992 年版，第 72 页。
② 贾士毅：《民国续财政史》（二），商务印书馆 1933 年版，第 461 页。
③ 《全国财政会议汇编》，上海大东书局 1928 年版，第 4 页。

在这种财政亏空和混乱的危机之下,分税制财政体制成为必然选择。国民政府之所以继续实行分税制财政体制,各级财政窘迫固然是一个重要原因,但也是历史提供的必然选择。分税制财政体制作为一种新的制度早已为社会所承认和接受,从民国元年到此时,不仅有了一个开端,而且已经深入人心,不论什么样的政府都不可能退回到封建社会的制度上,只能采取新制度,这是摆在国民政府面前的一条必由之路。而且,以孙中山为代表的资产阶级革命党人,一向主张"地方自治",反对专制集权,这一宗旨反映到财政制度上便是分税制。如国民政府第一次全国财政会议指出:"中央集权与地方分权并重,乃总理手定政纲,吾党奉为圭臬,兹所谓统一财政者,乃统一中央之财政。故中央财政应取中央集权主义,非并地方财政而统一于中央也"。要实现孙中山先生的遗志,也只有采取分税制财政体制。另外,北伐战争虽然打倒了北洋军阀,但并不意味着从此天下统一了,各地的军阀仍然存在,他们仍然处于独立和半独立的状态,不愿意也不会把地方财权供手交给蒋介石,听命于国民政府的调遣和支配。国民政府要保证国家的财政收入,就不得不照顾地方的利益,继续实行分税制是其唯一的选择。正如1928年国民政府第一次财政工作会议就讲到:要"实行财政统一之目的应划分国地之收支"[①]。

三、中国历史上分税制特点比较

(一) 周代分税制的特点

周代分税制的特点是分权制,财权、税权明确划分,王室与地方诸侯是分离的,诸侯对王室进贡只是一种义务,财政上并没有统属关系。这种分税制类似西方国家的分税制,联邦政府与地方政府各有自己的财政体系和税收系统。

(二) 唐代分税制的特点

唐后期分税制的特点,主要是划分财政收入,而没有划分财权和税种,地方的州、使没有地方税,只是与中央分享主要的财政收入,也就是将原来中央的主要税收划分为三,中央得其三分之一。

(三) 国民政府初年分税制特点

国民政府初年实行的分税制并不是民国初年分税制简单地继续,而是在原来的基础上进行了改革,与民国初年相比,显示出四个特点。

一是明确划分税种。中央与地方的税收以税种来定,不是一种税收分成制。以税种决定收入,类似周代的分权制,不同于唐代的分税制。

二是明确划分事权。在划分税种的同时,划分各级政府的财政支出,各级政府的事权由其财政收入开支,事权清单是比较清楚的。

三是照顾了地方财力。在税种的划分上,国民政府纠正了民国初年分税制的不合理性(即把主要税种划归国家,将零散税种划归地方),将田赋、契税、牙税、当税等都划归地

[①] 《全国财政会议汇编》,上海大东书局1928年版,第12页。

方,加强了地方财政收入,这是一个很大的进步,也是两个时期分税制的最大不同之处。

四是采取独立税制,取消附加税制。民国初年划分税收时,用的是附加税制度,国民政府采取的是独立税制,这是国民政府初期税收划分的第二大变化。民国初年北洋政府在划分税种时,把独立税划为国家税,把一些附加税划为地方税,如田赋附加是省级财政的第一大税收。采用附加税制度最容易造成税制的混乱,从而影响了分税制的贯彻实施,国民政府采取独立税,取消附加税是一个改进。

(四) 国民政府 1942 年分税制的特点

国民政府 1942 年国家和县财政两级分税制虽然是在特殊环境下实施的,但比较之下具有明显的特点。

首先,是省级财政纳入中央财政。省级财政在原来的三级财政体制中是重要的、不可缺少的环节,所谓地方财政,原来主要是指省级财政。然而,在这次实行的分税制财政体制中,把省级财政的税收全部归并到了国家财政中,省级财政成为国家财政的一部分。从此,"省之收入,即中央之收入;省之支出,即中央之支出",省级不再有财政预决算,每年度支出的数额在各省平均发展的原则下,由国家财政拨付。具体办法是:国家在每年度开始前,核定各省在该年度内应办的事业。未经核定的事业,各省认为急需举办,其经费在各该省总概算 20% 以内者,必须先行举办。各省在每年度开始之前,遵照国家核定的应办事业,估计其必要经费,编制普通政务预算及特别建设预算,呈国家财政部核定。这一时期,省级财政支出大部分为公教人员生活补贴的行政费所占据,事业费支出极少。如福建省文教建设经费 1935 年占总支出的 10% 左右,1942 年两级分税制之后仅占 6%,至 1946 年只剩下 0.71%。这样来看,省级财政变成了中央财政的派出机构,这虽然在中国历史上没有出现过,但却提出了一个新的思路。

其次,是加强了国家财政的实力和权限。在抗战时期,原来中央的主干税种关税、盐税、统税在这一时期出现了锐减,国家收入在总收入中所占比重急剧下降。1939 年,国税收入占总收入的比重下降到 15%,1940 年下降到 5%。国家收入的急剧下降,不利于抗日战争中对物力财力的需求。这次分税制实行后,由于把省级的税收划归国家财政,也把原来属于县级财政的田赋收为国家财政,从而增强了国家财政的收入和对物资的筹集权限,适应了战时的需要,保证了抗日战争的胜利,对于中华民族的发展是有积极作用的。马寅初先生也有同样的评论,他指出:国民政府第三次财政会议把省级的独立财政取消,归纳于国家财政。"就中央方面言,由于省级财政之归并于中央财政系统,原属地方之田赋与营业税及契税收入列为中央收入之大宗。同时因为田赋改征实物,军粮公粮不虞匮乏,有助于抗战者至巨,确实收到相当成效"[①]。

四、中国历史上分税制对政府间财政关系的影响

分税制产生实施于我国历史上不同时期,制度不论是本土的还是舶来的,政府不论是自愿的还是被迫的,都是对中国高度集中的财政体制的一种改革,对当时的政治、经济和社会

---

① 马寅初:《财政学与中国财政》,商务印书馆 2001 年版,第 168－169 页。

的发展生产了一定的影响,其中的经验值得借鉴,教训也值得汲取。

(一) 中国历史上分税制改革的意义

1. 促进了我国财政体制的改革创新

我国自秦始皇建立大一统的封建帝国以后,长期实行高度集中的财政体制。这种财政体制有其自身的优点,如保障中央集权维护国家的统一,集中财力办大事等。但也存在着不少的缺点,一是中央始终控制着财权,致使地方政府失去了积极性,不能很好地发挥地方财政的作用,地方财政只是中央财政的附庸而已。二是地方政府没有财力,限制了地方经济社会的发展,地方政府的职能不过是收税、断案,维持局面,无力发展地方经济,即使维持正常的运转也比较困难。三是引发地方苛捐杂税丛生。地方政府财力不足,只好巧立名目,搜刮百姓,所以表面看财权财力高度集中,实际上地方政府滥收乱征,对财政体制造成很大的破坏。对此,马寅初先生总结说:中国自唐以后,表面上中央集权有所加强,但实际上徒有虚名。南宋时中央为筹措军费取给予摊派,地方为树立势力也滥用"附加"。历元、明、清三朝,中央掌握全国财权,地方因经费紧缺,一切全靠摊派,"火耗"、"秤余"之类相继而出。清末地方督抚借办洋务,苛杂繁兴,"中央'拥集权'之虚名,地方收'滥权'之实惠,而上下财政呈支离破碎之局面矣"①。结果是中央财权旁落,财政制度混乱。分税制的出现,对传统的财政体制是一次根本的改革,虽然还不完善,甚至当时的条件也不一定成熟,但总是开启了一条新的路径,在财政体制的创新方面发挥了不可磨灭的作用。而且,分税制的实施避免了高度集中的财政体制的缺陷,使中央与地方财政资源进行了一次重新分配,合理配置,既保障了中央应有的财力,又使地方得到一定的财源,是有其合理性和进步性的。

2. 奠定了我国县级财政的基础

我国从秦代就实行了郡县制,但是在高度集中的财政体制下,地方财政并没有得到应有的重视,特别是县级财政长期是省级财政的附庸。所以,中国的县级财政在中国历史上是没有独立地位的,别说县级即使省都是国家财政的附庸,根本谈不到是一级财政。自从民国开始,孙中山领导的资产阶级革命主张实行地方自治,与之相适应进行了税收划分,省级财政从此有了自己独立的预决算,由原来的附庸成为地方一级自治财政。但县(市)级财政的地位还没有得到承认,长期获不到主要的税收,一直是省级财政的附庸。从国民时期实行分税制开始,首次奠定了中国历史上县级财政的地位,通过省、县税种的划分,县级不仅有了自己主要的税种,而且有了财政收入,县级财政才真正从省附庸变为一级财政。县级财政地位的奠定是从1934年国民政府第二次全国财政会议开始的,与1928年国民政府第一次全国财政会议奠定省级财政地位有着同样的意义。如果说1934年奠定了县级财政的地位的话,那么1942年国民政府第三次财政会议实行二级分税制以后,进一步巩固了县级财政的地位。这一时期,县级财政有了自己独立的预决算,如县财政整理办法草案中规定,县地方收支应根据县各级组织纲要及中央现行法令的规定确立预算,预算送县参议会审议,取得同意再由县长呈报县政府核定,必要时得由县长先呈送省政府核准施行,再送县参议会。县级财政具有独立的预决算,说明这一时期县财政已成为独立的一级地方财政。1946年三级分税制体

---

① 《财政年鉴》三编,上册,中央印务局1948年版,第170页。

制恢复后，县级财政仍然是国家的一级财政，而且一直保持到现在。

(二) 分税制对政府间财政分配关系的影响

1. 加强了中央财政收入

分税制的实施目的，在西方国家来说，是在政府之间合理配置财政资源，以便使与其承担的事权相匹配。有趣的是在中国历史上，实行分税制的目的大都是为了保障中央财政的收入。唐代安史乱后，中央财政收入急剧减少，"赋税不足供费"。分税制实行后，明确了中央和地方对两税的占有额，从而保障了中央财政中的两税收入，使中央的财政状况得到好转。《通典》卷6《赋税下》载建中初年，每年两税收入，钱为3000余万贯，米麦1600余万贯。《新唐书·食货志》及《文献通考·田赋考》记载每年收入钱3000余万贯，米2000余万石。《资治通鉴》卷226记载每年收入钱1089余万贯，谷2157余万石。虽然各书记载不大相同，但却有力地证明了分税制行后中央财政收入发生的显著改变。民国时期实行分税制的意图也是为了保障中央的财政收入。清末，中央集权衰弱，地方上解制度遭到破坏，高度集中的财政体制名存实亡。当时地方或称自治，或称独立，中央财政难以维持。通过实行分税制明确中央税收的范围和地方税收的范围，使中央财政得到保障。

2. 缓解了国家财政危机

中国历史上的分税制大多是化解国家财政危机的举措，使国家财政从混乱转入规范，在新的财政体制下重新运行。唐代安史乱后，租庸调制因破坏无法实行，新的赋税制度还未建立，新旧并存，名目万端，赋税制度混乱到了极点。如杨炎所说的："丁口转死，非旧名矣；田亩移换，费旧额亦；贫富升降，费旧第矣。……科敛之名凡数百，废者不削，重者不去，新旧仍积，不知其涯"①。分税制后使唐后期的财税制度走向规范，中央和地方的经济利益得到了合理的调节，中央和地方的财权关系得到了肯定，从而使国家的财政运转走上了正常的轨道。全国两税收入的分配在中央的调控下，实行定额管理，按照上供、留州、送使的预算指标进行划分，具有一定的规范性。唐代三分制财政体制虽然是在特定环境下产生的一种财政体制，但对于明确界定中央和地方财政的权限和范围，正确处理中央和地方的经济利益，合理发挥中央财政的宏观调控作用和地方财政的自主权力，有效地进行财政上的转移支付，都是有益的。民国初年分税制的实施也起到了这一作用，清末中国地方自治，军阀割据，传统的财政体制难以维继，代之而起的分税制保障了新形势、新体制下财政的正常运转。

3. 导致中央集权弱化

从西方分税制实施的历史动机来看，分税制是地方政府相互博弈的结果。中世纪，由于各地方政府利益的冲突，需要有一个凌驾于地方政府之上的组织来协调，于是成立了联邦政府。各地地方政府将其财权和税权分割一部分给予联邦政府行使其协调的职能，但划分的财权和财力是有限的，决定了联邦政府长期处于劣势地位。考察中国历史上的分税制，由于大都在发生财政危机的时候实施的，是在中央政府处于弱势情况下实施的，所以只能化解财政危机，而不能恢复原来中央集权下的政治权威。如唐代实行分税制后，国家政治形势由原来的"干强枝弱"转为"干弱枝强"，中央政府的权力一步步弱化，最终导致地方割据，形成

---

① 《旧唐书》卷118《杨炎传》。

五代十国的分裂局面。民国时期实行分税制后,中央政府也没有回复到清前期的政治地位和优势,国民政府时期也同样如此。即使周代的分权制财政体制,也同样导致周王室的衰微,代之而起的是战国争霸的时代。所以,分税制实行后,中央政府的政治权力明显衰弱,这在中国历史上是一个普遍的现象。

(三) 中国历史上分税制的启示

1. 正确处理中央和地方的财政分配关系是实行分税制的前提

分税制有其积极、合理的一面,如发挥两个积极性,但也有其不可否认的缺陷,即削弱中央政府的控制能力,动摇国家的政治中心,使政治出现动荡,社会陷入混乱。中国历史上周代实行的财政分权制就走向了这样的结果,由于各诸侯国拥有充足的财力和军事力量,周王室与其之间没有财政上的隶属关系,无法对其加强制约,导致王室越来越弱,诸侯越来越强,国家政令难以贯彻实施,最后出现了诸侯争霸的春秋战国时期,经过长期的兼并战争,至秦始皇时才使中国恢复了统一。秦始皇正是吸取了这一教训,从此实行高度集中的政治体制和财政体制,以期保持"干强枝弱"的政治局面。即使唐代中后期实施分税制和民初及国民政府时期实行分税制的时期,也非常注意这一方面,致使把主要的税收控制在中央财政。所以,在实行分税制中要正确处理中央与地方的财政分配关系,首先保障中央政府应有的财权和财力,应该说这是一个前提。但不能因此不顾地方政府的利益,如果地方政府没有一定的财权和财力,就无法发挥地方政府的作用,这与集中的财政体制没有区别,失去了分税制实施的意义。

2. 合理地划分税种是分税制财政体制的关键

分税制的核心内容之一是税收的划分,不仅现在是这样,在历史上也同样如此。民国初年的分税制在税收划分上,主要的税收全归中央,地方税都是细小零碎、收入很低的税种,无统一名称,无统一制度,无统一税率。致使地方财政入不敷出,徒有虚名,无法发挥应有的作用。而且引起地方苛捐杂税并起,严重地影响了人民的生活和经济发展。1928年国民政府第一次实行分税制财政体制,明确划分了国家与地方财政的收入,为了避免民国初期税收划分上的不合理,将田赋、契税、营业税等重要税种划归地方财政,不仅使分税制财政体制具有了合理性、公平性,而且确立和奠定了省一级地方财政,这样做是非常正确的。但是,在税收的划分上,还是存在着重中央轻地方的倾向,仍然有"集权"和"集财"的做法。国家财政与地方财政合理划分税收,一定要做到财权与事权的统一,根据事权的多少决定财权的大小。正如马寅初先生所说的,中央和地方在税收划分上,"根本问题"在乎确定省究竟处在怎样的地位,而后再决定它职权的范围。究竟应该怎样,这一切需要基本关系上的调整。整个行政制度的确定,不是以财源来限制权职,乃是由权职的需要来决定财源[①]。我国1994年在分税制的税收划分中,也存在着这种倾向。从提高中央财政收入比重出发,主要的税收都在中央,地方财政的主要税种不多,造成了地方政府的事权和财权不匹配。在进一步完善分税制财政体制中应吸取历史上的教训,根据各级政府的事权合理划分税收,保障地方政府必要的主体税种。

3. 加强县级财政税收是完善省以下分税制的重要环节

---

① 马寅初:《财政学与中国财政》上册,商务印书馆2001年版,第170-171页。

在县一级的税收划分上,民国初年分税制没有涉及到,国民政府 1928 年实行分税制时虽然提出了方案,但却没有真正实施。在地方税中,省级收入是田赋、契税、牙税、当税和营业税,而县级税收只有田赋附加、契税附加和房捐,致使县级财政长期处于困境,只好征收苛捐杂税以资挹注,这是县级政府乱摊派、乱收费、乱集资的主要根源。为了防患未然,国民政府于 1934 年明确确定了县级财政的税收和支出,把土地税(土地税未实行前为田赋附加)、土地呈报后正附溢额、印花税的三成、营业税的三成、土地改良物税(房捐)、屠宰税等划归县级财政,使省以下分税制得到实行,改变了县级财政的附庸地位,成为一级财政。1942 年,实行二级分税制财政体制后,县级财政又得到进一步的加强,土地税虽然与中央分成,但增加了遗产税分成、使用牌照税、行为取缔税、契税附加和筵席及娱乐税。三级分税制恢复后,土地税分成由以前的 25% 增加到 50%,营业税分成也达到 50%,县级财政并没有太大的影响。目前,我国省以下分税制在税收划分中存在的主要问题是,主要的税种划归省,细小的税种归并到县,县财政无法形成税收体系。而且省随着财权集中,事权下放,县级财权远远小于事权,同样是乱收费、乱摊派、乱集资,加重农民负担的根源。历史问题的重现,说明深化省以下分税制财政体制改革,不仅要进一步划清省级财政与县级财政的事权,更重要的是加强县级财政收入,保证县级财政具有一定的主体税种,使其形成县级税收体系。只有这样才能真正减轻农民负担,充分发挥县级政府的作用。

4. 税种划分不宜过多设置共享税

国民政府 1946 年在税种的划分上采取了主要的税种实行分成制,如省营业税省分享 50%,县市分享 50%,院辖市营业税自占 70%,国家分享 30%;土地税省分享 20%,国家分享 30%,县市分享 50%;遗产税国家分享 55%,县市 30%,院辖市 15%。这种做法一是大宗税种遭受割裂,造成各级政府都缺少主体税种。二是国家与地方财政之间提解划拨,错综复杂,呈支离破碎的局面。三是利益共享,有大锅饭的性质,不利于刺激经济的发展,影响中央与地方财政稳定增长机制的形成。因此,市场经济国家的共享税都比较少,较多地按独立税种来划分。我国目前中央和地方共享税偏多,省和县市共享税更多,中央和省级的共享税省和县市再次分享,几乎较大的税种全是共享的。因此,税种支离,你中有我,我中有你,但都无主体税种。在这一点上应吸取国民政府时期的教训。

5. 分税制中最好不出现附加税

众所周知,田赋附加是地方政府横征暴敛,残酷掠夺,搜刮百姓的主要途径,是各种苛捐杂税产生的温床,也是致使财政混乱,阶级矛盾加剧的主要原因。民国初年分税制采用了附加税制,重要税源均归中央,地方财政收入主要靠附加税,以致横征暴敛,弊窦百出。国民政府 1928 年国、地收支划分虽放弃了附加制,并颁布了限制征收田赋附加办法八条,1933 年又颁布了《重订整理田赋附加办法》十一条。1934 年国民政府第二次全国财政会议议定自此以后对于田赋永不再增附加税,但实际上并不能束缚县级政府的手脚,仍然以附加税的方式来筹款。直到 1946 年才取消了附加税,不能不说是个进步,但尽管如此,附加税仍不能根绝。我国现在的教育附加税也成为地方政府增加农民负担的途径之一,在深化省以下分税制时也应引起考虑,可通过税源共享避免附加税的缺陷。

简牍所见秦"内史"及相关问题分析

朱德贵

摘要：最新刊布的《岳麓书院藏秦简（肆）》披露了一批珍贵的有关秦"内史"的简牍史料。这些新史料显示，秦"内史"在统一前后的职能不尽相同。商鞅变法后至兼并六国前，秦将京畿地区数十县归"内史"管辖，但此时之"内史"既是所辖县之行政主管，亦分管国家财政和皇室财政部分事务。秦兼并六国过程中及统一后，秦"内史"与其他郡一样，属一级地方行政机构，国家财政及皇室财政概由丞相和御史统一管理。

关键词：秦　简牍　内史

现今学术界有一种流行的观点，即秦"治粟内史"是主管国家财政的机构。持此观点者之依据就是《汉书·百官公卿表》中的有关记载，如其文曰："治粟内史，秦官，掌谷货，有两丞。"[①]可喜的是，近几年学界又刊布了大量秦简牍文书，这些新简牍文书的披露对这一传统观点提出了新的挑战。兹对秦"内史"问题的研究现状先作一简略评述。

20世纪70年代，云梦秦简披露了一批珍贵的简牍文书，其中就有秦"内史"的简文，共计16条。这些新史料的刊布即刻引起了中外学术界的极大关注。高敏首先撰文考察了该批秦简中的"内史"问题，他认为："在商鞅变法到秦昭王时期，系由太仓和都官行使'少府'之职，由'内史'行使'治粟内史'之职。我想：把'太仓'与'都官'之职掌归于'少府'及改'内史'为'治粟内史'应发生于始皇统一六国时期，这同他进一步加强中央集权是紧密联系在一起的。"[②]在此，高先生指出了二个关键问题：一是秦统一前后职官制度的变化；二是内史与治粟内史的关系。但秦"内史"与"太仓""都官""大内""少内"及县廷又是何种关系？囿于资料等原因，高先生对此并未深入分析。

作者简介：朱德贵（1964 - ），男，江西弋阳人，哈尔滨商业大学经济史研究所教授，博士生导师，研究方向为中国财政史。本文为国家社科基金后期资助项目"新出简牍与秦汉赋役制度研究（批准号：16FZS004）"和"黑龙江省哲学社会科学基金项目"出土资料所见，秦汉财政与国家治理研究（批准号：16ZSD01）"之阶段性成果。

① ［汉］班固：《汉书》卷19《百官公卿表》，中华书局1962年版，第731页。
② 高敏："从云梦秦简看秦的若干制度"，收入所著《云梦秦简初探》，河南人民出版社1979年版，第205 - 206页。

降至 20 世纪 80 年，中外学术界对秦"内史"及其相关的职官问题展开了热烈的讨论，如于豪亮、杨宽、彭邦炯、[日]工藤元男、[日]山田胜芳等纷纷撰文进行了深入细致的研究。

于豪亮撰文说，两周"内史""乃是执掌行于畿内之法，行于畿内之令"的地方行政机构。云梦秦简揭示，秦《内史杂律》是"关于下属的某些机构的法律，其余的法律关于内史职权的并不多，这些为数不多的律文，也从侧面或多或少地反映了内史有相当大的权力"。如"都官是中央一级机构，县都官是在县上的中央一级机构"，但必须按时向"内史"汇报物资的使用情况①。很显然，于先生主张，秦"内史"乃掌治京师之地方机构。

但是，杨宽对此却提出了不同意见。杨先生以为，当时秦之财政机构已分为"大内""少内"，而"'大内'由内史掌管，当即因掌管'大内'而得名，也即后来的'治粟内史'。内史主要掌管田租（即地租）的征收和积储"②。言下之意，"内史"乃主管全国财政，并非京畿地区的行政机构。这种观点显然是与于豪亮的不同。此后，张金光又在《秦简牍所见内史非郡辨》一文中进一步论证了这一说法，他说："秦简牍所见内史应为中央机构之一，其职主要为总理全国财政，并兼其他多种职分。"③可见，学界对秦"内史"之性质的认识分歧仍旧很大。

为了解决这些分歧，日本学者工藤元男提出了一个折中的解决办法。他认为，"战国秦内史并非一开始就是统治京师的地方官，而是沿袭周官内史系统的统括文书行政的中央官员"，但战国中后期的秦内史，"一方面随着秦领土的扩大，也扩大了对秦全国县、都官财政的方面的控制范围，另一方面又收缩成为专门统治秦本土的官吏，可以说内史是一种包含双重性的存在"④。与此同时，国内学者彭邦炯又在《从出土秦简再探秦内史与大内、少内和少府的关系与职掌》一文中提出了与工藤元男大致相似的观点。他以为，两周时期的"内史"职权并不大，仅起草、宣读王的诏令而已。史料显示，"战国时期的秦内史是主管财政经济的……笼统地说秦内史'掌治京师'是不妥当的。问题主要在于《汉书》这里并不是指的统一六国前（即战国时代）的秦内史，而是指秦统一后和汉初内史的职掌"⑤。可见，彭邦炯先生以为，秦统一前，"内史"分管全国财政经济事务；而秦统一六国后及汉初

---

① 于豪亮："云梦秦简所见职官述略"，《文史》第 8 辑，中华书局 1980 年版，第 7 页。
② 杨宽："从'少府'职掌看秦汉封建统治者的经济特权"，中国秦汉史研究会编：《秦汉史论丛》（第一辑），陕西人民出版社 1981 年版，第 208－226 页；亦可参阅杨宽：《杨宽古史论文选集》，上海人民出版社 2003 年版，第 114 页。
③ 张金光："秦简牍所见内史非郡辨"，《史学集刊》1992 年第 4 期。
④ [日]工藤元男："秦の内史：主として睡虎地秦墓竹簡による"，《史學雜誌》90 編 3 号，1981 年，第 1－33 页；又可参见[日]工藤元男："内史的改组和御史、治粟内史的形成"，收入所著《睡虎地秦简所见秦代国家与社会》，上海古籍出版社 2010 年版，第 42－43 页。日本学者重近启树后来研究的结论大致与工藤元男的观点相仿，可见[日]重近啓樹：《秦の内史をめぐる諸問題：堀敏一先生古稀記念》，東京：汲古書院 1995 年，第 71－92 页。
⑤ 彭邦炯："从出土秦简再探秦内史与大内、少内和少府的关系与职掌"，《考古与文物》，1987 年第 5 期，第 68～75 页。至于"内史"与"大内""少内"等的关系，彭邦炯先生在该文中又言："战国时代秦国内史下分设有平列的大内、少内和少府，他们的具体分工是：大内主管物资（包括谷物、衣物器用等）；少内主管财货（包括王室私用钱财）；少府分管苑囿园地等。内史主管范围因原包括谷货——这是古代封建政府财政经济的主要内容，故后来专'掌谷货'官称'治粟内史'，而内史之职掌在统一六国后，只剩下管理畿内之事了。"彭邦炯：《从出土秦简再探秦内史与大内、少内和少府的关系与职掌》。

时期的"内史"才具有行使"掌治京师"之职权①。

21世纪以来，随着新出土简牍的不断整理和刊布，学术界又掀起了一股研究秦"内史"制度的浪潮，如徐卫民、后晓荣、尹弘兵、杨振红、孙闻博、吴良宝和赵志强等先后利用已刊布的新出土简牍对秦"内史"问题展开了热烈讨论。大体而言，这一时期的研究主要集中在"内史"研究的两个问题：一是秦"内史"与历史地理的沿革；二是秦"内史"的职能及演变。

就前一个问题的研究言论，徐卫民指出："秦都咸阳附近由内史管辖，内史地区级别与郡虽然是等同的，但由于处于京畿地区，其地位明显高于郡守。在内史之下，设有若干县进行管理。秦内史所管辖的地区与汉时的三辅管辖地区差不多……从全国的置县来讲，内史地区无疑是最多的。秦县总数据杨守敬统计'当八九百也'，分属40多个郡管辖，平均每郡管辖约20个县，而内史地区管辖40余县，充分反映了内史地区的重要性。"② 后晓荣等亦撰文云："秦内史是秦都城咸阳所在地的郡级行政地理单位，其本是周官名，战国秦因之，掌治京师，后逐渐掌握地方行政，并因此而成为地方行政区名……秦文物可确证的秦内史置县有40县，文献表明秦内史置县有2县，两者共42县。"③ 由此可知，秦"内史"与县的关系其实就是上下领属关系。因此，主张"内史"乃纯粹管辖全国财政之观点恐有不确。

至于后一个问题之研究，学界成果颇为丰硕。如尹弘兵撰文云："汉兴之初，全国财经事务由内史掌管，与战国秦内史的职掌一致，高帝九年后内史兼掌全国财经事务与京师地区，其性质特殊，在治理京师方面也不是一个完整的地方行政长官，京畿地区在很大程度上是由中央政府直接管理。"④ 换言之，战国秦内史主管全国财政，而其统一六国后之职责，尹先生并未言明。毋庸置疑，这一观点与前述学者的看法基本相同。其后，杨振红又从郡县制的角度对秦内史之职权及演变进行了详细探讨。她认为："秦简中的'邦'指秦王畿，即'内史'所辖京师之地……商鞅变法时，始在内史下设三十一县，将新的县制与旧的内史制相结合。秦始皇统一中国后，为了建立与之相适应的中央集权郡县制国家，废除王畿之制，将'邦'改称为'都'，与'郡'相当，内史自此成为郡县制的一环。内史的演变是分封制向郡县制转变的缩影。"⑤ 可见，杨振红在此指出，秦统一前后，"内史"管辖的京畿之地仅是称谓发生了变化，京畿之地的行政长官一直是"内史"。从总体上讲，论者显然在两个方面突破了已有研究之成果，一是从"邦""国"出发，重新审视了秦内史统辖京师的历史事实；二是从郡县制的形成来考察秦内史制度。这种研究视角无疑是值得称赞的。最近，孙

---

① 近期，赵志强亦提出了大致相仿的看法，他认为："（我们）可以把内史职能的分离转变视作一个动态的过程：战国时期，内史职掌颇广，包括经济、财政、司法等；秦末汉初，内史一职的经济财政职能逐渐削弱，而最终由内史分化为内史和治粟内史两职，其最终分离时间恐怕要在更靠后的时期，至少是在高后二年（前186年）之后。"参见赵志强："关于秦汉内史的几个问题"，《出土文献》第九辑，中西书局2016年版，第224页。

② 徐卫民："秦内史置县研究"，《中国历史地理论丛》，2005年第1期。

③ 后晓荣、田小娟："秦内史置县新证"，文化遗产研究与保护技术教育部重点实验室等编：《西部考古》第二辑，三秦出版社2007年版，第165～176页。最近吴良宝等又撰文曰："出土文字资料表明，能够确认的战国、秦代内史的辖县有35个，传世史书记载属于内史辖县的有3个，另有11个县级资料尚有争议；这些县设置的时间早晚不一，战国、秦内史辖县的设置、数目存在着不断变化的动态过程。"参见吴良宝、秦凤鹤："战国至秦代内史辖县新考"，《社会科学战线》，2016年第2期。

④ 尹弘兵："汉初内史考：张家山汉简中所见汉初内史之演变"，《江汉考古》，2008年第3期。

⑤ 杨振红："从秦'邦'、'内史'的演变看战国秦汉时期郡县制的发展"，《中国史研究》2013年第4期。杨振红先生还认为，秦太仓与大内不是内史的属官，而与"都官"是一个系统。大内和大仓"均是独立的中央机构"。

闻博又从军制的角度对秦"内史""中尉"等问题进行了论证,他以为:"京师与诸郡在军事上没有高下之别。秦及西汉早期所置郡,或可看作中央内史地区的平行延伸,而非后来意义的'中央—地方'格局形态。"① 这种对秦"内史—中尉"与"郡守—郡尉"秩级的比较认识,说明了秦"内史"的地位与"郡守"并无区别。新近出土的岳麓秦简也有力地印证了孙闻博的观点。可惜的是,该文仅论证了"中尉"及其下辖机构的职能等问题,而对秦"内史"的结构和作用等问题并未展开论述。

概言之,中外学者对秦"内史"制度的研究取得了颇为丰硕的成果,但分歧依然存在。究其原因,愚以为有如下几点值得注意:一是文献中有关秦"内史"的资料匮乏;二是学界对已刊布秦简牍材料的理解各不相同;三是学者们研究的视角不同。可喜的是,岳麓秦简最近又披露了一批珍贵的秦律令文书,其中就有"内史、郡二千石官共令"及《内史杂律》②。据陈松长先生介绍,这批简牍中还有"内史官共令"、"内史仓曹令"、"内史户曹令"和"内史旁金布令"等律文③。也就是说,统一后之秦"内史"可以确证为与郡平级的主管京畿地区之行政单位,而非中央直属机构。因此,本文拟利用已刊布的出土简牍并结合传世文献对秦"内史"的性质及职能、岳麓秦简中有关"内史"资料的内容等问题作一系统论述。不妥之处,敬请专家指正。

一、秦"内史"的性质及职能

为了适应高度集权的官僚体制的需要,秦汉时期的国家财政组织,无论在税收抑或在收入分配上皆体现了集权财政的设计思路。但这种集权财政管理体制的设计思路,不仅随着历史的发展而变化,而且在不同时期,其行政权亦不尽相同。先让我们回顾一下如下文献:

1. 《汉书》卷一九《百官公卿表》:治粟内史,秦官,掌谷货,有两丞。景帝后元年更名大农令,武帝太初元年更名大司农。属官有太仓、均输、平准、都内、籍田五令丞,斡官、铁市两长丞。又郡国诸仓农监、都水六十五官长丞皆属焉。骏粟都尉,武帝军官,不常置。王莽改大司农曰羲和,后更为纳言。初,斡官属少府,中属主爵,后属大司农④。

2. 大司农,卿一人,中二千石。本注曰:掌诸钱谷金帛诸货币。郡国四时上月旦见钱谷簿,其逋未毕,各具别之。边郡诸官请调度者,皆为报给,损多益寡,取相给足。丞一人,比千石……右属大司农。本注曰:郡国盐官、铁官本属司农,中兴皆属郡县。又有廪牺令,六百石,掌祭祀牺牲鴈鹜之属。及雒阳市长、荥阳敖仓官,中兴皆属河南尹。余均输等皆省⑤。

据此可知,在秦时,中央的财政组织为"治粟内史",降至景帝后元年(前163),景帝改"治粟内史"为"大农令"。到武帝太初元年(前104),又将之更名曰"大司农"。但西汉后期新朝建立后,王莽又改"大司农曰羲和,后更为纳言"。终东汉一朝,"大司农"

---

① 孙闻博:"秦汉'内史-诸郡'武官演变考——以军国体制向日常行政体制的转变为背景",《文史》2016年第1期;亦可参见孙闻博:《秦汉军制演变史稿》,中国社会科学出版社2016年版,第101页。
② 陈松长主编:《岳麓书院藏秦简(肆)》(释文部分),上海辞书出版社2015年版。
③ 陈松长:"岳麓秦简中的几个令名小识",《文物》,2016年第12期。可惜的是,这些简文目前尚未公布。
④ 《汉书》卷19《百官公卿表》,中华书局1962年版,第731页。
⑤ [晋]司马彪:《续汉书·百官志》,参见范晔《后汉书·百官志》,中华书局1965年版,第3591-3592页。

之称谓遂无更改。综观秦汉社会经济发展情况，这种改制适应了当时历史环境不断变化的需要。

长期以来，很多中外学者据上引《汉书·百官公卿表》的记载，认为秦"治粟内史"是中央的财政机构。如高敏先生就曾说："据《汉书》卷一九《百官公卿表序》，得知秦、汉国有经济与皇室经济已有明显的两套管理系统。如秦王朝中央设治粟内史，'掌谷货'……其钱粮的保管机构，则为'太仓'。这是主管国家财政的机构……《秦律》中经常提到秦国中央设有'内史'，主管经济。全国各地的若干县，设令、长及丞，也主管经济的职责。"① 愚以为，由于"内史"地处京师，故此时之秦"内史"是京畿地区的行政长官，但同时也兼管国家财政和皇室财政的部分工作。其理由如下：

第一，商鞅变法后，秦"内史"是主管京畿地区的行政主管，但其地位甚为特殊。如《史记·秦本纪》载："（秦孝公）十年，卫鞅为大良造，将兵围魏安邑，降之。十二年（前350），作为咸阳，筑冀阙，秦徙都之。并诸小乡聚，集为大县，县一令，四十一县。"又，《汉书·地理志》："京兆尹、左冯翊、右扶风，本秦京师为内史，分天下作三十六郡。"颜师古注曰："京师，天子所都畿内也。秦并天下，改立郡县，而京畿所统，特号内史，言其在内，以别于诸郡守也。"② 据此可知，自商鞅变法以后，秦"内史"下辖41县，并置县令丞掌治之。而"京兆尹、左冯翊、右扶风"就是正史中常见的京畿三辅之名称③，故《汉书·地理志》言之为"本秦京师为内史"，亦即由"内史"掌治京畿三地之行政。对此，徐卫民先生解释说："秦都咸阳附近由内史管辖，内史地区级别与郡虽然是等同的，但由于处于京畿地区，其地位明显高于郡守。"④ 愚以为，这种解释是符合历史事实的。

第二，既然作为地方行政单位的"内史"地位特殊，则其行政权亦与其他地区有别。秦"内史"的这种行政权在云梦秦简《内史杂律》等简文中有所反映，如《内史杂律》载：

3.·内史杂律曰：⺼槁廥、仓、库、实官、积，垣高毋下丈四尺，瓦墙，财（裁）为候，晦令人宿候，二人备火，财（裁）为□（简169/1413）□水，宫中不可为池者财（裁）为池宫旁。（简170/1297）

4.·内史杂律曰：诸官县料各有衡石羸（累）、斗甬（桶），期足，计其官，毋叚（假）黔首，不用者，平之如用者，以铁午（杵）（简171/1296）□肩甬（桶）□，皆壹用方槩（概），方槩（概）毋得，用盘及园槩（概）。（简172/1237）

5.·内史杂律曰：黔首室、侍（寺）舍有与廥、仓、库、实宫＜官＞补属者，绝之，毋下六丈。它垣属焉者，独高其侍＜置＞，不（简175/1266）从律者，赀二甲。（简176/1274）

---

① 高敏："秦代的经济立法原则及其意义"，收入所著《秦汉史探讨》，中州古籍出版社1998年版，第36页。可见，高先生显然将秦"治粟内史"等同于"内史"了。
② 《汉书》卷28《地理志》，第1639页。
③ 《汉书·地理志》："京兆尹，元始二年户十九万五千七百二，口六十八万二千四百六十八。县十二……"注曰："（京兆尹）故秦内史，高帝元年属塞国，二年更为渭南郡，九年罢，复为内史。武帝建元六年分为右内史，太初元年更为京兆尹。"参见《汉书》卷28《地理志》，第1543页。
④ 参见徐卫民："秦内史置县考"，《中国历史地理论丛》，2005年第1期。

6. 县各告都官在其县者，写其官之用律（简简186）。(《内史杂律》)①
7. 都官岁上出器求补者数，上会九月内史（简187）。(《内史杂律》)②
8. 有事请殹（也），必以书，毋口请，毋羁（羁）请（简188）。(《内史杂律》)③
9. 官啬夫免，□□□□□□其官亟置啬夫。过二月弗置啬夫，令、丞为不从令（简189）。(《内史杂律》)④
10. 除佐必当壮以上，毋除士五（伍）新傅。苑啬夫不存，县为置守，如厩律（简190）。(《内史杂律》)⑤
11. 令 㪤 史毋从事官府。非史子殹（也），毋敢学学室，犯令者有罪（简191）。(《内史杂律》)⑥
12. 下吏能书者，毋敢从史之事（简192）。(《内史杂律》)⑦
13. 侯（候）、司寇及羣下吏毋敢为官府佐、史及禁苑宪盗（简193）。(《内史杂律》)
14. 有实官县料者，各有衡石羸（累）、斗甬（桶），期 踐 。计其官，毋叚（假） 百姓。不用者，正之如用者（简194）。(《内史杂律》)⑧

以上《内史杂律》就是规范秦"内史"行政行为的部分律文。由于所见《内史杂律》不全，只能从以上14例律文中窥其一斑了。大体而言，上引《内史杂律》反映了商鞅变法后秦"内史"的如下行政权：

一是对储藏官有物资的仓、库等的管理。例3和例5就是有关这方面的法律规定。例3大意是说，储藏饲料、粮食及其他物资的仓库之墙体不得低于1丈4尺（约2.33米）。天黑后令人伺望看守，同时令2人防火，预备好防火用的水，若宫中不宜建水池，则将之建在宫门的两旁。例5大意是说，凡百姓的房屋、官府的房舍一律不得与储藏官有物资的仓库（包括廥、仓、库、实官等）相连，两者相隔之间距不得低于6丈（约13.8米）。其他与之相连者，仅仅比其墙体高就可以了。如有不从律者，皆"赀二甲"。这些律文有两点尤应引起我们的注意：其一是当时官府对各类府库的管理很严；另一点是"内史"充当了原本属中央管辖的宫廷防火工作。

二是对度量衡的管理。上引例4和例14的律文内容大部分相同，应属同一律文。又，从"平"和"正"可知，岳麓秦简中《内史杂律》书写于嬴政兼并六国之后，因为"正"乃避讳其名矣，此其一；从"毋叚（假）百姓"和"毋叚（假）黔首"来看，秦统一前法律术语中习惯使用"百姓"，而统一后则更为"黔首"，此其二。这两区别是我们正确认识此律文刊布时间的根据。例4和例14大意是说，称量官有物资者必须备好衡石的权和斗桶，期满后再由官府审核、校对，且不得借给百姓（黔首）使用。凡不用的，一律校对如用者。

---

① 陈伟主编：《秦简牍合集（壹）·秦律十八种（释文注释修订本）》（彭浩、刘乐贤等撰），武汉大学出版社2016年版，第135页。
② 陈伟主编：《秦简牍合集（壹）·秦律十八种（释文注释修订本）》，武汉大学出版社2016年版，第135页。
③ 陈伟主编：《秦简牍合集（壹）·秦律十八种（释文注释修订本）》，武汉大学出版社2016年版，第135页。
④ 陈伟主编：《秦简牍合集（壹）·秦律十八种（释文注释修订本）》，武汉大学出版社2016年版，第136页。
⑤ 陈伟主编：《秦简牍合集（壹）·秦律十八种（释文注释修订本）》，武汉大学出版社2016年版，第136页。
⑥ 陈伟主编：《秦简牍合集（壹）·秦律十八种（释文注释修订本）》，武汉大学出版社2016年版，第137页。
⑦ 陈伟主编：《秦简牍合集（壹）·秦律十八种（释文注释修订本）》，武汉大学出版社2016年版，第138页。
⑧ 陈伟主编：《秦简牍合集（壹）·秦律十八种（释文注释修订本）》，武汉大学出版社2016年版，第138页。

斗桶边沿用"铁午（杵）"所籀的，则用"方櫺（概）"来刮平谷物①。若无此器具，则可用"盘及园櫺（概）"来刮平②。

三是对制作和登记各类文书的管理。例6—例8、例12即是秦《内史杂律》对有关文书管理的规定。从例6可知，"都官"实为秦"内史"派往所辖各县的机构。这种机构所遵循的法律与县廷显然有别，故其律文才会有"都官在其县者，写其官之用律"之规定。例7则更进一步证明，"都官"乃是"内史"的一个直辖机构。其大意是说，"都官"每年九月必须向"内史"上报注销及补充器物的账簿。这种账簿上报制度体现了"内史"与"都官"的上下领属关系。例8则说明，但凡一切请示或申请（包括各类经济事务），必须以书面形式汇报，不得口头请示，更不得拖延不报。例12则规定，即使身份低贱的"下吏"有书写文书的能力，官府亦不得任用其"从史之事"。换言之，文书必须由拥有专门任职资格的史类佐官担任，如"令史"等。

四是对官吏的管理。例9、例10和例13就体现了这种管理制度。例9大意是说，官府免除啬夫后，县廷应立即任命新啬夫。超过两月而未任命的，县令及县丞违法，应受到法律的制裁。例10是讲，任命佐官必以壮丁以上者方可，不得任命新傅籍的士伍。主管皇家禁苑的啬夫不在了，县廷必须任命新的看守长官，其任命程序如《厩律》。例13则说明，身份低贱者，诸如"侯（候）、司寇及羣下吏"等皆不得除为官府之"佐""史"及"禁苑宪盗"。其中之"宪盗"，《秦简牍合集》注曰："宪盗，整理者：据简文，系一种捕'盗'的职名，《法律答问》作害盗，'宪'字《说文》云'害省声'，故与'害'字通假。栗劲（1985，320页）：宪盗设于禁苑，害盗设于基层政权。"③愚以为，此种解释是正确的。据此可知，秦"内史"所辖范围甚大，甚至涉及到了皇家禁苑的官吏任免等各类行政事务。无怪乎有学者会指出，秦"内史"的行政职能与其他郡相仿，但地处京畿地区，其管辖权亦有别于其他郡。

以上分析表明，秦"内史"的行政权不仅涉及财权，更包括人事权。其中，尤其应引起我们注意的是，秦"内史"既管理所辖各县的财政等事务，同时也承担部分国家或皇室事务的管理。除了上引14例《内史杂律》外，与"内史"相关的法律还有很多，如秦律载：

15. 入禾稼、刍稾，辄为廥籍，上内史。·刍稾各万石一积，咸阳二万一积，其出入、增积及效如禾（简28）。（《仓律》）④

16. 稻后禾孰（熟），计稻后年。已获上数，别粲、穤（糯）秙（黏）稻。别粲、穤（糯）之襄（酿），岁异积之，勿增积，以给客，到十月牒书数（简35），上内史。（简36）（《仓律》）

17. 新工初工事，一岁半红（功），其后岁赋红（功）与故等。工师善教之，故工一岁

---

① 至于"櫺（概）"，整理者说："称量谷物时用来刮平斗斛的器具。"参见陈松长主编：《岳麓书院藏秦简（肆）》，上海辞书出版社2015年版，第168页。

② 此处"盘及园櫺（概）"或为类似圆形如盘的刮平器。秦汉度量衡问题之研究，可参阅朱德贵："长沙五一广场东汉简牍所见商业问题探讨"，《中国社会经济史研究》2016年第4期。

③ 陈伟主编：《秦简牍合集（壹）·秦律十八种（释文注释修订本）》，武汉大学出版社2016年版，第138页。

④ 陈伟主编：《秦简牍合集（壹）·秦律十八种（释文注释修订本）》，武汉大学出版社2016年版，第61页。关于"入禾稼、刍稾"问题，请参阅朱德贵：《岳麓秦简所见田税问题探讨》，《税务研究》2017年第5期。

而成，新工二岁而成。能先期成学（简111）者谒上，上且有以赏之。盈期不成学者，籍书而上内史（简112）。(《均工律》)

18. 将牧公马牛，马【牛】死者，亟谒死所县，县亟诊而入之，其人之其弗亟而令败者，令以其未败直（值）赏（偿）之。其小隶臣（简16）疾死者，告其□□之；其非疾死者，以其诊书告官论之。其大厩、中厩、宫厩马牛殹（也），以其筋、革、角及其贾（价）（简17）钱效，其人诣其官。其乘服公马牛亡马者而死县，县诊而杂买（卖）其肉，即入其筋、革、角，及索（索）入其贾（价）钱。（简18）钱少律者，令其人备之而告官，官告马牛县出之。今课县、都官公服牛各一课，卒岁，十牛以上而三分一死；不【盈】（简19）十牛以下，及受服牛者卒岁死牛三以上，吏主者、徒食牛者及令、丞皆有罪。内史课县，大（太）仓课都官及受服者（简20）。(《效律》)

19. "盗出朱（珠）玉邦关及买（卖）于客者，上朱（珠）玉内史，内史材鼠（予）购。" · 可（何）以购之？其耐罪以上，购如捕它罪人；赀罪，不购（简140）。(《法律答问》)

以上所列举之史料也反映了秦"内史"的行政权。例15大意是说，收藏饲料的"廥籍"必须上报内史。同时，该律还规定，"刍稾"每1万石1积，其中咸阳2万石1积，出入、增积及审核按"禾"的标准执行。

在此有必要补充说明一下"廥籍"与"仓籍"的区别。《说文》曰："廥，刍稾之藏。从广会声。"① 至于"仓"，《说文》解释说："谷藏也。仓黄取而藏之，故谓之仓。从食省，口象仓形。凡仓之属皆从仓。"② 可见，这两者是有明显区别的。那么，例15何以将粮食与刍稾并提呢？原来"禾"也是秦喂养牲畜的一种精细饲料，如"驾传马，一食禾，其顾来有（又）一食禾，皆八马共。其数驾，毋过日一食。驾县马劳，有（又）益壶〈壹〉禾之。(《仓律》简47)"③ 又，"丞相、御史及诸二千石官使人，若遣吏、新为官及属尉、佐以上征若迁徙者，及军吏、县道有尤急言变事，皆得为传食。……食马如律，禾之比乘传者马。(《二年律令》简232－234)"④ 因此，愚以为，凡入"廥"者，皆为牲畜之饲料；而入"仓"者则为粮食。但有些同志根据例21所载，认为此例中的"禾"指的是"粟的谷粒"。如陈伟先生说："'禾'的具体所指，彭浩先生所说更为可信。'禾'是动词用法，指用禾（粟的谷粒）喂饲马匹。"⑤ 愚以为，此种观点有待商榷。其一，秦律中之"禾"是带秸秆的谷子，而非"粟的谷粒"。如《说文》曰："禾，嘉谷也。"⑥ 段玉裁解释说："嘉谷之连稿者曰禾，米曰粱，今俗云小米是也。"⑦ 至于"稼"，《说文》："禾之秀实为稼，茎节为禾。"⑧ 其二，例16后面所云"刍稾各万石一积，咸阳二万一积，其出入、增积及效如禾"一语则表明，"禾稼"与"刍稾"一样，是按体积大小来衡量的。其三，既然"入禾稼、刍

---

① [汉]许慎：《说文解字（附检字）》，中华书局1963年版，第192页。
② [汉]许慎：《说文解字（附检字）》，中华书局1963年版，第109页。
③ 陈伟主编：《秦简牍合集（壹）·秦律十八种（释文注释修订本）》，武汉大学出版社2016年版，第70页。
④ 彭浩、陈伟、(日)工藤元男：《二年律令与奏谳书》，上海古籍出版社2007年版，第184页。
⑤ 陈伟："秦与汉初律令中马'食禾'释义"，简帛网，2017年1月27日。
⑥ [汉]许慎：《说文解字（附检字）》，中华书局1963年版，第144页。
⑦ [汉]许慎撰，[清]段玉裁注：《说文解字注》，上海古籍出版社1981年版，第320页。
⑧ [汉]许慎：《说文解字（附检字）》，中华书局1963年版，第144页。

槀，辄为廥籍"，则表明，"禾稼"亦是一种供牲畜食用之饲料①。

例16表明，秦"内史"对稻禾征收的管理。简文显示，秦对稻谷的存储方式与"禾"一样，也是按"积"管理的。从"到十月牒书数，上内史"一语可知，"内史"每年十月必须对所辖地区稻谷的征收情况进行审核、校对。

例17主要讲的是"内史"对手工业的管理。我们发现，在秦简牍中又大量有关规范手工业方面的律文，如云梦秦简中的《均工》、《工律》和《工人程》等。其中，例17就是一则颁行全国，且用以约束所有手工业行为的法律。因此，此则《均工律》证明，"内史"不仅管辖本地的手工业，而且也分管国家其他地区的"工事"。

例18则是一则有关秦"内史"管理畜牧业的律文。该律文详细规定了国有"马牛"死后的处理措施、考核牛马的部门及其承担的职责等。其中，学界对于律文中"今课县、都官公服牛各一课"和"内史课县，大（太）仓课都官及受服者"之规定，尚存不同看法。有学者以为，"大（太）仓""内史""大内"均是直属中央的机构，"直到武帝太初元年才降格隶属于大司农"②。愚以为，根据上引例《内史杂律》"都官岁上出器求补者数，上会九月内史"一语可知，"都官"隶属于"内史"，是"内史"派往各县的一个直属机构③。但"大（太）仓"又地处京畿地区，故其极有可能也由"内史"掌管。

例19是一则有关"内史"对走私违禁品管理的律文。该律文大意是说，法律严厉禁止"盗出朱（珠）玉邦关及买（卖）于客者"，一旦捕获，则必须将收缴的"朱（珠）玉"上交"内史"。

综上所述，秦"内史"在商鞅变法后至统一前，主要管理京畿地区40余县的行政事务及部分国家或皇室的财政工作。

二、岳麓秦简中的"内史"

岳麓秦简显示，秦在兼并六国过程中及统一后，实行了郡县制，"内史"的职权相当于郡级单位④。请看如下简文：

20.·制诏丞相御史：兵事毕矣，诸当得购赏赏责者，令县皆亟予之。令到县，县各尽以见（现）钱，不禁（背有划痕）（简308/1918）者，勿令巨皋。令县皆亟予之。■丞相御史请：令到县，县各尽以见钱不禁者亟予之，不足，各请其属（简309/0558）所执濩，

---

① 当然，当时的牲畜也喂食粟、菽等，如《岳麓书院藏秦简（肆）》载："●田律曰：吏归休、有县官吏（事）乘乘马及县官乘马过县，欲賫刍槀、禾、粟米及买叔者，县以朔日（简111/1284）平贾（价）受钱。先为钱及券缿，以令、丞印封，令令史、赋〈贼〉主各挟一辨。月尽发缿令、丞前，以中辨券案（简112/1285）雠（雠）钱，钱辄输少内，皆相与廪除封印，中辨臧（藏）县廷。（简113/1281）"（陈松长主编：《岳麓书院藏秦简（肆）》，上海辞书出版社2015年版，第105页）。又，《二年律令》简425载："□□马日匹二斗粟、一斗叔（菽）。传马、使马、都厩马日匹叔（菽）一斗半斗。"参见彭浩、陈伟、（日）工藤元男：《二年律令与奏谳书》，上海古籍出版社2007年版，第252页。

② 杨振红：《出土简牍与秦汉社会（续）》，广西师范大学出版社2015年版，第20页。

③ "都官"的地位与县相仿，如"都官有购赏赏责（债）者，如县（简338/0668）"。参见陈松长主编：《岳麓书院藏秦简（肆）》，上海辞书出版社2015年版，第207页。

④ 杨宽认为："秦推行郡县制较晚，商鞅变法才正式把县制推行到全国。那时秦还没有设郡。秦的设郡较迟，大概开始于秦惠王时，是向别国学来的。战国后期秦在战争中不断取得胜利，每攻克一个地方便设郡，这是适应战争需要而设立的。秦统一全国过程中陆续设了三十六郡，最后有四十余郡。"参见杨宽："从分封制到郡县制的发展演变"，收入所著《杨宽古史论文选集》，上海人民出版社2003年版，第92页。

执灋调均；不足，乃请御史，请以禁钱贷之，以所贷多少为偿，久易（易）期，有钱弗予，过一金。（简310/0358）赀二甲（简311/0357）

▎内史郡二千石官共令　第戊（简312/0465）

21．·制诏丞相御史：唯不为人赘壻囗徒数囗……尾残（简337/残37+0672-1）举，不如令者，论之，而上夺爵者名丞相，丞相上御史。都官有购赏赀责（债）者，如县。兵事毕（简338/0668）矣，诸当得购赏赀责（债）者（简339/0591）

▎内史郡二千石官共令　第丙（简340/0522）

22．·县官上计执灋，执灋上计㝡（最）皇帝所，皆用筭橐囗，告蘥（牍）已，复环（还）筭橐，令报訵县官。计囗囗囗（简346/0561）（缺简）囗其不能者，皆免之。上攻（功）当守六百石以上，及五百石以下有当令者，亦免除。攻劳皆令自占，自占不（简347/0592）☒☒实，完为城旦。以尺牒牒书，当免者人一牒，署当免状，各上上攻所执灋，执灋上其日，史以上牒丞（简348/0523）【相】、御史，御史免之；属、尉佐、有秩吏，执灋免之，而上牒御史丞相，后上之恒与上攻皆（偕）。狱史、令史、县（简349/0520）官，恒令令史官吏各一人上攻劳吏员，会八月五日。上计最、志、郡（群）课、徒隶员簿，会十月望。同期，（简350/2148）一县用吏十人，小官一人，凡用令史三百八人，用吏三百五十七人，上计最者，被兼上志，群课，徒隶（简351/0813）员簿。·议：独令史上计最、志、群课、徒隶员簿，用令史四百八十五人，而尽岁官吏上攻者（简352/0805）①

▎廷内史郡二千石官共令　·第己·今辛（简353/0081+0932）

23．·郡及关外黔首有欲入见亲、市中县【道】，【毋】禁锢者殹，许之。入之，十二月复，到其县，毋后田。田时，县毋（简366/0325）入殹。而澍不同，是吏不以田为殹。或者以澍穜时籴黔首而不顾其时，及令所谓春秋（简367/0317）试射者，皆必以春秋闲时殹。今县或以黔首急耕、穜、治苗时已乃试之，而亦曰春秋试射之（简368/0318）令殹，此非明吏所以用黔首殹。丞相其以制明告郡县，及毋令吏（简369/J59）以苛籴夺黔首春夏时，令皆明焉。以为恒，不从令者，赀丞令、令史、尉、尉史、士（简370/J58）吏、发弩各二甲。（简371/0717）囗囗而八月或稙或稺，相去欺。今兹非有军也，黔首之急春囗（简372/0015）丞令、令吏、官啬夫、吏主者囗囗囗囗者以其官为囗囗囗囗囗（简373/0391）囗囗囗囗战围（？）如故。（简374/0752）

▎廷内史郡二千石官共令（简375/J70+J71+J67）

以上所引就是最近刊布发行的《岳麓书院藏秦简（肆）》中的有关"内史郡二千石官共令"颁布的令文。其中，"内史郡"应句读为"内史、郡"。这些材料显然反映的是秦统一过程中或之后的历史真相。兹逐一分析如下：

例20是一条"内史、郡二千石官共令"的律文。其大意是说，皇帝制下诏丞相、御史：一旦战事结束，兵卒理应获得的"购赏赀责"，县官必须立即予以兑付②。法律文书一

---

① 陈松长主编：《岳麓书院藏秦简（肆）》，上海辞书出版社2015年版，第209-212页。原文断句似不确，文中有几处标点为作者所加，特此说明。

② 秦统一以后，"命书改称'诏'、'制'，至汉又分为四：策书、制书、诏书、诫敕。"参见李均明、刘军：《简牍文书学》，桂林：广西教育出版社1999年版，第211页。据此可见，此批简牍均反映了秦兼并六国之后的历史史实。

到县廷,县廷必须以现钱而非"禁钱"支付给兵卒,不得违令。丞相、御史谒曰:律令文书到县,县廷应即刻予以支付,若有不足,则须请示所属之"执灋",并由"执灋"予以均调。均调仍不足,则请示御史以"禁钱"支付。法律还规定,兵卒借贷之款额必须偿还,超过期限或有钱而不支付,超过1金者,相关官吏"赀二甲"。可见,此例说明,县廷所属之"执灋"的财经权力很大,其直接上司为丞相和御史,而非郡守。另外,按学界传统说法,"禁钱"原属少府管辖。但例20证明,秦二元财政结构尚不清晰,国家财政和皇室财政统属丞相、御史掌管,而非所谓"少府"。

例21与例20类似,也涉及到了丞相、御史对"购赏赀责(债)"的管理。但该条令文还特别突出了被"夺爵者"名册的上报程序问题。令文规定,凡被夺去爵位者之名册必须上报丞相,再由丞相上报给御史审核、确认。这条记载尤为珍贵,它显然弥补了文献记载之不足①。

例22也是首次披露的一则有关秦上计制度的新史料。该令文大概有如下几层意思:

第一层意思是说,"县官"上计所属"执灋",而"执灋"将考核最优者上报于"皇帝所"。上计时皆使用"筭橐",完事后,上计吏须及时归还"筭橐"并上报所属"县官"。此处尚有三点必须说明清楚:其一,何谓"计寂(最)"?整理者说:"地方官吏每年或每三年上呈中央的账簿。"②愚以为,此种解释虽切中了要害,但尚不准确。如裴骃《史记集解》在《史记·范雎传》"(秦)昭王召王稽,拜为河东守,三岁不上计"条目下注引司马彪曰:"凡郡掌治民,进贤,劝功,决讼,检奸。常以春行所至县,劝民农桑,振救乏绝;秋冬遣无害吏案讯诸囚,平其罪法,论课殿最;岁尽遣吏上计。"③又,宣帝地节四年,下诏曰:"令甲,死者不可生,刑者不可息。此先帝之所重,而吏未称。今系者或以掠辜若饥寒瘐死狱中,何用心逆人道也!朕甚痛之。其令郡国岁上系囚以掠笞若瘐死者所坐名、县、爵、里,丞相御史课殿最以闻。"颜师古注曰:"凡言殿最者:殿,后也,课居后也;最,凡要之首也,课居先也。"④可见,秦汉时期,上计考核分为"最""殿"两个等级。其中,"计寂(最)"就是指上报考核最优秀者的簿籍。其二,何谓"筭橐"?整理者说:"疑为专门用来装计最簿籍的袋子。"⑤愚以为,这种解释是正确的。《说文》曰:"橐,囊也。"⑥段玉裁又解释说:"橐,囊也。按许云:橐,囊也;囊,橐也。浑言之也。大雅毛传曰:小曰橐,大曰囊。高诱注战国曰:无底曰囊,有底曰橐。皆析言之也。"⑦此处"筭"指的即是记录上计用的简牍,如《说文》曰:"筭,长六寸,计历数者。从竹从弄。言常弄乃不误也。"⑧其三,"执灋"又作何解?如岳麓秦简载:

24.咸阳及郡都县恒以计时上不仁邑里及官者数狱属所执灋,县道官别之,(简027/1937)且令都吏时覆治之,以论失者,覆治之而即言请(情)者,以自出律论之。(简028/

---

① 朱德贵:"简牍所见秦及汉初'户赋'问题再探讨",《深圳大学学报(人文社会科学版)》,2017年第4期。
② 陈松长主编:《岳麓书院藏秦简(肆)》,上海辞书出版社2015年版,第228页。
③ [汉]司马迁:《史记》卷79《范雎传》,中华书局1959年版,第2415页。
④ 《汉书》卷8《宣帝纪》,第253页。
⑤ 陈松长主编:《岳麓书院藏秦简(肆)》,上海辞书出版社2015年版,第228页。
⑥ [汉]许慎:《说文解字(附检字)》,中华书局1963年版,第128页。
⑦ [汉]许慎撰,[清]段玉裁注:《说文解字注》,上海古籍出版社1981年版,第276页。
⑧ [汉]许慎:《说文解字(附检字)》,中华书局1963年版,第99页。

2060)

25. 其亡居日都官、执灋属官、禁苑、园、邑、作务、官道畍（界）中，其啬夫吏、典伍及舍者坐之，如此律。（简057/2111）

26. ……县官皆言狱断及行年月日及会狱治者行年月日，其罨（迁）、输（简233/1425）（缺简）□会狱治，诣所县官属所执灋，即亟遣，为质日，署行日，日行六十里，留弗亟遣过五日及留弗传过（简234/1304）二日到十日，赀县令以下主者各二甲。（简235/1353）

27. □□□□为隶臣妾而皆老、毋赖，县官□（简286/0467-1）皆勿令回费日，以便。毋病，黔首为故不从令者，赀丞、令史、执灋、执灋丞、卒史各二甲。（简287/0019）

28. 上其校狱属所执灋，执灋各以案临计，乃相与校之，其计所同执灋者，各别上之其曹，曹主者（简354/0018）治？狱□校者各上其校属所执灋，其治？狱者□（简355/0099-1）计其敝者，补缮以上计。（简356/0395）

由此可见，秦"执灋"主要管理各部门的上计工作。例24、例26和例28就说明了秦"执灋"掌管所属监狱的上计事务；例25和例27则表明，秦"执灋"显然是一个专门机构，其下设置了各类属官，如"执灋丞"等。例27揭示了秦"执灋"不仅要了解和掌握"隶臣妾""老、毋赖（无依靠）"等的具体情况，更有管理"黔首"请假或无故不上岗的权力。因此，秦"执灋"其实是一个派往"县官"执行审计和上计工作的机构，其直接上司应是丞相、御史。

第二层意思是讲，秦"执灋"负责对吏员"功"和"劳"的管理。对于秦汉"功"和"劳"问题，蒋菲菲曾说："功可记作功一、功二，而劳都是以日数来计算，这种区分'功'与'劳'的制度起自战国或更早，在汉代边郡戍卒中依然被保留使用，汉简中有许多记载居延地区士卒校尉功劳的簿书，其中有只记劳绩日数的，也有兼记功与劳的，基本格式是功记载在劳前。"① 如上引例22对之就规定，上计考核不胜任者，官府应免其职；考核为"上功"者，且功劳与六百石以上"守"之职务相匹配，以及"五百石以下"与县令职务相匹配者，皆应任命。"攻劳"实行自占，如有不实，皆"完为城旦"。在此，还有必要对例22中的几个问题作一补充说明：一是"上攻（功）"。秦汉时期，考核官吏或兵卒优秀者称为"上功"，当然也有"中功""下功"之称谓，如《敦煌汉简》："☒□日大射，中功二。（简1115）"② 孙检曰："一说上功曰最，下功曰殿，战功曰多。周勃事中有此三品，与诸将俱计功则曰殿最，独捷则曰多。多义见周礼。故此云'击章邯车骑，殿'，又云'先至城下为多'，又云'攻槐里、好畤，最'是也。"③ 当时，"功"与"劳"可以互为换算，如《功令》载："功令第四十五，候长士吏，省试射射去墩弩力，如发弩发十二矢，中矢六为程，过六矢赐劳十五日。"可见，"劳"是按日计算的。据此胡平生先生据西北汉简对这种换算过程作过仔细的研究，他说："一'功'为'劳四岁'。"④ 愚以为，这种结论是正确的。二是"免除"。秦简中，"免除"表达的意思是"任命或任免"，如云梦秦简载："县、都官、

---

① 蒋菲菲："汉代功次制度初探"，《中国史研究》，2007年第1期。
② 参见甘肃省文物考古研究所：《敦煌汉简》，中华书局1991年版。但有学者认为："汉简中的'功'是用数量来表示其大小，并根据数量进行奖赏的，无须在'功'前面注上、中或下等表示等级的词语。"参见于振波："汉简'中劳'、'中功'考"，《北京大学学报（哲学社会科学版）》，1995年第6期。
③ 《史记》卷57《绛侯周勃世家》，第2066页。唐司马贞也认可这种说法，其《史记索隐》曰："孙检说是。"
④ 胡平生："居延汉简中的'功'与'劳'"，《文物》，1995年第4期。

十二郡免除吏及佐、群官属，以十二月朔日免除，尽三月而止之。其有死亡及故有夬（缺）者，为补之，毋须时。（《置吏律》简158）"整理者解释说："免除，任免。"①

第三层意思讲的是秦上计考核的程序问题。首先，用文书记录"当免者"，每人一份。同时该文书必须登记"当免"的事实状况。其次，各自将"上功"（考核优秀）簿呈报所属之"执灋"，再由"执灋"审核其劳绩日期，并任命主管文书者上报丞相和御史，听从御史的任免；而"属、尉佐、有秩吏"等由"执灋"任免，并上报御史和丞相，而后来上报的一律与"上功"簿籍一同呈报。"狱史、令史、县官"一概命令所属1名令史上报"攻劳吏员"簿，上报时间为每年"八月五日"。而上报"计最、志、郡（群）课、徒隶员簿"等簿籍的时间为每年"十月望"。在同一期限内，"用吏十人，小官一人"，总计使用令史308人、吏357人。这些人皆用于上报考核优秀者簿籍，附带呈报"志，群课，徒隶（简351/0813）员簿"等账簿。议曰：惟令史上计各类簿籍，凡用"令史"485人。在此例中，有几点尚需作一解释：一是"牒"。《说文》曰："牒，札也。"② 段玉裁说："牒，札也。木部云：札、牒也。左传曰：右师不敢对，受牒而退。司马贞曰：牒、小木札也。按厚者为牍，薄者为牒。"③ 所以，例25中之"尺牒"指的就是一尺长（约23厘米）的木牍或竹简。二是"计最、志、郡（群）课"。秦简中有很多反映这方面内容的史料，如"仓曹计录（简8-481）""田课志（简8-383）""田官课志（简8-479）""尉课志（简8-482）"等。李均明先生对此解释说："'录'与'志'虽然都有记录的意思，而里耶秦简所见'录'皆与'计'搭配，'志'皆与'课'搭配，绝非偶然，当与'计'之针对客观事实，而'录'之意义包含对客观事实的调查；'课'侧重主观认识，而'志'包含主观判断的字意相关，两相对应，颇显和谐。"④ 这种认识是很客观的。至于"徒隶员簿"，秦简中也有很多，如"作徒薄（簿）（简8-787）"等。根据秦简材料可知，此"徒隶"既包括"隶臣妾"，也包含一般之"黔首"。

例23大意是讲，法律准许其他郡及关外无禁锢之"黔首"前往关中探亲、做买卖。"黔首"一旦进入关中，十二月必须返回，且回到家乡不得晚于次年的耕种时节。农忙时节，其他郡及关外黔首不得进入关中。如果下了及时雨而未同步种植农作物，相关官吏即违反农耕时节必须耕种的规定。或者在下及时雨须耕种时而征发"黔首"服徭役，这是不顾及农时的行为。凡令黔首"春秋试射"，必须选在农闲时节。现今有的县官在农忙、耕种及治苗时仍旧"春秋试射"，这不是"明吏"治民的方法。丞相必须晓谕郡县：不得在春秋农忙时节征发徭役，此为常制，如有不从令者，"赀丞令、令史、尉、尉史、士吏、发弩各二甲"。直到八月，由于不遵农时，或早种或晚种，就会导致产量减产而令民食不饱。现今，除非有紧急军事行动，不得在农忙时节征发黔首。可见，以上这些"内史、郡"的令文显然反映了秦官府的重农思想。

概言之，秦统一后之"内史"与其他郡一样，仅是一级地方行政机构。秦国家财政及皇室财政概由丞相和御史共同管理。

---

① 陈伟主编：《秦简牍合集（壹）·秦律十八种（释文注释修订本）》，武汉大学出版社2016年版，第126页。
② ［汉］许慎：《说文解字（附检字）》，中华书局1963年版，第143页。
③ ［汉］许慎撰，［清］段玉裁注：《说文解字注》，上海古籍出版社1981年版，第318页。
④ 李均明："里耶秦简'计录'与'课志'解"，武汉大学简帛研究中心主办：《简帛》第8辑，上海古籍出版社2013年版，第157页。

三、结论

最近刊布的《岳麓书院藏秦简（肆）》披露了一批珍贵的有关秦"内史"的简文。这些简文大致反映了如下历史事实：

（一）商鞅变法后，秦"内史"既是主管京畿地区的行政长官，亦分管国家或皇室的部分事务。在京畿地区，当时官府"并诸小乡聚，集为大县，县一令，四十一县"，凡此41县即为"内史"管辖。但其职权并非仅局限于此，秦"内史"还分管部分中央在京畿地区的各项事务，如皇室禁苑、"大（太）仓"等。具体来讲，秦"内史"的行政职能有如下几个方面：一是对储藏官有物资的仓、库等的管理；二是对度量衡的管理；三是对制作和登记各类文书的管理；四是对官吏的管理。从其他律文诸如《仓律》等来看，秦"内史"的财政职能主要体现在对稻禾征收的管理、对手工业的管理、对畜牧业的管理以及对走私违禁品的管理等方面。因此，秦"内史"在商鞅变法后至统一前，主要管理京畿地区40余县及有关国家或皇室的财政等行政事务。

（二）秦统一过程中及统一后，秦"内史"的财政职能发生了显著变化。最新刊布的岳麓秦简披露了很多有关秦"内史、郡二千石官共令"的法律文本。通过这些文本，我们可以了解秦"内史"的如下几个历史真相：

第一，丞相和御史统领财政分配工作。简文显示，秦兵卒的"购赏赇责"是由各县负责兑付的。但若有不足，则由所属"执灋"均调，均调后仍不足，则必须请示丞相和御史。最后由御史审核后才能动用"禁钱"下发给需要贷款之兵卒。可见，秦统一后，"禁钱"并非由"少府"掌管。由此亦可知，秦时两元财政体制并不存在，抑或此种制度尚处于萌芽状态中。

第二，秦上计制度的程序与传统说法有别。岳麓秦简显示，秦之"上计"并非执行乡—县—郡—中央分级呈报制度，而是由所属"执灋"直接上报"皇帝所"（即中央机构）。而秦"执灋"其实是一个派往"县官"执行审计和上计工作的机构，其直接上司是丞相和御史，而丞相和御史又直接对皇帝负责。我们发现，当时上计考核的程序大致有如下几个步骤：首先，官府免除之官吏需每人各持记录免除事由的文书，通过自占功劳的方式上报所属"执灋"；其次，考核优秀者簿籍亦呈报"执灋"，并由其审核劳绩日期；其三，"执灋"再交由专门负责上计的史类文书者上报丞相和御史；其四，上报日期规定在每年的"八月五日"，而上呈"计最、志、郡（群）课、徒隶员簿"等簿籍的时间为每年"十月望"；其五，法律明确规定了上计"吏"与"令史"的人数。

第三，岳麓秦简显示，其他郡的"黔首"及关外无禁锢者可以进入"内史"所辖地区经商、探亲，但入者必须按时返回家乡。农忙时节，法律禁止其他郡"黔首"进入京畿地区。不仅如此，该令文还规定，地方官吏禁止在农忙播种时节征发"黔首"服各种徭役，尤其是"春秋试射"，但军情紧急时除外。

可见，秦"内史"在统一前后之行政权有一个变化和发展的过程。在兼并六国之前，秦"内史"不但主管所辖县的各类行政事务，而且还分管部分国家或皇室事务。但在兼并六国过程中及统一后，秦"内史"逐渐演变成了与其他郡一样的一级地方行政机构。

简牍显示,秦统一后之国家财政和皇室财政概由丞相和御史共同管理①。可见,"'内史'从西周到秦统一乃至西汉三辅的演变,是分封制向郡县制转变以及郡县制发展壮大的一个缩影"②。

---

① 或许秦"治粟内史"是由"内史"分出之一机构,但这一机构究竟是以何种方式来管理国家财政的呢?由于史料阙如,不得而知。
② 杨振红:《出土简牍与秦汉社会(续)》,广西师范大学出版社2015年版,第30页。

民国时期个人所得税的历史变迁及评价

齐海鹏

摘要: 个人所得税作为现代税收制度中的一个税种,在中国的议办、开征和变革,发展到今天,已有一百多年的历史。本文首先回顾了北洋政府时期个人所得税的试办情况,并分析了所得税试办失败的原因;其次阐述了南京国民政府时期个人所得税的创办和税制变迁的历史进程,分析了所得税创办迁延的原因和创办所得税的客观要求,并对个人所得税税制的模式、课税范围、税率、减免范围、计征方法等的确定和调整进行了阐述;在此基础上,对民国时期个人所得税的变迁进行了评价,认为所得税是公平合理的先进税制,它以对人税代替了对物税,并从分类所得课税发展为综合所得课税,具有调节贫富和组织收入的明显作用。文中既肯定了民国时期个人所得税制中诸如先易后难、设置生计扣除培养纳税意识、贯彻普遍公平原则、所得额计算力求简明、课征方法力求简便等可取之处,也指出了其在税制、稽征和功能等方面存在的不足。

关键词: 民国时期 个人所得税 节制资本 税制模式

个人所得税作为现代税收制度中的一个税种,在中国的议办、开征和变革,发展到今天已有百年的历史了。回顾这一税制的历史变迁,总结经验与教训,有助于在未来的税制改革进程中,不断地完善这一税种,使之能够发挥应有的功能,不仅有利于财政收入的充实,而且更能够推动经济的良性发展和推进社会的公平正义。

所得税起源于工业化最早的英国。我国议办所得税始于清末。民国成立后,北洋政府于1914年公布中国历史上第一部《所得税条例》,但未实施,后于1921年率先开征官俸所得税,也最终失败。1927年南京国民政府成立后,决心改革税制,筹办所得税,但受制于各种因素,迁延十年,终于在1936年正式开征。此后,又于1943年、1946年、1948年、1949年多次进行修正。所得税在其发展历史上,无论中外,向被认为是良税,但南京国民政府为筹集内战经费,不惜自毁税法,抛弃所得税的征收原则,滥用估缴和摊派等办法,使所得税制终遭破坏。

作者简介:齐海鹏,经济学博士,东北财经大学财税学院教授。

需要指出的是，民国时期的所得税制，并没有像今天这样分为企业所得税和个人所得税来单独立法，而是综合在一起，但从不同性质的所得可以看出其中的个人所得税。下面具体来看其发展过程。

一、北洋政府时期个人所得税的试办

中国所得税在清朝末年已有筹议。当时清政府因战争赔款和举办新政，支出庞大，财政困难，于是准备效仿西方资本主义财政制度，增加收入。宣统二年（1911年）清政府度支部拟具了《所得税章程草案》，规定对三种所得征税。除公司所得外，其他如国家债及公司债票的利息所得、工薪所得、不属于前二种之所得，均具有个人所得税性质。此项议案虽已交资政院审议，但未及实行，清王朝即已灭亡。

民国成立后，北洋政府为解决财政困境，除大量借债外，在税收上采取整顿旧税、创办新税的方针。所得税被认为是税制公平，且收入弹性较大的税种，自然受到青睐。1914年1月11日，袁世凯以总统令公布了《所得税条例》。条例规定：（1）在国内有住所或一年以上居所者，负完纳所得税之义务。（2）在国内虽无住所或一年以上之居所而有财产或营业或公债、社债之利息等所得者，仅就其所得负纳税之义务。（3）所得税税率分为两种：第一种为法人所得，其税率为2%；除国债外，公债及社债之利息，税率为1.5%。第二种为非法人之各种所得，采用超额累进制，500元以下者免税，自501元起至50万元止，分10级超额累进征收，税率分别为0.5%至5%。超过50万元以上者，每超过10万元税率递增0.5%。（4）征收方法采自行申报及付息单位代为申报，并设立调查所得委员会承办调查工作。从中可以看出，该条例把个人所得税列入非法人所得类进行征税，包括议员岁费、官公吏之俸给、公费、年金及其他给予金，从事各业者之薪给，放款或存款之利息及由不课所得税之法人分配之利益，以其收入全额为课税对象。

该条例是在清末《所得税条例草案》的基础上，参考日本所得税章程修改而成，应当说比较规范，课征范围涉及了国民的各项所得。然而，当时国家的法制不健全，政治腐败；经济上处于半殖民地半封建状态；国民的文化及社会组织程度较差，有完备会计核算制度的企业为数极少，又缺乏必要的统计资料，因此，具体实施困难重重。为此，1915年8月财政部又公布了《所得税第一期施行细则》，把课征对象限制在较小的范围内先期实行。除将第一项法人所得限制在较小范围内外，把第二种非法人所得限制在仅对议员岁费、官公吏俸给、年金给予金及从事各业者薪给（限于律师酬资、工程师、医师、药剂师之酬薪及公司、大商号的经纪人之薪资等4项）。拟于1916年起开征。但一经公布即遭到全国商会的反对。财政部又迫于征收时仍有困难，于1916年初通令暂缓举办。

1920年9月15日，大总统徐世昌明令督促实行所得税，其收入用于振兴教育、发展实业。1921年1月6日，财政部通令各省财政厅废止1915年《所得税第一期施行细则》，另行发布《所得税分别先后征收税目》清单，令自1921年1月起开征。税目清单规定先后开征次序分为三种。一是先实行课税者。除各类法人所得税外，凡官公吏俸给、受自公费、军费以及其他公家之给予等所得，先自民国10年（1921年）1月起，按其全年所得额核算税额后，于其支领时征收。二是暂延期限课税者。包括公债、公司债之利息，从事各业者之俸给，存款、放款之利息，不课所得税法人之分配利益。三是延期课税者。包括田地、池沼之所得，一般个人之所得。从中可见，当时准备先行开征的个人所得税只限于官吏薪俸。

北洋政府虽一再强调所得税款以七成用于教育、三成用于实业，但因其信誉早已失尽，因此，上述文件一经公布，即遭到各省议会、商会及社会团体的反对与抵制。财政部所辖所得税处仅在北京各机关开征了官俸所得税，当年征收税款仅 10310 元。1922 年 1 月，财政部下令撤销全国所得税处，试办所得税终以失败告终。

二、南京国民政府时期个人所得税的开征及税制变革

南京国民政府成立后，决定建立包括所得税在内的直接税体系。1928 年 7 月，财政部拟订《所得税条例（草案）》及其施行细则，提交第一次全国财政会议讨论通过。1929 年 1 月，又将条例草案及施行细则修正，并于 1930 年经裁厘委员会讨论通过，准备开征所得税，作为裁厘后的一项抵补。1929 年 4 月，甘末尔委员会在《税收政策意见书》中认为，基于所得税的性质和中国私人账目的状况，以及中国各行政机构的组织状况，还不具备开征所得税的条件。此意见产生了决定性的影响，开办所得税的脚步暂停。

在此期间，国民党内曾开征类似个人所得税的所得捐，以用于党员及先烈的抚恤金。1927 年 6 月国民党二届中央 101 次常务会议提出《所得捐征收条例》，经会议修正通过，自 1928 年 4 月起执行。该条例规定对国民政府所属各机关公务人员的薪俸收入征收所得捐，以 51 元为起征点，50 元以下免征。捐率实行八级全额累进办法，最低征率为 1%，最高征率为 8%。其征收机关在中央为中央党部秘书处会计科，在地方为各省、市、县各级党部会计科。此捐虽由国民党中央党部举办，但也带有一定的强制性，已具有税的性质。此捐在 1936 年国民政府正式公布《所得税暂行条例》时，因与法定的薪给报酬所得税相重复而停止征收。

从国外历史上看，所得税最初发生的形态为战时税，用以补充战时财政的不足。进入 20 世纪 30 年代中期，国内各界筹办所得税之议又纷起。究其的原因：主要的是，1931 年日军在东北发动"九一八"事变和 1932 年在上海发动"一·二八"事变后，华北局势日趋紧张，日本帝国主义大举侵华的气焰日益嚣张。为抵抗日本帝国主义的侵略，不能不未雨绸缪。而当时国民政府的财政状况应当说是难以应付战争的。首先是从财政收支结构来看，由于军费支出居高不下，加之进行税制改革，导致财政连年收不抵支，财政赤字最高的年份竟占岁出的三分之一强。这说明财力不充分。其次就税制本身来看，经历了 20 世纪 30 年代初的关税自主、裁厘改统、减除苛杂等一系列税制改革后，国民政府基本形成了以关、盐、统三税为主的税制体系，此三税属于间接税，占当时全国税收总额的大部分，且其税源主要在沿海富庶地区，一旦抗战爆发，极易落入敌手。"九一八"事变发生后，日本帝国主义劫夺了东北海关，使国民政府的关税收入比以前锐减了 4 000 万元（占当年全部税收的 6.5%），已是前车之鉴。因此，不能不寻找新税以为抵补。由于所得税是按能力课征，富有弹性，又符合战时财政政策，备受关注。

1934 年 5 月，财政部根据第二次全国财政会议精神开始筹划举办所得税事宜，拟就了创办所得税原则八条及《所得税条例（草案）》，经财政部依据行政院转送中央政治会议核定的意见修正后，于 1935 年 5 月以报告呈行政院转立法院审议。《所得税条例（草案）》经立法审议，改为《所得税暂行条例》后通过，由国民政府于 1936 年 7 月 21 日明令公布。条

例的主要内容有：（1）课税范围。按所得性质分为三类：一是营利事业所得，包括公司、商号、行栈、工厂或个人资本在2000元以上营利之所得，官商合办营利事业之所得（对此二项，以下简称一般营利事业所得），一时营利事业之所得；二是薪给报酬所得，包括公务人员、自由职业者及其他从事各业者薪给报酬之所得；三是证券存款所得，包括公债、公司债、股票及存款利息之所得。（2）税率。一般营利事业所得，采用五级用全额累进税率，根据所得与实有资本的比例，以5%为级差，由3%累进至10%；一时营业事业所得，能按上述方法计税的，则按上述方法计税，否则，按照所得额和3%~20%的全额累进税率计算；薪给报酬所得，采用十级超额累进税率，每月平均所得自30元以上者，实行0.5%（每10元课征5分）~20%（每10元课征2元）的税率；证券所得税，采用比例税率，税率为5%。（3）免征项目。包括：第一类所得中不以营利为目的的法人所得。第二类所得中，每月所得平均不及30元者；军警官佐、士兵及公务员因公伤亡之恤金；小学教员之薪给；残废者、劳工及无力生活者之抚恤金、养老金及赡养费。第三类所得中，各级政府机关存款；公务员及劳工之法定储蓄金；教育、慈善机关或团体之基金存款；教育储金之每年所得息金未超过100元者。（4）课征方法。分别所得性质，采取申报法、扣缴法或估计法征收。

1936年9月2日国民政府发出训令，规定第二类公务员薪给报酬所得及第三类公债与存款利息所得税，先自1936年10月1日开征，其余各项均自1937年1月1日开征。

为筹备开征所得税等直接税，自1936年7月1日在财政部内设立了直接税筹备处，各省（市）设立所得税办事处。同年10月财政部又将直接税筹备处改为所得税事务处。同时，财政部还选派一些业务能力强具有丰富工作经验的干部，派往各省所得税办事处担任委员，主持各地征收事宜。并从社会上招募高中以上学历的青年学生，通过考试录用，集中加以培训，分派各地工作，以保证所得税的顺利实施。由于所得税是涉外税种，部分外国人以领事裁判权及租界行政权为借口反对征税，财政部一方面组织学者进行研究，予以批驳，并引起社会舆论重视，发动国民声援；另一方面，联合外交部与有关驻华使馆进行交涉，逐步实现征税的目的。

抗战爆发后，除因战时所需外，《所得税暂行条例》没有做过太大的变动，仅在条例规定范围内增加补充办法，对于税率、税级、起征点、课征范围等没有改动。1942年，为了应付通货膨胀和财政赤字，增辟财源，国民政府开始对《所得税暂行条例》进行修正。1943年2月17日国民政府明令公布了《所得税法》，同时废止了《所得税暂行条例》。新法除了加强所得税本身的法制建设，主要通过对起征点、税率、罚则等调整，使中小所得者负担有所减轻，中等所得者税负保持不变，提高大所得者的累进率，以增加其负担。（1）调整税率。一般营利事业所得，实行按所得与实有资本的比例和4%~20%的九级全额累进税率，与原条例相比，最低税率提高了一个百分点，但所得合资本实额30%以下者，维持原税率，所得合资本实额30%以上者，税率渐次提高，最高税率为20%，较原条例提高了10个百分点。一时营利事业所得，如能按上述方法计税的，则按上述方法计税，否则按照所得额和4%~30%的十七级全额累进税率计税。对薪给报酬之所得，从原来规定的十级超额累进税率，调增为十七级超额累进税率，最低税率为1%（每10元课征1角），最高税率为30%（每10元课征3元），较原来都有提高。对证券存款所得税率，由原来的5%，提高为10%。（2）提高起征点。对一般营利事业所得，起征点由于原所得合实有资本5%提高至

10%；对薪给报酬所得，起征点由原来的月平均所得30元改为100元。提高起征点，表面上看扩大了免税范围，但实际抵消不了物价上涨的因素，负担还是增加了。（3）提高罚则。首先，从处罚的金额上看有所提高。与原条例相比，对违反规定不报告的，处以罚金由20元提高到500元以下。对欠缴税款者，分别由科以所欠金额30%以下、60%以下、1倍以下的罚金，提高为科以所欠金额1倍以下、2倍以下、3倍以下之罚金，并强制执行追缴。当然，如果考虑通货膨胀的话，处罚力度可能还下降了。其次，对于欠缴税款的时间，要求也有所提高。原条例规定，欠缴期限分别是逾三个月者、逾六个月者、逾九个月者，分别受到不同程度的处罚，新税法规定的欠缴期限分别是逾一个月、逾二个月、逾三个月，逾期将受到不同程度的处罚。

在实行《所得税法》的同时，国民政府还同时开征了财产租赁出卖所得税，目的是为了增裕国库，打击非法暴利，打击投机倒把活动和稳定物价。财政部于1942年拟具财产租赁出卖所得税法草案。经立法院审议通过后，国民政府于1943年1月28日明令公布《财产租赁出卖所得税法》。该法规定，财产租赁出卖所得税，以土地、房屋、堆栈、码头、森林、矿场、舟车、机械等八项财产的租赁或出卖所得为课税范围；对财产租赁所得，按所得额3000元起征，实行四级超额累进税率，由10%累进至80%；对财产出卖所得，按所得额5000元（农业用地出卖所得按1万元）起征，实行十一级超额累进税率，由10%累进至50%。财产租赁所得税的应纳税所得额，为每年租赁总收入减除改良费用、必要损耗及公课后之余额，减除额以租赁总收入额的20%为准。财产出卖所得税的应纳税所得额，为财产出卖价格减除原价之余额，原价以1937年7月1日为界限，分别不同办法加以确定。此外，该法规定，财产租赁所得未超过3000元、财产出场所得未超过5000元、农业用地出卖所得未超过1万元者，各级政府的财产租赁出卖所得，教育文化公益事业财产租赁或出卖所得全部用于各该事业者，予以免税。《财产租赁出卖所得税法》公布后，专家学者拥护，一般纳税人也认为公平合理，而房地主和投机倒把者则极力反对，以"私有财产之处置及其所得之占有，乃神圣不可侵犯的权利"为理由加以阻挠。此外，还有一些人认为其中关于土地的部分，系与田赋、土地税重复课征，实为杂税。总之，社会上缓征的呼声很高，有些政府机关也不予配合，经征机关亦持观望态度，该税的推行阻力不小。1944年1月财政部宣布该税的土地部分缓征。

抗战结束后，战时财政逐渐转为平时财政，由于原修订的《所得税》已不能完全符合战后社会经济和物价的变动情况，同时，分类所得税模式也不能真正体现量能负担的公平原则，于国民政府对《所得税法》进行了修正，并于1946年4月16日公布实施。修正后的《所得税法》实行分类所得税与综合所得税兼征的模式。在分类所得税方面，（1）课征范围。由之前的三类所得改为五类所得，即将之前第一类中的"一时营利事业之所得"划出，单独列为第五类"一时所得"，将原《财产租赁出卖所得税法》中的财产租赁所得并入，为第四类"财产租赁所得"。这样，课征范围就是营利事业所得、薪给报酬所得、证券存款利息所得、财产租赁所得和一时所得。（2）税率。第一类营利事业所得，分为甲、乙两项①，甲项按所得合实有资本比例，采用4%～30%的九级全额累进税率；乙项按所得额，采用

---

① 甲项为股份有限公司、股份两合公司、有限公司营利之所得；乙项为无限公司、两合公司、合伙、独资及其他组织营利之所得。

4%～30%的十一级全额累进税率。第二类薪给报酬所得，分为甲、乙两项①，分别适用不同的十级超额累进制税率，并将起征点从原来的100元，分别调整为甲项15万元和乙项5万元。其中，甲项从3%累进至20%，乙项从0.7%累进至10%。可见，修正后，最高税率从原规定的30%，分别调低为甲项20%，乙项10%。由于物价上涨，起征点较原规定提高甚多，税率亦减轻较大。第三类证券存款利息所得的税率，由原来的5%调整为10%。第四类财产租赁所得的税率，分为甲、乙两项②，按所得额超过5万元起征，实行3%～25%的十二级超额累进税率，乙项所得在此基础上还要加征十分之一。第五类一时所得，采用九级超额累进税率，按所得额超过2万元起征，税率由6%累进至30%。在综合所得税方面，则是对个人所得年总额超过60万元者，加征十二级超额累进税率。个人全年各种所得的总额包括营利事业投资所得、薪给报酬所得、证券存款所得、财产租赁所得、财产出卖所得、一时所得。税率由5%累进至50%。这次修正的《所得税法》在征收方法上，分类所得税以课源法为主，综合所得税采用申报法，即纳税人直接依照规定期限到征收机关进行申报。新修正的《所得税法》实施后，存在着因税法规定的起征点和税率级距固定不变，而与物价急剧变动相矛盾的问题，国民政府遂于1947年3月15日制定公布《所得税法免税额及课税级距调整条例》，规定对所得税免税额及税率每年按物价指数调整一次，使税法随物价的变动率相应提高其免税额，并调整其累进级距，以缓和纳税人负担过重的问题。

　　自国民党当局挑起全面内战后，全国物价由抗战胜利之初的猛跌，随之转为猛涨，法币急剧贬值，致使税法规定与实际情况相去甚远，执行上的困难与日俱增，而入库的所得税款，因法币贬值也难以应付支出需要。在这种情况下，国民政府又分别于1948年和1949年对《所得税法》进行了两次修正。1948年修正的主要内容有：（1）将所得税法及其施行细则并各有关的单行条例、办法合为一体。（2）调整课征范围。取消第一类营利事业甲、乙两项的划分，一律按所得额的多少决定适用税率的高低，不再采用所得额合资本额比例作为标准的计税方法；将第二类薪给报酬所得改为报酬及薪资所得；把第四类财产租赁所得范围缩小，仅对土地、建筑物、舟车、机械租赁所得课征。并将综合所得税的课征范围缩小为仅就已征第二、三、四、五类分类所得以及投资于营利事业所分配的盈余合并计算。对定额薪资所得，亦只就取得原额的80%计入。（3）实行估定暂缴税款办法。规定财政部为适应国库需要，得拟定估缴税款办法，呈请行政院核定，由当地主管征收机关于每年3月15日以前，估定暂缴税额，送交纳税义务人，限于一个月内缴纳，以使税款得以提前缴库。（4）调整税率简化计算。将第二类甲项业务及技艺报酬所得改按3%的比例税率计征；第二类乙项定额薪资所得改按1%的比例税率，超过规定数额则加征2%至4%的超额累进税率；第四类租赁所得及第五类一时所得也改按比例税率征收。（5）为适应物价变动，税法仅规定每类所得的税率及其累进幅度。第一、二、四、五类所得及综合所得的起征额及累进税率的课税级距，则于每年年度开始经立法程序制定公布。第二类乙项定额薪资所得的起征额及课税级距与第五类一时所得的起征额，由财政部拟定调整办法，经行政院核定，分别按主计处公布的生活费指数及物价指数，于每年4月及10月各再调整一次。

　　1948年8月国民政府实施币制改革，推行金圆券，但很快失败，不得已代之以银圆券。

---

① 甲项为业务或技艺报酬之所得；乙项为薪给报酬之所得。

② 甲项为土地、房屋、堆栈、森林、矿场、渔场租赁之所得；乙项为码头、舟车、机械租赁之所得。

银圆券出台后,国民政府于1949年《所得税法》进行了第三修正。这次修正,对原税法条文无大变动,修正的内容主要有两项:一是对第四条第二类乙项定额薪资所得税率修正为1%至6%的四级超额累进税率,第五类一时所得税率提高为15%。二是对第一、二、四、五各类所得及综合所得的起征额及累进税率的级距,由原来规定于每年度开征前经立法程序制定公布,修正为"得由财政部视经济情形之变动与适应国库之需要,随时拟定呈请行政院核定施行"。这等于为财税当局予取予求开了方便之门。

此外,国民政府还先后开办了非常时期过分利得税、特种过分利得税,也是所得税的延伸。

三、基本评价

所得税是近代资本主义税制的主体税种,也是资本主义国家财政收入的主要来源。按照资本主义的税收理论,所得税是公平合理的先进税制,它以对人税代替了对物税,并从分类所得课税发展为综合所得课税,具有调节贫富和组织收入的明显作用。

近代中国的所得税税制是仿照资本主义所得税模式建立起来的,从所得税开办到各次修正,其税制都有一些可取之处。比如,从1936年的《所得税暂行条例》来看,一是课税范围本着先易后难的原则。税制根据中国的国情,略采英国的分类方法,只规定了营利事业所得、薪给报酬所得、证券存款所得三项,而对土地所得,因情形复杂,则暂未列入。二是规定生计费用和免税额,体现民生主义,培养纳税意识。如薪给报酬所得规定以每月30元为起点,仅课以5分的轻税,其目的不在于财政收入,而主要是培养国民的纳税意识。三是贯彻普遍、公平的原则。税制参酌英、法、美各国的法例,采取相互主义,凡在中华民国境内的本国人和外国人,都应一律课税。凡在中华民国境内居住未满一年的外国人,其所得不出自民国境内者,均免课税,但仅适用于外国对于中华民国有同一待遇者。四采用累进税率和比例税率,体现区别对待原则。税制对营利事业所得采用按所得合实有资本比例累进征收,目的在于对于小资产的营业以特别保护,同时对于较大资本的营业予以扶持而助其发展。对于薪给报酬所得,基于勤劳所得轻课的原则,采用分级超额累进税制。对于证券存款所得,基于重课不劳而获的原则,实行比例税制。目的是为了调节不同阶层利益,体现社会政策。五是所得额计算力求简明、便利。税制根据当时各地各业不同习惯,对所得额的确定做了繁简适宜的规定,避免太繁窒碍难行、太简又缺乏依据等问题。六是根据国情,采取源泉扣缴兼申报的征收方法,做到手续简单,计算准确,征收不致遗漏。再如,从1943年的《所得税法》来看,第一,新税法提高营利事业所得的起征点(所得合实有资本的10%),提高适用最高税率的所得额(20万元),这些规定,在物价高涨、利率不断提高(20%)的情况下,具有保护小资本生产的作用。第二,新法扩大了征税范围,将财产租赁出卖所得作为课税对象,不但扩大征税范围,增加财政收入,而且在一定限度内,限制一些人进行土地及房屋投机的活动,减弱游资兴风作浪的势头。另外,在税制模式上,初期采行分类所得税,后采取分类所得税与综合所得税兼征模式,立法用意是进步的,分类所得税在目的在于增加收入,综合所得税目的在于负担公平。在征税范围上,采用属人主义与属地主义相结合的原则,最大限度地维护了国家征税主权,有利于税收收入的增加,这一原则沿用至今。

但从实际情形看,国民政府的所得税税制仍存在许多不足。从1936年《所得税暂行条例》看，一是给偷漏税者以可乘之机。营利事业所得税，以所得合实有资本为依据，立法用意是为了公允，但偷漏税者取巧规避，或减少所得，或提高资本额，其减小比例，达到减少税收的目的。二是二类所得税起征点偏低。薪给报酬所得税税率，采用超额累进，虽有勤劳所得轻课之意，但起征点为每月30元，没有考虑个人的特殊情况，给低薪收入者生活上带来困难。三是三类所得税税率偏低。证券存款之利息所得，为不劳而获，本应重课，但5%的税率仍偏低，起不到应有的调节作用。从1943年的《所得税法》看，一是营利事业的甲乙两项起征点虽然提高到10%，但因为物价不断上涨，且利息又在七八分之间，10%的纯利不算多，难以鼓励生产。二是给报酬所得税的起征点，虽从每月平均30元提高到100元，但在通货膨胀的情况下不足以维持其生活。三是所得税的课税对象，主要集中在产业组织，在工矿业资金积累难以提高的情况下，是不利于产业发展的。四是所得税法把公司、行栈、商号、工厂一律看待，没有区分工、商之别，适用相同的税率。事实上，商业周转较工业为速，利润较工业为厚。在经营难度上、社会贡献上，工业都较商业为大。因此，二者在税率应有所区别，方为公平。此外，综合所得税本为调节收入、公平负担，但起征点设为总额60万元，有些太低，在通货膨胀不断恶化的情况下，这个数额，连上海外滩边的乞丐都能达到，综合所得税本应针对大所有者，结果是"举天下人而税之"，其本意也就很难实现了。

从所得税稽征方面来看，1936年《所得税暂行条例》颁布后，对所得税的征收，在营利事业所得税方面，对营业规模较大、账簿健全的工商户，实行查账征收；对无账户或账簿不健全的工商户，实行径行决定税额。在薪给报酬所得税方面，对公务人员实行按期扣缴，对自由职业者实行按期扣缴或自行申报；在存款利息所得税方面，实行由银行扣缴申报。规定可谓是合理得当。按理，各项所得的征收，均应依据查账，方能做到可靠、公平。但从实际情况看，由于当时工商各业普遍账簿不全或陈旧，同时又由于稽征人员不足、水平有限、经费短缺，90%以上都采取估定的办法。所以，在抗战时期，为了使所得税收能够有所提高，则采取了"简化稽征"的办法。所谓"简化稽征"，社会上莫衷一是，有人认为是包税，有人认为是变相的摊派，有人认为是取消查账。而财政部的解释是："就是利用一种简单而确实的方法，去补救查账的流弊，去代替查账的作用，以求得查账的效果"。实际上，就是变对个别的评估变为对集体的评定（根据以往的查征资料，由征收机关与各种商会协商议定营业额、利润额及税额），以公开求公平。抗战胜利后，则规定查账征收与简化稽征办法并存。本来，所得税被认为是一种良税，但是，由于国民党当局发动全面反共反人民的内战，使国内通货恶性膨胀，工商凋敝，民不聊生，而为筹措巨额的内战经费，不仅税法一修再修，而且不惜自毁立法机构制定的税法，而竟以行政命令的方式强制实行估缴、摊派等办法，其结果使所得税这一所谓优良税制，最终被破坏。

从功能来看，所得税在议办之时，就被人们寄寓很大的期望。一是认为所得税开征有利增加财政收入，"所得税既普及于全体，复用累进法以赋课之，则收入之额，必较地税为巨。"[①] 二是所得税有利于调节社会各阶层收入差距。因为所得税"税源纯取诸资本阶级及享有收益之利者，调节贫富，酌剂盈虚。"[②] 三是节制私人资本。认为"现在外国所行的所

---

① 晏才杰：《租税论》，新华学社1922年版，第207-208页。
② 贾士毅：《民国续财政史》（二），上海商务印书馆1933年版，第620页。

得税，就是节制资本之一法"，"行这种办法，就是累进税率，多征资本家的所得税和遗产税。行这种税法，就可以令国家的财源多是直接由资本家而来。资本家的人息极多，国家直接征税，所谓多取之而不为虐。"① 从实际情况看，所得税起到了一定的调节收入差距的作用。因为所得税通过划分最低起征点，使社会下层人民免于缴纳所得税。同时，由于实行累进税率，在一定程度上调节了贫富差距。其次，所得税有助于扩大财政收入。1937年所得税实收数占税项收入比重达17.64%，1945年在通货膨胀严重的情况下仍占3.49%，说明其在财政收入中有一定的地位。尽管有一定的成绩，但南京国民政府所得税的功能，远未发挥出来。究其原因是多方面的。首先，南京国民政府时期，不具备所得税生存的经济环境。尽管战前中国的工商业经济有了一定的发展，但就总体而言，仍以农业经济为主，农业人口众多，城市居民的收入也都不高。并且，在外国资本占压迫下，中国产业资本发展缓慢。而抗战以后，又存在着不断恶化的通货膨胀。诸多因素交织在一起，使所得税难以发挥应有的作用。其次，由于税制本身有缺陷，如起征点低，累进税率级距小，最高税率定得较低等，加之由于政治腐败、稽征方面存在着缺点，结果是有利于大企业和高收入者，加重了中小企业和劳动者的负担，失去了调节收入、平衡负担的原旨。

参考文献

[1] 王军. 中国财政制度变迁与思想演进 [M]. 北京：中国财政经济出版社，2009.

[2] 中国第二档案馆. 中华民国工商税收史料选编 第一辑上册、第四辑上册 [C]. 南京：南京大学出版社，1996，1994.

[3] 金鑫. 中华民国工商税收史——直接税卷 [M]. 北京：中国财政经济出版社，1996年版。

[4] 马寅初. 财政学与中国财政 [M]. 北京：商务印书馆，2001.

---

① 孙中山：《三民主义》，《孙中山全集》第9卷，中华书局1986年版，第367页。

思想人物与文化

思想的人与文化

浅论桑弘羊的财经改革

洪 钢

摘要：汉武帝对内加强封建中央集权统治，对外反击匈奴的侵扰，开拓边疆，为保证事业成功进行了一系列经济财政改革。这些改革措施大多有桑弘羊参与或者就是由其主持。所以，汉武帝时代财经改革的主要代表人物，应该是桑弘羊。在桑弘羊的参与和主持下西汉王朝完成了铸币权的统一，实行了盐铁和酒专卖，推行了均输平准和算缗告缗。这一系列改革让王朝取得了丰厚的财政收入，保证了抗击匈奴战争的胜利，巩固了中央集权的统一国家。

关键词：桑弘羊 盐铁专卖 均属平准 中央集权

桑弘羊一生的主要经历，集中在波澜壮阔的汉武帝时代。汉武帝对内加强封建中央集权统治，对外反击匈奴的侵扰，开拓边疆，为保证事业成功进行了一系列经济财政改革。这些改革措施大多有桑弘羊参与或者由其主持。所以，西汉武帝时代财经改革的主要代表人物，应该就是桑弘羊。将这个时代的一系列改革活动冠以桑弘羊的名字，绝不为过。

一、桑弘羊的出身、家庭和生平介绍

述及西汉时代的两部纪传体正史《史记》和《汉书》，皆无桑弘羊的传记，其生平事迹散见于这两部正史的其他书志纪传中，西汉人桓宽根据汉昭帝年间召开的盐铁会议的记录所撰的《盐铁论》一书，也以桑弘羊自述的方式，揭示了桑弘羊的一些生平信息。

《史记·平准书》和《汉书·食货志》都说："弘羊，洛阳贾人子"，桑弘羊出身于洛阳一个商人家庭，当无问题。其出生年份，有不同说法，据当代历史学家马非百先生等考据，桑氏出生于汉景帝前元五年，即公元前152年。其卒年为汉昭帝元凤元年，即公元前80年。

洛阳，战国时为周地。其地人善经商，被中国商人奉为祖师。"乐观时变，故人弃我

作者简介：洪钢，男，中国财政经济出版社编辑，已退休。

取，人取我与。夫岁孰取谷，予之丝漆；茧出取帛絮，予之食"① 的白圭，就是周人。专门探讨、记述各地风俗和地域经济情况的《史记·货殖列传》说："洛阳街居在齐秦楚赵之中，贫人学事富家，相矜以久贾，数过邑不入门，设任此等，故师史能致七千万。"桑弘羊就出身于这样的一个商人家庭。

桑弘羊没有从商、继承家业，而是十三岁时就被送去入侍宫中。桑家送子入侍的目的当然是望子成龙，以摆脱富有却受歧视的处境，在"贱商"的社会氛围中提高自家的地位，保有并攫取更多的财富。汉朝有"纳粟为郎"的制度，这是官员选举制度的一种特殊方式。桑家循这条路，将儿子送入宫中为郎。这种少年郎官，因为伴随皇帝左右，可以出入宫禁，所以被称为侍中。这和汉代官制作为一种加官的"侍中"，极其相似，所以人们往往将之混为一谈。"侍中掌乘舆服物，下至亵器虎子之属。"② 就是说侍中是皇帝近臣，掌管皇帝的车、轿、衣服、器物等，甚至还负责给皇帝端捧溺器。有记载说，汉代大儒孔安国侍中，因为出身名门，身为儒者，才被特许为皇帝执唾壶。这种侍中不是正式官员、不列于行政职能部门，但因为近在皇帝身旁，特别是天子如为少年，常向他们咨询朝事，使之备顾问应对。其中应对有理、资质聪慧者，地位渐趋贵重，待时机成熟，就可外放为重要官员。

桑弘羊就是一个天赋异禀的少年。愿纳粟为郎者不会是少数，他被选中入侍，是因为工于心算。《史记·平准书》和《汉书·食货志》对这点都有记载③。计算而不用摆弄筹码，这是一个实用而引人注目的特长。皇帝要决断处理大量的经济、财政事务，工于心算且忠心耿耿的桑弘羊逐渐被信任、重用是不奇怪的。

就在汉武帝重用盐铁巨商东郭咸阳和孔仅为大农丞主持盐铁专卖事务的时候，桑弘羊已在武帝身边参与了相关政策的制定和执行，开始参与了汉武帝年间一系列的财政经济改革，故《史》《汉》述及此事时将三人并称④。在孔仅仕途一帆风顺，升任大司农（最高财政官员）的时候，桑弘羊完成了在皇帝身边的学习历练，终于转至前台，于元鼎二年（公元前115年）出任大农丞（大司农的助手），协助大司农主持财政事务。

孔仅和东郭咸阳熟悉盐铁事务，但并未完全理解武帝的财经方针，他们不能完全背弃自己出身阶级的利益，多用商贾为盐铁官员，败坏了吏治，而且对向商人重征车船税也有不同见解。这渐渐使武帝不悦，乃至二人最终被罢免，消失于历史记述。在此背景下，桑弘羊于元封元年（公元前110年）"为治粟都尉，领大农，尽代仅斡天下盐铁。"⑤《盐铁论·轻重》中御史的发言也说："上大夫君与治粟都尉管领大农事，灸刺稽滞，开利百脉，是以万物流通，而县官富实。"可见，从就任治粟都尉，桑弘羊就代行大司农职权，全面主持盐铁专卖、新创的均属平准及一切财政事务。这一年，桑弘羊43岁。汉武帝用人眼光独到，又十分慎重，未直接任命桑弘羊任贵为九卿之一的大司农。

在以治粟都尉领大司农事期间，桑弘羊实际上成为财经改革的主持人。他主持盐铁、推行均属平准，为汉政权积累了大量财富，保证了汉武帝在西域外交和军事活动的胜利。

---

① 《史记》卷129《货殖列传》。
② 《汉官仪》卷上。南齐王圭之：《齐职仪》亦有相同记载。
③ 《史记》卷30《平准书》、《汉书》卷24《食货志》："桑弘羊以计算用事，侍中。""弘羊……以心计，年十三侍中。"
④ 《史记》卷30《平准书》、《汉书》卷24《食货志》："故三人言利事析秋豪矣。"
⑤ 《汉书》卷24《食货志》。

由于工作成绩出色，天汉元年（公元前 100 年），也就是桑弘羊 53 岁这一年，他被正式任命为大司农。此事《汉书·百官公卿表》有载①。担任大司农期间，在盐铁专卖之外，桑弘羊又推行了酒专卖和入钱赎罪，为汉军再次多路出塞攻击匈奴提供了充足的后勤支持。

作为一个商人之子，桑弘羊已经叛离了自己的阶级。他在大政方针方面的所作所为，都是以限制富商大贾势力，剥夺其利益，加强国家实力为目标的。但是，他是封建剥削阶级的一员，追求个人和家庭的富贵荣华，乃是他人生的目的。家族财势的扩大被其视为合情合理，甚至是荣耀。在盐铁会议上，面对贤良文学对官员僭奢的指责，桑弘羊理直气壮地说："官高者禄厚，本美者枝茂。故文王德而子孙封，周公相而伯禽富。"② 这种思想必然导致对昆弟子侄的放纵。汉代著名酷吏杜周"为执金吾，逐捕桑弘羊、卫皇后昆弟子刻深，上以为尽力无私，迁为御史大夫。"可见，桑弘羊昆子弟侄恣行无状，杜周将他们捉拿归案，受到武帝的褒奖提拔。反之，桑弘羊则于太始元年（公元前 96 年）被"贬为搜粟都尉"③。二者之间是否为直接因果关系，史无明言。不过，若是桑弘羊自身有过，以汉法之严，不会只是贬职却不夺实权。此次桑弘羊被贬，朝廷并没有任命新的大司农，仍由其主持财政全面工作。这说明武帝对桑弘羊的忠诚和工作能力依然信任。

武帝末年，随着匈奴威胁的基本解除，社会的主要矛盾转化为王朝内部的阶级矛盾、阶层矛盾。不仅关心经济收益，更关心王朝稳定的汉武帝，对于各项事务的轻重缓急、优先次序，开始重新考虑。而作为部门负责官员的桑弘羊看来没有意识到这一点，更没有及时调整政策。

武帝后元二年（公元前 87 年），武帝临崩，任命桑弘羊为御史大夫，与大司马大将军霍光、丞相车（田）千秋、车骑将军金日磾、左将军上官桀共为顾命大臣，辅佐将即位的汉昭帝。五位顾命大臣中，车千秋自知不握实权，谨慎而少言，只求自保，任凭政事一决于大将军霍光。车骑将军金日磾在昭帝即位不久就逝去。余下的三人的矛盾则逐渐尖锐。

而就在盐铁会议后一年，桑弘羊因为卷入了上官桀、燕王、鄂邑盖长公主企图杀霍光、废黜昭帝的政争而被杀。

许多对桑弘羊为代表人物的改革予以高度评价，又有完美追求的现代学者，纷起为桑弘羊辩诬、平反，力图证明桑弘羊是被冤杀，而霍光则是代表反对改革的利益集团的总代表。但是这只能是一种情感表达，难以寻找事实依据。桑弘羊所代表的财经改革，并没有被汉王朝否定，其利弊得失还可以深入分析。至于在不同官僚集团的斗争中，他作为失败者而被杀，罪证有无、是否充分，并不具有影响改革成败、改革评价的意义。桑氏与大权在握的霍光争斗不已，身为大臣，却与对帝王心怀不满的诸侯交通，企图剥夺竞争对手的权力，不管是不是知道同盟者的政变企图，失败后被杀，本不奇怪，这是不同封建官僚集团彼此间斗争之残酷性的表现，和改革者的命运无关。此类斗争，史不绝书。霍光也是几十年忠心耿耿追随武帝的大臣，事实证明他适度调整了武帝中早期的政策，贯彻了"轮台之诏"的基本精神，是汉朝的中兴名臣。如果上官桀、桑弘羊在与之的斗争中获胜，会放过他么？既然深深参与了不同官僚集团的权力之争，本来就是胜者王侯败者贼，这和个人的成就与贡献毫无

---

① 《汉书》卷 19《百官公卿表》："天汉元年……大司农桑弘羊"。
② 《盐铁论·刺权》。
③ 《汉书》卷 19《百官公卿表》。

关系。

二、桑弘羊改革时代背景

汉朝，是中国历史上第二个统一的中央集权王朝。鉴于此前的秦王朝是一个仅存在了 15 年的短命王朝，对统一国家有开拓之功，却无巩固的机会，所以，维护国家统一，巩固中央集权制度，控制阶级矛盾烈度，维护王朝长治久安的重担，就落在了这个下层小吏创建的王朝肩上。

与封建领主制社会不同，统一的地主制中央集权国家（它不是个人意志的产物，而是社会经济政治发展的需要和客观结果）存在海量的自耕小农，一定数量拥有较大量土地、通过租佃或雇佣役使无地少地农民为其耕种的地主（包括与农民同为编户齐民的庶族地主和与皇室有血缘、姻亲关系，或为王朝的建立建有特殊功勋家族的贵族地主），除这两个基本阶级之外，还有手工工匠和从事商品流通的商人（包括矿业主）。不同阶级之间存在剥削与被剥削、压迫与被压迫的关系，阶级矛盾和斗争是不可避免的。"国家是表示：这个社会陷入了不可解决的自我矛盾，分裂为不可调和的对立面而又无力摆脱这些对立面。而为了使这些对立面，这些经济利益互相冲突的阶级，不致在无谓的斗争中把自己和社会消灭，就需要有一种表面上凌驾于社会之上的力量，这种力量应当缓和冲突，把冲突保持在'秩序'的范围以内；这种从社会中产生但又自居于社会之上并且日益同社会脱离的力量，就是国家。"① 此外，国家机器作为日益同社会脱离的力量，一个独立事物，虽然是为统治阶级服务的，但也可能被自己所代表的阶级所抛弃，成为真正的孤家寡人。而敌对阶级更随时可能揭竿而起，反对统治阶级及其政权。秦王朝因为没有把社会的冲突保持在"秩序"的范围以内，所以被汹涌澎湃的农民起义所吞没。对汉王朝来说，殷鉴不远。西汉王朝早期面对的内外矛盾主要有如下几个方面。

（一）推翻秦朝的起义和紧接其后的楚汉战争，造成经济残破、人口锐减，物质资料和劳动人手两告紧缺，人民生活痛苦不堪。到武帝初年，社会经济才得恢复。

秦末，群雄并起，杀戮规模巨大。如项羽曾一次坑杀秦降卒 20 万人。这些人都应当是精壮劳动力。可楚汉之间的长期战争，使这位不识天下大势、只是力能拔山举鼎的霸王都提出："愿与汉王挑战，决雌雄，毋徒苦天下之民父子为也。"② 可见当时人民痛苦对人的刺激之深。战争破坏了生产，而且会加速加大社会财富的消耗。汉初，"自天子不能具钧驷，而将相或乘牛车，齐民无盖藏盖"③，成了稍有历史知识即耳熟能详的资料。汉高祖七年（公元前 200 年），刘邦脱匈奴平城之围，"南过曲逆，上其城，望见其屋室甚大，曰：'壮哉县！吾行天下，独见洛阳与是耳。'顾问御史曰：'曲逆户口几何？'对曰：'始秦时三万余户，间者兵数起，多亡匿，今见五千户。'"④ 以皇帝之尊，见一仅有 5000 户的县城，如此惊叹，且曰独洛阳与该县如此，凭此可以略窥全国之普遍残破。曲逆秦时有 3 万余户，而汉

---

① 恩格斯：《家庭、私有制和国家的起源》，《马克思恩格斯选集》第 4 卷，人民出版社 1972 年版，第 166 页。
② 《史记》卷 7《项羽本纪》。
③ 《史记》卷 30《平准书》。
④ 《史记》卷 56《陈丞相世家》。

初只有 5000 户，人口损失的比率大概可知。《汉书·高惠高后文功臣表》所记"时大城名都，民人散亡，户口可得而数，裁什二三"，应当不假。当然，不在户籍之数，有逃散脱籍和死亡两种情况。

  当时，人口的大量损失，使农民得到一小块土地不是太困难。汉初统治者也非常注意推动劳动力与土地的结合。灭楚之后，汉高祖随即宣布军队大量复员，"兵皆罢归家"，且诏曰："诸侯子在关中者，复之十二岁，其归者半之。民前或相聚保山泽，不书名数，今天下已定，令各归其县，复故爵田宅，吏以文法教训辨告，勿笞辱。民以饥饿自卖为人奴婢者，皆为庶人。"① 汉高祖、惠帝、吕后、文帝、景帝都注重农业的发展和恢复，屡次降低或免除田租。同时，为保证农业的恢复，保证足够的农业劳动力和兵员，汉初统治者对商业和商人采取限制和贬低政策。处于冷兵器时代，特别是在面对游牧民族骑兵的情况下，汉初统治者大力发展官家养马，鼓励私人养马，使拥有的马匹数量迅速增加。到了汉武帝即位之后，汉帝国已是一片繁荣景象"汉兴七十余年之间，国家无事，民则人给家足，都鄙廪庾皆满，而府库余财。京师之钱累巨万，贯朽而不可校。太仓之粟陈陈相因，充溢露积于外，至腐败不可食。众庶街巷有马，阡陌之间成群，而乘字牝倛而不得聚会。"② 但不能忘记的是，在所谓繁荣的表象之下，处于社会最下层的农民，常常遭遇不期而至的自然灾害，面临势力不断膨胀的地主、名义上受抑制而财富增殖速度极快的富商大贾进行土地兼并的威胁，由于自身抗风险能力低下，他们不是破产就是处于破产边缘，向社会上层发展的可能极小。

  （二）每一种现实的社会制度中，都存在破坏性力量，即否定因素。对于一个政权来说，政体和国体具有同等重要的地位③。要捍卫国体，就要镇压敌对阶级的反抗，防止新社会制度的建立和旧社会制度的复辟。要捍卫政体，就要防止统治阶级内部的反对势力，利用政治经济实力，异化政权组织形式。汉初专制主义中央集权国家同诸侯封国、地方豪强势力，也就是领主化或者有领主倾向的地主之间存在着尖锐的矛盾。

  汉初分封的诸侯国，是影响中央集权国家稳定的重要势力。汉初分封诸多异姓王，是秦末各地、各种势力共同反秦，之后刘邦又笼络不同集团与楚争夺天下的反映。政权基本稳定之后，刘邦逐步剪灭这些封国中的绝大部分。可汉初统治者总结秦朝速亡的教训时，认为其不分封子弟，以至王朝遇乱无援也是一条，故"惩戒秦孤立之败"④，大封同姓王。诸侯王在封地内自置大部分官吏，自行开征租税，煮盐铸钱，经济实力急速膨胀，分裂倾向日趋明显。汉景帝为加强中央集权，试图削藩，结果触发了"吴楚七国之乱"。景帝镇压了这次反叛，事后收回了诸侯王的许多权利，但却无法彻底纠正封国的离心倾向。

  除有政治特权的诸侯王外，一般地主的领主化也是一种自发倾向。在农业资本主义化之前的封建领主制社会中，"司法职能和行政职能"是"土地所有权的属性"⑤。地主制中央集权国家，把司法、行政权力从土地所有权中剥离出来。可地主对农民的人身强制权力，是

---

 ① 《汉书》卷 1《高帝纪》。
 ② 《史记》卷 30《平准书》。
 ③ "国体问题……它只是指的一个问题，就是社会各阶级在国家中的地位。""所谓'政体'问题，那是指的政权构成的形式问题，指的一定的社会阶级取何种形式去组织那反对敌人保护自己的政权机关。没有适当形式的政权机关，就不能代表国家。"《新民主主义论》，《毛泽东选集》第二卷，1991 年版第 676 页、第 677 页。
 ④ 《汉书》卷 14《诸侯王表》。
 ⑤ 参见马克思：《资本论》第 3 卷，《马克思恩格斯全集》第 25 卷，人民出版社 1974 年版，第 436 页。

不可能从其土地所有权上完全剥离的。随着土地兼并的发展，依靠对农民人身控制，借助宗族血缘等外衣，地主会逐步侵蚀国家的立法、司法、行政各项权力，不断领主化、豪强化，从而成为"邑有人君之尊，里有公侯之富"①的豪绅。他们"役财骄溢，或至兼并，豪党之徒，以武断於乡曲。"②武断乡曲，就是以自己的是非标准、利益原则决断乡里事务。这些"无秩禄之奉，爵邑之入，而乐与之比者"，"命曰'素封'。"③读读《史记》张守节正义对素封的解释："言不仕之人自有田园收养之给，其利比於封君，故曰'素封'也。"就会服膺司马迁发明这一概念的精妙，无分封程序和正式名号，实际上却势同王侯的人，不就是无名有实的"素封"么？他们就是领主化的地主。西汉初年的轻田租，统一和安定带来的货物流通之便，势必加强地主、富商兼并土地的能力。放任他们兼并土地，素封豪强势必侵夺国家赋税和兵员，动摇中央集权制度。由于农民的贫困，"凡编户之民，富相什则卑下之，伯则畏惮之，千则役，万则仆"④是封建社会的常见现象。西汉中前期诸帝对于地主的领主化都有较高警觉，如高祖击败项羽，定都长安后，即刻"徙诸侯子关中"⑤，对这些豪强就近控制之。大规模迁徙之外，个案处理的如"济南瞷氏宗人三百余家，豪猾，二千石莫能制，于是景帝拜（郅）都为济南守。至则诛瞷氏首恶，余皆股栗。"⑥后来的东汉政权最终分崩离析，就与州刺史垄断地方权力，而领主化的豪强地主大量涌现密切相关。

　　封建经济是自然经济，而商业的发展势必对自然经济发生瓦解作用，商人对于中央集权的封建帝国来说，也是一种具有离心倾向的力量。因为商人、商业的过度发展，会瓦解自然经济。汉初颁布了一系列贬低商人社会地位的法令，如"天下已定，高祖乃令贾人不得衣丝乘车，重租税以困辱之。孝惠、高后时，为天下初定，复弛商贾之律，然市井之子孙亦不得仕宦为吏。"⑦但是，法律地位低下，并不能阻止商人交通王侯、聚集资本。再加上"海内为一，开关梁，弛山泽之禁，是以富商大贾周流天下，交易之物莫不通。"⑧为追求资本和利润的安全，商贾崇尚"以末致财，用本守之"⑨的原则，即用经营商业取得的利润兼并土地，成为地主，以提高社会地位。到汉文帝时期，有识之士如晁错已经看出："今法律贱商人，商人已富贵矣；尊农夫，农夫已贫贱矣。"⑩低下的社会地位反而促使商人会加速土地兼并的速度。

　　（三）如何应对危及汉王朝生存、严重威胁内地人民生命财产安全的匈奴入侵，是汉王朝无法逃避的问题，也是汉武帝年间一系列政治经济改革的历史背景。

　　在完全孤立状态中生存的国家是不存在的。因此，国家负有保卫国民不受外敌侵扰、和平生活的义务。在古代，社会发展水平较高的民族，常常面临刚刚脱离或即将脱离原始社会的后进民族的掠夺和侵扰。因为："他们是野蛮人，进行掠夺在他们看来是比进行创造的劳

---

① 《汉书》卷24《食货志》。
② 《史记》卷30《平准书》。
③ 《史记》卷129《货殖列传》。
④ 《史记》卷129《货殖列传》。
⑤ 《汉书》卷1《高帝纪》。
⑥ 《汉书》卷90《酷吏传》。
⑦ 《史记》卷30《平准书》。
⑧ 《史记》卷129《货殖列传》。
⑨ 《史记》卷129《货殖列传》。
⑩ 《汉书》卷24《食货志》。

动更容易甚至更荣誉的事情。"① 殷周以来北方游牧民族的侵扰，就一直是中原华夏族的心腹之患（这也是推动华夏族走向统一的重要力量），秦汉期间，北方最强大的游牧民族是匈奴。匈奴是中国北方大漠古老的民族群。商朝时的鬼方、混夷、獯鬻，周朝时的猃狁，春秋时的戎、狄，战国时的胡，都是后世所谓的匈奴。匈奴的侵扰，迫使秦帝国不顾民力，急于修筑防御匈奴的万里长城，并且不得不把精锐的三十万大军驻扎在北方边界上，虽然夺得了河套地区，但也减少了帝国内地的机动兵力，使东方的反秦义军得以直扑帝国腹地。

汉兴以后，匈奴恰值著名君主冒顿单于在位，国势强大，占有了长城以北从辽东直至河西走廊的广大地区，并且降服了西域诸小国。匈奴人的基本单位是血缘组织—部族，男子平时放牧，战时都是战士。楚汉相争时"中国罢於兵革，以故冒顿得自强，控弦之士三十余万。"② 由于匈奴不断骚扰，且招纳汉朝叛将，汉高祖曾愤然率军反击。但以汉初的经济力和军力，尚不足战胜匈奴。汉高祖被匈奴骑兵包围在平城白登山（今山西大同东北），竟至断食，用奇计才得脱身。从此，汉朝改用和亲、防御政策，将宗室之女称为公主，嫁给匈奴单于，并赠以金银绢帛。在汉匈边境上设防而不出击。这种政策一直持续到武帝早期。此期间匈奴的侵扰虽有减少，但并未彻底停止。西汉文帝、景帝在位的约40年间，匈奴较大规模的入侵，有六七次之多，小的骚扰无法统计。以致"西郡、北郡，虽有长爵不轻得复，五尺已上不轻得息，苦甚矣！中地左戍，延行数千里，粮食馈饷至难也。斥候者望烽燧而不敢卧，将吏戍者或介胄而睡，而匈奴欺侮侵掠，未知息时于焉"③。武帝即位以后，经过汉兴以来六七十年的休养生息，汉朝的经济实力大大增强，骑兵兵种建设已经成熟。于是，汉武帝开始了长时间、大规模的反击匈奴的战争。

三、桑弘羊改革的主要内容

桑弘羊十三岁入宫，不能肯定他入宫即参与政治，特别是决策活动。但他长期在皇帝身旁，耳濡目染，对武帝时期的帝国面临何种形势，皇帝应对形势的基本战略构思，是了解甚深的。任侍中晚期，桑弘羊肯定已经参与财经决策，所以才能与出任大农丞的东郭咸阳、孔仅并称，并于元鼎二年（公元前115年）正式参与财经管理的行政事务，后来晋升为财经事务的主持者，一干就是三十多年。桑弘羊参与决策或积极推行的改革措施有如下几项。

（一）最终完成了铜铸币的形制和铸造发行权的统一

秦始皇统一货币，以黄金和铜铸币为法定货币。黄金价值高，大批量或珍贵商品的交易才可使用，日常民间小额交易主要使用铜铸币。秦钱名半两，重如其文。秦汉时一两为24铢，半两即12铢。当时的一两约合今15.6克，半两则约为7.8克。秦钱形制统一，但铸造是否统一于官府，史无明文。以秦的集权取向，很有可能由官府统一铸造货币。

民间认为秦钱重，不便携带和使用。汉高祖为便民使用，更兼崇尚黄老无为，乃决定纵民自铸荚钱（重三铢）。一时私铸蜂起，弃农冶铜铸币者重，且荚钱太轻，造成经济混乱，

---

① 恩格斯：《家庭、私有制和国家的起源》，《马克思恩格斯选集》第4卷，人民出版社1972年版，第160页。
② 《史记》卷110《匈奴列传》。
③ 贾谊：《新书·解县》。

高祖不得不禁民铸钱。以后文、景两帝时禁时纵，变化不一，不过钱的重量渐渐增加到四铢。汉武帝在位期间先后进行了六次币制改革，元鼎四年（前113年）才最终确定了由中央政府统一铸造做工精细的"上林三官钱"。该钱文曰"五铢"重如其文。由于五铢钱轻重适中，所以成为中国货币史上行用时间最长的铜铸币。三官五铢钱铸成后，政府用以收兑郡国钱，一枚兑劣钱5枚。劣钱大部分收回后，乃明令禁止郡国钱永不许流通。汉中央政府掌握了货币的发行权。

（二）推行算缗、告缗、算商车等一系列罗掘收入的措施

据《汉书·武帝纪》载，元光六年（公元前129年）"冬，初算商车。"李奇注曰："始税商贾车船，令出算。"算，为汉朝的货币税计算单位，每算120钱。其实，此次对车船征税并非只对商人，而是对拥有车船者普遍征收，不过对商人的车船采用高税率①。

算缗令发布于元狩四年（公元前119年），由著名酷吏张汤主持推行，法令规定："诸贾人末作贳贷卖买，居邑稽诸物，及商以取利者，虽无市籍，各以其物自占，率缗钱二千而一算。"② 算缗的征收对象是商人的资本，征收方式是纳税人自报，税率是每2000钱征收一算。商人逐利的本能，官员征收管理的水平，决定算缗钱的申报征收不可能准确。于是著名的、鼓动民众检举商人报税不实的告缗令出台："匿不自占，占不悉，戍边一岁，没入缗钱。有能告者，以其半畀之。"③ 到了元狩六年，杨可主持告缗的时候，"得民财物以亿计，奴婢以千万数，田大县数百顷，小县百余顷，宅亦如之。"④ 桑弘羊虽不是算缗的创行者，但武帝重申告缗赏格时（元鼎三年，公元前114年），他已协助大农令工作，其主持财经事务后也长期坚持了相关法令。

（三）实行盐铁专卖

在封建专制君主看来，世间万物皆为己有，封建政府进入社会产品的流通乃至生产，是非常正当的事情。而且一个中央集权的政府也只有掌握经济资源，才能够抑制地方和豪强分裂势力。而且在税收立法缺乏民意基础的古代，不采用加税，而采用商业性交换办法取得财政收入，也必然对君主具有诱惑力。

元狩四年（公元前119年），武帝任用盐铁巨商孔仅和东郭咸阳为大农丞，开始经营盐铁专卖。孔仅和东郭咸阳设计的具体专卖办法是："愿募民自给费，因官器作煮盐，官与牢盆。……郡不出铁者，置小铁官，便属在所县。"⑤ 也就是说盐铁的生产和销售完全由官府垄断，违法者重罚。到天汉三年（公元前98年），在桑弘羊的主持下，出台了酒专卖措施："初榷酒酤"⑥。此外，据《汉书·霍光传》载："御史大夫桑弘羊建造酒榷盐铁"，可见在桑弘羊任侍中时已经参与了关于盐铁专卖的决策。盐铁专卖为国家筹得了大量资金，保证

---

① 《汉书》卷24《食货志》："非吏比者三老、北边骑士，轺车一算，商贾人轺车二算。"
② 《史记》卷30《平准书》。
③ 《史记》卷30《平准书》。
④ 《史记》卷30《平准书》。
⑤ 《史记》卷30《平准书》。
⑥ 《汉书》卷6《武帝纪》。

了武帝"外事四夷，内兴功利"① 的需要。

（四）倡行卖官鬻爵，纳资赎罪

在汉朝，卖爵之事，武帝之前已有。如汉惠帝元年（公元前194年）规定"民有罪，得买爵三十级以免死罪。"② 文帝也曾接受晁错的建议，"令民入粟于边，拜爵各以多少级数为差。"③ "孝景时，上郡以西旱，亦复修卖爵令，而贱其价以招民"④ 值得注意的是，爵是一种享受某些特权封号，并不是官员，不能干预行政。政府出卖爵位，对吏治影响不大。只是高级爵位享有免役的特权，买爵者用一次性支付购买了以后的免役权，政府卖爵，则预支了以后年度的收入。

到了武帝时期，开始卖官。元鼎二年（公元前115年）"始令吏得入粟补官，郎至六百石。"⑤ 而元封元年（公元前110年），以搜粟都尉领大农的桑弘羊"又请令吏得入粟补官，及罪人赎罪。"⑥官可以由买而得，吏治逐步败坏是必然的。买官成了投资，那么利润由何而来呢？卖官，可能与大规模卖爵造成应役人口减少有关。《史记·平准书》记载了当时"民多买复及五大夫，征发之士益鲜"的状况。至于赎罪更造成了司法不公。太史公司马迁因为李陵辩护而下狱论死，就是因为交不起赎罪免死的50万钱，而又希望完成父亲著史的遗愿而遭受了屈辱的腐刑。除了卖官鬻爵外，武帝时期政府还出售免役权，叫作"买复"。桑弘羊在请"吏得入粟补官"的同时，还一并请求"令民能入粟甘泉各有差，以复终身，不告缗。"⑦ 也就是说，只要按规定数量运粮到边疆缴纳，不但可以终身免役，而且旁人也不可再以算缗钱不实而举报他。

（五）建立均输平准制度，掌控物价，平均地方负担

除货币和粮食作为正税外，中国古代历朝各地都还有其他物资要输送到首都。运输中会因路途遥远造成损失，或者所贡物资有更优质、价廉的产地，以致有运费高于物资本身价值的情况。这就会造成巨大的浪费。桑弘羊代替孔仅主持财政后，立即以他特有的商业智慧，设计了均输平准制度。具体操作办法是：在各地设置"均输官"，把地方应当运送首都的物资运到价格较高的地区出售，将所得价款或购买的其他物资送交中央。在京师设"平准官"，在物价下跌时出官钱平价采购；在物价大幅上涨时，按平价抛售官方掌控的物资。以期防止物价剧烈波动，抑制富商大贾的势力膨胀，使"富商大贾无所牟大利，……而万物不得腾踊。"⑧ 当然首先是朝廷通过均输平准也获取了相当的商业利润，充实了财政收入。

武帝年间的财经改革，使王朝掌握了国家的经济命脉，获得了丰厚的财政收入，满足了汉对匈奴长时间大规模作战的需要，使北部边疆的军事和治安形势大为改善，削弱了匈奴南

---

① 《汉书》卷24《食货志》。
② 《汉书》卷2《惠帝纪》。
③ 《资治通鉴》卷15《汉纪》七。
④ 《史记》卷30《平准书》。
⑤ 《史记》卷30《平准书》。
⑥ 《史记》卷30《平准书》。
⑦ 《史记》卷30《平准书》。
⑧ 《史记》卷30《平准书》。

侵的能力。据记载，卫青、霍去病一次大规模出击匈奴，赏赐有功将士即用五十万金，战斗中损失战马达十余万匹，运输和制造兵车衣甲的费用还不计算在内。这种规模的战争，对后勤保障的要求是可想而知的。武帝时期还开拓了西北和西南地区，保障了汉王朝与中亚、西亚乃至更远地区的交通通畅。推动了西北和西南地区的经济发展，促进了国内各民族的融合。在这个过程中，就是兵力相对弱小的西南地区，也时常有小规模的反叛。汉朝调发南方的官吏兵卒前往镇压，每年有万余人，费用都靠大农支给。大农以均输法调各地盐铁所得，以补充赋税的不足，所以才能应付得了。由此也可见财政的保障之功。

四、桑弘羊的财经改革思想

桑弘羊是一个注重实际的财政官员，而不是一位学者、思想家。但他的财经思想还是非常丰富且有脉络可循的。

（一）桑弘羊改革的主导思想

说到桑弘羊的财经思想，论者往往强调他是法家思想的继承者，崇信管商，强调法治。其实，若从桑弘羊理财措施追求的目标来看，他首先是一位儒家大一统思想的信奉者。他所做的一切，都是为了维护汉王朝的统治，力求扩充汉朝中央政府的经济权力，充裕其财政，抑制和削弱地方诸侯和豪强的势力，巩固专制主义中央集权的封建制度。

儒家的大一统思想是一贯的，在战国诸侯林立、战乱不已的环境中，孟子在回答梁襄王关于天下如何才能安定的问题时，坚定地说"定于一"①朱熹在《四书集注》中说"列国纷争，天下当何所定，孟子对以必合于一，然后定也。"

为确保天下定于一，孟子之后的荀子更明确指出关键是要"一制度"②，即让天下执行统一的制度，也就是后来法家也同意的"事在四方，要在中央；圣人执要，四方来效。"③终生忙碌的桑弘羊正是大一统思想的重要实践者，当然他的思想也大量吸收了管、商的学说。

此外，桑弘羊雷厉风行的办事作风，坚决主张反击匈奴侵扰，进而经营西域，对匈奴取战略包围之势的主张，也体现了儒家"天行健，君子以自强不息"④的积极进取精神。

桑弘羊直接参与财经事务的管理之前，朝廷官员已经发现了私铸货币对经济生活的破坏，但是他们的目光还是集中在剪磨铜币以造假币的民间活动上，没有领悟中央政权统一货币铸造权的重要性。所以，"有司言三铢钱轻，易奸诈，乃更请诸郡国铸五铢钱，周郭其下，令不可磨取鋊焉。"而结果是"郡国多奸铸钱，钱多轻"⑤。桑弘羊协助大农主持财计后，才"悉禁郡国无铸钱，专令上林三官铸。钱既多，而令天下非三官钱不得行，诸郡国所前铸钱皆废销之，输其铜三官。"⑥ 在集中了铸币权的同时，也提高了工艺水平，加大了民间盗铸的难度。像汉初那样，"吴，诸侯也，即山铸钱，富埒天子，其后卒以叛逆。邓

---

① 《孟子·梁惠王上》。
② 《荀子·儒效》。
③ 《韩非子·扬权》。
④ 《周易·乾》。
⑤ 《史记》卷30《平准书》。
⑥ 《史记》卷30《平准书》。

通,大夫也,以铸钱财过王者。故吴、邓氏钱布天下"①的情况消失了。

桑弘羊推行的均输平准、盐铁酒专卖、算缗告缗、屯田等政策措施无一不以加强中央集权为最终目的。至于桑弘羊在盐铁会议上说:"边用度不足,故兴盐、铁,设酒榷,置均输,蕃货长财,以佐助边费。今议者欲罢之,内空府库之藏,外乏执备之用,使备塞乘城之士饥寒于边,将何以赡之?"②那不过是在激烈辩论中,用众所周知的、最紧迫的、最具必要性的具体理由,来论证政策措施的合理性,却避而不谈政策措施的根本目的。倒是御史所说:"夫理国之道,除秽锄豪,然后百姓均平,各安其宇。张廷尉论定律令,明法以绳天下,诛奸猾,绝并兼之徒,而强不凌弱,众不暴寡。大夫君运筹策,建国用,笼天下盐、铁诸利,以排富商大贾"③,较接近政策实质。

如果全面考察汉武帝年间政治、经济、思想领域的变化,贯彻儒家大一统思想,加强中央集权是武帝政策措施的主旋律。而以桑弘羊为代表人物的财经改革不过是贯穿主旋律的一个乐章。

在思想方面,建元元年(公元前140年)董仲舒在应贤良方正对策时提出的"罢黜百家""独尊儒术"的思想被汉武帝接受。当时的丞相上奏:"所举贤良,或治申、商、韩非、苏秦、张仪之言,乱国政,请皆罢。"④武帝当即批准。所以,思想上的儒、法、道、阴阳等诸家争鸣,逐渐被儒家吸收法、道、阴阳以新的面貌出现所代替。董仲舒是新儒家的主要代表人物。在政治上他坚决主张中央集权的大一统,认为:"《春秋》大一统者,天地之常经,古今之通谊也。"⑤这种思想,是当时一切政治经济活动的指导思想和理论基础。《盐铁论》所载桑弘羊一派官员与贤良文学的争论,在集中讨论儒学的功能和儒家知识分子的才能时,应该注意到桑弘羊没有亲自发言。御史所貌视的是俗儒的迂腐少变,并未否定儒家的基本精神。而且在贤良文学盛赞儒家圣贤忧国忧民的情怀时,"御史默不对"⑥,以缄口不语结束了一轮争议。

在政治方面,汉武帝继承了文景年间削藩、弱藩的方针。在景帝平定吴楚七国之乱的基础上,接受主父偃的建议,于元朔二年(前127年),颁布推恩令,将过去诸侯王只能把封地和爵位传给嫡长子,变更为允许他们把封地分为几部分传给几个儿子,分别形成直属于中央政权的更小的王国与侯国,打着施恩宗族的旗号,达到了分化、削弱大诸侯国势力的效果。尽管如此,武帝年间还是发生过诸侯王谋反的事件。

在中央政权内部,武帝设置牵制外朝的宫内中朝;削弱相权,启用无权势集团背景的布衣之士为相;在郡县之上设置专司监察的十三个州,与行政区的长官互相牵制;组织精锐的皇家禁卫军,实行募兵制;在官员任用方面,创行"察举制",将地方优秀人才集中到中央。

桑弘羊为代表的财经改革与思想、政治、军事上的改革是协调一致、相辅而行的。加强中央集权的"大一统"是所有这些改革的思想灵魂。桑弘羊的理财思想十分丰富,但和

---

① 《史记》卷30《平准书》。
② 《盐铁论·本议》。
③ 《盐铁论·轻重》。
④ 《汉书》卷6《武帝纪》。
⑤ 董仲舒:《春秋繁露·天人三策》。
⑥ 《盐铁论·论儒》。

"大一统"思想相比,都是技术性的。

(二) 运用轻重之术,实现政府控制经济

要维持一个中央集权政府的长期稳定,政府干预市场,掌握一定的经济资源是必然的。需要把握的,只是干预的范围和深度。经济是基础,经济权利的分散,最终会导致政治权力的分散。西方封建社会早期,"国王靠自己生活",财政收入主要来自国王的封地。但从一个较长的过程来看,国家也是逐步走向集权。

"轻重"是中国本土的一个经济学范畴,它最早是一个货币学范畴,人们用之研究不同货币的比价关系。到了汉代,这个范畴的内涵和外延扩大了,人们用它来研究货币与商品之间、不同商品之间、不同货币之间的比价关系。"重"就是价值高或升值,"轻",就是价值低或贬值。轻重之术,本是利用商品货币轻重变化的商业牟利之术。自春秋战国以来,开始有官员运用此术平抑物价,济贫度荒。桑弘羊熟悉商业运筹之术,他在前人的基础上发展了对轻重之术的运用。即不但将之引入国家经济管理和财政运作的领域,还运用用商品生产和流通的内在规律,比如某些商品易形成垄断的特点,利用国家权力和经济力量,直接垄断需求刚性很强的关键商品的生产和流通,从而操纵价格、买轻卖重,掌握经济命脉,取得财政收入。这种管理方式的外观,极具法家色彩,强调国富先于民富而利归于上。但它同样有儒家的思想血缘,那就是"普天之下,莫非王土;率土之滨,莫非王臣。"①

盐铁酒专卖是这种思想的典型实践。封建国家不但垄断这三种产品的流通,而且垄断其生产。专卖管理非常严格且充满暴力色彩。当时,各郡县均设铁官,连旧铁器的重新熔铸,也由官榷。对破坏专卖者施以重罚:"敢私铸铁器煮盐者鈦左趾,没入其器物。"②

对于国家来说,最规范、最基本的财政收入方式,应该是税收。这是社会发展的共同规律,也是现代财政的基本标志之一。封建时代,在领主等级土地所有制条件下,国王自己的封地收入和传统税收不敷财政支出需要,并不直接与生产者打交道——虽然他们是税收的最终承担者,而是要求各领主缴纳税收。而中国古代是地主土地所有制,皇帝通过郡县等基层政权直接向农民征收赋税和徭役,这就使统治者直接面对千千万万的农民。如果急征暴敛,很容易引起农民暴动。汉代早期统治者对秦末农民起义记忆犹新。桑弘羊把商业交换引入财政收入的组织方式,利用盐铁等产品的垄断价格,取得财政收入,使财政征纳披上了商品交换的外衣。《管子·国蓄》所说:"民予则喜,夺则怒,民情皆然。先王知其然,故见予之形,不见夺之理。故民爱可治于上也",是对这种思维和措施的最好诠释。盐是人民生活必需品,铁是生产的必需品,而在农业社会中,绝大多数家庭都是生产单位,盐铁价款的承担者,还是人民。毕生从事中国财政历史研究的学者马大英先生一针见血地指出:"盐实行专卖,盐利收入事实上等于人头税。"③那么,铁专卖的收入不就是一种户税么?其实,唐人尹知章注解《管子》一书时已经指出了这种手法的秘密:"人君不用下令税敛于人,但严守利途,轻重在我,则无所逃其税也。"

《史记·平准书》和《汉书·食货志》中都说由于桑弘羊的经营,"民不益赋而天下用

---

① 《诗·小雅·北山》。
② 《史记》卷30《平准书》。
③ 马大英:《汉代财政史》,中国财政经济出版社1983年版,第114页。

饶。"班马是在为桑弘羊击节叫好，还是另有意味，值得思考。

（三）本末并重论

从春秋战国开始，讨论农业和工商业在国民经济中的相对地位时，人们开始使用"本"（主干）、"末"（枝）这两个概念。因为当时处于农业社会，农业是最重要的社会生产部门，特别是种植业在农业中占绝大比例，甚至被理解为就是农业，并且实行郡县制管理的国家，人们强调农业的重要性是可以理解的：农民不仅要维持在生产，而且要供养人数庞大的官吏和常备军，还要建立储备以应付天灾人祸。

商业对自然经济的瓦解作用，使地主阶级对之本能地反感，以致产生"崇本抑末"即"重农抑商"的思想和政策。历史上，最早称农业为本的是代表小生产者利益的墨子。他认为"畜种菽粟不足以食之"是国之患，而"固本而用财，则财足"[1]。法家商鞅认为只有专一发展农业，"壹之农，然后国家可富。"[2] 荀子承认社会分工的意义，但还是认为"工商众则国贫。"[3] 法家的集大成者韩非，不但认为农本工商末，而且明确指出工商之民"待时而侔农夫之利"[4]，直接将工商列为社会蠹虫。

汉初陆贾、贾谊、晁错都继承了战国以来重农抑商的经济思想。汉初也制定了贬低商人社会地位的法令。桑弘羊则在工商业和农业在社会经济中的作用和地位有自己的认识。

首先，在理论和实践上他都坚持了重视农业的基本方针。他主持财经事务期间，组织过大规模的移民屯垦，直到晚年，还建议在边疆屯田以减轻农民的赋役负担。他提倡"春亲耕以劝农，赈贷以赡不足，通滀水，出轻系，使民务时也。"[5]

其次，他说："工不出，则农用乏；商不出，则宝货绝。农用乏，则谷不殖；宝货绝，则财用匮。"[6] 将农工商在社会经济中的作用并列，并进一步指出农工商都是富国之途："治家非一宝，富国非一道。""富国何必用本农，足民何必井田也。"[7] 主张"开本末之途，通有无之用，市朝以一其求，致士民，聚万货，农商工师各得所欲，交易而退。"强调："通其变，使民不倦。故工不出，则农用乏；商不出，则宝货绝。农用乏，则谷不殖；宝货绝，则财用匮。"[8]桑弘羊特别强调农业与工商业互相服务、互相促进、互相制约的关系："管子云：'国有沃野之饶而民不足于食者，器械不备也。有山海之货而民不足于财者，商工不备也。'陇、蜀之丹漆旄羽，荆、扬之皮革骨象，江南之楠梓竹箭，燕、齐之鱼盐旃裘，兖、豫之漆丝絺纻，养生送终之具也，待商而通，待工而成。故圣人作为舟楫之用，以通川谷，服牛驾马，以达陵陆；致远穷深，所以交庶物而便百姓。"[9]

桑弘羊重视工商业的作用，但不主张发展私营工商业，而是主张官府直接经营工商，垄断相关利益。历史发展到汉代，恢复土地国有制度已无可行性。桑弘羊还是主张政府控制一

---

[1]《墨子·七患》。
[2]《商君书·农战》。
[3]《荀子·富国》。
[4]《韩非子·五蠹》。
[5]《盐铁论·授时》。
[6]《盐铁论·本议》。
[7]《盐铁论·力耕》。
[8]《盐铁论·本议》。
[9]《盐铁论·本议》。

部分土地集中经营。他说:"县官开园池,总山海,致利以助贡赋;修沟渠,立诸农,广田牧,盛苑囿。太仆、水衡、少府、大农,岁课诸入,田牧之利,池籞之假,及北边置任任田官,以赡诸用"①。

出于对工商业作用的认识,桑弘羊对于对外贸易也是重视的,并希望通过贸易削弱敌国的经济力,做到"以末易其本,以虚荡其实"。他说:"今山泽之财,均输之藏,所以御轻重而役诸侯也。汝、汉之金,纤微之贡,所以诱外国而钓胡、羌之宝也。夫中国一端之缦,得匈奴累金之物,而损敌国之用。是以骡驴駞驼,衔尾入塞,驒騱騵马,尽为我畜,鼲貂狐貉,采旄文罽,充于内府,而璧玉珊瑚琉璃,咸为国之宝。是则外国之物内流,而利不外泄也。异物内流则国用饶,利不外泄则民用给矣。"②

其实,重视工商业的作用,也有儒家的思想渊源。孟子曾形象地设问,如果"万室之国,一人陶,则可乎?"结果无疑是"陶以寡,且不可以为国。"③ 不过,孟子主张"关讥而不征"④、"市廛而不征"⑤ 意在推动工商业繁荣,并没有官府垄断之意。

(四) 通过财政分配济贫的思想

桑弘羊出身富商,久居高位,一生荣华。他曾说"夫贵于朝,妻贵于室,富曰苟美,古之道也。……居编户之列,而望卿相之子孙,是以跛夫之欲及楼季也,无钱而欲千金之宝,不亦虚望哉!"⑥ 可见他认为成功者的奢侈是必然和合理的,言语之间对贫者有不屑之意。但是作为一个为王朝稳定着想的重臣,他不是从好恶出发。而是主张政府积极参与财富分配,使人无大富大贫,都能维持生存。他认为:"民有饥者,谷有所藏也。智者有百人之功,愚者有不更本之事。人君不调,民有相万之富也。此其所以或储百年之余,或不厌糟糠也。民大富,则不可以禄使也;大强,则不可以罚威也。非散聚均利者不齐。故人主积其食,守其用,制其有余,调其不足,禁溢羡,厄利涂,然后百姓可家给人足也。"⑦ 他所推行的均输平准,也有防止物价暴涨,人民劳逸不均的目的。

五、桑弘羊改革的成败得失

汉武帝年间,以桑弘羊为代表人物的一系列财经改革措施,其利弊得失不能一概而论,也不能简单判断可行与否。

(一) 弊多利少的措施

若说弊多利少的措施,武帝年间的财经措施首推算缗告缗。不要说在军国急需的情况下,就是在正常情况下,对工商业者征税也是应当的,只要征税对象、税率不破坏社会的扩

---

① 《盐铁论·园池》。
② 《盐铁论·力耕》。
③ 《孟子·告子下》。
④ 《孟子·梁惠王下》。
⑤ 《孟子·公孙丑上》。
⑥ 《盐铁论·刺权》。
⑦ 《盐铁论·错币》。

大再生产（在紧急情况下，也应维持简单再生产）。算缗钱以工商业者的资本为征税对象，每2000钱征120钱，税率为6%。王莽时期就所得征税，税率仅为9%[①]。若假定利润率20%，将算缗钱折合为按所得征税，税率也达到了30%，若利润率仅为10%，则税率就达到了惊人的60%。可见算缗钱的税率不能算低。由于税务管理水平的限制（或者是预设陷阱），算缗钱采取纳税人自报的形式。但因为自报多不实，汉王朝旋即展开了告缗运动，通过告缗，朝廷得到了大量财产和劳动力，对于补充匮乏的国库，满足战争的财政急需当然有作用，但对一项经济政策的评价不能停留于短期效应，不能以单纯的财政观点认为只要国库进钱就是好事。事情发展到"告缗遍天下，中家以上大抵皆遇告。杜周治之，狱少反者。"[②]杜周是著名酷吏，案状由他处理自然不可能有翻案的可能。结果是"商贾中家以上大率破，民偷甘食好衣，不事畜藏之产业"[③]。当一个社会中查抄财产的现象遍天下，"中家"以上大部分破产，社会经济所受的影响可能是正向的吗？当人们将本来可以投入经营的资产用于"甘食好衣"的时候，社会的再生产可以正常进行吗？根据告缗令，告发人可以得到被告财产的一半。也就是说，官府得到了多少抄没财产，告密者也就收获了同样数量的财产。这不过是财产在私人之间的转移。得到财产的人，不靠任何经营和积攒，就得到巨额财富，他们会比原经营者珍惜这些财产吗？他们就不会利用这些财产兼并农人吗？而且，政府出面号召告密，对社会风气会产生怎样的影响？会增强社会的诚信吗？

另一项为满足财政急需的措施——卖官鬻爵，也难寻积极作用。鬻爵会造成预支未来的财政收入，造成应役人口减少，无爵劳动力的劳役负担加重。卖官则只能败坏吏治，降低政府效率，加剧社会矛盾。东郭咸阳和孔仅主管盐铁，多荐商贾为吏，已是"吏道益杂，不选"[④]，公然卖官，只有更甚。至于纳资减刑，是司法的公然不公，是对穷人人身和生命的蔑视。

不过桑弘羊征召有能力者运粮食到边疆，偿以爵位的做法，为以后朝代将盐专卖与军粮征购相结合，提供了借鉴。

（二）既巩固了中央集权制度，又满足了战争经费急需的制度

统一铸币权的改革，剥夺了诸侯和地方政府的铸币权，使国家货币走向统一，加强了中央政府的经济力量，也防止了滥造劣质货币而形成通货膨胀、经济混乱。汉武帝年间定型的五铢钱，轻重适中，质量统一，具有较好声誉。这种货币只是曾被王莽出于政治目的加以禁毁，东汉建国很快恢复。此后，五铢钱行用700余年，直到唐朝初年才被年号钱取代，是我国历史上使用时间最长的铜铸币。为人民生活方便和国家稳定做出了贡献。

桑弘羊应用轻重理论，实行盐铁酒专卖，和武帝年间思想上、政治上的一系列措施一样，都是为了巩固中央集权制度。因为，一个不掌握经济命脉的中央政权，极容易成为名义共主，而不能支配地方。由此不难理解，为什么在阶级矛盾激化，而统治着力求缓和矛盾的

[①] 《汉书》卷24《食货志》："诸取众物、鸟、兽、鱼、鳖、百虫于山林、水泽及畜牧者，嫔妇桑蚕、织纴、纺绩、补缝，工匠、医、巫、卜、祝及它方技、商贩、贾人坐肆、列里区、谒舍，皆各自占所为于其所之县官，除其本，计其利，十一分之，而以其一为贡。"

[②] 《史记》卷30《平准书》。

[③] 《史记》卷30《平准书》。

[④] 《史记》卷30《平准书》。

情况下，尽管盐铁专卖受到社会人士的激烈指责，掌握全面权力的霍光又与桑弘羊不和，汉王朝却只废除了酒专卖，而坚持了盐铁专卖（汉元帝曾短暂放弃盐铁专卖，但很快恢复）。而且以后历代王朝大多坚持了专卖制度。据统计，宋朝专卖的商品有十几种之多，直到明清政府财政对盐茶专卖的依赖度也非常之高。

在实物经济在主导地位，商品货币经济不够发达的时代，均输、平准也是中央政府加强经济集权的措施之一，所以，虽然在具体执行中产生了种种弊端，但汉王朝始终不肯放弃。至于"赖均输之畜，仓廪之积，战士以奉，饥民以赈"①，满足财政需要、支持反击匈奴的战争，倒是特定时期的特定作用。

（三）官僚体制下必然会有的弊端

从桑弘羊在盐铁会议上的发言可以看出，他往往强调制定财经改革措施的主观愿望。如对于均输平准，他认为效果是"齐劳逸而便贡输"，"平准则民不失职，均输则民齐劳逸。"②他坚信盐铁专卖"总盐、铁，一其用，平其贾，以便百姓公私。虽虞、夏之为治，不易于此。吏明其教，工致其事，则刚柔和，器用便。"③这是盲目迷信权力造成的，以为制度规定了，就会得到不折不扣的执行。

实际上，在古代的官僚制度下这是不可能的。著名史学家翦伯赞先生论及此事时说："万事一经官办，就要糟糕"④。武帝时破家财以助国用的卜式也指出："郡国多不便县官作盐铁，铁品苦恶，贾贵，或强令民卖买之"⑤，这是同僚的看法。而居于在野地位、参加盐铁会议的贤良文学们也指出："铁器，民之大用也。器用便利，则用力少而得作多，农夫乐事劝功。用不具，则田畴荒，谷不殖，用力鲜，功自半。器便与不便，其功相什而倍也。县官鼓铸铁器，大抵多为大器，务应员程，不给民用。民用钝弊，割草不痛，是以农夫作剧，得获者少，百姓苦之矣。""故民得占租鼓铸、煮盐之时，盐与五谷同贾，器和利而中用。今县官作铁器，多苦恶，用费不省，卒徒烦而力作不尽……盐、铁贾贵，百姓不便。贫民或木耕手耨，土耰淡食。铁官卖器不售或颇赋与民。卒徒作不中呈，时命助之。发征无限，更繇以均剧，故百姓疾苦之"⑥这说明官制铁器规制、质量均有下降，而价格提高，制作过程中要征用民力，消费者要买时，官员不见得在，而产品销售不出去还要强派给人民。均输平准也会发生强买强卖、责人所无的现象。所以发生这些，是因为在封建社会中，某一个有理想、有操守的官员不能完成全部工作，他要依靠的还是庞大的官吏队伍。这是一支无时无刻不在发生腐化堕落的队伍。直接接触人民的下层官吏要完成上级规定的生产和销售指标，要在完成政务的过程中谋取私人利益，并力争使其最大化。所以，贪污中饱、欺诈蛮横、产品质次价高都是难以避免的。只有社会经济发展，阶级结构和力量对比发生变化，才能消除这种现象。在历史上，如果没有中央集权的统一国家，中华民族的统一、发展，甚至生存，都是不可能的。为维护历史上的统一国家，人民承受了痛苦和沉重的代价。这也是历史最终必

---

① 《盐铁论·力耕》。
② 《盐铁论·本议》。
③ 《盐铁论·水旱》。
④ 翦伯赞：《秦汉史》，北京大学出版社 1983 年版，第 193 页。
⑤ 《史记》卷 30《平准书》。
⑥ 《盐铁论·水旱》。

然走向无产阶级领导的人民革命,由人民自己来维护国家统一的原因。

(四) 桑弘羊固执少变与官场失意

武帝中期以后,由于连年的对外战争,财政聚敛方式的不尽合理,一些大工程的兴建,再加上天灾频频,人民生活困苦,甚至发生了人相食的现象,社会矛盾激化起来。"元封四年(公元前107年)中,关东流民二百万口,无名数者四十万"①,流民是社会不安定的因素,200万是多么可怕的数量。有此干柴,必生烈火。到天汉二年(公元前99年),齐、楚、燕、赵、南阳都爆发了人民暴动。"吏民益轻犯法,盗贼滋起。南阳有梅免、百政,楚有段中、杜少,齐有徐勃,燕、赵之间有坚卢、范主之属。大群至数千人,擅自号,攻城邑,取库兵,释死罪,缚辱郡守、都尉,杀二千石,为檄告县趋具食;小群以百数,掠卤乡里者不可称数。于是上始使御史中丞、丞相长史使督之,犹弗能禁,乃使光禄大夫范昆、诸部都尉及故九卿张德等衣绣衣,持节,虎符,发兵以兴击,斩首大部或至万余级。及以法诛通行饮食,坐相连郡,甚者数千人。数岁,乃颇得其渠率。散卒失亡,复聚党阻山川,往往而群,无可奈何。"②天汉二年冬十一月,武帝诏关都尉曰:"今豪杰多远交,依东方群盗。其谨察出入者。"③由关隘盘查的加紧,可见汉王朝对混乱局面的紧张。面对"城郭仓库空虚,民多流亡"的局面,作为诸官之长的丞相曾因惶恐而要求辞职。有布衣上书人也指出:"间者关东五谷不登,年岁未复,民多穷困,重之以边境之事,推数循理而观之,则民且有不安其处者矣。不安故易动。易动者,土崩之势也。故贤主独观万化之原,明於安危之机,修之庙堂之上,而销未形之患。其要,期使天下无土崩之势而已矣。"④

鉴于上述局面,主掌整个王朝政治经济全局的汉武帝意识到,只有对帝国这艘巨轮的航向航速作出调整,才能保证继续前进。征和四年(公元前89年),桑弘羊建议调动军民屯田轮台(今新疆轮台),且屯且守,以图西域,切断匈奴与西域的联系。单纯从军事和财政的角度来看,这是一项有意义的措施。但是,此时,国内的阶级矛盾已经上升为主要矛盾,而汉与匈奴的矛盾随着力量对比的变化,已趋缓和。调整经济政策,缓和社会矛盾的时候到了。针对桑弘羊的建议,武帝发布了著名的"轮台之诏",对既往的政策表示追悔。并直接批示:"今请远田轮台,欲起亭隧,是扰劳天下,非所以优民也。今朕不忍闻。""当今务在禁苛暴,止擅赋,力本务,修马复令以补缺,毋乏武备而已。"并且极富象征意义和宣传色彩地"不复出军,而封丞相车千秋为富民侯,以明休息,思富养民也。"⑤

武帝去世,昭帝继续执行这一政策,采取了一系列缓和矛盾、关注民生的措施。如始元二年(公元前85年)"诏所振贷种、食勿收责,毋令民出今年田租。"始元四年(公元前83年)诏"往时令民共出马,其止勿出"。始元五年(公元前82年),"罢天下亭母马及马弩关"。始元六年(公元前81年),"罢榷酤官","令民得以律占租"⑥等等。这符合文武之道一张一弛的客观规律。可遗憾的是政绩卓著、志得意满的桑弘羊完全没有领会武帝

---

① 《史记》卷103《万石张叔列传》。
② 《汉书》卷90《酷吏传》。
③ 《汉书》卷6《武帝纪》。
④ 《史记》卷112《平津侯主父列传》。
⑤ 《汉书》卷96《西域传》。
⑥ 《汉书》卷7《昭帝纪》。

"遂弃轮台之地,而下哀痛之诏"①的深意。《汉书·西域传》班固赞曰:汉武帝制匈奴,通西域,"师旅之费不可胜计。至于用度不足,乃榷酒酤,莞盐铁,铸白金,造皮币,算至车船,租及六畜。民力屈,财用竭,因之以凶年,寇盗并起,道路不通。"可见局面之严重,而桑弘羊对流民满地、骚乱蜂起偏偏毫无反应。

始元六年召开的盐铁会议,名义上是昭帝"诏有司问郡国所举贤良文学民所疾苦"②,实际是为会后微调武帝年间的经济政策制造宣传效应。以后具体哪些措施可以坚持,哪些需要改变,核心统治集团自有处置。会议上,企图彻底改变武帝政策,主张以"仁义"治国,对经济实行自由放任的贤良文学,和坚持武帝早年改革措施寸步不让的桑弘羊,实际都只是在为决策者提供参考和宣传造势,都不可能成为未来政策走向的决定者。这次会议前后汉王朝的政策调整,带来了"昭宣中兴",缓解了武帝年间紧张的阶级矛盾,巩固了不能放弃的专制主义中央集权制度,延长了西汉王朝的统治寿命,推迟了社会矛盾的总爆发。

武帝年间,以桑弘羊为代表人物的改革,并没有被废弃、被否定。桑弘羊不激化和霍光的矛盾,也不可能成为制定政策、指导政策执行的核心人物了。武帝临终任命他为负责监察的御史大夫,以赵过为搜粟都尉,有深意焉。

六、桑弘羊改革的渊源、影响和可资借鉴的经验教训

(一) 渊源

汉朝尚处我国早期,其改革的开创性较强。但仍可以看出它的历史渊源,特别是春秋战国时期改革对它的影响。

说到盐铁专卖,有人溯源于春秋时代的齐国。其实明确谈到"官山海"的,是《管子·轻重篇》的《海王》。《轻重篇》成书于战国甚至西汉,是否完全准确地记述了春秋齐国的情况,应当详加考证。但是,在桑弘羊生活的年代,《管子·轻重篇》的流传非常广泛。司马迁就说过:"吾读管氏《牧民》、《山高》、《乘马》、《轻重》、《九府》及《晏子春秋》,详哉其言之也"③。这些书,对桑弘羊也有巨大影响。《史记》的相关记载,还是说明管仲对盐铁的生产和流通进行过调节和干预。如《齐太公世家》说:管仲"设鱼盐之利,以赡贫穷,禄贤能"。《平准书》载:"齐桓公用管仲之谋,通轻重之权,徼山海之业,以朝诸侯"。《管晏列传》曰:"管仲既任政相……贵轻重,慎权衡"。《货殖列传》认为,管子"设轻重九府,则桓公以霸"。不过管仲的"官山海"恐怕还不到桑弘羊垄断盐铁生产和流通的程度。学者们喜欢用文字名物论证《轻重篇》的后出。其实,用春秋年间尚无中央集权式政权也可以说明管仲还不可能拥有强行统制经济的权力。当时的齐国还是层层分封的体制。如果当时就有了一个经济力强大的中央政权。作为卿大夫的田氏,取代姜齐的时候,为何还需要剪灭诸多与他权势相当的同侪?一个掌握着盐铁之利的中央政权,怎么连卿大夫的"大斗出,小斗进"也对抗不了?可见到了西汉的桑弘羊时代,才把国家对生产和流通的干预推到了一个新的高度。

---

① 《汉书》卷96《西域传》。
② 《汉书》卷7《昭帝纪》。
③ 《史记》卷62《管晏列传》。

桑弘羊的均输平准，显然受到了战国时代魏国李悝平籴法的影响。据记载，李悝的平籴法："谨观岁有上、中、下孰。上孰其收自四，余四百石；中孰自三，余三百石；下孰自倍，余百石。小饥则收百石，中饥七十石，大饥三十石，故大孰则上籴三而舍一，中孰则籴二，下孰则籴一，使民适足，贾平则止。小饥则发小孰之所敛、中饥则发中孰之所敛、大饥则发大孰之所敛而粜之。故虽遇饥馑、水旱，籴不贵而民不散，取有余以补不足也。行之魏国，国以富强。"① 李悝的做法，已属于轻重之术的范畴，由政府出面在丰年采购粮食，荒歉之年再粜出，用之稳定物价度过灾年。桑弘羊把利用政府资金和权力，调节供需、控制价格推广到了粮食以外的其他商品市场上。

若说到法家对桑弘羊思想的影响，应该是与"富民"对立的"富国"思想。商鞅主张"家不积粟"，人民维持生命以外的剩余一概要交给国家。他说"王者，国不蓄力，家不积粟。国不蓄力，下用也；家不积粟，上藏也。"② 韩非子主张：欲富尔家，先富尔国。受法家思想影响，桑弘羊认为："民大富，则不可以禄使也；大强，则不可以罚威也。"③ 说民不可大富，也就是说能生存就好。如此看来，他对流民骚乱反应迟钝，也许与这种思想有关。

（二）历史影响

桑弘羊为代表的财经改革，处于我国中古前期。当时的地主阶级还是生机勃勃的阶级，对如何维护本阶级的长期统治，有比较理性的思考。所以，这次改革的许多措施被后代借鉴，启发了后人的思维。

比如，唐代刘晏转运漕粮和常平制度，就受到了均输平准制度的启发。唐宋年间盛行的平籴平粜，社仓义仓，王安石变法的重要内容"均输法""市易法""保马法"都可以寻到桑弘羊均输平准、民间养马措施的影子。

明朝将食盐专卖与筹集边境军粮结合起来，较好解决了边境军粮问题，又促进了食盐流通的开中法，是募人到边军交粮，酬以贩运食盐的权利。这与桑弘羊募民运粮到边地而给予爵位十分类似。只不过更贴近市场。或许理财之臣的心可以穿越时空而相通。

（三）改革的现代借鉴意义

笔者认为桑弘羊改革的措施和思想至少有两点可供今天我们在改革开放的事业中借鉴。

首先，在当代，国民经济部门越来越多，有些经济部门关系国计民生，而资源又相对比较集中，市场难以发挥作用，必须由国有企业来经营。目前，我国的国家机关和国有企业职能分开，委托代理关系基本明晰，而且人民已经当家做主，完全可以避免古代国家直接控制生产流通效能低下的弊病。只有公有制在经济中占主体地位，才能保证人民当家做主的地位。这完全符合我国宪法规定的："中华人民共和国的社会主义经济制度的基础是生产资料的社会主义公有制，即全民所有制和劳动群众集体所有制。社会主义公有制消灭人剥削人的制度，实行各尽所能、按劳分配的原则。国家在社会主义初级阶段，坚持公有制为主体、多种所有制经济共同发展的基本经济制度，坚持按劳分配为主体、多种分配方式并存的分配制

---

① 《汉书》卷24《食货志》。
② 《商君书·说民》。
③ 《盐铁论·错币》。

度。"桑弘羊由政府直接控制经济要害部门的做法,在当时和后来漫长的历史中都是成功的。

其次,财政要发挥调节国民收入初次分配结构,促进社会公平,维护广大人民利益的功能,避免社会形成富者愈富,贫者愈贫的现象。桑弘羊主张利用国家权力、财政征收调节国民财富占用状况,因为"非散聚均利者不齐。故人主积其食,守其用,制其有余,调其不足,禁溢羡,厄利涂",借此追求"家给人足也",如果"人君不调,民有相妨之富也。"①当然,我们要避免桑弘羊将国富与民富对立起来的思想倾向。

总之,以桑弘羊为代表人物的武帝年间财经改革,其基本倾向是正确的,历史作用很明显。桑弘羊个人命运,与改革的成败并无太大关系。

参考文献

(汉)司马迁. 史记 [M]. 北京:中华书局,1982.
(汉)班固. 汉书 [M]. 北京:中华书局,1962.
桓宽著,王利器校注. 盐铁论校注 [M]. 北京:中华书局,1992.
赵靖. 中国经济思想通史 [M]. 北京:北京大学出版社,1991.
马元材. 桑弘羊年谱补订 [M]. 郑州:中州书画社,1983.
马元材. 桑弘羊传 [M]. 郑州:中州书画社,1981.
翦伯赞. 秦汉史 [M]. 北京:北京大学出版社,1983.
钱穆. 秦汉史 [M]. 北京:三联书店,2004.
李剑农. 先秦两汉经济史稿 [M]. 北京:中华书局,1962.
胡寄窗. 中国经济思想史 [M]. 上海:上海人民出版社,1963.
吴慧. 桑弘羊研究 [M]. 济南:齐鲁书社,1981.
晋文. 桑弘羊评传 [M]. 南京:南京大学出版社,2011.

---

① 《盐铁论·错币》。

岂必加税而后收入始增

——试述民国北京政府盐政改革中的丁恩

李胜良

摘要： 民国初年，中国政府聘请英国人丁恩为财政部监理所务稽核所会办，主持盐政改革。跑遍了中国十大盐区，调查盐业相关事宜。基于盐务弊病，策动了诸如就场征税、自由贸易、查缉走私、废除卤耗、增建场坨、划一斤重、统一税率等多项改革，收到了因扩充税源而增广税收的较好效果。其征税的技术、艺术、学术、心术可堪回味。

关键词： 会办　盐政　盐务稽核

清末民初的中国税收征管权，其中占有相当比重的某些部分（如关税、盐税），都在无知、无措而后无奈的情况下被"托管"着。虽然这样的"托管"带给国家和国人的并不仅是耻辱，甚至有许多的先进理念、先进制度、先进设施、先进举措被引进了中国；虽然以当时当地的税收心愿、心肠、心术、心智、心得、心胸、心境、心性、心怀做衡量，国人的平均水平绝对是在那些经过严格挑选的"外来和尚"之下，且因了私人关系、人情世故、裙带气场、浅慢眼光、私心利欲、暴富心理等的影响而大不如那些可以超然事外而又敬业持重并经过特别训练和制度约束的"冰山上的来客"，时人和后人论及此节仍然多以"丧权辱国"谓之。如果从当时和此后一个阶段的民族感情出发，这样的判定也无可厚非。可站在价值中立的立场上，以平和公允的心态认识这样在弱国病政残兵疲民状态下的税权侵入和税事互动，才有望更加全面且深入地了解、求解和理解已经过去的税收故事。

赫德、丁恩们远非支援中国税收事业的志愿者，甚至也不算不上宅心仁厚的扶贫者，他们肩负了本国甚至列强所托的殖民使命是可以想见的。更何况，他们也并没有拯救中国纳税人出苦海的先天动机，在很大程度上，他们只是出于对得起自己所得的高薪和职位的敬业心而倾力而为的。他们不可能是白求恩，他们也不会是奥托·布劳恩，他们甚至不是郎世宁。但是，他们得自于西方科层社会的职业素养确保了他们尽职尽责且不遗余力。就是在这样的素养下，我们看到了赫德的"极思助中国自强"，我们也品到了丁恩力图扭转中国盐税弊政

作者简介：李胜良，1965年生，供职于河北省地税局科研所，中国税务学会税史部学术委员。著有《大任斯人》《税收地理札记》《税道长安》等书。

的勤勉而艰辛的努力:"岂必加税而后收入始增"。这样一个桑弘羊用"民不益赋而国用饶"、刘晏用"敛不及民而用度足"、王安石用"民不加赋而国用饶"描述过的税收理念,经由一个外国人之口说出,对于那些只知诛求而不讲涵养的无能官员们来讲该是多么大的一个讽刺啊!

相对于赫德而言,丁恩的现实影响力远远不足。但是,丁恩依托五国银行团的支持下在民初乱世中通过整顿中国四分五裂、满目狼藉的盐政而留给税收史上的可贵传统,却真的是一份财富,一份其价值远远高于开给丁恩们工钱的价值。毕竟,那工钱已经作为一个半殖民地社会的成本会计中的一笔开支而被"报销",而丁恩的所言所行产生的震撼,却依然发生着悠远绵长的作用。有学者评价说:"以丁恩为首的有中国盐政改革派参加的民国初年盐务改革,成为中国盐务现代化的开端,启回黄转绿之机,在中国近代盐务史上占有重要一页。"① 对于丁恩因敬业、果敢、执着、自信、勤奋、机智等而反映出的人格力量,人们也多有赞词。景学钤则如是说:"丁恩氏,彼在印度以改革盐政著名,脑筋灵敏,魄力伟大,而又实心任事,遍历全国盐场。种种设施均有一定计划,且胸有主宰,不为他人动摇。关于职责所在,丝毫不肯放弃。当时各省未始无破坏盐政之军阀,而彼抱百折不回之精神,务必达到其目的而后已。"② 刘宗翼写道:"其勇敢负责,寻求真相,不肯以耳代目之精神实为以前任何盐务高级官员所未有。"③台湾学者刘常山论及:"民国2年善后大借款合约签订后,根据合同,中国政府聘请英国人丁恩为财政部监理所务稽核所会办。丁恩就任后,为确保善后大借款持人的利益,在列强政府及五国银行团支持下,从事盐政改革。他了解二十世纪食盐产地及生产技术的改良趋势,并运用西方的管理方式,在他任职的前两年,以六十岁的高龄,跑遍了中国十大盐区,调查盐业相关事宜,对中国盐务弊病知之甚稔。任职期间,在属于技术层面的改革,例如:坚持就场征税、自由贸易的原则,建立制度、制定法规、查缉走私、废除卤耗、增建场坨、划一斤重、统一税率等项的改革,较具绩效。"④

一、以殖民身份驾临中国

在军事加政治的双重阴谋下诞生又一直存在于军书旁午背景下的北洋政权,从清王朝手里接下来的是一个负债累累的烂摊子。甲午战争、八国联军侵华战争等的巨额军费赔款,大大加重了中国财政负担甚至危机。在"财政困难,至今极矣。而其受病之源,两言以蔽之:一曰紊乱,一曰枯竭而已矣"的尴尬局面下,入款大宗只有区区400多万两白银根本不敷政费之需⑤的北洋政府不得不"惟以输入外债,以救急需"。

要借债就需要有相对靠得住的担保。那类似于人头税且已经在清末民初成为大宗财源的盐税便被洋人看中。作为中国政府"各种收入之最确实者",外国资本便提出借债必须以相对较可靠的中国盐税收入为第一担保。为了强化这一担保的确实性,国际银行团还提出任用洋员参与中国盐政、监督中国财政等借款条件并具体表现为:由当时在华势力最大的英国人

---

① 李涵、刘经华等:《缪秋杰与民国盐务》,中国科技出版社1990年版,第2页。
② 景本白:"盐务稽核存废问题",《盐政杂志》,第6卷第4期。
③ 刘宗翼:"三十年盐务视察制度之沿革",《盐务月报》,第24期。
④ 刘常山:"邹鲁与广东盐务的改革(1920—1922)",《逢甲人文社会学报》,2003年第7期。
⑤ 梁义群、丁进军:"袁世凯统治时期的财政",《民国档案》,1991年第1期。

为盐务总办,德国人为副总办及外债室稽核,法、俄各出一人任审计顾问。在 1913 年 4 月袁世凯为了取得大量军费以镇压南方革命党人指使周学熙、赵秉钧等人与五国银行团签订的《善后借款合同》中,北洋政府得到了这笔"名为 2500 万英镑,除去折扣等,中国政府实得仅 2022 万英镑,而日后还本付息再加手续费等共要付出 6899 万余镑,几为实借款数的 3.5 倍"①的救命钱,却也付出了使帝国主义列强进一步控制了中国财政的代价。《合同》中关于"用洋员襄助整顿改良中国盐税征收办法"、盐务稽核所洋员职权、审计处外人监督等等规定,使中国一些重要财政实权落入列强手中。根据《善后借款合同》以及列强之间原先达成的协议,一个新的行政集团介入了包括盐的生产、运输、税收和销售的长期存在的中国财政体系。稽核总所被硬加在这些传统安排之上,以确保所征之税真正可以被中央政府用来偿还善后借款,所以它在一段时期内确实取得了实际上对盐的生产和销售的控制大权。经袁世凯政府总统府顾问莫理循推荐并得到五国银行团的认可,英国人丁恩(Sir. Richard Morris Dane, 1854—1940)被选派到中国担任北洋政府盐务顾问兼盐务稽核总所会办,年薪三千镑公费一千镑②。会办,即会同办理、共同办理的意思,不同于帮办、协办,被赋予的权力很大,任何决定未经其共同签字则不能生效。

假外人之力以治理盐政及盐税,固然是继关税主权旁落之后的又一次"太阿倒持",不过也是在很大程度上因为各路诸侯截留税款而致"仰给外债以度岁月"的北洋政府的一个得意算盘:当时北洋政府同意把中国盐税的支配权置于债权国的监督、控制之下,也有借外人之力将各省盐税收归中央的意图,以改变清末以来"盐法虽掌于户部,行政之权,实分于各省盐政"③的局面。如财政总长周学熙曾说:"不将稽核权授予外人,各省盐税绝不能归诸中央。"④《剑桥中华民国史》的说法支持了这一点:财政部长和中国的总办,不是对丁恩所干的一切给予形式上批准的十足的傀儡,相反,他们代表着尽管是保守主义的、但却是民族主义的中央集权的官僚政治潮流,他们的利益在一段时期与外国辛迪加的利益是一致的,而且乐于利用外国的存在可能提供的这类压力,以对付地方上的离心力量。

就这样,Dane 爵士走马上任了。无论这位曾经在英属殖民地服务长达四十年、先后任北印度任盐税专员和印度政府首任国产税和盐政督察长⑤、如今已经 59 岁、在美国杂志《亚洲》1917 年的报道中被叫作"盐王"、留着浓密的胡须、手拿一根拐杖且以酷爱打猎闻名的典型殖民地官员是如何地不愿意接受这一项新的任命——并发出牢骚说:"I cannot accept it! I'm just preparing to go to Africa for my 2 years' hunting travel. God! They destroyed my dream!"——他还是以很敬业的态度投入到新的使命中。他在中国连任两届的稽核所会办任内(1913—1918),采取了许多措施,对中国的盐务的改进有很大的帮助。他个人在与中国的引岸集团、包商集团、朝廷保守分子、地方军阀、私盐集团以及其他食盐者阶层打交道的过程中也许让他体验到了比狩猎更强烈且精彩的刺激。从 1913 年 6 月 23 日到职,至 1918

---

① 丁长清等:《国民盐务史稿》,人民出版社 1990 年版,第 47 页。
② 缪秋杰:"近四十年中国盐政之变迁",载于李涵、刘经华等:《缪秋杰与民国盐务》,中国科技出版社 1990 年版,第 207 页。
③ 曾仰丰:《中国盐政史》,商务印书馆 1936 年版,第 124 页。
④ 景本白:"盐务稽核所存废问题",《盐政杂志》第 45 期。
⑤ S. A. M. Adshed: The Modernization of the Chinese Salt Adminiatration, 1900—1920(《中国盐政的现代化,1900—1920》),哈佛 1970 年版,第 93 页。

年2月4日任满回国,丁恩在担任稽核总所会办期间,与中国改革派官员共同主持下进行的建立中央集权征税体制、揭橥自由贸易宗旨的就场征税制的改革——主要包括盐务官制改革、盐税征权管理制度改革、食盐运销制度改革、盐业生产方式革新等四个主要方面——将这位英格兰人永载于中国税收史册。

作为一个负有特殊使命的殖民者,丁恩不仅背后有五国银行团及所属列强的支持,他还获得了以1913年至1914年以北洋政府大总统名义颁布的九套法规为表现形式的"尚方宝剑"。这些法规为丁恩破除中国同行的异议甚至干扰,确立了强有力的律法权威。丁恩通过盐务稽核机制的运作,代表中央财政实际上也代表外国银行团掌管盐税征权、还债、提用等事项。英国驻华公使朱尔典说:"这些法规给予丁恩所需的权力以做好盐务的基础工作,并迅速强化了他的地位。"这些法规分别是:关于盐的衡量单位和税率等级的标准(1913年12月24日公布的盐税条例),关于盐务稽核系统的职权和地位(1914年2月9日公布的盐务稽核总所、分所章程)、关于外国顾问的权职(1914年2月20日公布的北京盐务署顾问办事章程)、关于制盐的规定(1914年3月4日公布的制盐特许条例)、关于中央盐政(1914年5月15日公布的盐务署管制);关于盐税收入的储存和转账(1914年5月15日公布);关于反对走私(1914年12月22日公布的私盐治罪法、缉私条例);关于设立专门的盐警系统(1914年12月29日公布)对盐余的使用"非有总、会办会同签字之凭证,则不能提用"的这一规定,确保了丁恩在政局变幻莫测而致盐务首脑更迭频繁的北京拥有了很大的影响力。

作为一个帝国主义列强对中国进行经济侵犯、为确保国际金融资本利益进行风险管理、以债权国身份监督中国盐政和盐税的代表,他依合同建立的盐务稽核所,也便成为"为列强控制中国盐政、干涉中国财政、掠夺中国人民"的殖民机构。丁恩以如此身份来到中国,其身上的殖民色彩自是不言而喻。

二、以专家姿态"会办"盐政

丁恩甫一到任,即将改革的矛头直指在中国实行多年且臭名昭著甚至病国殃民的"专商引岸制"。他说:"商人世传引权,于整顿盐务殊属有碍,且于国于民皆为蟊贼,极宜设法消灭之。"①

"民国肇兴,盐制沿袭前清之旧。"盐的销售区域"遍及山阪海隅,因而运销繁盛,无远弗届。"清代多数地区在食盐运销上仍然实行"引岸专商制"。在专商引岸制度下,划分固定的销盐区称为引岸,发给专商以可以世代相传的特许证(名曰"引票")使其在指定引岸垄断食盐运销。在其引岸内所销之盐指定由某盐场供给,不准它场竞争。售盐既有限制,某引岸的各灶户只能把盐卖给引岸内各商,舍此别无出路。专商遂得勒抑灶户以最低价格出售,并以大秤买进,使无数贫苦灶户受其剥削。清人诗曰:"当年有罪来充煎,今日平民编人户。只缘海角不生物,无可奈何来收卤。"② 又由于独占市场,无人与之竞争,因此得以

---

① "1914年4月30日丁会办致五国银行团代表函",南开大学经济研究所经济史研究室:《中国近代盐务史资料选辑》,第一册,南开大学出版社1985年版,第201页。

② 陈争平:"民初盐务改革及洋会办丁恩",《盐业史研究》,1989年第1期。

抬价出售，缺斤少两，掺泥掺沙，使销区内广大人民只能吃价高质劣之盐。如江苏苏、松、太、常、镇五属，本有松江场产盐可供食用，因引界所限，该属人民被迫购食浙盐。而这个浙盐，实际上仍是松江场所产之盐，浙商以每斤六、七厘的价格收购，然后再以每斤五十六文至六十四文不等的价格销售给苏五属人民食用，苏五属人民备受浙商的剥削。在场产管理、放盐及加耗加斤等环节漏洞百出，盐商走私漏税十分严重。另外，由于实行先放盐后征课，以致盐商拖欠税款之事，"时时发生，视为常事。"①

盐的售价本由官府控制，但是盐商可以通过贿赂官吏，利用政府财政窘急向政府提供"报效"，"借此要求准将盐斤加价，政府情不可却，每予照准。"这在清末已成为一种惯例，使盐价不断上升，可以高达成本的几倍甚至几十倍。②清末一张引票值银上万两，如将引权出租，"一年租价亦值千金。"③从中也可见出引岸垄断制度之恶。

在"商恃官为护符，官视商为利薮"的官商关系下，盐商给政府的每一笔盐税和报效都会通过请求提高盐价而将负担转嫁到老百姓头上。据称在清末平均每担盐负担的税收已经高于制盐成本 5 倍还多。而盐税越重盐价便会越高，使贩私盐获利甚丰，也刺激了许多铤而走险、武装贩私的"盐枭"。盐商贿赂盐官，利用场产管理、放盐及加耗加斤等环节的漏洞偷税逃税现象便也司空见惯。当时偷逃税的私盐据估算约占总销盐量的一半。④无税私盐的盛行，使有税之盐滞销，也使国税收入减少，往往又要加征附加税来补充。于是形成"盐税苛重并专商垄断—盐价昂贵—私盐盛行—税盐滞销—税收短绌—加征盐税"这样一种恶性循环。⑤盐税苛重反致税收短绌，这是清末盐务的一个怪现象。"同治以前不过一千一二百万两，光绪季年增至二千八九百万两。"⑥至宣统三年时度支部按当时税率计算全国盐税收入应达 4 600 万两，"但中央政府每年实收之数迄未超过 1 300 万两。"⑦

盐政之弊到了政局混乱的民国初年有增无已。首先是私盐大肆泛滥，"枭贩活跃，倍蓰平时"；地方军阀"借输运军盐，以组织盐业专卖公司的合法形式大肆销私，所贩私盐数量之巨，无从估计。"盐务缉私营队本身年贩私盐亦达数十万担。其次是盐官贪污受贿风气更盛，民初一个盐运使月俸不过七八百元，而得贿动辄数十万元，视为常事。各地方政府滥征各种附加盐税现象更是层见叠出。于是，至 1913 年时"盐务腐败，已达极点。"按当时税率预算，1912 年、1913 年两年盐税收入应为 14 893 万元。⑧但据 1913 年 12 月 27 日国务总理给各省督军省长通电，从民国成立至该日止近两年各省解交盐税仅 260 万元，加上中央在盐税项下协助各省之款亦只有 1 660 万元，不到预算的 12%。

专商引岸制的秕政已成业界共识，时人论之"有清二百六十余年，专商积弊，迄未割除，各省盐务，纷乱如丝，国课民生，交受其困。"又谓之"人民所纳之盐价，纳于公者不过三之一，其大多数全饱于官商之囊橐。自有此划地行盐，准商包税之弊制，于是我国之领

---

① 刘洪升："北洋初期的盐政改革"，《盐业史研究》，1997 年第 1 期。
② 左步青："清代盐商盛衰述略"，《故宫博物院刊》，1986 年第 1 期。
③ 丁长清等：《民国盐务史稿》，人民出版社 1990 年版，第 8—9 页。
④ 曾仰丰：《中国盐政史》页 367 及附录二，台北商务印书馆，1978 年版。
⑤ 陈争平："民初盐务改革与洋会办丁恩"，《盐业史研究》，1989 年第 2 期。
⑥ 南开大学历史系：《清实录经济资料辑要》，中华书局 1959 年版，第 749 页。
⑦ 曾仰丰：《中国盐政史》页 367 及附录二，台北商务印书馆，1978 年版。
⑧ 田斌："三十年来盐款与国债"，《银行周报》卷 12。

土遂为盐商世袭之封地，我国之同胞遂为盐商纳税之佃户。"以致于民初倡言改革盐法之议蔚然成风。主张改革的人们在总体目标上已达成了一个基本共识，即要改革盐政，必须要废除专商引岸制度。而在废除专商以后，实行哪种盐制，采取什么政策，盐务界则有不同的主张。基本取向有两种：就场专卖制与就场征税制。就场专卖制的核心内容为食盐由国家经营，寓税于价；将专卖收益划归中央收入。这一方面的主张以景学钤"官收商运"为典型，他强调"废除旧时场商之制，由国家于产盐场地，特设官局，向制盐者收买，加入盐税，以售之于运商。"而就场征税制则是自由贸易思想的具体化。就场征税，即在产盐之区，设局征税，一税之后，任其所之。这一主张以时任两淮盐政总理的张謇为典型。张謇任南京临时政府实业部长及两淮盐政总理时即发表了《改革全国盐法意见书》，猛烈抨击引岸专商制，认为"中国旧时专制政治之毒最为灭绝人道者，无过盐法，"引岸专商制"弊有不可胜数者乎。"①他提出："建设之道，唯有设场聚制而就场征税。栈盐于场，任商持照价买。按石计税，寓于盐价，或旬或月，汇而缴之征税之人。凡此皆听商集合公司为之。征税之人计其收盐之数、储盐之数、卖盐之数为收入之参稽，为之设盐场警察以守卫之。贩卖则至一石至于十百千石，不论何人；所运往者，不论何地；价由商定，不论何时。"张謇强调，只有消除专商引岸，才能不仅使众多商人，同时也使盐工与百姓得"自由之福"。《改革全国盐政计划书》的主导思想是实行官专卖，它虽然要破除引岸，但仍给旧盐商以一定优先权。但是它仍然遭到盐商们竭力反对。据当时北京《亚细亚报》社调查，"现在长芦、两淮、浙江、广东诸盐商，皆縻集京师，朝夕奔走于部员及政客之门，以冀达保全私利之目的。"当时中央政府内"反对改革者以财政总长周学熙为最力。"周为了保全旧盐商私利，不遗余力地反对改革。为了混淆视听，周也搞了个《财政部改革盐务计划书》，实为保护引岸制度。

如果说张謇在就场征税方面的观点还曾经有过动摇，丁恩则是提倡就场征税、自由贸易并坚决而认真地付诸实践的人物。就职之初，丁恩于1913年6月24日上条陈给财政部，表示不赞成中国改革者们的官专卖办法，主张采用他在印度实行的西方资本主义的盐税制度，即一税以后，任其所之，运销统由商人办理，自由贸易，不加任何限制。通过市场自由竞争机制，以促进盐价的平抑和盐质的改良。1914年4月在致五国银行团代表函中仍然坚持"按中国之情形，官收官运官卖之法，决不如运行之盐就场征税法，或为商人便利起见，就坨征税法为好也。"②他强调："为达到增加收入，改良盐质，减低市价之目的，整顿入手办法，莫如采用自由贸易之政策。凡善办盐务者，对于政府及人民两方面必须兼筹并顾，同一重视。如果盐斤运销愈多，则价愈廉，价愈廉，则销数愈畅，而政府收入亦必愈巨，此所谓互为因果者也。"③1917年6月丁恩又再次强调全面的自由化、市场化："盐业的自由竞争是必须的，任何试图限制竞争的行为，如保护引岸制度，都有损于政府和消费者的利益。""在自由贸易的体制下税盐的数量将逐年增加，同时政府的财政收入也会随之增长。"他认为，所有其他的改革——增加税源、集权征税、稽征考核等都只对政府有利，而实现自由贸易则会给人民、给生产者和消费者带来好处。他说："所有被采纳的改革措施都是非常重

---

① 《张季子九录·政闻录》卷18。
② "1914年4月30日丁会办致五国银行团代表函"，自中国社会科学院历史研究所所藏档案。
③ 丁恩：《改革中国盐务报告书》，第99节，载中华民国财政部盐务署盐务稽核总所编：《中国盐政实录》第4册，1933年版。

要,但只对政府有利,而运输和销售的环节仍旧是垄断的,未被触及的。"① 他反复强调:"竞争愈烈,盐价越低。"

在"自由贸易"观点暂时受到各方质疑和掣肘的情况下,丁恩首先在"就场征税"方面取得了循序渐进的成功。借助自己在治理盐务方面的丰富经验,为了扭转横行中国多年的世袭纲票专商、包商、贪官现象,他切实地抓了以下几项工作:

1. 先课后盐。在视察长芦、东三省等盐区,了解到盐商大都不照规定先缴税后运盐而且采取支付期票的办法有意拖欠盐税款的现象后,他建议勒令商人于未起运盐斤之前,用足色银币将税款交清,非缴有相当抵押者,不得准其欠税。此议经财政部命令的形式确认,限东三省、长芦盐区所有尚欠税款均应于当年 10 月底收清;并规定嗣后政府盐税,应于未起运前预先缴纳。此项政策从长芦实行后,逐渐推广到全国,对盐税收入的增加很有作用。

2. 就场征税。丁恩拿出了印度统计表,证明实行自由贸易所放纳税官盐逐年增加之数,与政府所收税款逐年增加之数成正比,这一点颇能说服北洋政府当局。经过磋商,双方在意见比较一致的税收问题上达成协议,由景学铃起草盐税条例于 1913 年 12 月 24 日以大总统命令正式公布。该条例切实规定采取就场直接征税一次的政策并确定盐税统一的税率以每担 2.5 元为标准。这个盐税条例是针对旧税制的紊乱状况——一是省自为政,二是税率不一——拟定的。根据新的条例,在产地征收统一税后不再征税,将过去"所有厘金及一切地方杂捐尽行豁免",使税目大为简化;另一方面将过去高于每担 2.5 元的税率降低,而将轻税区的税率逐渐提高,使之趋于平衡,达到全国盐税负担的接近和统一,同时也减轻了过去盐从生产者到消费者手里一路纳税、仅穿越湖北一省就需要缴纳 42 种税以及加之于运盐者和消费者的额外负担的那种现象。

3. 划一权量。针对各地因使用衡器不同而致权量不一的状况,丁恩建议统一规定用每担重 100 斤的司马秤为标准,消除各地因使用本地秤、坝秤、库秤、道秤、西官秤、漕零三秤、洪化秤等造成的担重、斤量不一的现象②,从而按斤计担,按担计税,真正做到了斤重划一。

4. 取消卤耗。针对旧制运盐过程中关于"卤耗"即以弥补食盐损耗的名义允许商人可以在不纳税的情况下每担多放盐斤若干的规定,丁恩在调查后提出:"中国盐税,不论税率若干,大致皆在销岸征收。运盐及存盐时,当然有若干消耗。为了弥补此项消耗起见,对于每批盐斤皆加放若干。据理而论,准耗办法似尚可行,然按诸实际,此项办法最易发生侵吞弊端,且因此几乎无法在盐场办理妥善秤放手续。所准卤耗,亦属过高。此项办法只于商人及官运人员有利,而政府实受其损失。"因此丁恩建议"所有由场坨其余之盐一律按照实放斤量征税。所有运盐消耗损失,无论若干皆由商人担负,至于官运盐斤,每包须有一额定重量,而运盐时或在仓存盐时,所受卤耗之损失,可于账内注销。"财政部乃于 1914 年 2 月 7 日饬令各地盐运使将卤耗正式取消。

通过实地考察,针对场官及秤放员收受贿赂、不肯认真掣秤以致运商在纳税盐斤之外可

---

① S. A. M. Adshead: The Modernization of the Chinese Salt Administration, 1900 – 1920; Harvard University Press Cambrige, Massachusetts 1970. pp. 110 – 111.

② 缪秋杰:"近四十年中国盐政之变迁",载于李涵、刘经华等:《缪秋杰与民国盐务》,中国科技出版社 1990 年版,第 231 页。

以任意多运的现象，稽核总所于1814年8月10日发出通令，饬各分所除运使所发的四联收据及运照外，尚须由分所发给放盐准单。另外，还废除了盐商们用返还小部分利润的办法实现税收承包的制度，大大减少了逃税私盐，以此避免了财税收入的丧失。

5. 整理盐场杜绝私源。要实现丁恩的单一征税政策，就需要对中国沿海盐场和各地分散的井盐生产进行全面的控制，非如此，不足以实现打击私盐、增加税收的目标。而中国产盐地区很广，而盐场分布又极零星分散。盐场管理人员多住在离盐场很远的地方，实际对场产毫无管理，听任灶户、晒户将所产盐斤归坨归堆。因此大批私盐走漏严重，从未设法防止。在丁恩的一再坚持下，北洋政府在1913年末同意对盐场进行整顿，方针是废劣存优，化零为整。一是"封滩"，即将产少质劣成本过高或过于零星散漫不便管理的盐场予以裁并，对灶户给予恤金，作为补偿。这样，管理范围相对集中了，也消除了征收过程中的许多摩擦。二是"建坨"，即对条件好的重要盐场加强建设，主要是建造存盐的仓坨，同时建设供盐警驻守的营房、坨务所和宿舍、道路、围墙、堤坝、桥梁等配套设施。三是立制。为加强对制盐的管理，1914年颁布了制盐特许条例。根据条例，盐民制盐必须先申请许可手续，并按照规定的产量从事产制。同年12月22日公布私盐治罪法，12月29日公布缉私条例。私盐治罪法第一条规定"凡未经盐务署之特许，而制造、贩运、售卖或意图贩运而收藏者为私盐"。犯私盐罪者依盐数之多寡，分别处断。

因为稽核所建立后推行就场征税制度，抑制了私盐数量，使纳税盐斤数量大为增加，从而扩张了盐的供给。而开放自由贸易打破了以往引岸、销额销价的限制，使这些地区被压抑的需求释放出来，食盐销量也大为增加。加之一些原来无税或低税地区税率的提高，极大地增加了国家的盐税收入①。丁恩会办盐政初战告捷。

三、以积极态度整顿税收

作为北洋政府、五国银行团和丁恩的共识，中央集权可以通过直接征税制来实现。而抽取单一盐税则被丁恩认为是成功的盐务管理体制的关键要素。在旧体制下，多头管理、多重征税、多卡收费以及财权下移等，都是在税收上实行中央集权而致"增加收入，罗致巨款"的障碍，必须革除之。在民国盐政腐败至极的情况下，丁恩来华任职能否使盐税收入大幅度提高，本身还是一个疑问。因此，丁恩在1913年6月24日甫一上任就给财政部上呈的条陈中即旗帜鲜明地指出："欲盐政办理妥善，最要者须将全课，无论若干，于未起运之先即于产地悉数征讫，其产盐区无论官办商办应令一律缴纳"；"如能设法于盐斤未离滩地之先，即将课税全数征收，则收入自然源源不穷"；"凡盐既经照章纳税，由产地起运后，须极力设法维持，俾其营业有发达之望。并须将所有厘金及一切地方杂捐尽行豁免。其有垄断把持之处，亦须极力禁止。"②

在北洋政府的支持下，盐税征榷管理制度改革从1913年着手进行。主要有以下内容：

1. 创设并完善稽核机制。经丁恩力争，1914年2月公布《盐务稽核总、分所章程》后，将盐务稽核机制的组织机构和规章制度逐步完善起来。这一机制最主要最直接的职能就

---

① 林建宇："盐务稽核所与中国盐务近代化"，《中国井矿盐》，2004年第1期。
② "盐政顾问丁恩上财政部改良盐务条议"，《盐政杂志》，1913年第9期。

是代表中央财政和外国银行团掌管盐税征榷、存放、还债、提用等事项。按《章程》规定，各稽核分所在设立之处"征收一切盐税盐课及各费，并监督他处之征收上列各税各费"；"凡在盐区征税后放盐，须以该分所华洋经协理会同签字之单据，或以该分所印信为凭"；"所有收入之款，应由分所华洋经协理，以中国政府盐务收入账名目存于团内各银行或该银行所认可之存款处"；"中国政府盐务收入账内之款，必须有总会办公同签字之凭据，方能提用。"由此保证并加强了对盐税征收、开支过程的控制，改变了过去的涣散、混乱状况。

2. 革新盐税征榷环节一些陈规陋习，堵塞可能偷税逃税的漏洞。除了实行先税后盐、废除"耗斤"、建筑官坨外，丁恩特别强调反对北洋政府纵容军阀漏税活动。如民国副总统兼领湖北都督黎元洪的恒利公司每年"购运十万引"运销奉盐漏交盐税达 816 960 银元。安徽督军倪嗣冲也设立同益、裕源两公司，贩运芦盐、奉盐至皖北各地行销，亦大获其利。丁恩的坚持，使军阀运盐现象有了一些克制。

3. 统一税率。民初盐税税率极其紊乱，全国盐课厘杂税目多至七百余种，仅山东一省，商办各区税率有三十种，官办各地税率多达四十三种。用当时财政总长熊希龄的话说："我国税法紊乱以盐务为最甚"，"百斤税率最重者至五元而强，最轻者仅一元而弱。"①北洋政府于 1913 年 12 月 24 日公布的《盐税条例》基本统一了各地税率，经过丁恩等人几年的努力，往昔税率紊乱、轻重不均状况有了较大改善。

丁恩的努力迅速收到良好效果。自上而下的独立的稽核系统，与传统的盐政使署有着实质上的不同。稽核分所、支所大多由所在地方的政治中心迁往生产或商业中心，产区的稽核员则驻于场内，形成总所—分所—支所（盐场）三级管理体系。在这个体系中，有关盐务的信息是能上传下达的，稽核权的行使是有效的。同时，丁恩将英国文官制度引入稽核系统，制定了盐务稽核所人事管理制度的基本原则：严格选用；注重保障；优俸养廉；年功加俸。这些制度一扫旧官衙"薄俸重责"的制度缺陷和腐败不堪的作风，强调"用人必惟其当，养廉必惟其优，任事必惟其久"②，较好地保证了盐务稽核人员廉洁奉公，努力工作，有利于改革的推进。此外，通过在那些平素"根本没有盐务管理"的食盐运输路线建立盐业保护机构（如盐业警察）和严格稽查，税盐的数量一增再增，私盐力量和避税企图遭到了沉重的打击。两项直观的数据表明，盐税收入逐年提高，税盐数量逐年增加。虽然一直到 1915 年，海上关税仍是民国政府首要的收入来源，但是丁恩声称，自从实施了中央盐政管理，盐税跃到了第一位。丁恩所行举措，也被称赞为"既无旧染之污，且收整顿之效。"③

丁恩试图集中税权、扩大税源、增加税收方面的财政目标基本实现了。至少到 1916 年，稽核所达到了两个标准：所有的盐都被课征，所有的盐税都被划入单一户头。而且丁恩机制并未因 1916 年后由于战争而导致的无政府状态而取消，稽核系统一直正常运作，继续完善征税管理，继续将所有收入汇入征集银行中的统一账户。虽然改革中一些目标例如 1915 年后全国税率完全统一等没有实现，但盐税改革达到了它的首要目的——使中央盐税收入大幅度增加。1913 年（自 5 月 21 日至年底）全国盐税收入 1 904 万元，1914 年达到 6 848 万元，

---

① "财政总长熊希龄呈大总统文"，《政府公报》第 591 号，公文，民国 2 年 12 月 25 日。
② 朱庭祺："关于回复部令奉行政院训令调查稽核所高级职员的报告"，转引自李涵、刘经华等著《缪秋杰与民国盐务》，中国科技出版社 1990 年版，第 11 页。
③ 左树珍："盐官"，《中国盐政史》，北平盐务学校 1922 年铅印本，第 128 页。

比清末最高年份（1 300 万两，合 1 950 多万元）增加两倍半还多，比 1912 年则增加更多。此后不断递增，1915 年、1916 年、1917 年、1918 年分别达到 8 150 万元、8 106 万元、8 224 万元、8 839 万元①。每年偿还债款本息的 1 000 万元，到此已大部偿清，剩余部分转由关税偿付②。从此，"盐余"成为北洋政府可以控制的最大税收③。北京花旗银行的一份报告说："袁政府比革命前任何时候都好。我产生这样一种感觉，主要是盐税大有改善。已经有两个月，中央政府的盐税收入达 300 万元，过去一月只有十几万元。"这是丁恩盐税改革成功的显著标志。

谈到征税的中央集权化，阿瑟·恩·杨格（Arthur N. Young）称赞丁恩说："他在任职五年期间，和他的中国同僚合作，对盐政作了一次卓有成效的改组。盐税收入的数额跃增到仅次于关税。"④ 而且，在丁恩卓有成效地运筹下，盐务部门的管理成本占全部盐税收入的比重也从 1913 年的 20.43% 迅速降低到 1914 年的 8.9% 和 1915 年的 8.5%⑤。这些盐税收入，都依照《善后借款合同》的规定进了外国银行团的金库。五国银行团和北洋政府悬着的心因此放了下来。丁恩不辱使命，光荣隐退。从 1913 年 6 月来中国，到 1916 年 6 月第一届聘用期满，经中国政府挽留，又续聘三年，直到 1918 年 2 月 4 日任满回国。这位浸淫印度盐场四十年的盐政行家在中国的履历虽然短暂，但是扎实。

四、以惜民动机反对垄断

丁恩取消专卖，实行盐斤自由贸易的改革设想，与张謇最初提出的"设场聚制而就场征税"的主张不谋而合，都是以活跃的盐业贸易为基础而确定的国家统一征税制。在丁恩看来，在运销方面依赖市场打破垄断对于政府和人民都是有利的，二者均可从盐价的降低和销售量的扩大中得到好处。这是丁恩主持改革中国盐政的根本政策和纲领。丁恩发现中国人食用大量食盐，甚至超过印度。中国人的摄盐量同日本人一样，人均食盐消费量约为 20 磅。这样庞大的食盐消费量，本身就是一笔巨大的税源，完全不必指望专商垄断制度下因税收和贪欲的推动居高不下的盐价来取得。他根据西方资本主义自由贸易的经验，认为"各盐商竞争贩卖，盐价必低，购之者、用之者必众，而国家税款自此增加，""能使国家和人民两受其利。"⑥ 后来，他还通过恢复自由贸易后四川一年运销盐斤及所征盐税数分别比公司垄断时代增长了 36.1% 和 105.2% 的事实，向各方证明"自由贸易确属良策"。他指出："如能将全国引岸一概化除，而实行提倡自由贸易之宗旨，则不特政府每年之收入可达一万万元之数，且一切开支之经费亦当大为减少。"经过多次反复，在丁恩任职期间全国陆续开放的引岸有：皖豫淮盐引地 33 县、山东临沂 6 岸、淮北近场 5 岸、徐淮 6 岸、永武浙盐销地、闽北 31 县、广东沿海各地、四川、晋北、云南等。由于改革的观念深入人心，经过不少反复，废除引权、实行自由贸易的地区越来越多。

---

① 张绣文："三十年来之盐政"，《盐务月报》，第 24 期。
② 刘经华："论洋务办丁恩在民国初期的盐务改革"，《厦门大学学报（哲社版）》，1997 年第 1 期。
③ 张殿清、郑朝红："盐税与北京国民政府中央财政支出"，《河北大学学报》（哲学社会科学版），2007 年第 3 期。
④ ［美］阿瑟·恩·杨格：《1927 至 1937 年中国财政经济状况》，中国社会科学出版社 1981 年版，第 21 页。
⑤ 刘经华："论洋务办丁恩在民国初期的盐务改革"，《厦门大学学报（哲社版）》，1997 年第 1 期。
⑥ "1913 年 12 月 9 日丁会办致张总办函"，《中国近代盐务史资料选辑》第一册，第 199 页。

丁恩期图借助自由贸易即裕国课又利万民、取商人不合理的收益来增加政府收入的目标得到了一定程度的实现。与丁恩从大局出发兼顾政府和人民利益关系的税收信念不同，民国盐务系统内却是充斥了不惜牺牲民众利益而牟取私利者。这些人不仅仅存在于旧体制的"引岸"体系下，更存在于变通性质的"官专卖"体制中。张弧受贿及"官倒"案就是一个明显的例证。由于撤销引权将会大大地剥夺旧引商的既得利益，他们集结力量，一面筹集巨款以保护引权，一面向财政部及大总统呈文请愿。在到丁恩处"活动"失败后他们又制造谣言，说丁恩竭力主张破除引岸废除专商，是想"破坏我国实业"；实行自由贸易，"实欲招徕外国有力资本家，伪出华人姓名，经营盐业"等等①。他们还买通一些报纸及官僚、政客等帮他们说话。长芦盐商仅对盐务署长兼稽查总所总办张弧一人就曾秘密贿赂了一百万，张得此钱后，用其中三四十万修建了一所宏丽的大厦②。就是在这笔"买得鬼推磨"的赃银的作用下，张弧遂以反对力量过大为由，建议将实现自由贸易的改革分步实行，先在直隶、河南官运引地74县试行。经袁世凯过问此事，议决在"所有旧商及该商之伙计与子侄等均承领此券，俾彼等仍有一定之营业"前提下开放直、豫官运③。更为滑稽的是，张弧禁不住厚利的诱惑，纠集一批北洋官僚组织"长利公司"，实则由盐务署拨发成本向盐商组织芦纲公所购盐，转包给散商运销。"长利公司号称自由贩卖商人，暗行包商制度，垄断营业，凡商人欲配盐斤，每包须缴若干之经手费于公司，公司始为请运。""坐享余利计达百万。"④张弧还借口"审查选择需费时日"，操纵贩盐证券之发放，使旧商"皆有请领证券的优先权"⑤，以致盐的运销"仍归一二豪商之手"。针对丁恩关于无论何商皆可在74县内运盐贩盐的建议，张弧威胁丁恩"勿施猛烈之改革，致起洋商将营盐利之谣。"⑥

张弧又借口"因欧战发生，中国财政甚形困难"，不顾开放引地前关于"盐价不许比现时更贵"的许诺，将长芦盐税、盐价均提高30%。结果，人民不仅没有享受到自由贸易使盐价下跌的好处，负担反而加重了。1915年4月丁恩派人赴天津等地调查芦盐运销情况，查出长利公司等垄断盐务实情。张弧贪财变节、破坏改革的行径遭到改革派的怒斥，指责张弧"阳藉改革之名，阴为敲商之计"，"朝令夕更，志在发财"，是破坏改革的罪魁⑦。1914年7月成立的长利公司，由盐务署拨发成本，向芦纲公所购盐，然后转包散商运销，并不直接销至自由商，而坐获厚利达百万元⑧。另外，盐务署在发放运盐特许证券中也有许多弊端，旧有专商"皆有请领证券的优先权"，而自由商人反受种种限制。同时总所又派华洋高级人员往直豫各地调查，发现各盐店售盐，无不克扣斤两，掺水掺土的情形也极为普遍。丁恩认为种种弊端的产生，关键在于盐务署操纵运盐特许证券，使运销仍操于少数豪商之手，要求张弧废除运盐证券，改行纯粹的自由贸易，对于各盐店违法事项则必须予以严惩。张弧答复说："长芦74县未能施行自由贸易办法实有困难之处。"丁恩毫不退让，仍坚持前议。

---

① "中央纪事"，《盐政杂志》第15期；《盐政丛刊》1921年版，第457页。
② "长芦盐务五十年之回顾"，《文史资料选辑》44辑。
③ 丁恩：《改革中国盐务报告书》，第100节，载《中国盐政实录》第4册，1933年。
④ 丁恩：《改革中国盐务报告书》，第202节、205节，载《中国盐政实录》第4册，1933年版。
⑤ 丁恩：《改革中国盐务报告书》，第100节，载《中国盐政实录》第4册，1933年版。
⑥ 丁恩：《改革中国盐务报告书》，第203节，载《中国盐政实录》第4册，1933年版。
⑦ 陈争平："民初盐务改革与洋会办丁恩"，《盐业史研究》，1989年第2期。
⑧ 财政部盐务署盐务稽核总所编：《中国盐政实录》，1933年版第2535页。

因为有张弧这类以公谋私的官员在，"官专卖"也被灌注了越来越多新的"引岸"专制的嫌疑。丁恩在中国"中国盐法之最善"的东三省调查时发现：开办"官专卖"每年开支经费245万多元，而获利估计每年不到50万元。丁恩又发现，较早实行"官专卖"的福建，在林炳章任运使时十个月解交盐款仅2万多元，而其间一次预支经费就达75万元。由此，丁恩认为在北洋官僚体制下，实行"官专卖"，费用大、效率差，对盐税收入大受影响。可就是因为诸如张弧、周学熙等人的阻挠和长芦、两淮为首的纲票专商等恶势力的抵制下，丁恩的"整顿全国盐务计划遂因中辍。"

五、以现实策略感召同侪

丁恩在中国从名义上"以资襄助"到成为改革的实际主持者的成功，一个很重要的原因就在于，他不同于中国历史上诸多改革者的刚猛路线，而是努力从现实出发，一方面坚持己见不动摇，一方面又采取同事们更能接受的灵活策略以实现自己的意图。他在这方面的经验同样值得记取。

首先，以先进的税收理念取代落后的"盐糊涂"局面，理当取得最高层面上的认同。改革旧封建方式的腐朽而致税法紊乱、国税短绌的民国盐政是大势所趋。改革使税收增加，对帝国主义及北洋政府确有好处，这也确是他们支持改革的重要动机。不管是紊乱的税目还是苛重的征敛，都不利于中央财政的集权和增收，这是袁世凯政府和丁恩一致要对盐税进行整顿的重要原因。

其次，丁恩求同存异、谋求共识的现实态度博得了同侪们的好感。民国初期关于盐务改革模式的选择集合中，以政府垄断为主的就场专卖制和揭橥自由贸易宗旨的就场征税制两种观点双方展开了激烈论争。商人、官员和改革者并不相信市场力量的最优效率，认为任其自由将导致不均衡和经济混乱。景学钤坚持：由于没有指定的运输商，并且运销之盐没有固定的配额，因此无可避免地将导致生产的数量没有限制，按计划的分配成为不可能。如此，则必然出现一方盐荒一方过剩，或者盐价大幅度波动的情形。姚喻则表达了相似的怀疑：在自由贸易体制下，很难确定责任方。除非有一些限制，否则一旦实施，事情将肯定会失去控制。在这种需要两面作战——既要反对商专卖制，又要反对官专卖制——的孤立处境中，丁恩以退为进，说他刚来中国，对情况还不了解，对盐务管理的复杂性表示了适当的尊重，等他到全国盐区调查后再定。随着改革的启动和开展，以及人们对"官收"前景的越来越不自信，以张謇、景学钤为首的改革者逐渐放弃就场专卖的主张，转而接受并支持丁恩的就场征税、自由贸易的纲领。丁恩则从实际出发，在部分盐区保留了官专卖制度。这样，经过变通的改革，虽然依然坚持以自由贸易为依归，但吸引了就场专卖制的一些长处，一方面能调动旧体制下商人的积极性，发挥他们实际的作用，另一方面又能减轻改革的阻力，达到既定的目标。如此的处理，让丁恩左右逢源。

再次，丁恩脚踏实地的工作作风和他对于中国盐务实情的敏锐的洞察力和剖析，为改革者们折服。丁恩上任后亲赴全国盐区调查，1913年6月来华，7月即赴长芦盐场和东三省考察，9月再去奉天、长春、哈尔滨及海参崴，年底赴济南、青岛，转上海并溯江而上巡视扬子四岸，就两淮盐务办法作详细调查，然后去长沙、汉品并沿江下行至扬州十二圩，又赴板埔、新埔及淮北各场。1914年2~3月又赴广东、福建、两浙各区调查，又于5月赴河东调查。同年 12 月又赴云南、四川调查川盐销楚情况。1915 年秋季亲至淮南盐场。1916 年冬两次前往广东、福建、两浙盐场。1917 年秋又去宁夏、陕西、甘肃等地调查。凡中国盐区，丁恩无不实地调查，并在此基础上写出实在情形与报告书。一个花甲老人在眼睛不好、言语不通、交通极其不便的情况下，几年时间跑遍中国的十大盐场，取得第一手资料，这是当时的任何一个中国籍盐务官员都做不到的。他将西方先进理念与中国盐务的实际相结合所提出来的一系列方案，连同他的盐务才干一起得到了人们的称赞。到 1914 年丁恩和中国改革者之间发展为更加友好的关系，这为丁恩的改革提供了极为有利的条件。丁恩用实地考察结果为依据，逐步说服中国改革派同意实行"自由贸易"主张，改革又取得一定成效，加之张弧变节行为的反对，丁恩对周学熙鼓动盐商"报效"的坚决抵制等等，使中国改革派对丁恩的评价越来越高。

第四，盐商对改革越来越强烈的反对促进了改革者与丁恩之间关系的缓和，尤其是在取消引权问题上的一致使他们站到了同一立场。因为盐税改革要革除一些积重难返的陈规旧习，要触犯那些长期倚恃旧习牟取厚利的专商及营私分肥的盐官们利益，必然要遭到他们拼命攻击；盐税收支权的集中，也必然会遇到昔日靠擅提盐款为己用的地方当局的掣肘；改革过程中有时还要受到北洋政府内部某些当权人物的破坏。但由于得到了中国改革派的支持，虽有来自封建习惯势力的多方阻挠，改革还是得以进行下去。

第五，丁恩建立的先进稽核体系因其高昂的热情、素质和效率而得到了人们的敬意。丁恩有晚清改革者们难以企及的优势。一是丁恩的改革是处于一个中央集权的政治环境中，稽核所因有国际金融资本的支持，并不惧怕地方势力；二是与传统的盐官不同，盐务稽核系统有独立的人事制度，无论外国人还是中国人，其薪金和支出是固定的，有中央稽核总所规定，腐败的根源自然失去了基础；三是稽核所职员可以一直在盐务系统工作，只服务于上级盐务组织，不受地方的管辖；四是稽核所成立之初就目标明确，步调一致，站在所谓的国家立场上，因此类似于困扰晚清改革者们的盘根错节的关系网对于丁恩的改革没有太多的影响；五是丁恩所主导的盐务稽核系统，因其优越的组织结构、廉洁的工作作风和独立于地方政府的地位，能够深入地控制与实现中央集权征税制密切相关的三个方面即生产和储存、称量和放行以及对运输的控制，从而可以确保以尽可能的精细化作业控管盐税税源。另外，自 1900 年以来国家银行系统的发展为建立中央集权征税制提供了有利的条件，相对而言有着较高管理水准的英国汇丰、德国德华、法国东方汇理、俄国道胜、日本横滨正金等银行可以确保税款以尽可能高的效率为五国银行团和北洋政府所用。如此高效的管理体系不因 11 任财政部长、代部长和 4 任盐务署长的更迭变故而始终产生巨大能量，足以让同道们油然而生敬意。

第六，人们对民初"吏品"的无奈注定了他们会逐步倒向丁恩的"自由贸易"说。景学钤在回顾盐务改革的历史时，认为实行官专卖制有三个必要条件："必须有集权之中央政府，正直廉洁之官吏，与充足之官收资本。三者无一，何能实行！"① 人们发现：当时主持盐务行政的是盐务署及其下属机构，要推行运销制度的改革，必须通过地方上的盐运使和榷运局，可是这些机关都是沿袭清代的旧制设立的，并没经过整顿改革，一切陋规弊习和贪污腐败的作风都相沿未改。依靠他们办官运，产区的盐运使多招商待运，实同包商；销区的榷

---

① 盐迷：《四十年来盐务革命之总检讨》，载《盐迷专刊》第 1 辑。

运局虽然自办,但"上下分肥,扣费卖私,无所不至"。应当说,当时盐务行政机构的腐化,是官专卖制推行不下去的一个重要原因。在充分意识到官专卖无望的情况下,丁恩的主张得到了越来越大的支持。

第七,民初盐务改革思想渐趋成熟也是使得丁恩的中国同侪越来越多的赞同其事的一个原因。他们敏锐地感触到已经变化了的政治经济环境对传统体制的冲击,追求"良法"成为他们的共识;他们大量征引日本和欧洲盐务管理制度的成功案例,对历代盐法中的"盗法"深恶痛绝;他们也认识到必须使盐税合法且合理化,降低个人税负而使总体税收增加。在这样的与时俱进的潮流中,同情丁恩的人越来越多。

第八,丁恩对寻求同侪支持方面的清醒认知使得他一直保持了改革上的冷静和谋求更好合作形式的热情。从很早开始,丁恩就认为要实现改革目标至少需要采取以下措施:首先,在征税方面获得各方力量支持;第二,盐税征收权由中央政府而不是地方政府执掌;第三,盐税须广泛征收而不是像1913年以前那样只对长途水上贸易征收。这些改革措施意味着行政权力的扩张:更多的盐务人员,财源的集中和更广泛的征税基础。在这里,他很现实地将谋求各方支持列为成功的第一要素。这样的老于世故、老谋深算、老成持重使自己的敌人从三部分人降到了最少。

如陈争平所言:丁恩是在当时历史条件下具有多重特征的历史人物,我们不能因为他是"帝国主义代理人",就把他的一切都否定掉。丁恩反对封建垄断,提倡较先进的资本主义盐务管理方式,推动中国盐务改革,其功确实"不可没。"[①]

---

① 陈争平:"民初盐务改革及洋会办丁恩",载于《盐业史研究》1989年第1期。

中西合璧，亦中亦西：孔祥熙理财思想探析

蔡志新

孔祥熙（1880—1967年），字庸之，山西省太谷县人，曾担任国民政府财政部部长、中央银行总裁以及行政院副院长等高层要职长达十二三年之久。在此期间，孔氏曾依托自身兼具中西方文化特色的教育背景和知识结构，陆续提出了一些具有中西合璧或"西体中用"色彩的理财思想，用以指导和阐释国民政府的一些重要财政经济政策。分析、探讨孔氏提出的这些理财思想，对于公正评价他的历史作用和深入研究国民政府的财政经济政策都有裨益。由于孔祥熙的理财思想尚未引起学术界的充分关注和重视，故笔者拟借助本文[①]对其主要内容和特征进行较为全面的梳理和探析，以就教于广大与会同仁。不足之处，请大家不吝指正。

一、开源节流的理财方针

在中国财政思想史上，"开源节流"是由荀子在继承孔子的"百姓足君孰与不足"思想的基础上发展起来，而后被我国历代人士"广泛传诵的一个重要财政格言"[②]。孔祥熙对这个财政格言也非常推崇，不仅在1933年11月担任财政部长伊始就将它奉为"施政方针"[③]，而且结合时代实际对它的含义进行了多次阐述。其中最具代表性的阐述有四次：

其一是1933年11月他对财政部官员发表的一段谈话："理财之道，不外开源节流。惟须开应开之源，节应节之流。如专以聚敛为开源，无异竭泽而渔。如专以减政为节流，势必百事俱废。故欲开辟新的税源，还须从培养旧的税源着手……培养之法，在消极方面，对于经征官吏之监督，征收方法之严密，故属行政方面之事务。而其重要根源，则在积极方面之

作者简介：蔡志新（1972— ），男，江苏江都人，历史学博士，南通大学文学院教授、硕士生导师，主要研究中国近代经济思想史、区域经济社会史。

① 本文系由笔者以前发表的两篇旧文《孔祥熙理财思想初探》（2003）和《孔祥熙理财思想再探》（2006）以及笔者的博士学位论文《孔祥熙财经思想研究》（2004）中的相关章节整合改写而成，特此说明。
② 胡寄窗、谈敏：《中国财政思想史》，中国财政经济出版社1989年版，第59–61页。
③ 《国闻周报》，第10卷第45期。

振兴社会繁荣，运用金融灵活，使商货流通，日益便利，市场销路，日益畅旺，则不待税率之增加，收入自能充裕。凡此与农业之改良，农村之复兴，交通之便利，匪患之肃清，都有关系。这些重大工作，绝非财政部所能单独进行。仅就财政计划而言，总以不因征敛而伤民为要。举办税项，必须注意轻微而普遍，并且负担公平，使能生息孳乳，方能培养税源。至于节流方面，不外确守预算……节省无益的糜费，以增加行政效能为主。"①

其二是1933年11月他以财政部长身份对记者发表的一段谈话："开源节流为财政主要方策。开源应力谋经济建设，培养税源。至增加税收，不外整顿原有各税及另辟新税，但增税宜不伤人民元气，不害经济建设。节流之法，不仅缩减支出，还应注重分配得宜，合乎经济原则。"②

其三是1939年1月他在国民党五届五中全会上发表的一段言论："本人……继长财政……乃确定开源节流同时并进之方针。就开源言，不仅在整理税收，以裕岁计，必须确立金融制度，活泼金融，扶植农工商各业致力于生产建设，发展国民经济，以裕民生而培养税源。就节流言，非谓减少支出，乃系将不需要或不生产之开支尽量撙节。至关于生产、建设、国防、交通、教育、文化诸要政，仍须逐渐增加，以力图国民经济之发展。"③

其四是1944年7月他在一次演讲中发表的一段言论："开源节流本是财政上不易的原则……在抗战时期……我们虽然也守此原则，不过是要在这两个办法之下，另辟新的途径，并不完全循照通常的方式。对于开源，则着重于培养民力，增加生产，谋金融的流通；对于节流，则着重于合理支配，调剂缓急，撙节不必要的开支，用以促进建设事业，充实国防设备。"④

要而言之，孔祥熙所阐述的"开源节流"主要包括四点内涵：（1）在财务行政方面要防止税吏贪污，完善征税方法，以直接增加税收；（2）要运用金融手段推动商品经济发展，以间接增加税收；（3）不要实行损害民力和经济建设的重税政策，而要以轻微、公平的税收政策保护民力和经济建设；（4）必须优化财政支出结构，利用预算制度节约不必要的支出，将之转用于经济建设。显然，它不是那种离开经济而单纯立足于财政需要来强调"增收节支"的理财方针，而是一种立足于财政和经济的相互关系来强调以财政和金融手段促进经济发展，进而达到增加财政收入目标的理财方针。

孔祥熙之所以奉行这种理财方针，主要有两点原因：

1. 他认识到财政和经济的关系是一种相互依存、相互制约的辩证关系。他说："一个国家财政之好坏，端视其国民经济之荣枯，所以善于理财的人，必先设法培养税源，税源畅旺，财政情形自然会好。所以兄弟就任财政部长之初，就决定以开源节流为施政方针。"⑤又说："国家财政，应以经济建设为主要目的，诚以经济为财政之策源，二者互为因果，具

---

① 郭荣生：《民国孔庸之先生祥熙年谱》，台北商务印书馆1981年版，第84-85页。
② 《国闻周报》，第10卷第44期。
③ 《孔祥熙对国民党五届五中全会所作财政报告》，江苏省中华民国工商税收史料编写组、中国第二历史档案馆：《中华民国工商税收史料选编》第1辑下册，南京大学1996年版，第1792页。
④ 孔祥熙："全国财务人员训练所开学典礼训词"，《孔庸之先生演讲集》，文海出版社（台北）1972年版，第354页。
⑤ 孔祥熙："敌我财政现状之比较"，《孔庸之先生演讲集》，文海出版社（台北）1972年版，第182页。

有密切关系。"①

2. 他充分肯定并继承了孔子和孙中山等中国先哲的理财思想。他说过："我国古圣先贤，关于理财之要义，指示甚为剀切。孔子有言：'生财有大道，生之者众，食之者寡，为之者疾，用之者舒，则财恒足矣'；又曰：'百姓足，君孰与不足'。推其用意，理财之法，应注意培养富源，力避苛征重敛，不徒以增进收入为目的。总理民生主义所昭示吾人者，如'人尽其才，地尽其利，物尽其用，货畅其流'数语，即是以发展经济为理财最高之原则。"并承认：他是"本先圣之指示"，才"以开源节流为理财之方针"的②。

二、积极的财政政策

孔祥熙在1938年回忆说：他"在就任财政部长之后，即决定理财方针，以财政力量推动金融发展，更以金融力量扶助经济建设，使人民生计，得以逐年改善，同时政府财源，亦得因经济建设之推进而逐年开拓"③。1941年，他开始把这一"理财方针"命名为"积极的财政政策"，并指出：因为"一贯的采用"这种财政政策，所以中国"不仅把财政金融经济打成一片"，而且使它们"相互扶助，彼此构成一个国防力量的联环"；因为采用这种财政政策，所以中国虽然是"一个经济比较落后的国家"，但"与金融资本主义高度发展的暴日作战"的结果，反而"在经济上能够越战越强"④。

孔祥熙所说的"积极的财政政策"，是一种体现了财政、金融和经济的环环相扣的密切关系的理财方针。它具有两个特点：（1）认为金融是联结财政和经济的桥梁；（2）强调以财政和金融力量促进经济发展，进而达到扩大财源的目的。

另外，这一政策也是在1934年至1949年间一直为国民政府所实行的财政政策之一。但是，实行它的结果，并非如孔祥熙所说，使中国在经济上"越战越强"，而是使中国的经济因愈演愈烈的通货膨胀而不断恶化。造成这种结果的一个重要原因，是以孔祥熙为首的财政当局不顾旧中国经济落后、人民贫穷的特殊国情，盲目模仿发源于西方国家的凯恩斯主义财政理论。对于这一点，孔祥熙的同辈人——著名经济学家马寅初剖析得很透彻。

马寅初在1948年说："近十余年来"，中国实行的是"积极的财政政策，即是'用财政力量，推动金融发展；再用财政力量，扶助经济建设；再基于经济建设之推进，充裕财政……不仅把财政金融经济打成一片，'而且相互扶助"。"所谓以财政力量推动金融，即系委托银行代理国库，俾银行自由运用。所谓以金融力量扶助经济事业，就是以三项主要业务的方式（存款、放款与汇款）来充分供给生产事业以资金。"生产"资金的来源"，应当是通过发行公债等有价证券"吸收社会游资"，而不是依靠"印刷机之转动"发行钞票。但由于"中国老百姓穷，经济力量微薄，买不起公债"，"所以政府发行的公债，只能做到'发'的地步，不能达到'销'的目的"，导致"生产事业放款"，"只能仰仗于"发行钞票，结果"造成赤字财政"，"徒使金融益加紊乱，通货益加膨胀"，进而"使经济转形萎缩"。这

---

① 孔祥熙：《十年来的中国金融与财政》，秦孝仪主编：《革命文献》第73辑，中国国民党中央委员会党史会（台北）1977年版，第149页。
② 孔祥熙："对党政训练班讲词"，《孔庸之先生演讲集》，第219页、第221页。
③ 孔祥熙："敌我财政现状之比较"，《孔庸之先生演讲集》，第185页。
④ 孔祥熙："八中全会的财经设施"，《孔庸之先生演讲集》，第301页。

是不顾"本国经济实况","原封不动地"把"凯恩斯学派的学识移植于我国"所致①。

三、对量入为出的否定

量入为出,又叫"量入制出""以收定支",是政府在处理财政收支关系或编制财政预算时所遵循的一个基本原则。其意思是指要以可能取得的财政收入数额为根据,来决定财政支出的数额或规模。换句话说,就是多收多支,少收少支,财政支出要随着财政收入的增减而增减。简言之,就是有多少钱办多少事。而在中国财政思想史上,量入为出则是一个"被历代封建王朝长期视为指导政府财政的金科玉律"②。据某些学者研究,孔祥熙的前任——宋子文在1927年至1933年担任财政部长时,也是信奉这一金科玉律的:"他希望蒋介石能缩减军费,以便使相对固定的税收收入能够有所剩余而供作其他各种用途,也就是'量入为出'"③。而与宋子文形成鲜明对比的是,孔祥熙虽然在1933年11月担任财政部长伊始就提出要奉行"量入为出"的理财原则④,并在1936年肯定"理财的大道,无论国家人民,皆应该以量入为出为原则"⑤,但是后来他不仅在理论上找出各种理由来否定量入为出,而且在事实上奉行了与之相反的另一个理财原则"量出为入"。

孔祥熙否定量入为出的理由主要表现在他提出的下列几段理论中:

其一:"有人以为管理财政,应以量入为出为原则。此在国内承平国际辑睦之时,固为财政之常轨。但以今日世界政治经济之情形观之,许多事变既出于意料之外,政府财政,自亦无法拘守此种原则。而且今日理财以增加国家财富为目的,投1元之资,造2元3元之产,循环累积,愈久愈富,民用既足,税源自裕,国库亦自无匮乏之虞。即使举债筹款,亦非必为病商害民之举,其要点在于能否用于生产事业耳。"⑥

其二:"收支平衡为财政至要之原则,但绝对的收支平衡,各国均未曾办到,以中国财政初上轨道,而国防与经济建设,正在积极进行,更非一时所能实现。近年以来,收入支出两方面逐渐增加,但支出增加较收入为多,收支不敷,为数逐日加巨,结果自不能不依赖借款以资弥补。"⑦

其三:"财政范围虽广,实则不外于收入与支出。一国收支能平衡,就算健全之财政。但是,支出之增加无限,且为势所迫不能不增;收入则反是。因此,收支平衡是不易办到的。况在我国,历年内忧外患纷至沓来,政府为维持生存并充实国力起见,不仅须应付一时事变,而且须致力于将来建设;不仅须维持中央,而且须补助地方。故国库支出之增加与年俱进。至于收入,虽本开源之旨,力求策进……但当民力凋敝之余,变乱相寻,不能不加体恤,增收之数当然不能与增支之数相等,故收支不敷之数仍复年年加多。"⑧

---

① 马寅初:《财政学与中国财政——理论与现实》上册,商务印书馆2001年版,第18~21页,第69~73页。
② 胡寄窗、谈敏:《中国财政思想史》,第14页。
③ 张生:《南京国民政府的税收(1927—1937)》,南京出版社2000年版,第10页;又见姜良芹:《南京国民政府内债问题研究(1927—1937)——以内债政策及运作绩效为中心》,南京大学出版社2003年版,第89页。
④ 郭荣生:《民国孔庸之先生祥熙年谱》,第85页。
⑤ 孔祥熙:"自力更生与经济复兴",《孔庸之先生演讲集》,第451页。
⑥ 孔祥熙:"对党政训练班讲词",《孔庸之先生演讲集》,第219页。
⑦ 孔祥熙:"对党政训练班讲词",《孔庸之先生演讲集》,第223页。
⑧ 《孔祥熙对第一届参政会第一次大会所作财政报告》,《中华民国工商税收史料选编》第1辑下册,第1765页。

其四:"按照财政原则,应以税项收入抵充支出以维持预算平衡。如实有不敷,始以债款收入弥补。但绝对的收支平衡,各国均难办到,中国自亦不能例外。故每年收支不敷赖债款以资挹注者,为数仍巨。"①

不难看出,孔祥熙在上述理论中一共提出了否定量入为出的四点理由:

一是当时国内和国际上动荡不安的政治经济形势在客观上不允许坚持量入为出的理财原则;二是从运用财政支出促进经济建设的角度看,也没有必要坚持这一原则;三是从世界各国财政活动的实践层面来看,也不可能依靠这一原则来确保财政收支或财政预算在数字上的绝对平衡;四是从财政收支双方的内在矛盾来看,由于能够获取的收入(本质上代表了人类有限的财富生产能力)是有限的,而实际需要的支出(本质上代表了人类无限的消费欲望)是无限的,故而也难以依靠这一原则来确保财政收支或财政预算的数字均衡。

若将孔祥熙提出的这四点理由归结起来,又可看出,他实质上是在用和量入为出正好相反的理财原则"量出为入"为理论依据,来否定量入为出的合理性和必要性;同时,这四点理由也是他在事实上奉行量出为入理财原则的依据所在。而这一切在1943年11月孔祥熙的副手——俞鸿钧为祝贺他担任财政部长满10周年而写下的一段文字中表现得更加清楚。俞鸿钧写道:"量入为出,为私营经济之常经,至国家财政则异于是。盖以现代国家既须为人民谋福利,设遇经济恐慌,国家拟兴办公共工程以为救济,如犹拘牵于量入为出之原则,必致一筹莫展。其次,国家经费之支出,既多属生产性质,是此种支出,于国计民生两有裨益,尤无须拘泥于量入为出之偏见。此犹平时言之,若夫战时,则国家生死存亡之所关,所持收支平衡之议论,自尤失其重要性。故近十年来之财政政策,亦于斟酌民力之中,兼重于量出为入之原则。"② 另外,孔祥熙不但在1939年1月明确指出:"战时财政,以量出为入为原则,此后国库支出,一在适应战事需要……一在推广后方建设……收支不敷之数,当较前此一年半为更巨,其弥补方法……仍不得不依赖债款"③;而且在1944年11月辞去财政部长职务时仍强调说:"现代各国财政,多趋于量出为入"④。由此也可看出,他既在理论上把"量出为入"视为否定量入为出的依据,又在事实上奉行了量出为入的理财原则。而且,据港台学者瑜亮先生和古僧先生的研究,孔祥熙在担任财政部长的11年中也确实奉行了量出为入的理财原则⑤。

而综观上述文字,又可得出以下两点结论:

一是孔祥熙之所以在理论上否定量入为出,并在事实上奉行与之相反的量出为入的理财原则,是有着特殊的时代背景和深刻的理论渊源的。所谓特殊的时代背景,是指在他出任财政部长前后的10余年中,国内和国际形势都是风云激荡不已,变乱接踵而至。从国内看,先是内战不休,外患不断,天灾频仍,使得经济衰微,民生悲苦,而后又因横遭日寇发动的全面侵略战争的打击,在1935年至1937年出现的经济复兴势头戛然而止,整个国家和民族也走到了如临深渊、如履薄冰的生死关头。而在国际上,先是在1929年至1933年间发生了

---

① 《孔祥熙对第一届参政会第一次大会所作财政报告》,《中华民国工商税收史料选编》第1辑下册,第1768页。
② 俞鸿钧:《十年来中国之财政政策》,《经济汇报》第8卷第10期。
③ 孔祥熙:《第二期战时财政金融计划案》,《革命文献》第79辑,第494页。
④ 孔祥熙:《财政部长孔祥熙任内政绩交代比较表叙言》,转引自郭荣生:《民国孔庸之先生祥熙年谱》,第211页。
⑤ 瑜亮:《孔祥熙传》,香港现代出版公司1970年版,第50页;又见古僧:《孔祥熙和中国财政》,台北博学出版社1979年版,第82页。

空前严重的经济危机,而后又因德、意、日法西斯穷兵黩武,英、法、美等国也扩充军备,使得和平空间萎缩,战争阴云密布,最后又因德国悍然侵略波兰,而引发了长达6年的第二次世界大战。显然,这种时代背景在客观上迫使孔祥熙否定量入为出的理财原则,转而奉行与之相反的量出为入原则。所谓深刻的理论渊源,一方面是指量出为入是英国等西方国家早在亚当·斯密所处的自由资本主义时代就奉行的占支配地位的,而后在19世纪中叶为德国人乌姆弗恩巴哈最早明确提出的一项传统的预算原则或财政原则;另一方面它也是在20世纪初西方国家进入垄断资本主义时代特别是经历了1929年至1933年经济危机以后,为凯恩斯等主张政府干预社会经济发展的经济学家所鼓吹,并在世界范围内流行开来的一项预算原则或财政原则①。对此,中国早期经济学家的杰出代表马寅初先生曾作过精当的论述:在第二次"世界大战之前","英国财政学家于著述财政学时,往往先论岁出,次论岁入……可以看出他的心目中,着重于量出为入的原则。他们的看法,是个人的财政,应依照量入为出的原则,而国家的财政则反是,应以量出为入为原则。况量出为入,到了20世纪,已成为财政预算上不可击破的真理。在平时如此,在战时更是如此。"② 由此联系上述文字所包含的丰富内涵来思量,则又可以断言:孔祥熙是在其出任财政部长前后的特殊时代背景之下,基于英国等西方国家所奉行并在当时流行开来的量出为入原则的理论渊源来否定量入为出的理财原则,转而奉行与之相反的量出为入原则的。

同时,需要指出的是,孔祥熙在理论上否定量入为出,并在事实上奉行与之相反的量出为入的理财原则,显然是对中国历史上断断续续出现的"量出为入"的理财思想的继承和发展。因为:在近代以前,量入为出虽然一直是在中国占据统治地位的正统财政原则,但是事实上,早在汉初我国财政就曾出现量出为入的趋向,公元8世纪时唐代著名的理财家杨炎又在理论上首次提出了量出为入的财政原则,此后南宋学者叶适又在实质上以量出为入为武器对量入为出的正统财政原则进行了质疑;而在清末,王韬、薛福成等资产阶级改良思想家则对近代西方国家所奉行的量出为入原则表示赞赏并进行了宣传,后来,民国初年的财政总长周学熙又在中国近代史上第一次明确规定以量出为入作为编制国家预算的基本原则,其同僚梁士诒则以西方国家奉行量出为入的预算原则为论据对中国正统的量入为出原则进行了否定③。

二是孔祥熙在理论上否定量入为出,并在事实上奉行与之相反的量出为入的理财原则的直接后果,是导致了经常性的赤字财政政策④,进而产生了复杂的历史效应。一方面,这使得财政预算中的生产性支出或经济建设支出从无到有,从少到多,既为抗战之前和抗战时期中国的经济建设提供了有力的财政支持,又为支持长期抗战提供了可靠的物质保障。对此,马寅初先生和孔祥熙本人都曾作过论述。马寅初先生说:"10余年前我国之国家岁出,根本

---

① 王金秀:《浅议量出为入的预算原则》,《四川财政》2001年第5期,第4页;又见张馨:《比较财政学教程》,中国人民大学出版社1997年版,第293-294页。
② 马寅初:《财政学与中国财政——理论与现实》上册,第54页。
③ 胡寄窗、谈敏:《中国财政思想史》,第330页、第435页、第662页、第668页、第731页、第734页。
④ 赤字财政政策是指政府在编制预算的时候就打上财政赤字的政策,实际上是政府制定的、以财政收支手段来干预和调节经济活动的一种财政政策。在这种财政政策之下,不仅赤字的规模巨大,而且持续的时间很长,往往是连年的巨额财政赤字——也就是孔祥熙在上述理论中所提到的"收支不敷之数仍复年年加多"或"收支不敷,为数逐日加巨"的必然现象。

无所谓建设费。例如（民国）二十二年度国家预算……建设费仅 70 余万元，尚不及上年之半。自翌年起……建设费增加之数，尤为巨大，并另筹国营事业资本，为额甚巨。就当时财政情形观之，尤非易事。……建设费二十三年度为 3500 余万元，国营事业资本 5000 余万元。……二十五年度建设费为 5300 余万元，国营事业资本为 9600 余万元，共达 1 亿 5000 万元。二十六年度以财政基础渐臻健全，对于经济交通事业，积极兴办，拟具五年计划，另立建设事业专款预算，并规定每年筹足建设事业基金 5 亿元，以为策进各项经济事业之用。抗战发生以后，我国经济交通所以尚能应付，实有赖于战前之预立基础。"[1] 孔祥熙则说："数年以来，凡有关于生产事业之经费，（本人）不惜一再增加，仅国家建设专款一项，在两三年之内，即由数千万元增加至 4 万万元。"从"这也可以看出，国内建设事业的猛进"。"抗战以来，虽军事供应浩繁，然于后方生产事业之经费，不但未曾减损，反而逐年增多。盖长期抗战既为中央决策，建国尤属百年大计，固须统筹并顾，而不能有所偏废也。"[2] 另一方面，经常性的赤字财政政策又使得财政预算长期处于严重失衡的状态，结果在抗战中后期引发了恶性通货膨胀，不仅使得大后方的金融日趋紊乱，经济日趋衰退，而且严重损害了广大民众的利益，使得他们的生活困苦不堪，国家的财政、金融和经济也因此陷入一种互为因果、进退两难的绝境之中，最终导致了抗战胜利以后中国社会经济的迅速崩溃和国民党政权在大陆的覆亡。当然，这些是多种原因共同作用的结果，而不单单是奉行量出为入的理财原则或经常性的赤字财政政策所致。学养深厚的读者当能洞悉个中滋味，无须笔者赘述。

最后，需要指出的是，其实，孔祥熙在担任财政部长之初是不愿否定量入为出的理财原则，而奉行与之相反的量出为入原则的。因为他显然懂得，奉行量入为出的理财原则，易于保持财政预算的平衡，而奉行量出为入原则，往往会使得财政预算严重失衡，进而使得政府垮台。这种思想在他于 1933 年 11 月 6 日发表的一次演讲中表现得很清楚。他说："厘金裁撤……国家财政益陷于困难的境地，故政府欲兴建设，惟有减缩军费，从裁军方面入手……（但）未得实现，以外患突至，国家的经费又加上一层困难，以民国二十一年的总概算看来……收支相抵，每月不敷之数 1200 万元。现又以江西剿匪工作的紧张，华北方面，有种种的支出，每月不敷（之数）尤不止 1200 万元。一个国家的财政收支，不能相抵，而惟以借债度日，将来终必陷国家于绝境，所以在欧美各国，往往政府以预算没有办法而倒（台）的很多。"[3]

不过，尽管孔祥熙持有这种思想，也知道当时财政预算严重失衡的一大根源在于军费开支过多，但是他作为财政部长，却苦于不能以量入为出为铁定的圭臬，来压缩军费开支，进而实现财政预算的平衡。对于这一点，台湾学者卓遵宏有着透彻的论述。卓遵宏说："孔氏不是不知道财政不平衡之危险，亦非不知道透支之主因在军费支出太多，惟限于内忧外患，与当局（笔者注——指蒋介石，但卓氏讳言之）对军事之依赖，使裁军无法入手。……理论上，财政部长主管全国钱财，但预算、会计之主管权在主计长手中，中国国民党中央政治会议尚有财务委员会负有先期筹拟预算权，至于正常预算支付外，财政部尚常被迫动用预算

---

[1] 马寅初：《财政学与中国财政——理论与现实》上册，第 68 页。
[2] 孔祥熙：《对党政训练班讲词》、《敌我财政现状之比较》，《孔庸之先生演讲集》，第 219－220 页、第 185－186 页。
[3] 孔祥熙："现在全国财政的情况与将来财政的方针"，《中央周报》，第 284 期。

外巨款于军费或其他紧急支付上,孔氏却难以拒绝。孔氏量出为入之收支原则,虽有其时代背景,实亦有其不得已(之)苦衷。"又说:"孔氏理财之道在'开源节流'……节流方面,亦逐步建立预算制度,至(民国)二十六年度新编列之总预算,不靠债务弥补岁入,收支即可平衡。惟这种纸面上的平衡,在人治(笔者注——实即蒋介石的独裁统治,但卓氏亦讳言之)为重的国家里,常横遭破坏,若干预算外的大量军事与建设支出,财政人员常无法控制。不得已,孔氏提出'量出为入'之原则以对应……"①

由此可见,除了上文所提及的特殊时代背景和深刻理论渊源之外,孔祥熙之所以在理论上否定量入为出的理财原则,并在事实上奉行与之相反的量出为入原则,是有着不得已的苦衷的。而这种苦衷主要又是军事独裁者——蒋介石的掣肘使然。而从孔祥熙一贯"唯蒋是从"的政治秉性来看②,他是万万不敢奉行自己在出任财政部长伊始所提出的"量入为出"的理财原则的。因为他深知,如果他这样做,就会像其前任——宋子文那样,由于坚决强调依靠"量入为出"来保证财政预算的平衡而惹恼蒋介石,进而丢掉财政部长的"乌纱帽"③。而丢掉财政部长的"乌纱帽",显然又不是他所愿意的。

四、其他理财言论

除了上述内容以外,孔祥熙的理财思想还包括其他一些言论:

(一)"国计民生"准则

孔祥熙在 1936 年 10 月发表的一篇论文中阐述了这个理财准则。他说:"自来言理财者,说非一端,而均以足用不扰民为先务。《书》所谓'足食来财及取民有制',自古当政者奉为准则。惟自近代政府干涉主义盛行,国家权力,已不限于一般行政事务范围,财政为经济之重心,决策运用,尤具有左右社会经济及人民生活力量,故理财者之使命,不仅须有征税之消极功能,更须斟酌时代环境,力谋财政建设,直接间接为社会经济求发展,为国家民族求富强,运用之道,虽非一端,而其要旨,则必以国计民生为依归。所谓国计,非仅充实府库,足国用而已,必也于足用之外,谋所以利用之方。国家经费支出,当权衡轻重缓急,妥为支配,凡不急、不需之费,应力加汰减,凡生产、教育、实业等费必力求增加,然后国家政策之推行,社会福利之增进,始得以同时并举。所谓民生,非仅薄赋敛,不扰民而已,必也于与民休息之余,更力谋人民富力之增进,凡有关平均人民负担、发展人民生产、改进人民生活诸端,均应作积极之建设。关于前者,则有如预算政策、公债政策问题;关于后者,则有如赋税政策、金融政策问题。"④

上述文字表明:(1)孔祥熙所阐述的"国计民生"准则,和他所说的"开源节流"的内涵几乎重合。(2)孔祥熙提出的"国计民生"准则受到了两个因素的影响,一个是以

---

① 卓遵宏:《孔祥熙的财政观》,《近代中国历史人物论文集》,台北中央研究院近代史研究所 1993 年版,第 285 页、第 316 页。
② 谭光:《我所知道的孔祥熙》,寿充一编:《孔祥熙其人其事》,中国文史出版社 1987 年版,第 5 页。
③ 吴景平:《宋子文评传》,福建人民出版社 1998 年版,第 220-211 页;又见姜良芹:《南京国民政府内债问题研究(1927—1937)——以内债政策及运作绩效为中心》,第 89 页。
④ 孔祥熙:《国家之财政建设》,《孔庸之先生演讲集》,第 177 页。

《尚书》中的理财观点为代表的中国传统理财思想,另一个是主张"干涉主义"的西方经济学流派的财政理论。所谓干涉主义,就是认为政府要干预社会经济的学说。持有这种学说的西方经济学流派的主要代表是出现于1929至1933年世界经济危机之后的凯恩斯主义。凯恩斯主义主张通过政府干预社会经济来弥补有效需求的不足,进而挽救经济危机,保证充分就业。在政府的干预措施中,该学派把财政政策置于首位,主张在经济萧条时期实行以增加财政支出、减少税收和增发公债为内容的赤字预算政策,以提高有效需求,在经济繁荣时期实行以减少财政支出和增加税收为内容的盈余预算政策,以压缩过度的有效需求;同时主张以金融政策干预和促进社会经济发展。

(二)理财的观念

孔祥熙认为财务人员应树立三种"理财的观念":

(1)"理财要顾全民力,不可竭泽而渔。"(2)"理财要注意民心的向背。"这是"因为财务行政,着重在征税收捐,要向老百姓要钱,而在人民方面,无论他爱国的程度如何,对于收税人要钱总觉得是件不愉快的事情",所以,税吏不但要执行"收税的职务","还要体恤民众的痛苦,视民力之强弱为征收的标准,务使负担平允,民无怨尤"。(3)"理财要从大处着眼,小处着手。""所谓大处着眼,就是要设法开辟远大的财源,而不斤斤于锱铢之计较";"所谓小处着手,就是财务人员对于本身的职务,无论巨细,都要小心翼翼,认真执行,凡属公款,虽涓滴,亦必归公,不可因数目小,就忽略不收","至于支出方面",也"应丝毫不苟,不可稍涉糜费","对于日常事务,尤应黾勉从事"①。

需要指出的是,虽然孔祥熙所说的"理财的观念"很有道理,但没有多大新意。因为它们基本上是他所说的"开源节流"内涵的变相重复;而且,它们也是借鉴中国传统理财思想的产物,其内容不仅可以上溯到北宋的两位大儒——王安石和欧阳修的理财思想(孔在阐述它们时,引用了王的"欲足用,必先理财"、"置官理财,非以佐私欲"和欧阳的"为政宽简,而不事弛废,所谓宽者,不为苛急,所谓简者,不为繁碎"作为理论依据),还可以上溯到孔子的"百姓足君孰与不足"的思想。

(三)理财的诀窍

孔祥熙认为理财有三大"诀窍":

(1)"政重于财"。他解释说:"办财政的人,病在重财,而忘了政,因管钱的最怕闹穷,所以往往在财字上多用心,而忽略了政,殊不知,政没有办好,财便愈闹愈穷。"(2)"民重于官"。他说:"对漏税逃赋的无知商民,处罚不妨从轻;中饱私囊的官员,处罚应当从重。一切税源的启发蕴集,只要是藏富于民,都不妨酌于宽大,一切征收输将对象,最好是有钱者多出钱,然后推及于普通人民……善执政者,驭吏严,驭民宽,足为理财者所取法。"(3)"事重于人"。他说:"从前管税者,把所属机关之职员,都委派给至亲密友,重人不重事。近来科学日渐发达,技能需要越形重要,每用一人,应先问其对这事内容是否明白,办理这事的技能是否精熟。对这事的品德,是否允当。只要其人对事务能负担得起,

---

① 孔祥熙:《对财政部财务人员训练所两次训话——(乙)作事与作人》,《孔庸之先生演讲集》,第206-208页。

操守又足以服众，可不问是仇是亲，识于不识，应在可用之列。"①

孔祥熙所说的理财"诀窍"涉及三个问题：（1）财政和政治的关系。他认为财政和政治密切相关，因此，财政要为政治服务，要体现政治目的。实际上，他推行的所有理财举措都带有维护国民党统治的政治目的。例如，他在1934年一边决定废除地方政府征收的苛捐杂税，一边提议由中央财政补助地方财政，其目的就是借助"财政之统一"来奠定国民党政权对全国"政治统一之始基"②。而他本人也曾表示：他担任财政部长后的一大"愿望"，就是"要以财政补助国家政治的统一"③。（2）征税原则。他认为：应根据宽松的原则征税，以培养税源；还应根据公平原则征税，即少数富人应多纳税，而劳苦大众应少纳税。（3）财务行政管理。他认为，财政长官要管理好财务行政，必须做到两点：从轻处理逃税者，从严惩治蠹吏；唯才是举。他的这些观点基本上是正确的。可是，他作为财政部长，非但不能信守自己提出的严惩蠹吏的观点，反倒伙同下属贪污公款，仅在抗战后期就与几名下属瓜分了1150余万元的美金公债。④这就造成了一种言行不一的矛盾。

五、孔祥熙理财思想的特征

综上所述，可以发现孔祥熙的理财思想具有五大特征：

第一，孔祥熙的理财思想以中国传统理财思想和西方近现代财政思想为理论渊源。一方面，它的某些内容以中国传统理财思想为理论渊源，如开源节流的理财方针和"理财的观念"，另一方面，它的某些内容以西方近现代财政思想为理论渊源，如"积极的财政政策"和孔祥熙在事实上奉行的量出为入的理财原则。另外，它的个别内容同时以中国传统理财思想和西方近现代财政思想为理论渊源，如"国计民生"准则。

在分析孔祥熙理财思想的理论渊源时，必须注意两个问题：

一是它之所以以中国传统理财思想为理论渊源之一，归根结底和孔祥熙幼年的教育经历有关。他年仅4岁时就在母亲庞氏指导下诵读《论语》，6至9岁时又跟随父亲孔繁慈（清末贡生）研习国学。显然，这种教育经历既为他了解中国传统理财思想提供了语言工具，也为他日后提出自己的理财思想打下了理论基础。

二是孔祥熙以西方近现代财政思想为标准，对中国传统理财思想持一种批判继承的态度。这在他阐发"国计民生"准则的含义时已经有所体现，而在他发表的另一段言论中则体现得更加明显。他说："往古之谈理财者，仅能揭橥原则，而未能讲求制度，并且缺乏整个政策，只能临事应付，而无预定之目标与步骤，揆之现代之所谓理财者，实多缺陷。国民政府成立以来，各种近代财政机构始逐渐形成，如关于预算制度者，有主计处之设立……纯系近百年各国通行之新制，为往古历代所不及。"⑤

第二，孔祥熙的理财思想具有干涉主义特征。所谓干涉主义特征，就是强调国民政府要运用财政、金融手段主动干预和促进社会经济活动。而孔祥熙的理财思想之所以具有这种特

---

① 郭荣生：《民国孔庸之先生祥熙年谱》，第175-176页。
② 孔祥熙：《财政会议与救济农村》，《孔庸之先生演讲集》，第444-445页。
③ 郭荣生：《民国孔庸之先生祥熙年谱》，第177页。
④ 《孔祥熙其人其事》，第146页。
⑤ 孔祥熙：《对党政训练班讲词》，《孔庸之先生演讲集》，第219页。

征，不但是因为他对于财政和经济的辩证关系有着明确的把握和认识，而且因为他对于以凯恩斯主义为代表的西方干涉主义经济学流派的财政理论有一定的领悟。

第三，孔祥熙的理财思想含有减轻人民负担的合理因素。这一因素的含义是强调实行轻微、公平的税收政策，以保护民力。孔祥熙的理财思想之所以含有这一因素，是因为他懂得一个真理："政府是建设在人民的信任上，所以政府必须求得人民的拥护，官吏必须求得人民的信仰，然后才能在自己所执行的职务上，得到成功。"① 也就是说：人民的信任是政府存在的合法依据，所以政府和官吏如果一味实行加重人民负担的税收政策，势必会使自己失去人民的信任和拥护，最终危及自己的统治。

第四，孔祥熙的理财思想具有一定的矛盾性。所谓矛盾性有两点含义：

一是孔祥熙的某些理财言论自相矛盾。例如，他在担任财政部长伊始曾提出要奉行量入为出的理财原则，可是后来却否定了这一原则，并在事实上奉行了与之相反的量出为入的理财原则。再如，他在担任财政部长伊始，曾表示要依靠"确守预算"来节流，但又认为"有急需非增加不可的新预算，亦不能因为节流而停止"②；希望"于最近时期内能谋收支适合"，但又表示"于剿匪军费亦当尽力筹措，务期早日肃清匪共"③，"平衡预算固然重要，而剿共作战比保持预算平衡更重要"④。这些言论显得自相矛盾、逻辑混乱。因为如果有"新预算"急需增加，就无法"确守预算"；如果要为蒋介石发动的反共内战筹措巨额军费，就无法于短期内实现预算收支的平衡。

二是孔祥熙的某些理财言论和他实际上推行的理财举措乃至个人的品行相矛盾。例如，尽管他认为"国家财政，自当以经济建设为其主要目标"⑤，但他在抗战以前却是"素以应付急需为理财工作之中心"⑥，而所谓"应付急需"，主要是应付反共内战所急需的军费。更有甚者，虽然他主张严惩蠹吏，并道貌岸然地要求"财政界同仁"能够"清廉自守"⑦，但他本人作为财政界首脑，却是一个带头贪污公款的特大蠹吏。

第五，孔祥熙的理财思想反映了国民党统治集团的利益诉求。从本质上看，孔祥熙作为以蒋介石为核心的国民党统治集团的理财干将，他的理财思想必然和该集团的利益密切关联，必然反映该集团乃至蒋介石个人企图占有和支配大量国民财富的欲望。事实上，在他的理财思想中，不但有一些观点和主张露骨地反映了国民党统治集团的利益诉求，如人民"应该协助政府"围剿"共匪"，"就是有一点负担，亦是应尽的义务"⑧，"财政之措施，十九属于限制人民之权益，加重人民之义务，欲求满足人人之欲望，实为事实之所不能"⑨；而且那些以强调促进经济发展和减轻人民负担为特色的观点和主张，也反映了国民党统治集团的利益诉求，因为它们的终极目的是为了使国民党统治集团能够占有和支配更多的国民财富。

---

① 孔祥熙："对财政部财务人员训练所两次训话——（乙）作事与作人"，《孔庸之先生演讲集》，第208页。
② 郭荣生：《民国孔庸之先生祥熙年谱》，第85页。
③ 《国闻周报》，第10卷第44期，第45期。
④ 《申报》，1933年11月2日第3版。
⑤ "孔祥熙对国民党四届五中全会所作财政报告"，《革命文献》第73辑，第394页。
⑥ "孔祥熙对国民党五届三中全会所作财政报告"，《革命文献》第73辑，第485页。
⑦ 财政部财政年鉴编纂处：《财政年鉴》三编上册第1篇第1章，中央印务局1947年版，第32页。
⑧ 孔祥熙："现在全国财政的情况与将来财政的方针"，《中央周报》第284期。
⑨ 孔祥熙："财政部长孔祥熙任内政绩交代比较表序言"，转引自郭荣生：《民国孔庸之先生祥熙年谱》，第217页。

财政史教学改革

地理教学史略

浅谈国家治理体系下政府与大学的关系

李 佳 鲁 艳

摘要: 党的十八届三中全会把"国家治理体系和治理能力"从国家战略高度予以明确。在此大背景下,实现教育治理体系和治理能力现代化成为我国教育改革的紧迫任务。本文所探讨的是作为高等教育治理体系中最为关键的部分——政府与高校的关系。主要分析了新中国成立后我国政府与高校关系的转变情况及存在的问题,以及美德两国处理政府与大学关系的举措,最后提出了完善高等教育法律体系、调整政府责任、完善财政拨款机制、引入市场竞争等建议。

关键词: 国家治理 政府 高校

一、国家治理体系与高等教育治理

(一) 国家治理体系与治理能力现代化相关概念阐述

1. 治理

首先要了解"治理"的概念。治理按照汉语字面上意思所讲,就是统治加管理。高小平认为,当下公共领域的实践和现代政治学、行政学等研究将"治理"拓展为一个内容丰富、包容性很强的概念,重点是强调多元主体管理,民主、参与、互动式管理,而不是单一主体管理[①]。这个意义上的"治理",与统治和管理有着重要的区别。统治是单中心的,一般是以国家和政府为中心,在中国就是党和政府、党和国家。治理是多中心的,除了国家或政府之外,还应该有市场体系的组成,如企业、公司等盈利组织,大量的非营利组织以及公民等。

2. 现代化

作者简介:李佳,中央财经大学财政税务学院,副教授。鲁艳,中央财经大学财政税务学院,硕士研究生。
① 高小平:"国家治理体系与治理能力现代化的实现路径",《中国行政管理》,2014年第1期。

其次是现代化的含义,则是借鉴学者张培刚的原创"全社会范围,一系列现代化要素以及组合方式连续发生的由低级到高级的突破性的变化或变革的过程"①。我国的现代化过程是经历多次认识,不断完善的,经历了以经济现代化为核心到党的十八大报告提出的经济建设、政治建设、文化建设、社会建设和生态文明建设的"五位一体"的总体布局。

3. 国家治理体系与治理能力

什么是国家治理能力与国家治理体系?以及它们之间的关系如何。

习近平总书记在《切实把思想统一到党的十八届三中全会精神上来》的重要讲话中指出,"国家治理体系和治理能力是一个国家制度和制度执行力的集中体现。国家治理体系是在党领导下管理国家的制度体系,包括经济、政治、文化、社会、生态文明和党的建设等各领域体制机制、法律法规安排,也就是一整套紧密相连、相互协调的国家制度;治理能力则是运用国家制度管理社会各方面事务的能力,包括改革发展稳定、内政外交国防、治党治国治军等各个方面。国家治理体系和治理能力是一个有机整体,相辅相成,有了好的国家治理体系才能够提高治理能力,提高国家治理能力才能充分发挥国家治理体系的效能。"②

国家治理体系和治理能力现代化就是国家制度现代化,即制度和法律作为现代政治要素,不断地、连续地发生由低级到高级的突破性变革的过程。一是国家制度体系更加完备、更加成熟、更加定型,这包括一整套政治的、经济的、社会的、文化的、生态环境的制度。二是在这一制度体系下,制度执行能够更加有效、更加透明、更加公平。有制度无能力,那么制度就徒有虚名;有能力,没制度,那么能力就会被泛用滥用。在制度体系下不断提高执行能力,在执行过程中不断完善改进制度体系。

俞可平认为,要判断一个国家的治理体系是否现代化,至少有五个标准。其一,公共权力运行的制度化和规范化,它要求政府治理、市场治理和社会治理有完善的制度安排和规范的公共秩序。其二,民主化,即公共治理和制度安排都必须保障主权在民或人民当家做主,所有公共政策要从根本上体现人民的意志和人民的主体地位。其三,法治,即宪法和法律成为公共治理的最高权威,在法律面前人人平等,不允许任何组织和个人有超越法律的权力。其四,效率,即国家治理体系应当有效维护社会稳定和社会秩序,有利于提高行政效率和经济效益。其五,协调,现代国家治理体系是一个有机的制度系统,从中央到地方各个层级,从政府治理到社会治理,各种制度安排作为一个统一的整体相互协调,密不可分。其中,民主是现代国家治理体系的本质特征,是区别于传统国家治理体系的根本所在③。

(二) 高等教育治理体系现代化

1. 高等教育及其治理体系

教育是实现国家长远发展的基础性、战略性和前瞻性的事业,牵涉千家万户的根本利益和长远利益,是整个国家治国理政要重点考虑的内容和重点。早在两千三百年以前,亚里士多德就把教育活动看成是政府承担的主要职责之一,认为它是一项非常重要的公共事务。他指出"邦国如果忽视教育,其政治必将毁损"。教育承担着为国家建设、社会发展、文化传

---

① 张培刚:《农业与工业化》,华中科技大学出版社 2009 年版。
② 习近平:"切实把思想统一到党的十八届三中全会精神上来",中国共产党新闻网,2012 年 1 月 2 日。
③ 俞可平:"国家治理体系的内涵本质",《理论导报》,2014 年第 4 期。

承、科技创新培养合格人才的重任,在任何国家、任何时候发挥着举足轻重的作用。

高等教育作为国民经济建设的重要领域,其改革和发展方向应该顺应时代发展的潮流。在全面推进国家治理体系和治理能力现代化的时代背景下,高等教育所具备的优势发挥着重要的作用。我国的高等教育应为国家治理现代化提供理论智库和人才资源、创新动力。

2. 高等教育体系现代化的现实要求

党的十八届三中全会通过的《中共中央关于全面深化改革若干重大问题的决定》指出,全面深化改革的总目标是完善中国特色社会主义制度,推进国家治理体系和治理能力现代化,把"国家治理体系和治理能力"从国家战略高度予以明确,这既是全面改革的总目标,也是各领域改革的总要求。该《决定》提出了深化教育领域改革的总要求,部署了教育改革的攻坚方向和重点举措,坚定了举办中国特色社会主义教育的方向。在此大背景下,实现教育治理体系和治理能力现代化已成为我国教育改革的紧迫任务。高等教育作为教育体系的重要组成部分,其自身的独特性及其肩负的时代使命决定了其治理体系与能力现代化在教育改革中的重要性,同时高等教育治理体系和治理能力现代化也将对教育治理体系和治理能力现代化起到有利的推动作用。

本文所分析的高等教育治理体系的视角是分析政府与大学的关系方面,在党和国家的领导下政府对大学的治理,包括政府对高校的政策分析,政府在管理大学事务中的责任,以及引入市场,形成政府、高校、社会组织三者协调管理的机制。

二、从计划到市场:我国政府对高等教育的治理分析

新中国建立前,大学从属于政府,没有独立性可言。在新中国成立后,政府对高等教育的管理有诸多变化。

(一) 计划体制时代的政府与高等教育

1. 高等教育计划管理体制形成的直接原因

1949年以后,中国经过长期的战乱,百废待兴,既缺乏建国经验,又面临着经济落后的巨大困难,国际局势也对中国很不利。受意识形态分歧的影响,西方欧美国家普遍向中国紧闭大门,这在客观上促使了中国全盘学习苏联,实行"一边倒"的政策。而且当时苏联在共产党的领导下,已由一个落后的国家迅速走向工业化和现代化,所以当时苏联的模式被我国照搬照用[①]。

计划体制最大的特点就是政府包揽一切,掌控着政治、经济、文化等各方面的事务,导致政府机构设置庞杂,还出现权责不明,互相推诿等现象。高等教育也深受其害,教育受制于政治、经济体制,所以教育领域也形成了这种高度集权的计划型管理体制。例如在高等教育机构的设置上,1952年我国效仿苏联设立了高等教育部,同时对大学开设的课程及教学计划都做了统一的安排与管理。

2. 政府对大学所实施的政策概述

在当时高度集权的体制下,政府主要应用的是行政手段对大学进行管理,而不是法律的

---

① 龙献忠:《治理理论下的政府与大学关系研究》,湖南大学出版社2007年版。

手段。大学主要由政府主办，不仅如此，政府还管理大学的教学等各个方面，由此可见，大学变成了政府的附属机构，没有自主权，大学与政府是被控制与控制的关系。

《关于高等学校领导关系的决定》(1950) 确定了大学与政府的关系："中央人民政府教育部对全国高等学校（军事学校除外）均负有领导的责任……凡中央教育部所颁发的关于全国高等教育的方针、政策与制度，高等学校法规，关于教育原则方面的指示，以及对高等学校的设置变更停办，大学校长、专门学院院长以及专科学校校长的任免，教师学生的待遇，经费开支的标准等决定，全国高等学校均应执行。"①《政务院关于修订高等学校领导关系的决定》(1953) 则强调高等教育部必须与各业务部门密切配合，逐步实现了政府对高校的统一领导。还对高等教育部与各业务部门对高校的管理进行了分工，综合性大学由高等教育部直接管理，单科性高等学校可委托中央有关业务部门负责管理。

高等教育领域"大跃进"现象的出现。1958年由于政治因素，很多的县与公社都办起了大学。这种非正常的现象严重影响了我国高等教育的健康发展，为了纠正高等教育出现的问题，教育部颁布了《中华人民共和国教育部直属高等学校暂行工作条例（草案）》(1961)，该草案对政府和大学的关系做了相关的规定"教育部直属高等学校，行政上受教育部领导，党的工作受省、市、自治区党委领导。省、市、自治区党委和学校党委对这些学校的领导，应根据中共中央、国务院的方针、政策和教育部的各项有关规定办事。"还有"高等学校的专业设置、变更和取消，必须经过教育部批准……学校必须按照教育部制定或批准的教学方案、教学计划组织教学工作。高校的专业设置、教学方案、教学计划、教学大纲和教材要求稳定，不得轻易变动"等等②。由此可见，政府对大学事务基本都加以详细规定，大学实际上已成为政府的附属机构。"文革"期间，我国高等教育发展处于停滞状态，也没有对政府与大学的关系做进一步界定。

3. 计划体制中政府对大学管理的缺失

（1）大学管理中政府行政责任的缺失

长期以来，在高等教育领域中，政府的权责严重分离，使得政府在大学管理中的行政责任缺失现象十分突出。其原因一方面是政府运用所拥有的权力谋取私利，为了自身的利益对大学进行干预。另一方面是政府进行所谓的放权，其实就是把政府的责任与义务推卸给社会与大学。政府对大学行政管理责任缺失实际上是"全能政府"所引起的。

"全能政府"承担无所不包的职能与责任。在这种政府治理形式下，大学的所有事务均由政府统一安排与管理，大学失去了主动权。一方面，大学失去了依靠自身独立生存，以及参与教育资源配置的权力，只能消极地等待分配。另一方面，政府也不得不设置庞大的机构形成从中央到地方的一整套管理机制。这就使得政府对大学承担了无限的责任。但问题在于，政府的能力总是有限的，政府能力的有限与其需要承担的无限责任构成了矛盾。这就必然产生政府在管理大学事务中责任的缺失。这种行政责任缺失主要表现在：一是对法律所规定的高等教育经费投入严重不足；二是对弱势群体的关注不够及时不到位，对其扶持力度也不够；三是由于政府没有设立信息平台，导致教育提供者和教育接受者之间信息不对称；四

---

①② 胡建华："大学的法律地位分析——研究大学与政府的一种视角"，《南京师范大学学报（社会科学版）》，2002年第5期。

是未建立良好的社会公众参与及治理制度，如教育行政听证制度、教育监督及咨询制度等[①]。

(2) 大学管理中产生的行政化弊端

高度集中的计划管理体制中的行政化现象十分严重，不可避免地延伸到了教育领域。因此，在当时计划体制下，大学和其他社会组织一样有着不同程度的行政化色彩。我国的大学被视为事业单位，沿袭了政府的管理体制。而这种行政化体制下的教育特点主要表现在：教育的主体是繁杂的行政机构；其运作的价值信号是权力；评价大学教职工的主要依据是权力价值标准。

这种教育行政化所产生的后果是严重的，导致"厌恶创新""阻碍创新"。因为大学长期处于计划管理体制下，使得其长期以来养成了依附心理，惰性思想严重，一切事务由政府管理，大学领导不用考虑太多。再者是对于政府而言，在计划管理体制下，政府的主要官员掌握主要的权力，对大学所有事务都是包揽大局。他们为了自己的权力与利益，当然不希望大学通过创新来分享自己的权力。

(二) 经济转型期的政府与大学——大学要求办学自主权

"文革"结束后，实施改革开放政策，国家调整了政府与社会方方面面的关系，同时也包括政府与大学的关系。国家颁布了《中共中央关于教育体制改革的决定》(1985)，这一决定对新时期的政府与大学的关系作出了新的指示，指出："当前高等教育体制改革的关键，就是改变政府对高等学校统得过多的管理体制，在国家统一的教育方针和计划的指导下，扩大高等学校的办学自主权，加强高等学校同生产、科研和社会其他方面的联系，使高等学校具有主动适应经济和社会发展需要的积极性和能力。"[②] 另外还指出，在深入发展高等教育的同时，政府要依法治教，加强教育法制。

该《决定》从新定位了政府管理大学的职能，改变了从前政府对大学管理过死的局面，不仅使政府管的事务减少，也提高了办事的效率。同时也扩大了地方对高等教育管理的权力，充分调动了地方的积极性，地方对高校的投入也不断增多。该《决定》为政府有步骤地实施放权提供了依据，为今后颁布的教育法规指明了方向。此项决定的意义有三：一是政府对高校管理过多、包揽办学的局面逐渐改变。为逐渐实现政府办学为主、社会各界积极参与的新格局开辟道路，这不仅有利于拓宽高等教育经费的来源渠道，也有利于高等教育健康发展。二是将政府与学校的关系放到法律层面上予以重视，要转变政府职能，工作重点逐渐转向为高等教育发展提供政策、法律支持上来，切实维护高等学校的权力。三是为了调动地方的办学积极性，把中央权力更多的下放给地方政府[③]。

1992年10月，党的十四大正式提出我国要逐步建立"社会主义市场经济体制"，打破了以往的政策限制。第二年颁布的《中国教育改革与发展纲要》(1993) 又进一步阐述了政府与大学的关系及其要求。1997年党的十五大提出要全面建设社会主义市场经济体制，高等教育在管理形式和政府与大学的关系方面也发生了大的变革。而政府与大学的关系首次被

---

① 丁远波："我国高等教育成本分担政策中存在的问题及对策探究"，中国教育经济年会，2011年。
② 《中共中央关于经济体制改革的决定》1985年5月27日。
③ 江颖、宛小燕："高等教育宏观管理体制改革30年回溯及评价"，《理工高教研究》，2009年第6期。

法律的形式确定下来是 1998 年通过的《高等教育法》，该法第三十条规定："高等学校自批准设立日起就取得法人资格。高等学校的校长为高等学校的法定代表人。高等学校在民事活动中依法享有民事权力，承担民事责任。"

（三）新时期走向政府宏观调控，大学自主办学

改革开放以来，政府在大学管理方面做了大量的探讨，也取得了一系列的成果。政府对大学的管理正逐步向宏观方向转移，扩大了大学的自主权，鼓励社会各界积极参与到办学与大学治理的过程中。21 世纪初，我国政府进一步明确了在高等教育改革中的职能，为了增强高校的适应能力，政府放权，切实落实高等院校的自主权，逐渐形成以地方政府管理为主的高等教育管理模式。政府与大学的权责关系，关键是要符合我国的国情，政府适度宏观调控，进行具有中国特色的高等教育管理体制改革，调动大学的积极性，逐步实现政校分离。随着我国政府职能从新定位，管理能力提升，大学的作用凸显出来，探索构建更加合理的政府与大学的关系成为今后努力的方向。

2010 年 7 月，《国家中长期教育改革和发展规划纲要（2010—2020 年）》（以下简称《纲要》）正式颁布，这是新形势下指导我国教育发展的纲领性文件。《纲要》规定："以简政放权和转变政府职能为重点，深化教育管理体制改革，提高公共教育服务水平。推进中央向地方放权、政府向学校放权，明确各级政府责任，规范学校办学行为，促进管办评分离，形成政事分开、权责明确、统筹协调、规范有序的教育管理体制。""完善以省级政府为主管理高等教育的体制，合理设置和调整高等学校及学科、专业布局，提高管理水平和办学质量……""转变政府管理职能……改变直接管理学校的单一方式，综合应用立法、拨款、规划、信息服务、政策指导和必要的行政措施，减少不必要的行政干预"，"推进政校分开管办分离。适应中国国情和时代要求，建设依法办学、自主管理、民主监督、社会参与的现代学校制度，构建政府、学校、社会之间的新型关系。适应国家行政管理体制改革要求，明确政府管理的权限和职责……"[①] 可见，随着高校自主权的逐渐增加，大学的自主意识在不断增强，这是大学在治理结构中表达自己声音的开始。《纲要》在一方面理顺了政府与大学的关系，切实扩大落实大学的自主权，为大学内部治理提供了方式，为我国大学治理增添了活力。另一方面，政府能否真正做到权力的下放，把高校办学自主权落到实处，关键还是看政府对《纲要》的实施和推动如何。

随着我国社会的转型加速，进入 21 世纪后，我国大学治理模式也加快了改革的步伐，现已基本形成了中央和省级人民政府两级管理，以省级政府管理为主的管理体制，高校办学自主权得到了进一步扩大。但是，还应清醒的认识到，扩大高校的办学自主权只是政府根据自身的认识单向有限地把一些权力交给高校，大学的控制权仍掌握在政府手里，中国大学治理在很大程度上仍受计划集权体制、行政模式的羁绊，难以逃离大学治理无效率的怪圈[②]。也就是说，这一时期的大学治理模式的演变基本上是在政府意志之下开展的，行政性、指令性的管理明显，大学仍然是政府的附属机构。可以看出，调整政府和大学的关系，使其达到令双方尤其是大学满意的任务还非常艰巨，前面还有很长的路要走。

[①] 《国家中长期教育改革和发展规划纲要（2010—2020 年）》，中华人民共和国中央人民政府门户网站。
[②] 史彩霞："从制度经济学的视角审视中国大学治理结构的变迁路径"，《辽宁教育研究》，2006 年第 6 期。

(四) 当前我国政府与大学关系存在的主要问题

1. 政府的法律手段运用不够

由于我国的高等教育长期以来没有自主权，受到政府全权的管理与控制，导致人们参与高等教育的意识薄弱，认为高等教育的管理是政府的责任。从而高等教育改的活动中出现很多不理想的现象。这与法律法规缺乏约束力与监督有很大的联系。虽然改革开放后，随着民主法治意识的加强，教育立法工作也逐渐起步，但是法律的建设没有符合高等教育快速改革与发展的要求[①]。

国家治理理论要求政府不再是大学治理唯一的权力主体。这意味着政府、大学、社会力量等都有参与大学多元治理的权力，而我国尚没有对不同主体的义务与责任作出的法律规定。另外对大学的定位也不明确，到底是行政权力主体还是公益性事业单位法人存在争议，这不仅不能够明确政府与大学的法律关系，还限制了大学自主权的发挥[②]。如果政府与大学的法律关系能够明确，可以保证大学与政府具有平等的法律地位，这样就能够将政府的行政管理权力范围限定于高校的内部管理之外，为高校的学术与管理自由留足空间。

2. 经济手段存在局限

办学经费是大学生存的重要保障。我国政府的重要职责也就包括给公立大学提供充足的经费。因为大学主要追求的是社会效益，而不是经济效益，所以公立大学的办学经费不能依靠企业式的自给自足，所以政府必须给其以财政支持。但这并不代表政府负责大学的一切开支。可是实际上政府的拨款已经是大学的命脉，成为政府治理大学的经济"杠杆"[③]。大学与市场在这方面发挥不了实质性的作用。这样就产生了大学经费来源的单一，使得随着高校办学开支的上升，高校存在不同程度的办学经费紧张的状况。所以随着我国高等教育的不断发展，国家财政投入是必然的，所以我国大学发展受到政府对大学投资增长幅度的影响。

20世纪90年代末期以来，政府的经费投入与高校的规模扩张的需求存在着矛盾。随着国家财政收入的提高，高等教育投入也相应的提高。从1990年的110.7亿元上升到了2001年的1145.2亿元，增长了10倍。但另一方面，人均经费从1999年开始出现持续下降，2000年、2001年分别比前一年下降了5%和2%。教育经费总投入增长了5倍，而生均经费从1990年的5365元上升到7884元，增长速度为47%[④]。这种情况表明，高等教育经费投入的增长速度从1999年开始低于学生规模的增长速度，经费水平在规模扩张的情况下出现了下降。进入21世纪以来，第一年财政性教育经费就达到GDP的3.14%，突破3%，2002年达到3.32%，2003年降为3.28%，2004年更是下降到2.79%。以我国2011年经费总量大概为47万亿元，4%大概是1.88万亿元，这是一个很庞大的数字。高等教育财政性投入2016年1.011万亿元，比上年增长6.22%[⑤]。高等教育经费占很大的比重，下一步需要重点考虑是如何利用这些经费促进大学的发展。而就我国目前政府拨款方式而言，这种财政拨款

---

① 王一定、李金轩、贺凤莲："市场经济下我国高等教育政府管理中存在的问题及对策"，《长春工业大学学报（高教研究版）》，2006年第1期。
② 李蓉："论政府在高等教育管理体制改革中的职能定位"，《黑龙江教育（高教研究与评估）》，2007年第12期。
③ 张圣祺："大学治理中政府行为探析"，《新长征》，2012年第1期，第61页。
④ 郭海："20世纪90年代中国高等教育经费的来源构成变化"，《清华大学教育研究》，2004年第5期。
⑤ 张芳："高等教育经费筹措的国际比较"，《经济研究参考》。

的方式缺乏必要的公正公开和科学论证,缺乏必要的财政评价制度和激励反馈机制,一定程度上不利于经费的合理使用和大学自我发展。

世界高等教育发展规律表明,高等教育经费来源多元是一个普遍的发展趋势。以美国高校为例,据美国联邦教育部教育统计中心统计数据,2001—2006 年,美国包括联邦、州和地方政府在内的政府拨款在公立高校中占 51.0%,在私立高校中占 16.5%。学费收入在公立高校中占 18.8%,在私立高校中占 43.0%;包括私立奖学金和捐赠基金在内的捐赠收入在公立高校中占 4.7%,在私立高等学校中占 14.4%。其他收入在公立高校中占 3.3%,在私立高校中占 5.1%[①]。而我国经费开始多元化是近十几年的事,1997 年我国确立了学费制度,高等教育投资渠道单一化的局面被打破,呈现了高等教育经费来源多元化的格局。这些来源包括:国家财政性教育经费,社会团体和个人办学支出,社会捐、集资,学、杂费,事业收入及其他收费[②]。从理论上来讲,大学作为办学主体和法人,应该必须面向社会办学,公立高校发展所需要的相当一部分资源应该大学自身通过社会市场去获取。中国校友会发布的中国校友捐赠排行榜报告显示,1990—2011 年中,共接收校友捐赠金额合计 52.27 亿元[③]。这个捐赠数字与我国政府每年所拨款经费所占而言,简直是九牛一毛。可见我国高等教育的发展要不要引进市场机制,参与市场竞争以及以何种方式参与,近年来也成为一个社会广泛讨论的话题。高等教育完全的市场行为是不可取的,但是政府的直接计划管理手段也是行不通的。如果采取市场适度参与和政府合理调控相结合也许会平衡大学发展经费增长与政府投入不够的问题。

3. 监督评估机制不够完善

通过评估提高教育质量,是世界各国高等教育发展和质量监督的共同启示。我国从 20 世纪 80 年代开始,进行了高等教育质量评估的活动,其对提高教育质量启到了积极的促进作用。但评估机制仍然存在以下几个主要问题:一是评估机制是以政府为主导,其体系有待完善。这种国家级的权威性评估有利于政府对高校进行宏观性的认识与管理,监督高校按照法律规定落实办学思想、促进教学改革。但是政府主导的评估过程中,政府干预过多,直接参与评估的过程,大学必须接收其评估安排、结果与建议,导致评估的专业权威性不高,评估的效果不明显。二是虽然第三方评估机构积极发展与参与,但难以对高校的发展改变产生实质性影响。利用第三方评估才是高等教育质量评估发展的趋势。目前我国除了政府主导的评估之外,也出现了一些第三方评估机构,例如我国的一些大学排名与评价机构。显然这些对高校的发展起到了一些作用。但是这种排名对大学大发展未产生实质性影响,主要是因为高校教育机构并没有主动要求积极配合这种排名,其次是排名的结果基本不影响政府对高校的评价,那么政府对高校的资源分配也不会产生影响。所以尽管社会评估机构对此积极性很高,但是政府无视这些评估结果使其对高校发展的作用力很小。三是有效的监督评估机制还没形成。政府通过检查、评估对高等教育的活动进行监督,而这需要建立由政府、社会以及大学自身参与的多层次、多途径的监督评估体制机制。但现实情况是社会的评估不受重视更

---

① 李祖超:"教育经费筹措方法的比较与借鉴",《教育理论与实践》。
② 国家高级行政学院:《中国高等教育体制改革世纪报告》,北京人民教育出版社 2001 年版。
③ 中国校友会:"2012 大学排名",http://www.cuaa.net/cur/2012/10.shtml。

没有法律的肯定，主要是以政府的评估为主导①。

三、德国、美国政府对大学的治理情况介绍

（一）德国的协作治理

1. 19世纪高等教育改革

早期的高校受到政府的垄断，14世纪中后期成立的布拉格大学、维也纳大学和海德堡大学等均为官方创办，自成立之日起自治权就很少。19世纪初期的德国仍然四分五裂，特别是1807年普法战争的失败，使德国陷入了全面的危机之中。进行全方位的改革成为人们迫切的需求。于是在政府的推动和主导下，德国开始了政治、经济、文化、教育等在内的改革。在高等教育领域，以柏林大学的创办最为著名，一方面它是德国政府协调与大学关系的新篇章，既体现了国家创办大学的必要，同时又主张政府要给大学广泛的科研、学术自由等；另一方面重视学术科研成为今后各国高校发展的重要职能之一。

柏林大学的创办和发展，成为德国政府与大学关系的转折点②。当时战争惨败的德国，想通过教育改革来弥补经济上带来的创伤，创办了柏林大学。关于国家如何治理大学，如何处理大学与政府的关系，施莱尔马赫、洪堡等人的观点中有全面的体现。曾担任柏林大学校长的施莱尔马赫认为，国家不应该把大学视为政府的从属机构，限制其活动服从于征服而不是科学的本身，这样会使大学受到极大的伤害③。1810年柏林大学创建之时，洪堡指出大学应基于三项原则：即教学自由、学术独立、教学与研究相结合。同时洪堡还强调了政府与大学的关系，他认为政府应该遵循大学学术组织的运行特征，对大学的活动不能完全操控，要充分认识政府的行为对大学发展的潜在危害性。但是他也不否定政府与大学的紧密联系，指出"大学始终是与国家的需要紧密相联的"，大学"承担着国家的实际事务"④。因此可以看出洪堡在强调大学自主权的同时也承认政府对大学的权力与责任。在当时，大学需要国家财政支持才能生存下来，完全独立于政府之外生存是不可能实现的。德国在政府与大学的关系方面处理的恰当，一方面政府给予大学很大的自主权，享有办学、科研自由，实行的是教授治校。另一方面大学是"国家部门性"型大学。因为大学的组织机构是附属于政府的，还需要政府测经费支持，教职工是国家公务员，很多大学毕业生毕业了也是去政府部门，由此可见大学是服务于政府的。

德国国家对高等教育的治理模式是国家与大学协调的机制。洪堡的教育改革对德国乃至全世界都产生了深刻的影响，而柏林大学的创建成为德国近代高等教育近代化形成的标志。此后，德国高等教育进入了快速发展时期，其大学的发展模式成为全世界高校发展借鉴的对象，在此后的一百多年里，德国大学的学术科研水平一直走在世界的前列⑤。

2. 高等教育管理的联邦制原则

---

① 徐景武："高等教育评估中政府行为模式探析"，《江苏高教》，2000年第3期。
② 林杰、汪洋："柏林大学建立的文化要素及其借鉴意义"，《沈阳师范大学学报（社会科学版）》，2011年第2期。
③ 马陆亭、范文耀："我国现代大学制度的建设框架"，《国家教育行政学院学报》，2011年第5期。
④ 李俊霞："洪堡教育思想对我国高等教育改革的启示"，《学术交流》，2014年第7期。
⑤ 徐理勤："论联邦德国高等教育协调模式及其发展趋势"，《德国研究》，2010年第4期。

联邦制原则是德国高教管理体制的一项基本原则，各州是管理高等教育的主体。二战结束后，受到美国分权管理高等教育的影响，德国将高等教育决策与管理的权力赋予州一级政府，而联邦政府不再享有高等教育的管理职能。这就形成了联邦与州两个层面的治理形式，一个是州政府对高校教育实施实质性管理，另一个是联邦政府对高等教育实施指导性的管理。即联邦政府主要是通过立法与拨款的形式对大学进行干预，而州政府是在法律法规的指导下对享有对高等教育管理的自主权和自治权。从20世纪60年代开始，联邦政府进行了财政改革，对州的高等教育予以资助，以此来促进高等教育规模的扩大与发展。1998年修订的《高等教育框架法》指出：“联邦政府在发展高等教育上的主要责任是立法，对州的高等教育提供财政资助，对高等学校学生提供奖助学金等"[1]。德国这种体制与美国有明显不同。第一，美国是通过州这一级将国家政府与大学分离开来，但德国州政府却承担了联系这两方的责任，将联邦政府的力量传达给大学。第二，美国州政府的力量发挥，是受到社会力量的影响，而在德国，州政府的高等教育管理职权发挥稳定。此外，相对于美国大学的激烈竞争，德国大学与欧洲其他大陆国家的大学一样缺乏内部竞争力。比如教育经费的来源，德国大学主要是依靠政府财政的直接补贴，而美国大学的经费主要是通过市场来获取，即使是政府给予的资助，也是通过市场的方式进行分配[2]。德国的中间力量在高等教育发展中的作用日益显现，政府下放权力，让社会力量参与到国家治理高等教育中来。可以看出，德国的教育管理体制注重多方面的管理，宏观上强调政府的规划指导作用，微观上注重大学自身的办学自主权，促进其学术科研的创新发展，强调中介组织的介入是宏观与微观相结合的产物。

（二）美国的地方分权治理

美国的高等教育发展历史较短，在借鉴吸收英国、德国等国的大学形式的基础上，形成了独特的且有生命力的美国高等教育制度。政府管理大学采取的是地方分权的方式，形成了联邦、州、地方三级教育行政机构，联邦政府主要是发挥宏观调控的作用，不具有管理大学的职能，而大学中有相对成熟的董事会制度，且制度保障较健全，市场在大学的发展中发挥着重要作用。美国是联邦制国家，各州拥有独立自治权，联邦政府的权力十分有限，他们共同分享国家的权力[3]。

据宪法规定，联邦政府可以通过设定教育发展战略，以及对高校提供各项经费支持从而实现对高等教育的宏观调控和约束。而对高校没有管理权，对高等教育没有立法权。州对高等教育享有管理权，州政府拥有高等教育的立法权，为本州的公立学校提供经费以及。特别的是，美国没有统一的高等教育管理模式，各州根据情况而定。地方政府以及其他一些集团均有一定的管理权，这样就使得权力分散在市场中，各种力量可以按照各自的方式支配高等教育的发展，同时也产生了资源分配多样性的有利影响。比如对高校的评估，主要是社会中介机构进行，这样不仅能够加强对高校的监督，保证高校的自主权，还能够减少政府对高校的直接干预，很好的协调了政府与大学的关系。美国没有国立大学，曾试图建立，但受到宪法级社会各界的反对，以失败告终。引入市场机制并排除了中央政府的约束力量，形成了以

---

[1] 高等教育投入体制与评价机制改革的新发展——欧洲四国考察报告。
[2] 徐理勤：“论联邦德国高等教育协调模式及其发展趋势”，《德国研究》，2006年第4期。
[3] 方明、谷成久：《现代大学制度论》，安徽大学出版社2007年版。

州政府为主体的高等教育管理体制,不存在"中央政府—大学"的垂直管理路线;体现了美国高等教育的管理分权特征①。

以市场调节为主是美国高等教育管理的特点,市场的力量可以追溯到起始阶段,所以这种力量是非常强烈的。由于美国大学发展主要起源于殖民地时期的英国,所以直接进入现代化,没有经历过落后的、封建的发展阶段。"优胜劣汰、适者生存"是在自由竞争的市场经济影响下,美国大学生存和发展的关键。这种市场竞争渗透到了美国高等教育系统的各方面,主导着高等教育系统。美国高等教育专家伯顿·克拉克曾指出:"在世界上几个主要的先进国家的高等教育系统中,美国的系统是最缺乏组织的,几乎完全是一种相互之间自由竞争的市场"②。在这种市场经济体制下,高等教育的资源主要是通过市场来配置,政府主要是实行宏观管理与调控,对大学的具体事务不进行管理。但是美国各州也曾试图将本州的私立学校纳入州政府的控制之下,1819 年的"达特茅斯学院案"使州政府的这一梦想破灭。该案认为:政府、社会等力量对大学进行干预时,大学可以作为一个独立的法人团体与之谈判协商,捍卫自己应有的权利和自治的地位。此后美国的私立学校的权力受到法律的保护,州政府将不能对其进行干涉。

但是,州政府却开始寻找另外的方式——通过建立州立大学来实现其教育目标。《莫雷尔法案》(1862)颁发实施后,美国政府为了实现对高等教育有效地管理,用立法与拨款的方式管理各州高等教育,有力地促进了各州高等教育的改革和发展③。美国州政府与大学关系的确立,不仅保证了大学的自主办学权,也使其能够在各方监督下获得自由的生存与发展空间。20 世纪 70 年代,美国大学生运动所产生的一系列问题引起了思考。大学本身的公共性社会组织性质要求政府立法机关应承担责任,这就是外部治理责任,而这种责任是可以通过政府机关的有关高等教育的信息传递出来。20 世纪 80 年代,州政府要求为大承担治理责任的倾向更加凸出。这主要是由于,一方面政府承担了公立高等教育资金投入的很大部分,所有政府有权对其事务进行干预;另一方面是大学作为重要的社会组织,应该接受政府部门的监督,让政府发挥协调的作用④。

从 1989 年老布什政府开始,到克林顿、小布什,再到奥巴马政府都颁布了一些教育改革法令,联邦政府对高等教育的宏观管理正逐渐加强。但我们不可否认的是美国的大学仍然享有充分的自治权,在这种地方分权的高等教育管理体制下,各高校有人事、经济、设置课程等主动权,具有明显的地方性特色。

四、国家治理理论下我国政府与大学关系的重构

(一)高等教育治理主体多元化的到来

新中国成立初期,我国高等教育的管理模式与高度集中的计划管理经济模式相适应。高

---

① 敬然:《政府分权下大学自主的实现》,吉林大学博士论文,2011 年。
② 刘虹:《控制与自治:美国政府与大学关系研究》,复旦大学博士学位论文,2012 年。
③ 郭庆霞:"《莫雷尔法案》的颁布对内战后美国高等教育的影响",《黑龙江高教研究》,2011 年第 3 期。
④ 苗文利:"美国高等教育资源配置对我国高等教育的启示",《中国矿业大学学报(社会科学版)》,2009 年第 1 期。

校拥有较少的自治权,既不需要根据自身的情况随着预期的改变而做出反应,更不需要承担任何权责风险,也无法进行资源的合理配置,只能听从政府的安排,大学里失去了内源性动力。这种管理体制下,不但造成资源配置不合理与浪费,也使得办事效率低下。伴随着改革开放的进行,我国当代社会开始转型。《中共中央关于教育体制改革的决定》(1985)指出,政府对学校统得过多过死,该管的事却没有管好。教育管理体制改革势在必行,扩大学校的办学自主权,调整政府的管理职能。与此同时,第三方力量开始影响高校与政府的关系,并最终影响高校的运行和发展。国家治理理论视野下的高等教育治理就主张引入市场机制,形成政府、社会与大学之间多边的互动关系,改变由政府单一主体管理的模式。逐渐形成"政府—高校—社会"一种合作协调的新型关系[1]。

现代大学应该是多个利益相关者共同参与管理的机构。随着大学走向社会的中心,其利益也是呈现多元化的趋势,会涉及与大学密切相关的政府、公民、社会团体等。而这些不同的利益主体对于大学的利益诉求是不一样的,且通过不同的方式对大学产生影响。它们之间相互影响、相互牵制,形成了大学的利益结构。高等教育治理的主体走向多元化,政府、高校、社会这三者之间的关系需要从新界定,他们之间应当是一种平等与相互依赖的关系,意味着治理过程中不存在唯一的权力中心,而是在一种合作中解决问题的重要关系。

(二) 政府的角色转变与职能定位

国家治理理论强调的治理主体的多元化,政府不能完全掌控一切权力,而应该是由政府等多个权力主体,通过合作协商的方式,而不是行政指令的方式来共同管理与承担社会公共事务,要遵循平等协商、谈判和服务的原则。依照国家治理理论的观点,政府的高等教育管理职能应该发生根本的转变,即政府在高等教育领域不再是唯一的权力中心,而是要变成"服务型政府"。大学治理首先需要实现的任务就是重构政府在大学管理中的责任,通过角色定位和职能的转变使其与社会力量一道参与治理大学事务,从集中控制模式走向共同治理模式。

1. 转变政府权力

权力关系的调整是高等教育改革的核心。在社会转型过程中,对政府权力进行转变,切实做到放权,是建立市场经济体制的必然要求。计划经济体制下,一直受到"强政府弱社会"观念的影响,大学的积极性与创造性被抑制了。要为大学注入生机与活力,就必须改变政府与大学之间原有的关系模式,弱化政府对大学控制权,赋予大学更多的自由,确定政府权力控制与大学自主的合理边界,使两者关系由控制转向自由[2]。

弱化政府的部分权力。所谓政府权力的弱化是指在政府职能转变的基础上弱化或取消政府部分管理权力。首先,凡是在计划体制下阻碍高等教育发展的政府权力都应弱化或取消;其次,政府权力的弱化不是简单的减少,而是在政府职能转变的过程中,重构政府权力的一个过程和走向。实际上,高等教育治理中政府部分职能的弱化是为了合理界定政府权力,及大学自主权边界的确定,在政府控制与大学自治之间寻找平衡。可以通过以下三点实现:一

---

[1] 杨纳名:"大学治理的必要与可能:治理理论的大学实践",《河南师范大学学报(哲学社会科学版)》,2012年第6期。

[2] 龙献忠、朱咏北:"政府公共权力重构与高等教育治理",《高等教育研究》,2005年第5期。

是地方能做好的事就让地方来做，中央应适当给予其地方权力。二是政府与大学的权力划分，大学自身能管好的事让大学来管。三是政府与体制外的关系，适当放权，由非政府组织或非营利组织管的事就让他们来管。

强化政府的部分权力，指的是随着社会主义市场经济的发展，适应政府职能转变的需要，加强政府的宏观调控能力及立法权。在高等教育高速发展的过程中，难免会遇到一些问题是高校自自身无无法解决的，此时就需要政府强有力的调控与协调，对其进行指导[①]。这也就意味着，在我国高等教育大发展过程中，必然要求政府相应的行政管理权力到位，否则会影响到我国高等教育健康发展。因此，为解决新形势下高等教育发展所面临的新问题，适当增加和强化政府的部分管理职能是必要的。目前，从我国高等教育发展的实际来看，可以适当强化政府管理的如下权力：其一，加强政府的行政立法权，建立政府依靠法律管理大学的机制。其二，强化政府对高等教育管理的宏观调控权。其三，强化政府对大学的监督管理权。

2. 转变政府职能

在发展高等教育的过程中政府到底应该承担什么样的职能尚无定论。以下是几种观点，有人认为，政府应主要承担管理与服务职能。也有人认为政府应该承担管理职能、资金供给职能及教育生产者职能。还有一些人认为除了这些还应有宏观调控与服务的职能。而我们所普遍认可的观点是，政府应该退出微观管理领域，转向宏观管理，让大学管理自身的事务，而将一些辅助作用的社会职能交给社会组织机构。总之，在新的形势下，政府的管理职能要做到几个转移。一方面实现权力主体在不同主体间的转移，另一方面实现政府对高等教育管理由控制向服务转变，直接管理转为间接管理，微观管理转向宏观管理。逐步构建两者的合作伙伴关系。

政府转变职能并不是否定政府参与在大学的治理，相反是要通过调整政府的职能，使其更好的参与大学治理，并促进大学的发展。如前文所述，需要政府对大学的管理，但必须是合理的控制与调控，不是撒手不管，也不是事无巨细，而是要既有管理职能又要有服务职能，既要有直接管理又要有间接管理，这样才能为大学更好的发展服务。同时政府可以引入市场机制来完善对大学的管理，与社会力量共同参与大学治理。

3. 政府责任的调整

第一，健全高等教育法律体系。法律治理是规范管理高等教育活动最有效的手段。政府与大学关系的改革需要法律的保证，法律明确了各自的职责。政府对大学进行管理有法可依，依法治教，大学依法自治。政府有为高等教育立法的责任，通过人大机构制定法律法规，形成有法可依、违法必究、执法必严的法制环境，这也是高等教育健康发展的前提与保障。这是落实高校办学自主权和促进高等教育事业健康发展的前提与保证[②]。因此要重视法律的设立，对于调整政府与高校的关系有着重要的作用，通过教育立法转变政府职能，扩大高校办学自主权，理顺政府与高校的关系。改革开放以来，我国陆续进行了教育立法，明确提出要建立政府宏观管理，高校自主办学的体制。这就要求有法律的支持与限定，明确政府的职能与责任，理清政府与高校的关系，保证高校的自主办学的权利。

---

① 李宝元：“转型发展中政府的角色定位及转换”，《财经问题研究》，2009年第1期。
② 严文清：《中国大学治理结构研究》，人民出版社2011年版。

确立有效可行的高等教育法律监督机制，从法律上明确政府和大学的权力与义务，协调集中管理与分权管理的关系。依法执教是行政合法性的要求。政府权力的存在与运用都必须要有法可依，所以应尽快完善当前我国的高等教育领域的法律法规体系。制定与《大学法》与《高等教育法》相配套的法规政策，进一步明确政府、高校、社会三者各自的定位及高校与政府的权责关系，以法律的形式保证高校办学自主权能。实践证明，通过法律手段来调节政府与大学的关系是十分有效的方式，教育立法不仅强化了政府对高校的调控作用，而且又保证高校享有充分的办学自主权①。

第二，引导制定大学发展规划。规划是政府进行管理的间接手段，有利益统筹协调各方的发展。对高等教育发展进行规划是政府的职责，是发展的重要导向。高等教育受到经济社会水平的影响，而由政府加以宏观管理，能保证高等教育的发展与经济社会发展相适应。政府作为整个社会的管理者，能够掌握大局，从更广的视角来协调统一各方的利益关系及发展方向。所以要保证高等教育事业健康地发展，政府应该在科学预测、调查的基础上，制定出科学合理的发展规划，对高等教育的活动实施宏观调控，以统一、协调高等教育的发展。

改革开放后，我国先后两次颁布了教育规划的相关文件，分别是1993年的《中国教育改革和发展纲要》和2010年的《国家中长期教育改革和发展规划纲要（2010—2020年）》。2010年颁布的发展纲要是对未来十年的教育改革和发展做出了部署。在高等教育部分，一是强调提高教育质量，二是进行改革创新。发展规划一方面指引我国高等教育的发展，对其发展有一个整体的把握，指明我国高等教育发展的目标、任务及如何处理问题等。另一方面有利于政府对高等教育的调控，保证了高等教育发展的规模、速度，高校的结构设置更加合理，也有利于高等教育资源的有效利用。最后保证我国高等教育发展与经济建设相协调②。

第三，为大学提供经费保障，完善教育拨款机制。经济手段是当前市场经济体制下政府调控高等教育最有效的方式，政府主要是通过拨款、资助、投资、奖励等手段对高等教育进行宏观调控。新中国成立后，由于集中式的管理体制，政府掌管教育经费，由各部门向所属高校划拨经费，这种方式加强了对高校的管理与服务③。为了更好的适应社会经济的发展，更好的为高校发展服务，教育经费的划拨要做到合理有效。同时为了保证高校有能力有条件的健康发展，必须为其提供充足的教育经费。但是长期以来导致我国高校对政府有严重的经济依赖行为，政府通过经济手段这一杠杆向高等教育施加权力、渗透意志、获取利益提供了便利。必须建立公开透明的高等教育财政拨款机制，加快法律的建设，在保证经费充足的前提下，还要使政府的行为有法可依，违法必究，使高校有条件的健康自由发展。

第四，做好对高校的监督，建立完备的社会评估体系。在重视扩大大学办学自主权的问题的同时，却容易忽视大学办学自主权扩大后如何进行制约和制衡，这就涉及到政府对大学的监管问题。而教育评估是政府实施监督管理的重要手段之一，政府通过对高校进行各方面的评估，对其进行全方位监督。这是政府的权力与责任。我国《高等教育法》明确规定了政府对高校的法律监督权力，但是对于如何行使监督权，法律基本上没有涉及，这样使得政

---

① 崔乃鑫："试论政府在落实高校办学自主权中的作用"，《煤炭高等教育》，2010年第2期。
② 国务院关于实施《国家中长期教育改革和发展规划纲要（2010—2020年）》工作情况的报告，教育部网站。
③ 黄建雄："自主与调控：大学治理中的政府行为"，华中师范大学硕士学位论文，2005年。

府的权力有很大的空间①。我国政府对大学的监督评估还处在探索阶段,想通过检查和评估等活动实行对高等教育活动的监督。

一个有效的绩效评估机制能够创造出很多有形的价值和效益。所以要加快健全的高校评估体系与机制,一方面要规范政府的评估行为,不断优化评估标准和方式;另一方面要促进社会评估机制的建立,应建立有效第三方绩效评估制度。

第五,增加高等教育的市场竞争性,鼓励社会的加入。市场经济的高度发展预示着市场力量介入大学事务是一个历史必然。如果不加干预,市场有可能成为大学发展的主导力量。因此,政府职能决定了它必然谋求将市场与大学关系纳入政府有效管理范畴之内,构建有利于政府职能发挥的政府、市场、大学三者关系的架构②。国家治理理论强调积极引入市场竞争机制,鼓励社会力量参与办学:一方面有利于增加高等教育经济投入,缓解政府和高校的财政负担,满足人民群众对高等教育的需求;另一方面有利于高校不断提升办学质量和办学水平,调动高校有效办学和管理的主动性和积极性。

市场机制是国家治理现代化的一种有效的选择。市场提供竞争,追求效率,市场在许多社会领域的管理活动中都有着巨大的优势。西方发达国家的经验告诉我们,公共事务不可能由政府实施完全的计划,利用社会的力量和政府合作是一个解决公共事务的很重要的方式,这与国家治理现代化完全吻合。市场对政府和大学调节作用包括两个方面:一方面通过市场的调节作用,把本由政府行使的权力交由市场更好地完成。市场可以通过其自身优势和特点,作为政府管理权力的部分让渡和补充,从而进一步补充和完善整个社会对高等教育的管理。另一方面,通过市场调节还使得大学较快地适应外界社会的需要,使得大学系统更加多样、各具特色,勇于革新、不断进取,使得高等教育的价值得到社会的认可。所以我们需要建立完善的制度来配置政府与市场在高等教育领域中的权能关系。

第六,鼓励第三方参与大学治理,成分发挥中介组织的作用。中介组织的出现有利于政府职能的转变,有利于防止行政权力滥用,有利于政府决策的科学化与民主化。建立教育中介组织是实现包括政府、高校和社会力量在内的多元治理,协调高校与政府、社会关系的一种非常有效的途径,因为政府的一些职能,例如评估、审议、监督等可以通过中介机构来完成,它既可以承担执行政府决策的责任,又可以代表高校向政府施压,影响政府的决策,这样就可以减少政府与高校的摩擦,减少矛盾,高校也易于接受,同时也能减轻政府的一些负担,避免直接管理产生的弊端,有益于政府加强宏观管理。同时中介组织还是大学和社会建立联系的积极而有效途径,在社会参与大学管理中发挥着不可替代的作用。

其一,建立健全教育中介组织体系。我国建立健全教育中介组织的时机基本成熟,在政府与高校之间尝试建立各种各样不同类型、不同性质,发挥不同功能的中介组织成为一种发展需要。要有意识地培育和发展教育中介组织。大力发展各种各种类型的教育中介组织,特别要加快发展咨询、评估、监督与服务性中介组织。随着政府职能的转变,即要求改变由政府主管部门直接评估高校的方式,把对高校的评估权力下放给非政府的高等教育中介机构成

---

① 李金柏、王婷:"论高校管理中行政权力的角色转变——高校自治与政府规制两种权力均衡体系的构建",《黑龙江高教研究》,2005年第10期。
② 兰文巧、张爱邦:"伯顿克拉克的高等教育系统整合观点解读——兼论'大学、政府与市场关系的冲突与调适'",《辽宁师范大学学报(社会科学版)》,2006年第1期。

为现代大学和社会的一个呼声①。其二，加强和保障中介组织的合法性与权威性。我国有关教育中介组织的法律还比较匮乏，中介组织的法律地位还不够明确，行为也无法可依。因此，需要建立有关教育中介组织的法律，抓紧制定和实施有利于鼓励和保护教育中介组织的政策。努力营造适合教育中介组织生存、发展的透明、公平的法制环境。同时政府必须对中介组织的行为进行规范，以保证其行为的公开性和透明性。中介组织不可能是完全独立的第三方，可能倾向于政府或高校，但是无论哪一方，重要它能发挥其应有的作用，促进高校的健康发展，我们就应该重视和支持。

（三）建立政府与大学新型的治理关系

建立政府与各个社会组织之间的协商与合作关系是新型合作方式之一，需要政府与社会各组织机构之间建立以谈判为基础、以合同为表现形式的合作关系，这样国家治理现代化所倡导的各种思想才能实践。建立治理关系的基础是各个社会组织之间有共同的目标。实际上，大学实现自身理想与追求价值的过程，与政府的一些职能要求是相契合的。正是由于大学与政府相同的责任与目标，才使得政府对大学各种客观需求更加重视。这也正是数百年来政府始终干涉并直接管理大学的重要原因。

对于大学的治理，国家治理理论中包含政府、大学好社会利益组织在内的多元治理。办成什么样的学校、如何设置课程、人才如何培养等，政府必须与学校、社会协商来决定，从而满足不同消费者的需要。政府、大学、社会只有进行合作，才能实现共同的目标。而政府在整个社会复杂的利益关系中是纽带的作用，兼顾各方利益，统一协调安排。政府承担着建立指导高等教育组织行为者行动的共同准则。高校有别于其他公共服务机构，有典型的组织特征，是属于非政府、非营利性质的学术组织，不是行政组织，因而政府对大学的管理必须符合和遵从大学的学术组织属性，这样才能促进政府、大学和社会其他力量共同治理大学，使大学能够走向良性发展的轨道。

形成有效的大学治理的多元机制还需要一个长期过程，因为这与社会进步和国家的民主建设有关。教育问题往往不是教育本身的问题，而是其之外的问题。国家治理现代化实际上是国家权力向社会的回归。大学真正想要实现自治，就必须依靠不断进步的社会力量而这最重要的是实现民主政治。走向民主政治，政府的权力得到限制，大学才可能获得自由、独立、批判的精神品质，这样大学才能够更好地服务于社会的发展需要。

参考文献

[1] 高小平．国家治理体系与治理能力现代化的实现路径［J］．中国行政管理，2014（1）

[2] 张培刚．农业与工业化：农业国工业化问题初探．华中工学院出版社，2002

[3] 俞可平．国家治理体系的内含本质［J］．理论导报，2014（4）

[4] 龙献忠．治理理论视野下的政府与大学关系研究．湖南大学出版社，2007

[5] 胡建华．大学的法律地位分析——研究大学与政府的一种视角．南京师范大学学报（社会科学版），2002（5）

[6] 孙绵涛．当代中国教育改革的基本经验［J］．现代教育管理，2015（4）

---

① 冯增俊："市场机制引入与教育管理体制创新"，《比较教育研究》，2015年第3期。

[7] 江颖、宛小燕. 高等教育宏观管理体制改革30年回溯及评价 [J]. 理工高教研究, 2009 (6)

[8] 史彩霞. 从制度经济学的视角审视中国大学治理结构的变迁路径 [J]. 辽宁教育研究, 2006 (6)

[9] 王一定、李金轩、贺凤莲. 市场经济下我国高等教育政府管理中存在的问题及对策 [J]. 长春工业大学学报（高教研究版），2006 (1)

[10] 李蓉. 论政府在高等教育管理体制改革中的职能定位 [J]. 黑龙江教育（高教研究与评估），2007 (12)

[11] 张圣祺. 大学治理中政府行为探析 [J]. 新长征. 2012 (01)

[12] 郭海. 20世纪90年代中国高等教育经费的来源构成变化 [J]. 清华大学教育研究, 2004 (5)

[13] 李祖超. 教育经费筹措方法的比较与借鉴 [J]. 教育理论与实践, 2002 (3)

[14] 林杰、汪洋. 柏林大学建立的文化要素及其借鉴意义 [J]. 沈阳师范大学学报（社会科学版），2011 (2)

[15] 马陆亭、范文耀. 我国现代大学制度的建设框架 [J]. 国家教育行政学院学报, 2009 (5)

[16] 李俊霞. 洪堡教育思想对我国高等教育改革的启示 [J]. 学术交流, 2007 (7)

[17] 徐理勤. 论联邦德国高等教育协调模式及其发展趋势 [J]. 德国研究, 2006 (4)

[18] 李金柏、王婷. 论高校管理中行政权力的角色转变——高校自治与政府规制两种权力均衡体系的构建 [J]. 黑龙江高教研究, 2005 (10)

[19] 兰文巧、张爱邦. 伯顿克拉克的高等教育系统整合观点解读——兼论"大学、政府与市场关系的冲突与调适" [J]. 辽宁师范大学学报（社会科学版），2006 (1)

[20] 王凌宇. 美国高等教育政府财政拨款体制研究 [D]. 东北师范大学, 2007 (7)

[21] 方明、谷成久. 现代大学制度论 [M]. 安徽大学出版社, 2007

[22] 崔乃鑫. 试论政府在落实高校办学自主权中的作用 [J]. 煤炭高等教育, 2010 (2)

[23] 刘虹. 控制与自治：美国政府与大学关系研究 [D]. 复旦大学博士学位论文, 2010

[24] 郭庆霞.《莫雷尔法案》的颁布对内战后美国高等教育的影响 [J]. 黑龙江高教研究, 2011 (3)

[25] 苗文利. 美国高等教育资源配置对我国高等教育的启示 [J]. 中国矿业大学学报（社会科学版），2009 (1)

[26] 杨纳名. 大学治理的必要与可能：治理理论的大学实践 [J]. 河南师范大学学报（哲学社会科学版），2009 (6)

[27] 龙献忠、朱咏北. 政府公共权力重构与高等教育治理 [J]. 高等教育研究, 2005 (11)

[28] 李宝元. 转型发展中政府的角色定位及转换 [J]. 财经问题研究, 2009 (1): 26 严文清. 中国大学治理结构研究 [M]. 北京：人民出版社, 2011

借鉴参考与对比

比较:"结构"还是"类型"

——中外财政史比较方法论要

姚轩鸽

摘要:文章认为,中外财政史比较之理论与现实价值毋庸置疑,但至少应该区分结构与类型两类不同的比较。在比较终极目的或核心目的确定之前提下,结构性比较的价值和权重通常大于类型性比较。同理,中外财政史比较也必须明确比较的终极目的——增进全社会和每个国民的福祉总量。而且,结构比较同样重要于类型比较,财政收、支比较于财政(税收与预算)道德、法之比较都需并重。同时必须特别重视财权合法性及其监督制约机制与有效性之比较,并积极倡导、追求"财政领域比较观"。

关键词:比较 财政 结构 类型 价值

"比较研究是人类思想的一个普遍特点,而不是一种特别的方法。"[①]而且,"历史比较法是历史研究的基本方法之一。"[②]"对历史比较研究的方法的普遍意义在于,只有利用这个方法才能克服历史的'局限性',才能把个别一些研究的对象放到人类发展的整个时间和空间中去,以此为背景来理解这些个别的研究对象。"[③]因为"历史不仅是经验参照,而且是价

作者简介:姚轩鸽,财税伦理学者、诗人。站大学讲台十年,有基层税务所及税务机关工作经历,现就职于某省会城市国税科验部门,业余潜心优良税制求索,关心中国财税现实境遇与未来命运。兼任中国伦理学会、财税法学研究会理事,陕西省伦理学研究会副会长、秘书长等社会职务;中国税务学会学术委员,北京大学当代企业文化研究所研究员,广东财经大学、西安财经学院、陕西理工大学客座教授。已出版《困惑与观照:伦理文化的现代解读》《拒绝堕落:中国道德问题现场批判》《税道苍黄:中国税收治理系统误差现场报告》《税道德观:税收文明的伦理省察与探寻》等著作300余万字;出版诗集《醉舟无岸》《暗夜横渡》《初心鹃红》三本;在《现代财经》《税务研究》《中国经济报告》等刊物发表论文70余篇,在《炎黄春秋》《南风窗》《中欧经济评论》《深圳特区报》《华商报》等报刊发表时评、随笔300余篇。主要研究领域:财税伦理学、公共财税政策。

① [美]雷蒙德·格鲁:《比较历史的论证》,张云秋译,王彦彬校,转引自东北师大历史系编印:《封建制度史比较研究译丛》,第32页。
② [苏] A. H. 佩尔希茨:《关于历史比较综合法问题》,转引自东北师大历史系编印:《封建制度史比较研究译丛》,第48页。
③ [苏]马尔卡良:《关于历史比较研究的一些基本原则》,郭思稷译,李春隆校,转引自东北师大历史系主编:《封建制度史比较研究译丛》,第9页。

值标尺和道德准则,因而对治国理政具有重大影响。"①就是说,财政史比较对财政治理具有重大影响。毋庸置疑,"比较的目的在于吸收它种文化丰富自己,并在对照中更深刻地认识自身。"②

但是,"选择那些有待说明的现象是历史学家而不是比较方法的责任。"③ 即对历史比较研究对象的选择,责任主要在历史比较研究者自身。因此,这便成为区分历史学家人生成就及其格局大小、境界高低的重要标准。基于上述认识,本文拟对中外财政史比较的两种主要对象:结构与类型之异同进行探索与梳理,以期有助于中外财政史比较总体研究成果质效的提高,最终增进全社会和每个国民的福祉总量。

一、基本概念采信

要进行有效的"中外财政史比较"研究,就必须对"财政""财政比较""财政比较史"的内涵与本质有一个相对科学理性的认识,否则,千般辛苦开启的"中外财政史比较"研究,完全可能事倍功半,甚至迷失方向,南辕北辙。

(一)"财政"的内涵与本质

汉语"财政"一词,是维新派在引进西洋文化思想的过程中,从日本"进口"的,是一个舶来词。而日本"财政"一词则来自英文 public finance。关于"财政"的界定,国内学界大多认为:财政就是政府的"理财之政"。学者许毅、陈宝森认为:"我们可以把财政的共性概括如下:财政是特定阶级统治的国家为了维护加强其上层建筑,巩固发展其特定的生产方式而参与社会产品的分配和再分配关系。"④ 王绍飞先生认为:"财政是由剩余产品形成各种社会基金的一个经济过程,始终体现国家、集体与个人之间的剩余产品的分配关系。"⑤

学界关于"财政"内涵与本质的认识至今众说纷纭,有"价值分配论"、"共同需要论"、"再生产前提论"等。但上述认识虽然从不同角度接近了"财政"的内涵与本质,但又没有真正触及,不是内涵太窄,就是外延太大。就"财"的本意是金钱和物资而言,"财"是指财宝、财富、钱财。"政",会意兼形声,从支从正,正亦声。支,敲击。"正"是光明正大。本义:匡正。释义:治理国家事务。合而言之,"财政"是指对"财宝、财富、钱财"活动的治理,关键是对公共"财宝、财富、钱财"活动的治理,不是对私人"财宝、财富、钱财"活动的管理。如此,"财政"是指对国家公共资金收支活动的管理。但核心在于:通过提高公共资金的收支活动效率,提升公共产品的性价比,最终增进全社会和每个国民的福祉总量。

就是说,对公共资金收支活动的管理——财政分为两部分:一是税收治理,是借助税权,通过税制(税收道德和税法),对公共资金收入活动进行管理。二是预算管理,是对公

---

① 刘文瑞:《从历史中汲取治国理政智慧》,西北大学学报(哲学社会科学版),2017 年 5 月第 3 期。
② 袁伟时:《中西文化论争终结的内涵和意义》,《炎黄春秋》,2005 年第 2 期。
③ 威廉·H.休厄尔:"马克·布洛克和比较史学的逻辑",《历史和理论》,第 6 卷(1967),第 213 页。
④ 许毅、陈宝森主编:《财政学》,中国财政经济出版社 1984 年版,第 37 页。
⑤ 王绍飞:《财政学新论》,中国财政经济出版社 1984 年版,第 7 页。

共资金支出活动的管理，即借助预算权，通过预算制度（预算道德和预算法）对公共资金支出活动进行管理。二者的共同目的，或者说终极目的都是旨在通过提高公共资金的收支效率，提升公共产品的性价比，优化公共产品的结构，增进全社会和每个国民的福祉总量。正因如此，R.A. 马斯格雷夫、A.T. 皮考克认为，公共资金管理应当收支同时考虑，且二者的相互依赖是财政的核心问题："其中最为重要并已在理论上初步确认的观点是，作为预算表的两边，财政收入与财政支出应同时进行考虑，对二者进行决策在相当程度上是同一个问题。如果以充分就业为假设背景，那么把资源从私人使用转为公共使用就更是如此。……财政收入与财政支出的相互依赖性，就这样成为问题的核心，并内在地决定了受益原则相对于量能原则的优越性。"①

毋庸置疑，"公共性"是区别公共经济与私人经济、公共产品与私人产品的主要特征，也是财政之所以成为财政的本质特征。即"财政"一定姓"公"，不是姓"私"，其终极目的是增进全社会和每个国民的福祉总量。因为公共财政的决策和运行是基于社会公众的意志。所以在马斯格雷夫看来："德国财政学在下面一点出了偏差，即在承认私人需求和公共需求的差别的同时，却迭盖和淹没了私人产品与公共产品之间的差别。"②

常识在于，要对公共资金收支活动进行有效管理，就得有规矩：财政法与财政道德，以便告诉财政管理者和被管理者的公共资金收支活动"应该且必须"和"应该"如何行动，否则，公共资金收支活动就可能混乱不堪，背离财政增进全社会和每个国民福祉总量之终极目的。而这些规矩——财政法与财政道德，无不是权利与义务的规范。如果不是法定权利与义务之权力性规范，比如财政法、税法、预算法之权利与义务规范，就是德定权利与义务之非权力性规范，比如财政道德、税收道德、预算道德之权利与义务规范。由于权利是权力保障下的利益索取，义务是权力保障下的利益奉献，权力便成为权利与义务分配的必要条件。因此，合法权力就成为权利与义务平等交换分配的必要条件。财权是国民与国家之间权利与义务分配的必要条件，税权是纳税者与国家之间权利与义务分配的必要条件，预算权是国民与国家之间权利与义务分配的必要条件。一句话，财权、税权和预算权是国民与国家之间财税权利与义务分配的必要条件。自然，财权、税权和预算权的合法性及其实施权利与义务分配过程之监督制衡状况，便关涉国民与国家之间财税权利与义务分配的公正平等与否，主要是基本权利与义务分配的完全平等与否，非基本权利与义务分配的比例平等与否。

（二）"财政比较"的内涵与本质

"比较"从词源意义而言，《说文》："二人为从，反从为比。"本义：并列；并排。《说文》："密也。二人为从，反从为比。凡比之属皆从比。夶，古文比。"③ 段玉裁云："本义谓相亲密也。"④ 较〈名〉，形声。从车，从交，交亦声。本义：敌对双方的战车交会搏杀。同本义，"以其隧之半为之较崇。"⑤ 用同"校"，考核；检验；较对；较覆；较讹（校正错

---

① [美] R.A. 马斯格雷夫、A.T. 皮考克：《财政理论史上的经典文献》，刘守刚、王晓丹译，上海财经大学出版社 2015 年版，第 9 页。
② 江旭东："财政理论中的国家职能"，《财政研究》，1995 年第 11 期，第 20 页。
③ [汉] 许慎著：《说文解字》，中华书局 1963 年版。
④ [汉] 许慎著，（清）段玉裁注：《说文解字注》，上海古籍出版社 2011 年版。
⑤ 吕友仁著：《周礼译注》（考工记·舆人），中州古籍出版社 2004 年版。

误），辩驳，较证；较论；较正（辩论是非），等等。引申义：比较是指对比几种同类事物的异同、高下，辨别事物的相同属性异同或高低。在《牛津高级英汉双解辞典》中，"比较研究法""就是对物与物之间和人与人之间的相似性或相异程度的研究与判断的方法。"林聚任、刘玉安认为：比较研究方法，是指对两个或两个以上的事物或对象加以对比，以找出它们之间的相似性与差异性的一种分析方法①。无疑比较有横向与纵向之别，横向比较是同类事物的相同属性在某时刻呈现的异同；纵向比较是辨别事物的相同属性异同或高低。当然，比较必须有比较的对象，也要有比较的共同基础。

合而言之，"财政比较"是指对比几种同类财政的异同与高下，是指对比几种公共资金收支活动管理（目标、过程与结果）的异同与高下，是对比财政两部分——公共资金收支管理（目标、过程与结果）的异同与高下，是对比税收治理与预算管理（目标、过程与结果）的异同与高下，是对比税制与预算制度的异同与高下。具体说，一方面是指对比借助税权，通过税制（税收道德和税法），对公共资金收入活动进行管理（目标、过程与结果）之异同与高下；也是指对比预算管理，对比公共资金支出活动的管理，即对比借助预算权，通过预算制度（预算道德和预算法）对公共资金支出活动进行管理（目标、过程与结果）之异同与高下。即对比收税与用税活动管理活动（目标、过程与结果）之异同与高下，是对比收税与用税制度之异同与高下或优劣。就财政本质而言，就是对比增进全社会与每个国民福祉总量之异同、高下与多少。因为根本说来，财政比较必须有助于增进全社会和每个国民的福祉总量。问题或在于，政府雇员常常是"训练有素的花钱专家，几乎没有人受过赚钱的训练"，而且只有"政府能打瞌睡，但企业不行"②。

可见，"财政比较"是对比财政法、税法、预算法之权力性规范——法定权利与义务规范的异同、高下与优劣，也是对比财政德定之权利与义务的非权力性规范——财政道德、税收道德、预算道德权利与义务规范之异同、高下与优劣。但核心在于，"财政比较"是对比财权、税权和预算权之合法性及其监督制衡状况的异同、高下与优劣，根本在于对比财权、税权和预算权之合法性及其制约的有效性。因为"财政比较"直接关涉征纳税者之间、国民与国家之间财税权利与义务分配的公正平等与否，即基本权利与义务分配的完全平等与否，非基本权利与义务分配的比例平等与否，最终关涉增进全社会和每个国民福祉总量之异同、高下与多少。因为"所谓制税权，就是指在国家诸多的政治力量中，决定征税的权力掌握在谁的手里，谁有权决定税收的种类、数量和征收对象。"③ 预算权同理，重在"谁有权决定支出的种类、数量与对象"，等等。

（三）"财政史比较""中外财政史比较"的内涵与本质

弄清楚了"财政比较"的内涵与本质，"财政史比较"、"中外财政史比较"的内涵与本质便呼之欲出。由于历史不过是客观世界运动发展的过程，从历史的时间范畴属性而言，任何相对于此时此刻事物运动发展的过程都属于历史。同理，任何相对于此时此刻财政活动

---

① 林聚任、刘玉安主编：《社会科学研究方法》，山东人民出版社2004年版，第11页。
② ［美］D. 奥斯本等：《改革政府》，周敦仁等译，上海译文出版社2008年版，第142页、第164页。
③ 李新宽："制税权·财政危机·赋税结构——中、俄、英封建晚期财税体制比较"，《东北亚论坛》，2005年5月第14卷第3期。

已经发展的过程都属于财政史。因此，凡对比不同财政主体，比如不同社会、国家、区域之财政活动已经发展过程诸多要素之异同、高下与优劣之研究，都属于财政比较史的范畴。逻辑上，"中外财政史比较"也就是对比中国与外国已经发生之财政活动诸多要素之异同、高下与优劣的研究，是对比中国与外国已经发生之公共资金收支活动诸多要素异同、高下与优劣之比较。

或者说，"财政史比较"是指对比不同社会、国家、区域之财政收入活动已经发展过程诸多要素，比如借助税权，通过税制（税收道德和税法），对公共资金收入活动进行管理之异同与高下；也是指对比不同社会、国家、区域之财政预算支出活动已经发展过程诸多要素，即对比借助预算权，通过预算制度（预算道德和预算法）对公共资金支出活动进行管理的异同与高下。"中外财政史比较"便是对比中国与外国已经发生之财政收支活动（目标、过程与结果）诸多要素之异同、高下或优劣，就是对比中外收税与用税管理活动目标、过程与结果之异同与高下，是对比中外收税与用税制度之异同与高下或优劣。但就财政本质而言，核心无疑在于对比中外财政增进全社会与每个国民福祉总量之异同、高下与多少。

二、结构、类型视域的中外财政史比较之异同辨析

（一）结构视域的中外财政史比较

结构是指把一个事物作为整体分解为若干部分而成，被划分的事物与所分成的事物是整体与部分的关系。即作为一个事物之结构的各个部分，每个部分并不具有它们所构成的事物的属性，如果缺少任何一部分，该事物都是残缺不全的，不再成其为该事物。但作为一事物类型的各个具体事物则不然，每个都具有该事物的属性，缺少任何一个，并不影响该事物之为该事物[①]。因此，结构视域的中外财政史比较意味着，相对类型比较而言，结构比较是一种内在要素的比较，是一种更加全面系统、深层完整，更接近事物本质的比较，其价值和意义也更值得关注。

在中外财政比较范畴里，可供比较的对象实在太多，而且非常复杂，但同时不可否认的是，总有一些比较对象和要素相对重要，权重要更大一些。即基于这些对象和要素的比较，其研究者的个体价值与社会价值相对容易统一，更大一些。即结构性中外财政史比较之价值大于类型性中外财政史比较之价值。

就财政的基本结构——内容与形式而言，既有形式要素层面的中外财政比较，诸如收支制度规范层次诸多要素的比较，以税制规范要素为例，就要对比课税对象、税目、计税依据、纳税人（负税人、扣缴义务人）、税率、纳税环节、纳税期限、减免税、违章处理、税制体系等形式要素之异同、高下等。但逻辑上，也应对比税制价值之异同、高下与优劣等内容，即价值要素之异同、高下与优劣等，诸如人道自由、法治、限度、平等、民主、宪制，等等。正如拉兹洛所言，因为"价值标准是行为者努力奋斗所要实现的目标。"[②] 同时还应对比非税收入等要素，诸如政府各个部门所属事业单位取得的财政拨款、行政单位预算外资

[①] 王海明：《伦理学方法》，商务印书馆2003年版，第33-34页。
[②] ［美］E. 拉兹洛著：《用系统论的观点看世界》，闵家胤 译，中国社会科学出版社1985年版，第95页。

金、事业收入、事业单位经营收入、其他收入等形式要素及其不同类型之异同与高下。同理，预算体制比较不仅要对比财政预算支出等形式要素，也应对比预算体制等支出要素价值之异同、高下与优劣等，诸如人道自由、法治、限度、平等、民主、宪制，等等。而且，还要对比政府各部门及所属事业单位的行政经费、各项事业经费、社会保障支出、基本建设支出、挖潜改造支出、科技三项费用及其他支出等形式要素的异同、高下与优劣，以及政府各部门按照政策规定取得的基金收入与各项支出等形式要素之异同与高下，也应对比各种预算相关价值要素之异同、高下与优劣等。

当然，既要对比财政预算特征之法定性、精细性、完整性、时效性、公开性之异同、高下与优劣，也要对比各级政府预算相互之间有复杂预算资金往来关系诸种要素之异同与高下，以及财政预算基本程序四个阶段：编制、审批、执行和决算形式要素及其不同类型之异同、高下与优劣，以及预算执行三个基本环节：组织收入、拨付支出、预算调整与平衡等形式要素之异同与高下，更应包括对比财政制度（税制与预算制度）价值等内容要素之异同、高下与优劣，等等。不过，尽管中外财政史比较可供比较的对象各种各样，但作为财政比较研究者在有限的生命与现实环境中，总有一些比较对象的选取，或能与其人生学术研究的个体价值与社会价值统一起来，必须认真取舍和抉择。

就财政的完整结构——"财政价值"、"财政价值判断"和"财政制度规范"而言，中外财政史比较意味着，仅有"财政价值"和"财政制度规范"的比较不够，还应有"财政价值判断"要素的比较。这是因为，只有经过"财政价值判断"这个中介，才可能制定出一定的财政制度规范，即"财政价值判断"是财政价值的思想形式，财政制度规范是"财政价值"的规范形式。而基于此的财政制度改革，便不可能公正平等，增进全社会和每个国民的利益总量。这显然意味着，中外财政史比较之关键在于对比中外"财政价值判断"之真假、异同、高下与优劣，优良财政制度的创建与改革之关键——就在于如何准确把握"财政价值判断"之真假、异同、高下。

同时，中外财政史比较意味着，公共资金收支活动管理的比较，一方面仅有"税制价值"和"税制规范"的比较不够，还应有"税制价值判断"比较。因为只有经过"税制价值判断"这个中介，才可能制定成一定的税制规范。另一方面仅有"预算价值"和"预算规范"的比较远远不够，还应有"预算价值判断"比较。可见，优良预算制度改革的关键在于如何准确把握"预算价值判断"之真假，中外财政史比较的关键在于对比中外"预算价值判断"之真假、异同、高下与优劣。

就财政的深层结构——"财政行为事实如何的规律"、"财政的终极目的"、"财政价值"、"财政价值判断"和"财政制度规范"而言，中外财政史比较意味着，仅有"财政价值"、"财政价值判断"与"财政制度规范"的比较同样不够，还应加进"财政行为事实如何的规律"、"财政的终极目的"之比较。因为，"价值便是客体的事实属性对于主体需要的效用性，简言之，便是客体对主体需要的效用。"[①] 即价值是客体固有属性与主体需要、目的、兴趣发生关系时产生的效用性。这意味着，如果对"财政行为事实如何之规律"与"财政终极目的"的认识是科学的，正确的，那么由此得到的财政价值便是客观正确的。逻辑上，据此制定的财政制度规范便是优良的善的。反之，如果对"财政行为事实如何之规

---

① 王海明著：《新伦理学》，商务印书馆2012年版，第157页。

律"与"财政终极目的"的认识不符合客观事实,即如果二者一真一假,或者同假,由此得出的财政价值都不是客观正确的,财政价值便可能错误,据此制定的财政制度规范也就不可能优良,财政改革也不可能增进全社会和每个国民的利益总量。因此,拜格比认为:"对思想和价值的比较研究是理解历史的关键,此种看法不可避免地是从研究的客体的本质自身演绎出来的。既然我们确认,正是思想和价值为文明的综合与分析提供了根据,我们就不能不把他们描述和解释为科学研究历史的基本目的。"① 事实上,唯有这样的财政价值比较,才是中外财政史比较最重要的选择。即中外财政史比较必须将这点放在财政价值方面,诸如中外财政各自的人道自由性(平等性、法治、限度与经济、政治、思想自由方面)与公正方面。以人道自由性价值比较为例,重点在于对比哪种财政制度更人道自由,能将"把人当人看"和"使人成为人"的两大基本原则落实到财政制度的各个环节,实现制度性"嵌入"。如果以公正平等为例,中外财政史比较则重在对比征纳税者之间、征税者之间、纳税者之间、国与国之间、代际之间以及人与非人类存在物之间基本权利与义务的完全平等与否,非基本权利与义务分配的比例平等与否。中外财政预算史比较重在比较国民与国家之间、国民之间等权利与义务分配的公正平等方面。

"财政终极目的"是增进全社会和每个国民的福祉总量,但财政具体目的却很多,既可能为了聚财和花钱,也可能为了宏观经济调节,还可能为了调节国民之间财富分配的不公,等等。而且,财政具体目的很可能被误认为是"财政终极目的",并据此推导财政制度规范。因此,中外财政史比较不能忽视"财政终极目的"要素的比较,既不能忽视对比中外税收终极目的要素之真假、异同、高下与优劣,也不能忽视对比预算终极目的要素之真假、异同、高下与优劣。从"财政终极目的"看,中外财政史比较要看哪种财政制度(税制、预算制度)更有助于增进全社会和每个国民的福祉总量。凡是能增进全社会和每个国民福祉总量越多的财政制度及其比较,即税制、预算制度及其比较,才具有借鉴价值,值得学习和效仿。反之,凡是消减全社会和每个国民福祉总量越多的财政制度及其比较,即税制、预算制度,其借鉴价值便不大,也不值得学习和效仿。而且还要比较,哪种财政制度(税制、预算制度)能清晰地理解,并准确运用两大具体终极目的与标准,即在征纳税之间、国民与国家之间利益尚未发生根本性冲突,可以两全的情境下,坚持和遵从"不伤一人地增进所有人利益"的"帕内托最优原则",在征纳税之间、国民与国家之间利益已经发生根本性冲突,不可以两全的情境下,能够坚持和遵从"最大多数人之最大利益"的"最大净余额"原则。

当然,中外财政史比较更不能忽视"征纳税行为事实如何的规律"认识之比较。即中外财政史比较不能忽视对财政行为(征纳行为与预算行为)事实如何之规律性认识是否客观正确之比较。一方面必须对比中外财政体制关于征纳税人之间、国民与国家之间主次关系认识之正误,核心在于这种财税制度谁是主导者和决定者的,谁是派生的、被决定的?对此,孟德斯鸠在《论法的精神》中曾尖锐地指出:"如果行政者有决定国家税收的权力,而不必只限于表示同意而已的话,自由就不存在了。因为这样行政权力就在立法最重要的关键

---

① [苏]马尔卡良:《关于历史比较研究的一些基本原则》,郭思稷译,李春隆校;转引自东北师大历史系编印:《封建制度史比较研究译丛》,第6页。

上成为立法性质的权力了。"①预算权一样。另一方面必须对比中外财政体制建构所依据的财政行为事实如何之规律的认识水平,即对所根据之利害财政行为目的与手段,征纳税人之间、国民与国家之间的行为基本规律是如何认识的?现代行为心理科学对人际利害行为规律的研究成果表明:利害财政行为目的与手段规律如下——任何一个社会,就其人际行为总和来说,亦即就绝大多数人际行为来说,为己利他必定是恒久的,而其他一切行为——亦即损人利己、无私利他、单纯利己、纯粹害人、纯粹害己——之和,也只能是偶尔的②。即哪种财政体制最符合这一行为心理规律,哪种财政体制便越优良。或者说,凡是顺应这些规律的财政体制,其遵从成本便低,便容易推行。

对比中外财政体制对财政行为事实如何之规律的认识及其符合与遵从程度,这是中外财政史比较研究的重心。唯有真正弄清楚征纳税人之间、国民与国家之间关系的主次,正确把握了征纳税人之间、国民与国家之间利害行为基本规律的财政体制(税制与预算制度),才是相对优良的。即"财政行为事实"是财政制度价值构成的源泉和实体,"财政制度创建的终极目的"是财政制度价值构成的条件和标准。

(二) 类型视域的中外财政史比较

如前所述,类型与结构是完全不同的两个概念,类型是指把一个事物作为普遍事物分成若干具体事物而成,被划分的事物与所分成的事物是一般与个别的关系③。因此有论认为:"比较都是类型性的比较,就是说,借助构成表示所研究过程的结构类型来实现的。"④

无疑,类型可根据不同的标准来划分,标准不同,财政(税收收入与预算支出)的类型就不同。逻辑上,划分财政的标准有多少种,财政(税收收入与预算支出)类型就有多少种,财政比较与中外财政史比较就有多少种。比如,如果以财政活动的收支构成划分,就有中外财政预算支出史比较与中外财政收入史比较;如果以财政制度规范的道德与法律构成划分,就有中外财政道德史比较与中外财政法律史比较;若以财政制度规范之道德与法律所凭借的力量划分,便有中外财政权力史比较与非权力史比较;若以财政制度规范的具体构成划分,就有中外财政税制要素史比较与中外财政预算制度要素史比较。就财政治理而言,就有财政原则比较、优惠政策比较、税收违规处罚比较、税务公务员队伍比较、税法宣传比较、规范税收检查程序比较、提高检查效率比较、税务争议处理程序比较、调整税务行政复议机构比较、税收服务承诺与咨询服务比较、提高服务质量比较、税务审计社会化比较,等等。

即就类型而言,中外财政史比较可在更大的范围和层次进行,从财政活动的形式到内容全面展开。但就中外财政史比较者而言,基于生命之源的有限性,根本不可能全部涉猎,只能扬长避短,力争个人学术价值与社会公德价值的统一和最大化。就比较效率而言,类型视域的中外财政史比较,其中具有重要意义的比较或有两种:一是根据财政性质划分类型的中外财政史比较,二是根据财政活动主体类型划分的中外财政史比较。

---

① [法]孟德斯鸠:《论法的精神》,商务印书馆 1987 年版,第 156 页。
② 王海明:《新伦理学》,商务印书馆 2012 年版,第 103 – 132 页。
③ 王海明:《伦理学方法》,商务印书馆 2003 年版,第 43 页。
④ [苏]马尔卡良:《关于历史比较研究的一些基本原则》,郭思稷译,李春隆校,转引自东北大历史系编印:《封建制度史比较研究译丛》,第 2 页。

根据财政性质类型划分的中外财政史比较,有普遍财政(收支)与特殊财政(收支),即共同财政(收支)比较与特定财政(收支)比较;有绝对性与相对性财政比较,即绝对财政(收支)比较与相对(收支)财政比较;有客观性与主观性财政史比较,即客观财政(收支)史比较与主观财政(收支)史比较。换句话说,既要对比中外已经发生之财政共同性与特定性、绝对性与相对性、客观性与主观性诸多要素之异同、高下与优劣,也要对比中国与外国各自已经发生之公共资金收支活动之共同性与特定性、绝对性与相对性、客观性与主观性诸多要素之异同、高下与优劣。

共同财政制度意味着人类社会一切财政行为(收支)主体"应该且必须"遵从的规范,特定财政制度仅仅是一些社会、一些财政行为(收支)主体"应该且必须"遵从的规范;绝对财政意味着一切社会、一切财政行为(收支)主体及财政行为"应该且必须"遵从的规范,相对(收支)财政是指相对于绝对财政以外之财政行为(收支)主体及财政行为"应该且必须"遵从的规范;客观财政是指不依人的意志为转移之财政行为(收支)主体"应该且必须"遵从的规范,主观财政是指依人的意志为转移之财政行为(收支)主体"应该且必须"遵从的规范。因为就财政内容而言,财政价值、财政目的和财政行为事实是客观的、不以人的意志而转移的,但就其形式——财政规范而言,财政制度规范却是主观的、以人的意志而转移的。

因此,必须全面对比中外财政制度之共同性与特定性、绝对性与相对性、客观性与主观性。无疑,越是具有共同性、绝对性与客观性的财政制度(税制与预算制度),越是相对优良和先进;越是具有特定性、相对性与主观性的财政制度(税制与预算制度),越是相对恶劣和落后。这是因为,越是具有共同性、绝对性与客观性的财政制度,越可能符合财政终极目的,越是遵从财政行为事实如何的规律,越是与财政价值接近,越是"可普遍化",越有助于增进全社会和每个国民的福祉总量。相反,越是具有特定性、相对性与主观性的财政制度(税制与预算制度),越是"不可普遍化",越可能背离财政行为事实如何之规律与财政终极目的,从而远离财政价值,无法增进全社会和每个国民的福祉总量。其实,中外财政史比较不过是通过对比中外财政体制之共同性、绝对性与客观性,以及特定性、相对性与主观性,从而辨别其异同、高下与优劣,能为财政体制改革提供有力的借鉴。

根据财政活动主体类型划分的中外财政史比较,就是要对比中外之间财政制度(收支制度)主导者的规模及其人数的多少。因为迄今为止的人类财政制度主导类型,既有纳税者、国民主导的财政制度(收支制度),也有征税者、政府主导的财政制度(收支制度)。具体说,既有全体纳税者、国民主导的财政制度(收支制度),也有大多数纳税者、国民主导的财政制度(收支制度),还有少数纳税者、国民主导的财政制度(收支制度),也有一个人主导的财政制度(收支制度)。显然,财政制度主导者的规模及其人数之多少,直接关系财政制度的终极目的,以及对财政行为事实如何之规律的符合程度,因此便与财政制度价值之科学性紧密相关,最终关涉财政制度终极目的的实现程度,增进或者消减全社会和每个国民的福祉总量。自然,中外财政史主体类型比较的价值与意义也在于此。

同时,由于财政制度主导者的规模及其人数之多少直接关涉财权(税权与预算权)之合法性及其监督制约的有效性,便直接决定财政主体关系之间权利与义务分配的公正平等性。就税制而言,直接决定征纳税者之间、纳税者之间、征税者之间、国家之间、代际之间,以及人与非人类存在物之间权利与义务分配的公正平等性,即基本权利与义务交换的完全平等性，非基本权利与义务交换的比例平等性。就预算制度而言，直接决定国民与国家之间、国民与国民之间、政府各个部门之间、国民代际之间、国家之间、国民与非人类存在物之间权利与义务交换的公正性，即基本权利与义务交换的完全平等性，非基本权利与义务交换的比例平等性。

道理在于，财政制度主导者的规模及其人数之多少直接关涉财政价值的真假，即财政制度主导者的规模越大，人数越多，便越接近财政终极目的与财政行为事实如何之规律，易于得到科学理性的财政价值，便容易据此制定出优良的财政制度规范，进而越容易增进全社会和每个国民的福祉总量。反之，如果财政制度主导者的规模越小，人数越少，便越可能财政终极目的与财政行为事实如何之规律，不易得到科学理性的财政价值，从而据此制定出优良的财政制度规范，增进全社会和每个国民的福祉总量。如此看，对比中国与外国各自已经发生之财政活动（公共资金收支活动）异同、高下与优劣，唯有在此一类型下进行，其价值和意义或许相对较大。

（三）"结构"与"类型"视域的中外财政史比较之异同

综上所述，"结构"与"类型"视域的中外财政史比较，既有联系，也有区别，理论上，中外财政史之结构比较与类型比较各有所长，也各有所短。中外财政史之结构比较之全面性、深刻性与完整性毋庸置疑，但中外财政史类型比较之可操作性、方便性也不可或缺。因为，"财政制度结构"诸因素不过是分解财政制度自身的各个部分，这些部分结合起来便构成财政制度。因此，在这个层面上的中外财政史结构性比较，才与类型比较有较多的重叠。除此之外，类型比较无疑容易浅表化和技术化，背离中外财政史比较的终极目标。

由于"税制结构"诸因素不过是分解税制自身的各个部分，这些部分结合起来便构成税制。同理，"预算制度结构"诸因素不过是分解预算制度自身的各个部分，这些部分结合起来便构成预算制度。因此，"财政行为事实"与"财政创建的终极目的"是财政结构二因素。而且，"财政行为事实"是构成财政制度的一部分，而"财政创建的终极目的"是构成财政制度的另一部分，只有二者结合起来才能构成财政制度，取掉其中任何一个部分的财政制度都是残缺的。就本质而言，只有"财政行为事实"与"财政制度创建的终极目的"是本质意义上的财政结构要素，而其他要素（收支要素等），不过是财政结构的一般要素。预算制度亦然，唯有"预算行为事实"与"预算制度创建的终极目的"才是本质意义上的预算结构要素，而其他预算要素，不过是预算结构的一般要素。

三、启示

"结构"与"类型"视域中外财政史比较之异同分析的理论与现实启示如下：

（一）中外财政史比较的终极目的——为了增进全社会与每个国民的福祉总量

尽管每个介入财政比较史研究者的具体目的千差万别，但就整个财政史比较研究者群体的目的，以及社会创建财政制度的终极目的而言，无疑为了增进全社会与每个国民的福祉总量。如果不明白这个道理，中外财政史比较完全可能沦为学术与文字游戏，仅仅收获一些当下的交换价值，诸如职称、晋升、金钱、名声，等等，自觉不自觉地背离财政与学术研究的终极目的。事实上，唯有增进全社会与每个国民的福祉总量，才是中外财政史比较研究的"大节"。如果中外财政史比较研究背离了这个"大节"，任何皓首穷经的"细节"性研究与付出，都可能价值甚微，甚至因为"大节"不保而深陷"平庸之恶"的泥淖。

(二) 中外财政史结构比较的权重大于类型比较的权重

中外财政史结构比较是一种相对全面系统、深刻完整、客观理性的比较，因此，唯有在结构性中外财政史比较研究中，"结构"与"类型"视域的中外财政史比较，才可能发生较多重叠。除此之外，如果要在结构与类型中外财政史比较之间选择的话，显然应该优先选择结构性比较，结构性比较的权重大于类型比较。即中外财政史比较不能仅仅满足于财政制度（税制与预算制度）规范要素之间的异同、高下与优劣的比较，更应深入财政制度价值（税制与预算制度价值）、价值判断、财政制度终极目的、财政行为事实如何之规律性认识层面之异同、高下与优劣的比较。

(三) 中外财政史比较应收、支并重

中外财政史比较既要对比已经发生之收入（税收、非税收入）活动诸多要素之异同、高下与优劣，更应对比已经发生之公共资金支出（全额预算）活动诸多要素异同、高下与优劣。一方面因为政府的收入构成既有税收收入，也有行政规费、基金等非税收入。因此，中外财政史比较，不能仅仅局限于税收收入，同时还应关注非税收入，特别是那些政府的隐性收入，比如铸币税、国有资产性收入，等等。另一方面，由于国民给国家交税不是一种大公无私的"分外善行"，为了交换到生存与发展所需要的公共产品，二者之间是一种目的与手段的交换关系[①]。因此，中外财政史比较应重点对比已经发生之公共资金支出（全额预算）活动诸多要素之异同、高下与优劣。如果忽视"用税"财政史的比较，中外财政史比较同样可能沦入选择性失明与学术造孽的泥淖而不可自拔，沦为学术"平庸之恶"的奴仆。

(四) 中外财政史比较应德、法并重

既然道德与法都是一种治理财政行为活动的规范，区别仅在于财政道德实现依靠的是非权力力量，诸如舆论与教育的力量，财政法律依靠的是权力力量，诸如暴力强制（军队、警察、监狱等）与行政强制（提薪降薪与提职降职等），在财政治理中二者均不可或缺。那么，中外财政史比较既要重视法定财政规范（财政法律）之比较，也应重视德定财政规范（财政道德）之比较。道理在于，法律是道德的底线，德国著名刑法学家耶林内克就说："法是道德的最低限度，作为道德规制手段延伸出来的法律自然应当是具有谦抑性的法律，刑法只有霹雳手段，菩萨心肠才能功能最大化，才能更有效的去调控社会，促进法治进步。"[②] 而且，财政法规范是以财政道德价值为导向系统的。自然，中外财政史比较也应重视税收道德与预算道德，税法与税德比较并重，预算法与预算道德比较并重。当然不能忽视财政行为事实如何之规律、财政道德终极目的、财政道德价值、财政道德价值判断之异同、高下与优劣的比较。

---

① 姚轩鸽："理顺征纳税人关系是税改前提"，《深圳特区报》，2015 年 10 月 27 日 C.3 版。
② Jelling1851 - 1911，转引自王海明：《新伦理学》，商务印书馆 2001 年版，第 142 页。

(五) 中外财政史比较必须重视财权合法性及其监督制约机制的完备性与有效性

由于权力是保障征纳税者之间、国民与国家之间权利与义务的必要条件，必须重视财权（税权与预算权）合法性及其监督制约机制的完备性与有效性之对比。这是把握中外财政史比较的关键与根本。因为"一种权力的存在意味着一个集体的文化体制建立起了正式的不平等关系，把统治他人的权力赋予某些人，并强迫被领导者必须服从后者。"① 而且，"权力导致腐败，绝对权力导致绝对腐败。"② 直言之，权力具有匪性与破坏性，必须高度警惕财权的合法性及其监督制约机制的完备性与有效性。以税权比较为例，就应该比较中外财政治理活动中税收立法权、税法解释权、征收管理权、税收调整权等权力的合法性及其监督制约机制的完备性与有效性，防止其大面积的滥用作恶。事实上，唯有此一领域的比较与借鉴，或能纲举目张，发挥"四两拨千斤"之改革特效。

(六) 中外财政史比较应该倡导"领域比较观"

在整个国家治理系统中，财政无疑只是一个子系统，尽管是一个十分重要的子系统。而且，财政学、财政比较史也不仅仅是一个专业学科。因此，中外财政史比较必须在更高层面上观察和展开，自觉跳出财政史专业的局限性，跳出民族国家的局限性，跳出当下现实的局限性。正因如此，德国比较法学家马克斯·莱因斯坦告诫他们："暂时忘掉你们曾经学过的法律。永远不要以你们在自己国家看问题的方式观察问题。"③ 就是说，中外财政史比较不仅仅是"财政史"诸多专业要素之间的比较，也是国家学、全球化层面诸多要素之间的比较。因为"财政是国家治理基础与重要支柱"，也是最大的政治，财政改革更是政治改革的突破口④，如此言之，中外财政史比较也就是在为政治改革寻求智慧与根据。

四、结语

通过对财政、财政比较、中外财政比较史内涵与本质的分析，以及对结构视域中外财政比较史与类型视域中外财政比较史异同指辨析，中外财政史比较的价值和意义主要表现为四个层次：一是寻求财政治理的方法和技巧；二是寻求财政历史层面的借鉴，因为"以史为镜，可以知兴替"；三是探求提高财政治理的理性认知水平；四是增进人类的财政智慧，主要是从实践中试错而来的财政智慧与从概念中推论而来的财政智慧⑤。因为正如汉代哲学家王充所言："两刃相割，利钝乃知；两论相订，是非乃见"⑥。重要的是，"历史昭示未来，过去的财政形态中蕴涵着今后财政形态的基因，从中外财政形态演化的比较中，可以对财政

---

① [法] 莫里斯·迪韦尔热：《政治社会学》，华夏出版社1987年版，第116页。
② [英] 阿克顿：《自由与权力》，商务印书馆2001年版，第342页。
③ 转引自朱景文：《比较法总论》，中国人民大学出版社2004年版，第10页。
④ 冯云编译："公共财政：政治改革的突破口"，《财经文摘》，2009年03月09日。
⑤ 参考刘文瑞："从历史中汲取治国理政智慧"，《西北大学学报》（哲学社会科学版），2017年5月第3期。
⑥ （汉）王充著：《论衡校注》，张宗祥校注，郑绍昌标点，上海古籍出版社2010年版。

改革的方向产生有益的启示"①。直言之，通过中外财政史对比其得失与优劣，便有助于确定客观理性的中国财政体制改革目标，选择符合国情且富有操作性的财政改革路径与方法。

因此，中外财政史比较、财政改革的终极目的必须明确，因为它关系财政改革的方向；结构比较优于类型比较，因为它关系比较的质效；财政收支比较及其财政德、法比较要并重，因为它关系财政终极目的之效应；必须重视财权合法性及其监督制约机制的完备性与有效性比较，因为它关系财政治理的基础与底线问题；同时要积极倡导"财政领域比较观"，因为它关系中国财政治理的视野与格局。

但必须强调的是，中外财政史比较不是万能的，它不可能解决现实中国财政治理中所遭遇的所有理论与实践问题。就是权重相对较大的结构性比较，也要警惕其先天性的局限性。对此，雷蒙德·格鲁早就有告诫："如果过程的比较研究要求注意限定的问题，那么结构的比较研究则要求注意抽象的危险。"原因在于，"历史学家通常分析一个与他们所居住的世界完全不同的世界，对于所研究的文化有着丰富的检验，并且以渊博的知识为指导，因此常常避免这些形式最明显的错误，对他们缩微能觉察到的危险也从不感到恐惧。"而且，唯有"当比较研究的内容选择的是普遍而有意义的问题时，当比较研究的因素被清楚地辨别了的时候，当人们已经注意到比较研究的因素和他们所处的特殊社会的复杂关系的时候，比较研究是最有启发意义的。"②

诚者斯言，中外财政史比较本身深含显而难见或显而不见的复杂性与神秘性，亟待选择的大智慧点化与导引。

---

① 崔潮："财政主体结构视角下中西财政形态演化的比较"，《郑州大学学报》（哲学社会科学版），2012 年 9 月第 5 期。

② ［美］雷蒙德·格鲁：《比较历史的论证》，张云秋译，王彦彬校，转引自东北师大历史系编印：《封建制度史比较研究译丛》，第 28 页。

中西中古税制差异及对当代国人的启示

——读顾銮斋《中西中古税制比较研究》

曹钦白

"井蛙不可以语于海者,拘于虚也;夏虫不可以语于冰者,笃于时也;曲士不可以语于道者,束于教也。"(《庄子·逍遥游》)古人是有大智慧的,他们认识到时空的无限,因此不敢妄自尊大,又因此活到老学到老,不敢松懈。《大学》将人的修养过程定为"内修"和"外治"两大方面、八个阶梯:格物、致知、诚意、正心、修身、齐家、治国、平天下。其中将"平天下"放在"治国"之后,作为终极目标,说明他们知道,天外还有天,学习绝不能局限于一国之内,而要放眼天下。作为反例,"夜郎自大""妄自尊大""目中无人"等词汇,则讥讽了一些人的浅薄和可悲。

因了前者,如鲁迅所说:中国自古以来就有以身求法的人。例如张骞、玄奘、陈独秀、李大钊、陈寅恪、钱学森等,不胜枚举。因了他们,才使国人和国家了解认识世界之大,世界之多元,互通有无,取长补短,免于自我束缚,被困一隅。

税收之于一国的重要性自不必说,因之了解域外尤其是现代文明的源头西欧税收发展的进程,是当代国人特别是税收理论和实务工作者不可或缺的一门功课。但是长期以来,相关教科书和研究在这方面却是两张皮,不能使读者在比较中分析各自特点,从而对世界税收发展大势有清晰的把握。

顾銮斋《中西中古税制比较研究》的出版,为我们解决上述遗憾提供了答案,在此之前,笔者对西方中古税制虽有一定涉猎,亦曾撰文介绍或为文引用,但捧读此书,仍不时有豁然贯通之感,欣喜之余,不敢自私,愿意分享心得与同好。

此书是作者1997年承接的国家社科基金项目,历时19年方才结项出书。其中青灯黄卷、爬梳资料、对比分析、概括总结之艰难和付出,自不必说。

任何比较,首先必须确立时间和空间的框架和比较的项目。作者将比较的时间,定在中西的中古时段。由于两地横隔数万里,种种因素导致发展起始时间不同,作者将中国中古起始时间定在春秋时期,结束时间定在辛亥革命,建立共和国之时。期间又划分为三个阶段。欧洲中古时段起始时间定为公元9世纪,结束于17世纪,期间也划分为三个阶段。在空间上,由于中古时期欧洲小国林立,作者选取了最具代表性的英国和法国,其中又以英国为主。

在比较项目上,作者以纲带目,以指导社会活动的理论为纲,对构成一国税制的基本要素：税权归属、赋税组织、赋税收支、赋税结构按照发展阶段进行逐一比较，予读者以深刻印象。这样，这本书就由基本理论和赋税制度两大部分组成。

我制作了一张图表，两两对照，企图让自己也让读者一目了然把握本书主体（参见表1）。

表1

名称	特征	中国中古税制	西欧中古税制
基本理论	深层理论	宗法君主论、家天下和"王土王臣"说	共同利益、共同需要和共同同意
	表层理论	由"量入为出"到"量出为入"，再到两者并行	在基本理论制约下的"量出制入"
基本理论的土壤		短暂的封建制度、长期的专制制度	封建制度和基督教文化
税制体制		集权与专一	协商与议决
税收主项		从对人税到地税	由地税转商税
税权归属		税权归于中央，进而归属皇帝（包括征税、使用、审计权）	归属某一集体，如英国，先后经历了御前会议、贵族大议会、议会三种形式
征税程序		由大臣或皇帝提议，经皇帝批准即付诸实施	由国王提出，经上述机构审议批准，授予征税权方可实施
财税管理		国家税收和皇帝收入分署管理	税收和国王私家收入由一个机构管理
赋税收入特征		强权收入，并通过专卖等形式与民争利。纳税人没有任何权利	前期收入来自封建特权，后期收入来自与议会即纳税人代表的协商
赋税支出特征		与收入一脉相通，具有随意性与专断性，即强制支出，不考虑民众需求	在议会等机构监督下，实行专款专用。王室支出主要用于国事。中古后期，王室支出有一部分来自议会拨款，并接受审计监督
赋税结构及其演变		前期以农业税为主体，人头税为辅；中期农业税占压倒地位；后期历经数次改革后，再次证明农业税的中心地位	前期以农业税为主体，中期转向以工商业税为主体；后期进一步加强了工商税地位和比重
税制与经济发展		政府重农轻商、抑商；以农业及其税收为主要收入来源，抑制了工商业发展	政府重工商轻农业，工商业发展迅速，但农业也没有拖后腿
纳税人的活动反抗		从西周"共和革命"起，到清末太平天国起义，无不有着反抗苛税的因素，但即便胜利也只是改朝换代，没有触动专制制度	以英国为例，每次重大的革命都是因为国王征税未经纳税人同意引发的，每次反抗都取得制衡征税制度的成果，最终形成了主权在民，纳税人掌握征税权

上述以外，此书还专辟一章，介绍了西欧的封建税情况。所谓封建税，不是中国封建社会所征收的税收的总和或具体税种，亦不是秦代以前的三代特别是其末的春秋战国时代（典型的"封邦建国"的封建时期）所征收"贡助彻"和税收（如"初税亩"等），它是以英国和法国为代表的欧洲中古时期封建社会的产物。封建税就是建筑其上的一种领主收入制度。在这种制度下，国王有两种身份：他是政治上的国君，即一国的代表，最高统治者；他

又是由封君封臣制构成的对封臣土地所有权的颁授者。根据前者,他可以国家共同利益为名,向国民征收国税;根据后者,他可以按照契约,向封臣(领主)征收军役和实物及折算的货币等,也就是封建税。有必要强调的,在国君征收封建税的同时,各级领主也可以根据这一原则,向下一级的封臣(骑士)征收封建税,层层转嫁负担。这样封建税在性质上就与国君凭借第一种身份征收的国税有了区分,而同第二种身份类似。因为这种身份征收凭借的不是公权,征收的役、实物、货币也不全是用于公共事务(尤其是下一级领主),因此其性质就只能用私法的物权来界定。用我们现在容易理解的概念来说,就是凭借分封的土地所有权和统治权在地租之外再收取的各种名目的费用。

这种封建税在笔者的有限视野里,在中国似乎尚找不到对应的比较物。中国虽然在秦以前有过很长的封建制度,在秦统一后的一些朝代亦实行过局部的有限的分封制,但各类藩王是否可以在其领地上除过收地租以外,还可以堂而皇之再征税,则不得而知。但可以肯定地是,他们拥有免税特权以及凭借宗法关系形成的政治特权"乱收费"的"权力",但这只是一种潜规则,似乎与西欧封建税被传统法律所承认的私法还是有性质上的区别的。这个问题有待深入研究。

中西中古税制比较研究,帮助读者认识了两地巨大的文化差异,和由此孕育的不同社会制度以及不同的发展路径。通过中西相隔数百年后在现代化建设方面的趋同之处,我们大致可以搞清中国为什么在唐宋以后逐渐落后的原因,这就是专制制度皇权独大,在制度内和制度外始终没有产生制衡不羁皇权的力量,所以纳税人一直处在被压迫、被剥夺的境地,即便纳税人在生存无法维持的情况下发动武装起义推翻专制王朝,也因为没有清醒的理论指导,没有对制度进行革命,而成为历史的循环,如黑格尔所说:"中国的历史从本质上看是没有历史的,它只是君主覆灭的一再重复而已。任何进步都不可能从中产生。"(《法哲学原理》)话虽重了些,但事实就是如此;而西欧的封建制度,王权有限,纳税人可以团结起来,通过建立制度和立法,把征税权牢牢控制在纳税人组织——议会的手中,就成功锁住了王权。并由此而开辟了由臣民到公民,由封建社会到现代社会的道路。这可能是该书给读者最大的启示和价值所在。

制税权·政体·税收制度

——中、英、法三国封建社会财税体制与政体路径分析

马金华　刘　锐

中文摘要： 本文从制税权、政体、税制三者关系的角度，分析比较了封建社会时期中国、英国、法国三国财税体制及国家政体发展路径的异同。认为：制税权的归属决定了未来国家政体的发展方向；制税权的变化，造成国家政体的差别；制税权与一国税制结构变化息息相关。一个现代化国家要向民主化迈进，必须进行政治制度建设，必须重视税权、税制问题。

关键词： 制税权　政体　税制

马克思说过，赋税是喂养政府的奶娘，国家存在的经济体现就是捐税。所以，国家政权每时每刻都离不开财税的支持。在国家诸多的政治力量中，决定征税的权力掌握在谁的手里，谁有权决定税收的种类、数量和征收对象，这就是制税权。因此制税权的归属以及不同的分割形式则反映了各种不同利益的组合，决定着各具特色的财政体制和未来国家政体的发展方向，也是决定一国税收数量、种类的重要因素。至于具体化的税制，则是不同类型经济体制的体现和反映，并始终与其相配套的财政模式和政体之运作方式息息相关。本文从制税权、政体、税制三者关系的角度，分析比较封建社会中国、英国、法国三国财税体制及国家政体发展路径的异同。

一

从制税权来说，在王朝家国一体的政治体制下，中国的制税权无可争议地归属于皇帝。虽然会受到官僚集团的牵制，但大权紧紧握在皇帝一人手里，税率、税种的变更可以由其恣意而为，具有"强权收入"的特征。

中国早在春秋战国时期，周王及诸侯国就拥有比较充分的征税权，为后世中央集权专制

作者简介：马金华（1976—　），女，中央财经大学财税学院教授，博士生导师，主要从事财税史学研究。刘锐，男，中央财经大学财税学院博士生。

制度的政体形成奠定了财政基础。秦始皇灭六国后,建立了高度统一的中央集权的专制国家,所以秦汉两朝税权高度统一,分别由治粟内史和少府掌国家财政和皇室财政,实行高度集中的统收统支的财政政策。随着封建社会的进一步发展,人们对于以征税权为核心的财政在国家政权中的意义和作用有了更为清晰的认识。唐朝德宗年间的宰相杨炎就曾说过:"财赋,邦国之本,生人之喉命,天下治乱,轻重系焉。"正因为如此,隋、唐、宋、元诸朝都对赋税征收和财政管理给予前所未有的关注与控制。至明、清两代,财政体制更加完备,财权更加集中,明代州县地方政权有赋税征收、地方治安、宣扬教化、生产建设四大职责,其中以赋税征收为地方官的第一要务。因此,以控制税权为核心的中国封建集权专制政权经过两千年的强化,在明清时代达到它的巅峰状态,从而在税权归属上呈现出东方专制的特点,那就是皇帝拥有征税的绝对权力。户部是否有限制皇权的作用呢?没有。户部本来应该是国家的财政管理机关,但由于皇帝大权独揽,多数时间,户部尚书扮演着皇帝的财政顾问的角色,"而皇帝是最终的裁决者,事无巨细,都由皇帝来处理,甚至某县需要从产地运进多少食盐这样微不足道的小事都要由皇帝决断。"[①]

　　至于中国税制,尽管自公元前 2023 年至公元 1911 年经历了徭役地租制、田租口赋力役制、租庸调制、两税法和一条鞭法等五大主流税制的变化,但在实质上却始终没有脱离自然经济税制的大格局。从赋税结构来说,农业税始终是中国古代最重要的收入来源。中国早在春秋时代业已形成土地税占据主导地位的格局。公元前 685 年齐国"相地衰征"之前,春秋各国以及东周王室即多行助、彻之法,以田赋作为税收的主体。之后,随着各国赋税改革,田赋率在其他税率未变或变化不大的情况下扶摇直上。在中国古代,土地税、人头税和工商税等几种主要税项比例无定,消长无常。大体上说,从秦汉经魏晋至唐初,人头税在赋税结构中居主导地位,但其变化的基本趋势是日渐削减;土地税变化却与人头税呈相反趋势;工商税的变化趋向与人头税大体一致。一条鞭法推行后,连门摊税、酒醋税、房地契税等商税都摊入田赋,使一些原由商人承担的税收改由农民负担,直接扩大了农业税额。清代实行地丁银,将明代贯彻一条鞭法后未摊入田亩的部分丁税全部摊入田亩征收,意味着原丁税由商人负担,现转由农民负担,从而转变为农业税。因而使政府财政更具倚重农业税的直观性外,税收结构基本维持了明朝的格局。

　　那么,为什么封建社会的中国在增加财政收入、调整赋税结构时一直围绕着农业税上做文章呢?这是因为农业税是中国封建社会最可靠最稳定的收入来源,重农抑商和国家专卖的思想深刻的渗透入封建肌体中,这就使得重商主义在中国始终没有发展起来,刚性的财政体制使得每当出现捉襟见肘的财政困境,其财政体制毫无腾挪转身的余地,量入为出的财政原则使国家的机动开支很少。中国整个税收结构和税收指导思想仍以农业税为主导。仅仅在 1840 年即第一次鸦片战争以后才出现了诸如海关进出口税一类的近代市场经济税制的萌芽,但近代的关税更多地是充当了外债的抵押品而受西方列强的控制,却没有成为促进近代经济发展的财政动力。

[①] 黄仁宇:《十六世纪明代中国之财政与税收》,生活·读书·新知三联书店 2001 年版,第 14 页。

二

在英国，由于税权分散，君主就难以建立像中国封建社会皇帝那样的集权专制政体。9世纪以前，英格兰王国建立了君主政体，但君主的收入主要限于个人的领地，偶尔征收全国性的赋税，还必须征得某一权力集团的同意。由于国王征税权有限，财力十分单薄，导致君权软弱无力，以至无法形成专制政体。自11世纪以后，英国国王的权力不断加强。13世纪，约翰王统治时期（1199—1216），经常增加额外的捐税，对外战争经常失败，还干涉封建法庭的权力，使国王与贵族的关系日趋紧张，分离倾向日益明显的强大贵族势力乘机联合教士、骑士和城市市民开始了反对国王的斗争。1215年，约翰王被迫接受了他们所拟的大宪章。大宪章保证贵族和骑士的领地继承权，由贵族和骑士组成王国的"大会议"，只有得到这个会议的同意，国王才能向封建主征收额外的税金。这就意味着在英国长期以来至高无上的专制王权，受到了约束。大宪章由此被称为是"英国自由的奠基石"。亨利三世（1216—1272）时期，进一步确认了议会制税权；1297年，爱德华一世被迫签署补充条例《无承诺不课税法》；英法百年战争期间，1339年和1344年，议会两次拒绝国王增税的要求，并迫使国王让步，同意成立一个委员会用来监督王室的支出。这样，经过近一个半世纪的演变，到14世纪中叶，国王征税应由议会批准的原则最终确定，议会征税权在实践中也为全国各阶层人士所接受。虽然后来的都铎王朝和斯图亚特王朝的专制君主与议会不断展开较量和斗争，但始终未能撼动议会掌握制税权的原则。"光荣革命"后确立了议会至上的原则，牢固确立议会在开增新赋税方面的绝对权力，不经议会同意国王不能征税。为限制国王和官员将征上来的税收挪作他用，英国议会每次都对税款的用途做严格的规定，从而遏制王权走向全面专制，限制了官僚队伍的膨胀。这就对政治制度的发展产生了深远的影响，使英国的王权不能无限扩张，为英国发展出君主立宪政体奠定了基础。

议会制税权的发展，也使得英国的财税体制能够向公开、公正、有序、有效的现代财税体系过渡，这一点对英国的税制转型和近代化具有重要意义。在英国，税制结构演变的基本趋势是农业税日益减少，商税取代农业税而居主导地位。从11到15世纪伊始，英国主要有三种税：土地税、动产税和商税。其中前两者占据主导地位。13、14世纪，土地税在英国税制中的地位明显下降。首先，卡路卡奇（12世纪中叶土地税名称）的征收因经常遇到封建主的抵制，且征收量小，在日益浩繁的开支中可有可无，乃在完成1224年征收后宣告废止。尔后，土地税的课征仅仅偶尔为之，不成常例，税额日减。至14世纪末15世纪初，土地税征收不再具有纯粹意义，多数情况下是作为动产税的补充或附加形式征收。动产税是在纳税人与国王的斗争中逐步下降的。1215年《自由大宪章》的颁行导致了税权从国王之手向贵族会议的转移，这意味着动产税征收次数的减少和税额的降低。1237年机构改革，1258年《牛津条例》，以及1302年赋税改革等无不导致了动产税的下降。以动产税为主体的农业税数额下降之后，政府必然将课税重心转移到其他税项。而依据当时的具体条件，这种税项只能是以关税为主体的商税。商税以关税为主体，主要有三项：古关税、新关税和补助金。三项税名各异，但征税物品大体相同，都主要是羊毛、毛皮和皮革。土地税、动产税下降的同时，商税各项税率均有较大提高。三项商税均单独课征，互不为代，保证了一个较大的商税税量，避免了因诸税混杂而可能导致的间接税总额的下降。这样，商税在税收结构中的地位逐渐突出。14世纪末叶，商税税额已超过动产税。在玫瑰战争期间，商税一直是王室收入的主要来源。16、17两个世纪都铎王朝建立后，英国赋税征收发生了一些变化。1514年，政府设置了一种新税，称补助金。征收对象为包括商人在内的全体国民，所征物品非常广泛，一次征收所得超过了同时期商税的征收量。都铎王朝时期，关税所征，连同新补助金与1/10和1/15税的工商业部分，构成了英国财政收入的主体，而到斯图亚特王朝，仅关税一项即构成了财政收入的主要部分。16世纪，随着英国开征商品税和消费税，英国国家税收持续增长并且以间接税为主。此外，英国还通过国债制度，特别是国家银行英格兰银行的成立，找到了解决政府支出的渠道，成功实现了税制结构的近代转型。

三

在法国，由于税权分散，君主也难以建立像中国封建社会皇帝那样的集权专制政体。但是它与英国的君主立宪政体又有不同。9世纪以前，法兰克王国同英格兰王国一样，也建立了君主政体，君主的收入主要限于个人的领地，偶尔征收全国性的赋税，还必须征得某一权力集团的同意。由于国王征税税权有限，财力十分单薄，导致君权软弱无力，以至无法形成专制政体。9世纪以后，陷入严重地方割据局面。法国国王仅有王室财政，而与之并存的则是众多的封建主的私人财政，在他们的领地内，封建主就是政府，掌有征税权，在财政上并不服从国王的调度和控制。这种财政的分散状况在中国历史上任何一个时期都没有出现过。13、14世纪之交，法国与英国一样，封建政体也发生了重大转变，造成这一转变的基本原因是也形成了被称为议会的等级代表会议，而议会又控制了国家的征税权，从而牢牢控制了财权，并以此进一步控制了王权，从而形成了西方封建社会独具特色的等级君主制。但由于英、法两国对以征税为核心的财权处理方式的差异，分别走过了不同的历史道路。与英国国会成功地利用了财权，并通过财权的行使进一步获得了立法等方面的权力不同的是，法国全国三级会议没有始终如一地控制征收税收的财权。在英法百年战争期间（1337—1453年），为了取得战争胜利，全国三级会议将课税权拱手让给了路易十一国王，而三级会议的本身也成了法国王权的累赘。国王很快通过停开全国三级会议而将国家政体从等级君主制转化为专制君主制。1789年，由于法国王室国库空虚，社会矛盾积重难返，面对严峻的财政问题，从国家利益角度来看，的确需要增加税收，法王路易十六被迫重开三级会议，但是专制王权下国王直接征税的合法性极端低下，一旦国王意图强行征税，就招致法国三个等级的共同反对，因此法皇走了查理一世的老路，解散了国民议会，最后引发法国大革命。因此确切地说，法国大革命也是一场税收争议引发的革命。

税制结构上，与英国不同，法国没有土地税，所以不存在土地税的减少和转化问题。但法国也以动产税为主，以交易税为辅。法国这一时期的动产税包括犹太税、僧侣什一税、人头税、财产税等。这些税项收入多来源于农业，税额亦居税收总量之首。商税的征收尚未形成定制，税量很小。进入11世纪后，法国税收结构也出现了由以农业税为主向以商税为主转化的倾向，这种倾向表现为政府设置了许多新的商税税项，从而导致了商税比例的骤然增长和主要来自农业收入的动产税的相应下降。腓力四世即位后，设战争特别税。该税开始为一临时性商税，税率为每出售价值一镑的商品缴纳一便士，至腓力六世统治时期，这种临时税变成一种常税，称为商品交易税。税率由每镑一便士上升为4便士。至查理七世统治时代,进一步上升为5%。瓦罗亚王朝建立后,政府始设盐税,征收量很大,构成了政府岁入的很大部分。除此之外,政府还设置了商品出口税、进口税,这些税项的征收虽无定制,数额也不大,却有助于说明政府税制的发展趋向。设置商税的同时,政府也设置了新的动产税——炉灶税。商品交易税、炉灶税和盐税并称当时法国的三大税,它们构成了旧制度下法国政府的财政基础。路易十一统治以来,炉灶税的征收趋于固定,成为常税,税率由政府决定,征收额迅速增长。政府财政总收入中除了炉灶税、盐税、交易税,还有关税、包税的份额。关税为商品税自不待言,包税人主要负责国家授予他的某项商品如烟草、酒类的税收,某种商税如进口、出口税的征收。由此可以推断,政府已将工商税或间接税作为国家倚重的对象。

四

从三国财税历史的简要分析中,可以得到如下分析启示:

1. 制税权的归属决定了未来国家政体的发展方向

西方宪政制度发展过程中最重要的内容之一,就是纳税人及其代议机构对与王权之间的利益博弈,最终导致了议会制税权的取得,以及对国王增税权的严格制约。而这种制税权和宪政监督权,确定为国家政体不可移易的基础。与此完全不同的是,中国封建社会时期,没有出现如西方的"中间阶层"(市民阶层),所以中国没有出现制约皇权的代议机构,即便古代历史有御史制度和监察制度,但它与西方的代议制有着根本不同,不过是皇权内部专制性制约的"虚置化"。同时,中国古代皇权制度的特点,在于它实施的是一种全能性统治,也就是说,皇权既是行政者,也是立法者、执法者,同时也是制税权的源头,于是,代表皇权的各级官吏都可以利用这种高度统一的权力结构,天然地享有制税权和司税权,而当皇权的专制性和掠夺欲大大突破制度预设的限制之际,其灭亡也就随即而至了。

2. 制税权的变化,造成国家政体的差别

在文化背景、现实条件基本相同的英、法两国,由于课税权发生的变化,导致政体的巨大差异,从而使实行等级君主制的英国有可能在封建专制制度比法国专制君主制薄弱的情况下,在公元1688年率先取得了17世纪资产阶级革命的胜利,第一次在欧洲的一个大国里推翻封建制度,确立资本主义制度,标志着世界近代史的开端。可以说,由于税权差异,形成了英、法两国不同的政体,对两国此后几个世纪的经济和社会发展所产生的影响是十分深远的。法国历史上,由于三级会议一度将财权拱手转让给王权,而使自身"成为国家机器特别是王权的赘疣。结局是可以预见的,三级会议停开了,而王权却因时移事易不再恢复会议产生前的老样子,国王摆脱了身上的紧箍,开始向专制的方向大踏步迈进。"① 英国国会则因手中一直紧握征税大权,故而成为遏制王权走向全面专制的重要力量。正是这种力量使得都铎王权的绝对主义统治处于相对有限、相对薄弱的境地,使得英国国会在一次次与王权的冲突较量中逐步占据上风,不仅保全了自己的存在,而且也最终确立起立宪君主制政体。

法国的专制君主制与中国封建皇帝的中央集权制度的集中程度还是有差异的,因为法国国王摆脱了全国三级会议对征税权的控制,却没有挣脱地方三级会议的羁绊,国王要征税仍

---

① 马克垚:《中西封建社会比较研究》,学林出版社1997年版,第407页。

须征求地方三级会议代表的意见，而地方三级会议的代表中不少人就是纳税人，征税涉及他们的切身利益，他们绝不会轻易同意。所以说，即使在法国王权处于巅峰期的国王路易十四时代，其以课税权为核心的财权集中的强大程度远不如中国封建皇帝，从而也决定了资本主义因素在法国不仅易于萌芽，而且从封建社会向资本主义社会过渡的历史进程也远较中国迅速。

3. 制税权与一国税制结构变化息息相关

英国议会的一项重要权力就是对税收的批准。每一笔税赋收入的数量王权都须与国会反复讨价还价之后方能获得，实属不易。尽管伊丽莎白女王深得国民拥戴，也不得超越成例。而查理一世破坏了这个原则，因为要求征收税收被议会否决，结果采取解散议会的极端做法引起双方的战争。在斯图亚特王朝之后，经历了光荣革命之洗礼，重新确定议会在上的宪政原则后，税收开始明显地、不间断地提高，其税收汲取能力大大高于专制王权时期。在相当长的时期内，英国"更多依靠间接税而不是直接税，但它的具体特点却使人民不大怨恨。英国的土地税在 18 世纪大部分时间里是主要的直接税，没有任何特权阶层能免交，对社会上多数人来说也是'看不见的'；各种各样的税都是经过选举产生的，议会讨论后批准的，"[①] 故而不易激起社会内部冲突与矛盾。

法国专制王权在征税时，常常是以国家需要为原则，多多益善，必要时甚至可以竭泽而渔，以求暂渡难关。往往从最易征收、最易管理的直接税，即人头税、炉灶税和交通税等税种下手，不断地把以往一些临时税改为永久税，不断花样翻新地设置一些新税。法国王权凭借强大的官僚队伍和规模巨大的农业经济，运用包税制增加赋税以及对外借款、卖官鬻爵等各种敛财手段支撑国家财政的运行。由于教士和贵族享有免税特权，故沉重的税赋皆由市民和农民构成的第三等级来承担。结果社会内部的裂隙愈来愈大，最终导致第三等级的大规模反叛，专制帝国的大厦轰然倒塌。

中国封建社会里，土地资源本身有限，经济收益基本上是固定的，统治者与农民之间是一种零和博弈，在税制演变中，只可能有统治者无尽的贪欲与赐予子民一时喘息的相对轻徭薄赋这两极之间的相对调整。这就决定了其发展结果必然总是，随着皇权盛衰周期的运行，税收制度也就越来越转向诛求无度，当苛捐杂税超过正税而成为国家赋税的主要部分的时候，对于梦想长治久安的王朝肌体来讲，已经在内部开始酝酿着巨大的威胁了，每一次的农民起义基本都是从抗拒苛捐杂税开始的，于是农民起义——统治初期轻徭薄赋——财政大为好转——国家经济繁盛——统治者骄奢贪逸——财政危机出现——苛捐杂税繁重——农民起义爆发。这一发展模式，就如一个拧紧的发条使得整个封建社会的发展越来越走向狭路最后以致覆亡。

因此，笔者认为，一个国家的税权归属问题，不仅仅是一个简单的交税给谁的问题，更是一个国家政体取向和民主化问题。一个国家税制结构问题不仅仅是一个简单的税收汲取能力的问题，更是一个制度建设问题和国家政策合法化的问题。一个现代化国家要向民主化迈进，必须进行政治制度建设，必须重视税权、税制问题，必须树立民众对国家的认同感。

---

① 保罗·肯尼迪：《大国的兴衰》，世界知识出版社 1990 年版，第 100 页。

参考文献

[1] 马克垚. 中西封建社会比较研究 [M]. 上海：学林出版社, 1997.

[2] 卡洛·M. 奇波拉. 欧洲经济史（第二卷）[M]. 北京：商务印书馆, 1988.

[3] 保罗·肯尼迪. 大国的兴衰 [M]. 北京：世界知识出版社, 1990.

[4] 吴承明. 中国的现代化：市场与社会 [M]. 北京：生活·读书·新知三联书店, 2001.

[5] 黄仁宇. 十六世纪明代中国之财政与税收 [M]. 北京：生活·读书·新知三联书店, 2001.

[6] 翁礼华. 纵横捭阖——中国财税文化透视 [M]. 北京：中国财政经济出版社, 2004.

[7] 翁礼华. 利华财经历史散文 [M]. 杭州：浙江文艺出版社, 2000.

[8] 李炜光. 逃往瓦朗纳斯——法国大革命前夕财政改革启示录. 燕南学术.

[9] 陆建芳. 英国议会征税权的形成和发展 [J]. 扬州大学税务学院学报, 2005 (3).

[10] 王晋新. 近代早期英国国家财政体制散论 [J]. 史学集刊, 2003 (1).

[11] 顾銮斋. 中西中古社会赋税结构演变的比较研究 [J]. 世界历史, 2003 (4).

从"领地国家"到"税收国家"

——中世纪晚期法国君主征税权的确立

熊芳芳

摘要： 中世纪晚期是法国从"领地国家"向"税收国家"过渡的时期。三种因素共同促成了这一转变：政治哲学家和法学家为君主征税权提供了理论支持，封建习惯法则为国王向臣民征税提供了实践空间，14世纪、15世纪法国的社会和政治现实最终促使三级会议向国王让渡了对征税权的控制。自15世纪30年代之后，中世纪需三级会议同意才能征收的"协议税"为建立在君主权威基础上的"强制税"所取代。法国君主征税权的确立，伴随着中世纪晚期税权观念的转变以及政府结构和管理体制的革新，实质上改变了中世纪的社会基础和权力运作方式。

关键词： 法国 征税权 领地国家 税收国家 三级会议

中世纪晚期是法国君主征税权最终确立的时期，向臣民征收的国家赋税[①]取代封建赋税成为君主收入的主要来源，财政史家将这一过程称为从"领地国家"向"税收国家"[②]的转变[③]。在欧洲财政史研究中，从封建税制向国家税制的转变是量变还是质变，这是西方学者争论的主要论题之一。传统史学一般将这种转变看作封建君主财政需求增长和管理手段发展

作者简介：熊芳芳，武汉大学历史学院副教授。

[①] 这里的"国家赋税"主要指法国君主或政府征收的有别于中世纪封建领主捐税（impôt seigneurial）的王室税（impôt royal）。

[②] "税收国家"（Tax state）这一概念由奥地利经济学家熊彼特提出，他倡导的财政社会学理论对欧洲财政赋税史的研究影响深远。参见 Joseph A. Schumpeter. The Crisis of the Tax State (1918). In: Richard Swedberg (ed.). Joseph A. Schumpeter. The Economics and Sociology of Capitalism [C]. Princeton: Princeton University Press, 1991: pp. 99 – 140.

[③] Richard Bonney (dir.). Systèmes Économiques et Finances Publiques [M]. Paris: Presses Universitaires de France, 1996: p. xxvi.

的必然结果，是封建君主制的一种内生性变化。20世纪七八十年代以来，新财政史①将国家赋税的出现作为界定欧洲近代国家起源的基本要素。学者们认为，中世纪晚期在英、法等国出现的税制和征税方式的变化是一种"深层次的革新"，推动了封建国家向近代国家的转变②。就法国的情况而言，从"领地国家"向"税收国家"的转变是如何实现的？君主征税权的确立意味着哪些"深层次"变化？本文尝试对这些问题进行探讨。

一

中世纪君主的主要职责是主持公义，这是其存在的首要理由③。国王被看作是仲裁者和王国的守护者，司法是中世纪君主的权力之源。国王的义务在于保护臣民的生命、自由和财产不受侵害，"这项义务实际上构成了人民对国王表示崇敬的中流砥柱"。在此基础上，法国和英国国王们引申出一条主张，即为了多数人的权利可以牺牲少数人的权利，而通常它可以被理解为"为保卫王国而自愿献身；更为常见的是，它意味着接纳赋税。"④ 但是，直到16世纪，在法国人的观念中，财富与赋税始终是一种对立关系。赋税意味着对臣民财富的掠夺和剥削，当时流行的说法"苛税如鼠，肥己损民"充分表明了这种对立⑤。

实际上，中世纪有关财富与赋税关系的争论主要围绕着两个基本点：一是私人财产的不可侵犯；二是"国王应靠自己活"。就第一点而言，国王保护臣民的权利不受第三方侵害，这是中世纪君主的职责。托马斯·阿奎那（Thomas Aquinas，约1225～1274年）指出，上

---

① 受年鉴学派的影响，财政史长期被看作传统政治史和制度史的一部分而遭受冷落。随着20世纪七八十年代政治史的复兴，这一领域重新受到学者们的关注，在法国尤为突出。1984年，法国国家科研中心（CNRS）领衔发起大型研究项目"近代国家的起源"（Genèse de l'État moderne），将赋税作为一个独立的研究主题，探讨赋税与国家起源的关系。在法国学界的推动下，欧洲科学基金会（ESF）于1987—1988年发起一个规模更为庞大的集体研究计划——"13—18世纪欧洲近代国家的起源"，从不同层面探究欧洲近代国家的起源和形成，理查德·鲍尼主编的论文集《经济体系与国家财政》即为最早出版的七大研究主题之一。另一股重要的推动力为法国所特有。1986年，法国财经部创立"法国经济财政史委员会"（CHEFF），着重从经济、财政、货币史的角度探讨国家的历史及其作用。该委员会通过专门的财政拨款来推动财经史研究，包括资助召开学术研讨会、出版论文集和专著。这两股学术潮流的交汇在法国催生出一个新的研究领域——"新财政史"（New Fiscal History），并迅速影响到整个西方学界。从财政社会学和历史社会学中汲取养分的新财政史，其研究视角和方法发生了较大的转变。在考察财政赋税体系的演变及其具体实践的同时，新财政史侧重将财政赋税看作相对独立的因素，探究其与政治和社会变迁之间的动态关系。以比较研究为基础，新财政史从财政资源的角度对历史上的国家形态进行了重新界定，着重探究这些不同的财政形态在具体历史语境中形成和嬗变的原因。在今天的财政史家看来，财政赋税史不再仅仅是制度史或经济史的一部分，"它已成为一个完全独立的学科"。参见 Richard Bonney. What's New about the New French Fiscal History? [J]. The Journal of Modern History. vol. 70, No. 3 (September 1998): pp. 641-642; Philippe Contamine, Jean Kerhervé et Albert Rigaudière (dir.). L'impôt au Moyen Âge. L'impôt public et le prélèvement seigneurial en France, fin XIIᵉ - début XVIᵉ siècle [C]. vol. 1: Le droit d'imposition. Paris: Comité pour l'histoire économique et financière de la France, 2002: Introduction, p. 1.

② J.-Ph. Genet et M. Le Mené (éds.). Genèse de l'État moderne: Prélèvement et Redistribution, Actes du Colloque de Fontevraud 1984 [C]. Paris: éd. du CNRS, 1987: pp. 7-8; W. M. Ormrod. Les Monarchies d'Europe Occidentale à la fin du Moyen Age. In: Richard Bonney (dir.). Systèmes Économiques et Finances Publiques [C]. Paris: Presses Universitaires de France, 1996: p. 111.

③ Robert Fossier. Le Moyen Age. T. 3: Le temps des crises [M]. Paris: Armand Colin, 1997: p. 113.

④ J. H. 伯恩斯主编：《剑桥中世纪政治思想史（350年至1450年）》（下册），郭正东等译，三联书店2009年版，第698页。

⑤ Martin Wolfe. French Views on Wealth and Taxes from the Middle Ages to the Old Regime [J]. The Journal of Economic History. vol. 26, No. 4 (Dec., 1966): p. 467.

帝委派君主到人间不是为了让其谋求一己之利，而是为了守护其臣民的共同利益；正是由于这一点，君主得以拥有一定的土地，以之为生，以免损害臣民的利益①。就第二点而言，"国王应靠自己活"是中世纪的财政原则。后世学者称中世纪为"领地国家"，意味着国王的主要收入来自王室领地。至少到13世纪末，在赋税被作为一个严肃的问题提上议事日程之前，中世纪的政治观点认为一个治理良好的国家不应建立在对臣民纳税的基础上②。"国王应靠自己活"，意味着国王和王国的其他领主一样，应主要依靠来自王室领地的封建收入为生，比如地产收入、封建捐税、司法收入，以及通行税、铸币税等，这些收入被称为"常规收入"③。12世纪末13世纪初，随着王室支出不断扩大，尤其是为十字军东征提供资金支持，常规收入日益无法满足国王所需，于是征税正当与否成为13世纪的政治哲学家和法学家们关注的话题。

正因为征税涉及对臣民财产权这一天赋权利的侵犯，君主必须提出正当理由，经臣民的同意方能实行。阿奎那强调君主应自立自足、懂得节制，但他同时也指出，如果君主没有足够的收入来保卫领土及做其他合理之事的情况下，臣民贡献财富是正当的，以此保障臣民的共同利益④。受教会法和罗马法的影响，阿奎那的追随者和之后的法学家提出了"必需性"（*necessitas*）和"公共利益"（*utilitas publica*）⑤两大原则，作为判断君主征税正当与否的标准⑥。"必需性"乃征税的首要前提和动因，"公共利益"则为征税的目的，通过征税这一手段确保或增进"公共利益"。13世纪下半叶，菲利普·德·博马努瓦（Philippe de Beaumanoir，约1250~1296年）在其编纂的《博韦习惯法》中对"必需性"进行了详细的阐释，"在战争或可能出现战争的情况下，出于必要之原因，国王、诸侯、伯爵或其他领主……为维护其王国之共同利益可以采取新的举措。"⑦ 这里所说的"新举措"意指征税。因此，以保卫王国和臣民利益之名从事的战争或防御等紧急情况，往往被看作兼顾必需性和公共利益的正当理由。

从"必需性"这一前提还衍生出征税的否决原则。中世纪的法学家将"因果相制"（*cessante causa, cessat effectus*）⑧作为政治格言应用于赋税，对紧急情况下征税的正当性及

---

① Lydwine Scordia. 《Le roi doit vivre du sien》. La Théorie de l'impôt en France (XIIIe – XVe siècle) [M]. Paris: Institut d'Études Augustiniennes, 2005: p. 416.

② Martin Wolfe. French Views on Wealth and Taxes from the Middle Ages to the Old Regime [J]: p. 469.

③ John Bell Henneman. Royal Taxation in Fourteenth Century France: The Development of War Financing (1322 – 1356) [M]. Princeton: Princeton University Press, 1971: p. 18.

④ Lydwine Scordia. 《Le roi doit vivre du sien》. La Théorie de l'impôt en France (XIIIe – XVe siècle) [M]: p. 417.

⑤ 在中世纪的文献中，"公共利益"一词还有其他多种表述，如 publicam utilitatem, utilitas communis, bonum commune, rei publicae 等等。在不同的语境中该词有不同的含义。参见 Lydwine Scordia. Le Bien Commun, Argument Pro et Contra de la Fiscalité Royale, dans la France de la fin du Moyen Âge [J]. Revue Française d'Histoire des Idées Politiques. vol. 32, No. 2, 2010: pp. 293 – 309.

⑥ Eberhard Isenmann. Les Théories du Moyen Age et de la Renaissance sur les Finances Publiques. In: Richard Bonney (dir.), Systèmes Économiques et Finances Publiques [C]: pp. 11, 15.

⑦ Philippe de Beaumanoir. Coutumes de Beauvaisis [M]. T. 2. Paris: A. Picard et fils, 1900: p. 261.

⑧ "Cessante causa, cessat effectus" 这一拉丁格言的字面意思是"when the cause ceases, the effect also ceases"，即"因不复在，果亦不复在"。一般认为这一原则是从亚里士多德的"四因说"演化而来，在中世纪被广泛应用于政治和法学领域。参见 Gouron André. Cessante Causa Cessat Effectus: à la Naissance de l'Adage [J]. Comptes Rendus des Séances de l'Académie des Inscriptions et Belles – Lettres. vol. 143, No. 1, 1999, pp. 299 – 309.

征税期限作出了限制。1298 年奥弗涅的皮埃尔（Pierre d'Auvergne，? ~1304 年）指出，在紧急情况下，君主为维护公共利益向臣民征税，一旦紧急情况结束就应停止征税①。这一原则与前两项正当性理由共同构成中世纪君主征税的三大准则。可见，现代意义上的赋税在当时被认为是非常例外的事情，有着诸多限制。不过，在 13 世纪国王的征税意图并不特别迫切的情况下，这些准则更多地侧重从道德层面对君主的行为加以约束。

13 世纪末，法国农业进入一个相对萧条时期，国王的领地收入受到影响，增长陷于停滞。与此同时，手工业品价格持续上涨，军事装备的成本不断攀升。腓力三世（1270 ~1285 年在位）在朗格多克和阿拉冈进行的战争，使其子腓力四世（1285 ~1314 年在位）继位之初便遭遇严重的财政困难。尽管国王的常规收入随着王室领地的扩大在 1290 年左右已超过 40 万锂，远高于路易九世时期的平均收入 25 万锂，但还是远不能应付巨大的开支②。在试图操纵货币获益而声名狼藉后，腓力四世对征税的要求变得更加迫切。尤其是 14 世纪上半叶百年战争的爆发，使王室财政困难的窘境几乎成为常态。

基于此，赋税的正当性理论得到进一步发展。13 世纪晚期的法学家从罗马法和教会法中引入"必需性在法外"（necessity knows no law）的原则。根据这一原则，出于"显而易见的必需性"（evident necessity），为维护王国之公共利益，国王有权打破传统，征收新税③。腓力四世的法学顾问皮埃尔·雅各布（Pierre Jacobi，生卒年不详）指出，如果确实存在保卫王国或维护公益的必需性，君主可以向臣民征收与其财富相应比例的特别税；紧急情况下不经臣民同意也可征税④。对王室收入状况的担忧最突出地体现在查理五世（1364 ~1380 年在位）的顾问埃夫拉尔·德·特雷莫贡（Evrart de Trémaugon，? ~1386 年）所作的《果园之梦》（Songe du Vergier）中，这部问世于 1378 年左右的作品被看作中世纪晚期政治学的先驱之作。特雷莫贡借梦中骑士之口宣称，无论是为战时王国之防御，还是和平时期正常之用度，只要收入不足，国王便可征税⑤。这部政治作品表面上仍强调国王应以领地为生，如果结合这一时期法国的境况来看，实则是对国王征税权的进一步肯定。此后，政治哲学家和法学家有关税权的理论相互揉合，尽管仍存在诸多争议，不过君主拥有征税权且判定征税正当与否的一般原则在 14 世纪基本确立下来，并为大多数人所接受。

二

君主征税的正当性不仅有中世纪政治哲学家和法学家的理论支持，与此同时，国王作为"领主之王"所享有的封建权利也为之提供了实践的可能性。

在中世纪的封建附庸关系中，附庸的主要义务之一是为领主"提供援助"，这种援助意

---

① Elizabeth A. R. Brown. Cessante Causa and the Taxes of the Last Capetians: The Political Applications of a Philosophical Maxim [J]. Studia Gratiana. vol. 15, 1972, pp. 569 - 570.

② J. B. Henneman. France in the Middle Ages. In: Richard Bonney (ed.). The Rise of the Fiscal State in Europe, c. 1200 - 1815 [C]. Oxford: Oxford University Press, 1999: pp. 104, 105.

③ John Bell Henneman. Royal Taxation in Fourteenth - Century France: The Captivity and Ransom of John II, 1356 - 1370 [M]. Philadelphia: The American Philosophical Society, 1976: p. 10.

④ Olivier Guillot, Albert Rigaudière & Yves Sassier. Pouvoirs et Institutions dans la France Médiévale. Tome 2: des Temps Féodaux aux Temps de l'État [M]. Paris: Armand Colin, 2003: pp. 247 - 248.

⑤ Lydwine Scordia. 《Le roi doit vivre du sien》. La Théorie de l'impôt en France (XIIIᵉ - XVᵉ siècle) [M]: p. 149.

味着附庸要听命于领主，为其冲锋陷阵，出谋划策，还包括为领主提供经济援助。领主有权从依附者那里索取贡赋，贵族、教士、城市，以及领地上的居民、庄园中的农奴、佃农等都必须在领主需要时为其提供经济援助。马克·布洛赫指出，"这种金钱上的支持比任何一种制度更清楚地表明，封建社会所赖以维系的依附制度有根深蒂固的黏合力。"① 在中世纪，此类贡赋被称作协助金。12 世纪的封建习惯法中，三种情况下臣民必须为领主提供经济援助：领主的长子受封为骑士；领主的长女出嫁；为被俘的领主缴纳赎金。路易七世（1137～1180年在位）时期，为十字军提供协助金也被纳入封建援助的范畴②。但封建习惯法同时还规定，领主不能随意向臣民要求金钱上的援助，必须提供恰当的理由，且要征得对方的同意。这一规定实际上为超出以上四种情况向臣民寻求支持提供了可能③。此外，1250 年之后，用金钱赎买封建军役的做法逐渐盛行，在赎买军役时，附庸向领主支付的补偿金的多少和方式都可以进行协商④。因此，当国王急需资金时，他往往利用其作为最高封建领主所享有的权利，单独召集教士、贵族或城市会议，与这些群体协商，劝说其为国王提供经济支持。

向国家赋税迈出的尝试性一步始于十字军东征期间国王征收的"教士什一税"（décimes⑤）⑥。征收教士什一税一般以针对异教徒的战争为理由，要获得教皇的同意，至少是法国教士会议的同意。路易七世曾在 1147 年第二次十字军东征时征收过一次。1188 年第三次十字军东征期间，腓力二世在巴黎召开教士和贵族会议，获准向教士以及不参加十字军东征的贵族和城市居民征税。路易九世（1226～1270 年在位）也曾多次获准征收教士什一税，尤其是 1269 年在第二次出征前，他以长子受封骑士之名征收习惯性协助金，同时获得教皇同意连续三年征收教士什一税⑦。

不过，中世纪的法国国王不仅是拥有大量领地的土地所有者和封建领主（Suzerain féodal），他还被赋予另外一重有别于其他封建领主的身份：君主（Souverain），即"领主之王"⑧。虽然在很长时间里，其实际权力和拥有的领地并不比自己的附庸大。从 13 世纪、尤其是 14 世纪初开始，在王权扩张的过程中，通过强调作为"领主之王"的君主身份，国王逐步将自己置于王国其他封建领主之上。从提升王权的角度来看，它必然要求全体臣民的臣服。13 世纪的法学家开始主张"国王乃王国之皇帝"（*Rex est imperator in regno suo*），王国的居民都是国王的臣民，国王可以在其附庸和领地之外，即在整个王国范围内，以保卫王国

---

① Marc Bloch. La Société Féodale [M]. Paris: Albin Michel, 1994: pp. 313 – 315. 亦可参考马克·布洛赫：《封建社会》（上册），张绪山译，商务印书馆 2004 年版，第 359 页。

② J. -J. Clamageran. Histoire de l'impôt en France [M]. 1ère Partie. Paris: Guillaumin, 1867: pp. 278 – 279.

③ Jean Favier, La Finance et Fiscalité au bas Moyen Age [M]. Paris: SEDES, 1971: p. 93; Martin Wolfe. The Fiscal System of Renaissance France [M]. New Haven and London: Yale University Press, 1972: p. 9.

④ Olivier Guillot, Albert Rigaudière & Yves Sassier, Pouvoirs et Institutions dans la France Médiévale. Tome 2: des Temps Féodaux aux Temps de l'État [M]: p. 247.

⑤ 亦称"萨拉丁什一税"（dîme saladine），即征收一定比例（通常为 1/10）的教士俸禄作为献给国王的贡赋。

⑥ W. M. Ormrod & Jànos Barta. La Structure Féodale et les débuts des Finances Publiques. In: Richard Bonney (dir.), Systèmes Économiques et Finances Publiques [C], p. 54.

⑦ J. -J. Clamageran. Histoire de l'impôt en France [M]. 1ère Partie: pp. 279 – 282.

⑧ Gustave Dupont - Ferrier. Études sur les Institutions Financières de la France à la fin du Moyen Age [M]. T. 2. Paris: Firmin - Didot et Cie, 1932: p. 2.

之名要求全体臣民缴纳协助金①。1305年，腓力四世时期的法学家纪尧姆·德·普莱希安斯（Guillaume de Plaisians，生卒年不详）宣扬道，"处于王国边界之内的任何东西都属于国王陛下，至少，在涉及保护、崇高、正义以及权威时，甚至也涉及国王陛下为了共同利益和捍卫领土所赐予、接纳以及使用每一件和每一样东西的所有权。"② 这显然是一种极端的王权理论，要求全体臣民的顺从是不可能的，国王在很多情况下都要与臣民进行协商，并作出妥协。不过，14世纪法兰西王国所面临的经常性的战争状态扩展了这一理论的接受程度和范围。政治哲学家和法学家们为赋税的正当性提出的"公共利益"原则与在战争状态下保卫王国的"必需性"现实相融合，因此出现的"对最高权力的惯常性的重复要求"③，实质上为王权的扩张提供了坚实的后盾。

13世纪晚期至14世纪中叶是王室收入以领地收入为主转向以赋税收入为主的关键时期。为寻找额外的财源，腓力四世一方面强调其作为封建领主的身份，将四种情况的常规性封建援助普遍推广；另一方面利用君主身份，试图将协助金的征收范围扩展到全体臣民。腓力四世多次以战争之名征收协助金④，这些协助金被称为"特别收入"（revenus extraordinaires），以区别于传统的常规收入，由臣民缴纳的交易税（aides⑤）、炉灶税（fouage）、达伊税（taille⑥）等组成，均为临时税。这些税的税率并不高，但因向全体臣民征税尚属新事物，且过于频繁，故而遭到激烈的反对，腓力四世召集的六次三级会议只有一次同意了国王的征税要求。尽管腓力所进行的赋税创新成效甚微，但这些举措无疑开启了法国从"领地国家"向"税收国家"转变的"潘多拉之盒"。因此，后世的学者一般将腓力四世统治时期看作法国赋税史发展的里程碑，视之为国家赋税诞生的起点，乃至近代国家的起点⑦。

到腓力六世时期（1328～1350年在位），以战争协助金的名义征税日益常见。早在1337年英法百年战争正式爆发之前，为修缮军港、巩固海防，腓力便开始在部分港口城市征收出口关税。战争爆发初期，王室的征税尝试并不成功，往往要与不同的地区或城镇分别协商。比如1337年和1341年，腓力两度下令对巴黎城销售的商品征税⑧。此后随着战争的升级，各类以战争和防御之名征收的赋税逐渐为臣民所接受。1341年腓力首次在王国范围

---

① Gaines Post. Studies in Medieval Legal Thought: Public Law and the State, 1100 – 1322 [M]. Princeton: Princeton University Press, 1964: p. 15.

② J. H. 伯恩斯主编：《剑桥中世纪政治思想史（350年至1450年）》（下册），三联书店2009年版，第666页。

③ J. H. 伯恩斯主编：《剑桥中世纪政治思想史（350年至1450年）》（下册），三联书店2009年版，第667页。

④ MM. Jourdan, Decrusy et Isambert (éd.). Recueil général des anciennes lois françaises, depuis l'an 420 juaqu'à la révolution de 1789. T. II. 1270 – 1308 [G]. Paris: Belin – Le – Prieur et Verdière, 1821: pp. 749, 781, 803, 817.

⑤ "Aides" 一词从 "aider" 衍生而来，本意为协助金或援助金。在中世纪晚期的文献中，"aides" 既是王室征收的各种特别税的总称，也可特指商品交易税，15世纪之后逐渐成为商品交易税等间接税的代名词。

⑥ 达伊税是根据财产、收入或土地征收的一种直接税。设立之初主要按各地驻军的数量向当地居民征收相应的赋税，用于地方军事给养，因此有学者译为"军役税"。15世纪之后，其性质发生变化，不再与地方军事开支挂钩，而成为臣民尤其是农民缴纳的常规性直接税。

⑦ Jean – Philippe Genet. L'État Moderne: Un Modèle Opératoire?. In: Jean – Philippe Genet (éd.). L'État moderne: Genèse, bilans et perspectives. Actes du Colloque tenu au CNRS à Paris les 19 et 20 septembre 1989 [C]. Paris: éd. du CNRS, 1990: pp. 261 – 264; Philippe Contamine. Lever l'impôt en Terre de Guerre: Rançons, Appatis, Souffrances de Guerre dans la France des XIVe et XVe siècles. in: Philippe Contamine, Jean Kerhervé et Albert Rigaudière (dir.). L'impôt au Moyen Âge. L'impôt public et le prélèvement seigneurial en France, fin XIIe – début XVIe siècle [C]. vol. 1: p. 34.

⑧ Louis – Guillaume de Vilevault & Louis – Georges de Bréquigny (éd.). Ordonnances des Rois de France de la Troisième Race [G]. vol. 12. Paris: de l'Imprimerie Royale, 1777: pp. 39 – 42, 64 – 66.

内开征盐税（gabelle），1342 年北部和南部分别设立了统一的商品交易税和炉灶税。这些临时税带来的收入虽不高，但为迈向更为统一的征税体系奠定了基础[1]。

常规性赋税体系的初步确立肇始于一个偶然事件，即 1356 年普瓦蒂埃战役中法王约翰二世（1350~1364 年在位）被俘，这是法国赋税史上最具决定意义的事件之一。赎回国王、结束与英国之间的战争一方面迎合了法学家所宣称的赋税正当性理由，同时又契合了封建习惯法的传统。根据封建习惯法，为被俘的封君支付赎金是其附庸应尽的义务之一。在封君是国王的情况下，提供协助金自然成为王国全体臣民的义务[2]。加上爱德华三世要求的巨额赎金[3]不是短时间能够偿清的，因此它为经常性征收特别税提供了恰当的理由。此外，在普瓦蒂埃战役后，英法停战长达十多年，但在这段休战时期，无所事事的士兵肆意掳掠、为非作歹，让普通百姓意识到"和平"有时比战争更可怕，为了王国的秩序和稳定，在和平时期也有纳税的必要[4]。正是这种"显而易见的必需性"，使查理王太子（后来的查理五世）得以于 1360 年 12 月 5 日成功颁布连续征收商品交易税、酒税、盐税和炉灶税的法令，用以偿付赎金[5]。这是第一次在和平时期对王国臣民征收特别税，它标志着以战争协助金名义征收的临时特别税向常规性王室税转变的开始。

除 1380 年被短时废止外，自 1382 年起，商品交易税和盐税率先成为每年征收的常规税。1384 年之后，达依税取代炉灶税成为主要的直接税，在 1384 年至 1411 年间多次征收[6]。14 世纪 70 年代，特别税每年为国王带来约 165 万锂左右的收入，是 1304 年腓力四世征收的协助金的 2.5 倍。同一时期由于领主经济陷入危机，王室的常规收入在总收入中所占比重不足 3%。腓力六世统治初期（1328 年前后），领地收入在年均 64.7 万锂左右，占王室总收入的 40% 以上。到查理六世（1380~1422 年在位）统治初期，在货币略有通胀的情况下，王室的全部常规收入仅为 10 万锂。14 世纪晚期，随着农业的复苏，领地收入有所回升，1394 年常规收入约为 19 万锂，但仍只占到王室总收入的 10% 左右[7]。根据莫里斯·雷伊（Maurice Rey）的统计，1384 年至 1389 年间仅消费税和盐税收入便在年均 200 万锂以上，间或征收的达伊税平均收入高达 400 万锂[8]。随着特别税带来的收入增长，中世纪晚期法国君主的财政收入从依赖传统的封建领地收入转向以王国臣民缴纳的赋税收入为主。

---

[1] John Bell Henneman. Royal Taxation in Fourteenth Century France: The Development of War Financing（1322-1356）[M]: pp. 154-166.

[2] Elizabeth A. R. Brown. Customary Aids and Royal Fiscal Policy under Philip VI of Valois [J]. Traditio. 30, 1974: p. 247.

[3] 英国最初提出的是 400 万金埃居（écus d'or）的赎金，1360 年签订的《布雷蒂尼条约》（Traité de Brétigny）降为 300 万金埃居，约合 163.215 吨白银。

[4] John Bell Henneman. Royal Taxation in Fourteenth-Century France: The Captivity and Ransom of John II, 1356-1370 [M]: pp. 1-3.

[5] J.-J. Clamageran. Histoire de l'impôt en France [M]. 1ère Partie: pp. 382-383; MM. Isambert, Decrusy et Jourdan（éd.）. Recueil général des anciennes lois françaises, depuis l'an 420 juaqu'à la révolution de 1789, T. V. 1357-1380 [G]. Paris: Belin-Le-Prieur et Verdière, 1824: pp. 105-112.

[6] Charles-Edmond Perrin. Les Finances Royales sous Charles VI（1388-1413）[J]. Journal des Savants. vol. 1, No. 1, 1967: pp. 52-53.

[7] J. B. Henneman. France in the Middle Ages. In: Richard Bonney（ed.）. The Rise of the Fiscal State in Europe, c. 1200-1815 [C]: p. 116; Idem. Royal Taxation in Fourteenth-Century France: The Captivity and Ransom of John II, 1356-1370 [M]: pp. 295-296.

[8] Charles-Edmond Perrin. Les Finances Royales sous Charles VI（1388-1413）[J]: p. 53.

三

政治哲学家和法学家从理论上阐明了君主征税权的正当性理由,封建习惯法为国王向臣民征税提供了法理和实践的空间,那么,作为纳税人的臣民如何应对国王的征税要求?他们通过何种渠道表达自身的诉求?

无论是在政治哲学家的理论中,还是封建习惯法中都有一条重要原则,即国王征税需经臣民同意。自12世纪开始盛行的罗马法格言"凡涉及众人之事须经众人之同意"在13世纪下半叶被广泛应用于世俗政治领域①。赞同原则也被法学家引申到赋税问题上。方丹的戈弗雷(Godfrey of Fontaines,约1250~1309年)便强调,所有纳税人都应有对所缴税的知情权,而纳税人的这一要求"只有通过磋商才能得到满足"②。赞同原则赋予臣民对国王的征税要求作出回应的权利,但国王不可能单独征求每位臣民的意见,因此,这一权利通常由不同等级或团体的代表来表达。赞同和代表原则在中世纪制度史的发展中体现为代表大会的出现,这是13世纪欧洲的普遍现象。

早在腓力二世和圣路易时期,国王就曾分别召集过城市、贵族或教士会议,这一做法从早期封建领主召集的附庸集会发展而来③。不过直到13世纪末,法国国王都是分别召集不同的等级或群体进行协商。直到1302年,腓力四世与罗马教皇卜尼法斯八世发生冲突,为动员举国舆论支持国王,他第一次召集由教士、贵族和城市代表组成的三等级大会。从1302年到1314年,腓力四世共召集六次三级会议,基本都与财政问题相关④。伴随着君主税权观念的普及,三级会议更为重视其对征税的同意权和表决权,并开始提出对赋税的征收及其用途进行监管的职能。据称,腓力六世曾于1338年认可路易十世(1314~1316年在位)继位时颁布的一条谕令,即"不经三级会议同意不得征税"的原则⑤。此类原则看似对王权的限制,但考虑到在中世纪,各种封建习俗和传统对君主权力形成有力的钳制,要突破或改变这些习俗,召开三级会议征得各等级代表的同意是行之有效的方法⑥。因此,三级会议的出现最初实际上为国王征税权的正当性提供了制度保障。

14世纪上半期,为征收临时特别税,国王循例征求三级会议的同意。这一局面在14世纪中叶可谓峰回路转。1356年约翰二世被俘后,为支付父亲的赎金以及筹集军饷,陷入绝境的王太子查理不得不求助于三级会议。第三等级代表艾田·马塞等人主导的三级会议同意

---

① Olivier Guillot, Albert Rigaudière & Yves Sassier. Pouvoirs et Institutions dans la France Médiévale. Tome 2: des Temps Féodaux aux Temps de l'État [M]: p. 181.

② J. H. 伯恩斯主编:《剑桥中世纪政治思想史(350年至1450年)》(下册),第698页、第700页。

③ Jean - François Lemarignier. La France Médiévale: Institution et Société [M]. Paris: Armand Colin, 2004: p. 329.

④ 腓力四世召集的六次三级会议,前两次为与教皇的冲突寻求支持,但起因是腓力为筹措战争资金下令向教士征税引发;第三次和第四次主要与取缔圣殿骑士团及其财产处置有关;第五次讨论设立盐伊税;第六次讨论为佛兰德尔战争提供协助金。参见 Boutaric Edgard. Les Premiers États Généraux (1302 - 1314) [J]. Bibliothèque de l'École des Chartes. vol. 21, 1860: pp. 1 - 37.

⑤ 因缺少文献支撑,有学者认为腓力六世颁布1338年法令的说法可能系伪造,但在18世纪之前它一直被当作信史为后人提及。无论真伪,这一"法令"无疑是对当时立宪精神的一种反映。参见 Philip Dur. The Right of Taxation in the Political Theory of the French Religious Wars [J]. Journal of Modern History. vol. 17, No. 4. (Dec., 1945): pp. 295 - 297.

⑥ J. Russell Major. Representative Institutions in Renaissance France (1421 - 1559) [M]. Madison: The University of Wisconsin Press, 1960: p. 23.

查理提出的征税请求，但要求进行全面的政治改革，由三级会议任命28名成员组成新的议政会监理国政，设立新的税收机构对赋税的征收和使用进行监管①。迫于形势，查理于1357年3月颁布"大敕令"，同意三级会议定期召开，新税经其同意方能征收。敕令第二条规定，"所征之消费税、协助金、盐税只能用于所从事之战争，不得挪作他用；……所有赋税不再由国王的官员、而由三级会议选出的代表进行征收和分配。"② 不过，鉴于当时的复杂形势，缺乏政治经验的三级会议并未成功实现对王权的限制。艾田·马塞为达目的不惜铤而走险，于1358年发动巴黎市民起义，这致命的一搏也为法国历史上仅有的一次建立代议制政府的尝试划上了句号，从而也预设了法国不同于西欧其他国家的宪政发展之路。随后，如上所述，查理绕开纠缠不休的三级会议直接在1360年颁布征税法令，直到1380年临终前出于道德和良心上的顾虑才撤销③。三级会议的代表虽然对此有异议，但王国面临的险恶形势以及民众对强大王权的渴求，使得只要能保障王国臣民安全、国王可随意征税的支持者占了上风。亨尼曼将之看作法国国家财政诞生的标志，认为这是一场真正的王室财政革命④。三级会议默许了查理的这一做法，结果是英格兰的议会逐步控制"国王钱袋"的同时，法兰西的臣民却日益习惯了君主随意征税的行为。

三级会议在征税权问题上的最终让步是在1435年至1439年间。是时，法国所面临的严峻的战争和经济形势为君主征税权的最终确立提供了契机。百年战争已进入最后阶段，要取得战争的胜利需要充足的资金支持。1435年和1436年两度召集的三级会议同意国王连续征收商品交易税，查理七世随后以法令的形式颁布了交易税的征税种类、税率、征税方式以及管理条例，并将其征收范围扩展到所有从英国手中收复的法国北部和中部地区⑤。1439年三级会议的召开一般被看作查理七世取得直接税控制权的标志。一个重要的因素推动了这一进程。从1439年开始，查理七世尝试建立常备军，常备军所需的经常性的军费支出为征收达伊税提供了必要且正当的理由。正因为此，三级会议最终同意查理征收达伊税⑥。虽然三级

---

① R. Delachenal. Journal des États Généraux Réunis à Paris au mois d'Octobre 1356 [J]. 24ᵉ année, 1900: pp. 429 – 459.

② Ordonnance Faite en Consequence de l'Assemblée des Trois Estats du Royaume de France, de la Languedoil, Contenant Plusieurs Reglements sur Differentes Matiers, A Paris, au mois de Mars 1356 [G]. Paris: Alphonse Picard, 1886: pp. 11 – 14. 16世纪之前，在法国大部分地区，每年的第一天从3月25日开始。1564年查理九世为统一王国的历法，颁布法令规定1月1日为每年的第一天。本敕令中的"1356年3月"实际指的是1357年3月。

③ MM. Isambert, Decrusy et Jourdan (éd.). Recueil général des anciennes lois françaises, depuis l'an 420 juaqu'à la révolution de 1789 [G]. T. V. 1357 – 1380: p. 531; T. VI. 1380 – 1400, 1824: pp. 542 – 544.

④ J. B. Henneman. France in the Middle Ages. In: Richard Bonney (ed.). The Rise of the Fiscal State in Europe, c. 1200 – 1815 [C]: pp. 113, 117.

⑤ Louis – Guillaume de Vilevault & Louis – Georges de Bréquigny (éd.). Ordonnances des Rois de France de la Troisième Race [G]. vol. 13. Paris: de l'Imprimerie Royale, 1782: pp. 211 – 215, 227 – 229.

⑥ Louis – Guillaume de Vilevault & Louis – Georges de Bréquigny (éd.). Ordonnances des Rois de France de la Troisième Race [G]. vol. 13: pp. 306 – 313; "1439年11月2日奥尔良敕令"。不过对这一敕令的理解尚存在争议。克拉马吉朗将其看作查理七世取得达依税控制权的标志，梅杰则认为1439年之后国王在征税问题上并未完全摆脱限制，尽管三级会议的重要性有所下降，但国王仍需与省级或地方代议机构就征税进行协商。马丁·沃尔夫对上述两种观点进行了调和，他指出，单从1439年敕令本身而言，该敕令并未明确认可国王连续征收达依税的权力，不过鉴于查理七世此后没有再召开过三级会议，克拉马吉朗的论点有可取之处。不过从文献上来看，国王真正取得达依税的控制权而不需征得省级或地方代议机构的同意是在1451年之后。参见：J. -J. Clamageran. Histoire de l'impôt en France [M]. 1ᵉʳᵉ Partie: pp. 483 – 489; J. Russell Major. Representative Institutions in Renaissance France (1421 – 1559) [M]: pp. 32 – 39; Martin Wolfe. The Fiscal System of Renaissance France [M]: pp. 33 – 36, 40 – 41.

会议并未直接授予国王永久征税权，而且对商品交易税和达伊税的征税年限均有限制，不过从实践上而言，随着盐税、交易税和达伊税相继成为每年征收的常规税，法国国王最终取得了不经三级会议同意便可自行征税的权力，为三级会议退出法国的政治舞台埋下了伏笔。君主征税权的确立同时还带来赋税性质的变化。自1439年之后，此前需三级会议同意方能征收的"协议税"（impôt consenti）为建立在君主权威基础上的"强制税"（impôt d'autorité）所取代①。杜邦-费里埃将之看作"内外的双重胜利"，他指出"新税不仅赋予王国一位难得的保卫者，同时也缔造了一个绝对君主"②。

百年战争结束后，质疑之声又复出现。1484年三级会议的代表含蓄地表达了对国王征税权的异议，三级会议同意查理八世（1483~1498年在位）连续两年每年征税150万锂，但在表述中使用的是"同意以贡赋的方式授予国王"，刻意避免使用"赋税"一类的词语③。鉴于查理八世此后并未召集过三级会议，这种异议的表达无疑有些苍白。由此可以看出，15世纪中叶之后有关税权争论的重心已经发生变化。虽然"国王应靠自己活"仍为人们所强调，但大多数人显然已经接受了君主不可能仅仅依靠自己的领地为生这样一个事实，领地收入与赋税收入因此不再是非此即彼的对立或替代关系，而成为一种互补④。

四

由此可见，从"领地国家"向"税收国家"的转变并非一个简单的线性过程。政治哲学家和法学家为君主征税权提供了理论支持，封建习惯法则为国王向臣民征税提供了实践空间，加上13世纪晚期至15世纪中叶法国的社会和政治现实，这些因素的共同作用，首先推动了中世纪晚期税权观念的转变。阿奎那强调的是君主应尽可能自立自足，不损害臣民的利益；"必需性"和"公共利益"准则的出现则为国王征税大开方便之门；《果园之梦》进一步认可了君主在和平时期征税的权力；最终随着赋税的常规化，1484年三级会议对传统收入的强调，只是微弱地表达了希望降低税负的意愿⑤。对普通臣民而言，腓力四世时期的人们将最轻微的赋税都看作是不正当的。不过，正是腓力进行的一系列财政创新奠定了"税收国家"的起点。王国在百年战争时期面临的生死存亡的境况，极大地缓解了人们对赋税的抵触心理，民众对秩序、稳定和强有力的君主权威的渴望胜过其对财产权的关注。自此之后，纳税逐渐成为臣民对君主和国家应尽的义务之一。从托马斯·阿奎那到中世纪最后一次三级会议，在两个世纪的时间里，"国王应靠自己活"这一财政原则的反复出现，实际上反

---

① Alain Guéry. Le Roi Dépensier. Le Don, la Contrainte et l'Origine du Système Financier de la Monarchie Française d'Ancien Régime [J]. Annales. Économies, Sociétés, Civilisations. vol. 39, No. 6, 1984: pp. 1258 - 1259.

② Gustave Dupont - Ferrier. Études sur les Institutions Financières de la France à la fin du Moyen Age [M]. T. 2: p. 2.

③ Jehan Masselin. Journal des États Généraux de France tenus à Tours en 1484 sous le Règne de Charles VIII [G]. Paris: de l'Imprimerie Royale, 1835: p. 449. 原文为"Les troys estatz luy ottroyent, par manière de don et ottroy et non autrement, et sans ce qu'on l'appelle doresenavant tailles, ains don et ottroy……"。

④ Lydwine Scordia. Le roi doit《vivre du sien》. Histoire d'un lieu commun fiscal. In: Philippe Contamine, Jean Kerhervé et Albert Rigaudière (dir.). L'impôt au Moyen Âge. L'impôt public et le prélèvement seigneurial en France, fin XIIe - début XVIe siècle [C]. vol. 1: Le droit d'imposition: p. 114.

⑤ Jehan Masselin. Journal des États Généraux de France tenus à Tours en 1484 sous le Règne de Charles VIII [G]: pp. 47 - 51.

证了近代意义上国家赋税的逐步确立。

与此同时，围绕赋税的征收和管理，各种政治实体和行政机构也发展起来，并表现出专门化和职业化的趋向。

首先，代议制机构的出现与国家赋税的发展有着密不可分的关系。向臣民的财产征税需征得其同意，国王与臣民要进行对话和协商，由此推动了三级会议这一代议制机构在法国的诞生。这一制度并非来自抽象的观念，而是产生于国王与臣民或其代表就王室的财政需求进行的政治博弈，并最终影响了法国的政体发展。虽然三级会议最终放弃了对征税权的控制，但代议制并未退出政治舞台，而是与法国君主制的发展伴随始终。除全国三级会议外，中世纪发展起来的还有规模大小各不相同的地区、省级、地方和城市代表会议，它们分别代表不同地区、不同群体的利益。如果三级会议搁置国王的征税要求，国王则与各地区或城市分别协商征税，这一做法有时比召集三级会议更有效率。布列塔尼、朗格多克和勃艮第的省三级会议一直到 18 世纪晚期都依然活跃。

其次，征税行为推动了财税管理体系及政府行政职能的发展。13 世纪赋税管理的突出特点是缺少专业化，尚不存在专门的税务官，各级地方官的主要职责在于司法和军事，间或承担国王的征税任务。从 14 世纪开始，国家财税管理机器逐步发展起来。皮埃尔·肖尼指出，赋税管理所要求的计量和精确性对管理人员提出了更高的要求，正是 14 世纪的征税行为创造并带来了行政管理手段的职业化[1]。腓力四世在 1302 年授权成立具有行政管理性质的财政司法机构——审计法院（Chambre des Comptes[2]），主要负责管理王室领地，并监管公共开支。这一机构的基本组织原则在 1320 年腓力五世时期正式确立下来。1356 年之后，应三级会议的要求，国王开始任命由其选出的财政总长和税务官对省级和地方的赋税征收进行管理[3]。这一做法在 1360 年之后得到推广，中央和地方的财税管理开始朝专业化方向发展。巴黎设总司库和财政总长，分别负责常规收入和特别收入的征管。14 世纪中后期，财政总长成为正式的王室官员，由国王的御前会议任免，享有薪俸，主要负责对间接税的包税进行招标，同时监管其他赋税的征收。在地方层面，各个教区设若干名税务官（élus）负责征税，在此基础上发展出专门的地方财政管理单位——财政分区（élection）。1380 年之前，查理五世设立了 31 个财政分区，1422 年增加到 51 个[4]。与此同时，专门的财税司法机构也发展起来。随着赋税收入成为王室财政收入的主要来源，1389 年查理六世下令在巴黎建立税务法庭（Cour des aides[5]），专门负责审理与王室财税有关的案件[6]。

---

[1] Pierre Chaunu & Richard Gascon. Histoire Économique et Sociale de la France, Tome 1: de 1450 à 1660, Premier volume: L'État et la Ville [M]. Paris: Presses Universitaires de France, 1977: p. 18.

[2] 审计法院具有审核、管理和司法等多重职能。最初主要是监管并审核财税官员的账目，同时管理王室领地，15 世纪下半叶获得对财税案件的终审权，成为最高财政法院。18 世纪晚期，王国一共有 12 个审计法院，其中最重要的是巴黎审计法院。

[3] Ordonnance Faite en Consequence de l'Assemblée des Trois Estats du Royaume de France, de la Languedoil, Contenant Plusieurs Reglements sur Differentes Matiers, A Paris, au mois de Mars 1356 [G]: pp. 11 – 14.

[4] Gustave Dupont – Ferrier. Études sur les Institutions Financières de la France à la fin du Moyen Age [M]. T. 1: p. 31.

[5] 税务法庭具有司法和管理等多重职能。作为上诉法院，除负责审理与达依税、商品交易税、盐税等各类直接税和间接税相关的诉讼争端外，还有对与财税有关的特许证进行审查和登记的管理职能。除巴黎税务法庭外，从 15 世纪中叶到 17 世纪中叶另外设立过 12 个税务法庭，后陆续为审计法院合并，1789 年之前只剩包括巴黎在内的四个税务法庭。

[6] D. – F. Secousse (éd.). Ordonnances des Rois de France de la Troisième Race [G]. vol. 7. Paris: de l'Imprimerie Royale, 1745: pp. 228 – 230.

15世纪30年代之后,赋税的常规化推动了王室财税管理体系的长足发展,并向中央集权化的方向迈进。为加强对地方财政分区的管理,查理七世首创财政区(généralité),作为地方一级的最高财政管理单位,下辖若干财政分区。在此基础上,财政分区体制得到进一步拓展,1461年王国的财政分区增加到75个,覆盖了中部和北部的绝大部分王室直属领地①。1443年至1460年,查理七世颁布多项法令,对分区税务官、财政总长、法兰西司库和审计法院等不同财政官职和机构的职责和权限,以及达伊税等赋税的摊派和征收方式都作了明确的规定②。柯林斯认为,这种财税管理的体制化在一定程度上体现了王权在地理和社会层面上的拓展。一方面国王的政令得以在王国更广泛的地区得到推广和执行;另一方面,财税体系为中央王权与地方精英之间的互动提供了强有力的利益纽带③。查理七世创立的财税管理体系一直沿用到弗朗索瓦一世(1515~1547年在位)统治时期。随着财税机构的发展和官僚体系的膨胀,到1515年时,负责管理常规收入和特别收入的财税官员的总人数多达1557人,已超过司法官员的人数(1455人)。在肖尼看来,近代国家实质上是通过征税权体现其首要权力的"财政国家","它因赋税而生,以赋税为生"④。1523年,弗朗索瓦一世最终取消了传统的"常规收入"与来自赋税的"特别收入"在名称上的差别,两项收入共同构成近代早期法国君主的常规收入。

综上所述,中世纪晚期,在多种因素的共同作用下,国家赋税逐步取代封建赋税成为国王收入的主要来源。从"领地国家"向"税收国家"的转变表明国王从"靠自己活"转向"靠臣民活"。当国王超越中世纪封建领主的属性,以整个王国最高统治者的君主身份要求全体臣民纳税时,这在一定程度上意味着封建关系开始瓦解。尤其是15世纪30年代,查理七世相继取得对直接税和间接税征税权的控制,确立了不需三级会议同意便可强制征税的权力,隐约预设了近代法国君主制的"绝对主义"色彩。从某种意义上而言,封建赋税向国家赋税的转变并不只是法国君主制的一种内生性变化,它伴随着中世纪晚期税权观念的转变,以及政府结构和管理体制的革新,实质上逐步改变了中世纪的社会基础和权力运作方式,为近代国家的形成奠定了基石。

【本文原载于《世界历史》2015年第4期,经《世界历史》编辑部授权转载,在原文基础上进行了修改和压缩】

---

① Gustave Dupont - Ferrier. Études sur les Institutions Financières de la France à la fin du Moyen Age [M]. T. 1: pp. 31, 37.

② Gilbert Jacqueton. Documents Relatifs à l'Administration Financière en France de Charles VII à François Ier (1433 – 1523) [G]. Paris: Alphonse Picard, 1891: pp. 1 – 100.

③ James - B. Collins. Fiscal limits of Absolutism: Direct Taxation in Early Seventeenth - Century France [M]. Berkeley: University of California Press, 1988: pp. 29 – 30.

④ Pierre Chaunu & Richard Gascon. Histoire Économique et Sociale de la France, Tome 1: de 1450 à 1660, Premier volume: L'État et la Ville [M]: pp. 37, 40, 48.

增值税历史沿革及中国与欧盟比较

——兼论中国与欧盟增值税差异

刘燕明

摘要：中国营改增试点的全面实施标志着流转税改革取得了阶段性成功，同时也开启了构建现代增值税的征程。回顾增值税发展史，准确把握税制本身具有的特征，认清中国增值税改革所处的历史阶段和税收地位，同时借鉴欧盟国家推行和完善增值税的有益经验，弄清中国与欧盟增值税存在的差异，取长补短、发挥比较优势，找准下一步增值税改革的目标和重点，稳步推进现代增值税制度，加快税收立法。

关键词：增值税；中国与欧盟；比较；趋势

增值税是伴随工业化和市场经济形成而产生的适应现代社会发展的一种间接税。由于增值税是针对货物和劳务的增加值征税，较之传统的货物税、产品税和营业税就销售收入或者营业收入征税具有进步性，而被世界上多数国家政府重视和采用，成为政府获取财政收入的重要工具。中国与欧盟国家相比引进增值税较晚，但经过由生产型到消费型转化，并分步实施营改增，已经初步建立起消费型增值税制。通过回顾增值税发展进程，比较分析中国与欧盟国家增值税制的差异，特别是借鉴欧盟取得的成果经验，对于完善中国的现代增值税制度，加快增值税立法具有现实意义。

一、增值税历史沿革

（一）增值税的产生

20世纪中叶，增值税产生于欧洲的法国。当时，法国处于欧洲的中心，商品流通和贸易往来频繁，法国政府为了进一步发挥国际贸易优势，减轻生产和流通领域各环节的税收负担，消除间接税重复征税的弊端，于1948年把制造阶段的商品税（消费税）改为按增值额计税的

作者简介：刘燕明（1958— ），男，北京人，现国家税务总局科研所副编审，研究方向：中国税制、中国税收制度史和赋税思想史。

方法，标志着增值税在法国问世了。1954年法国又将增值税推至批发环节征收（即对制造商和批发商的生产经营征收增值税，但对零售商和提供劳务的小企业主专门征收特定消费税，不征收增值税），并率先实行消费型增值税制度。由于当时的增值税仍显示有营业税特征，被称为营业加值税或新型营业税。从1963年起增值税被推广到零售环节，直到1968年全国才实行了增值税（VAT）。法国人仅用了20年就成功实现了由营业税改征增值税的税制转换，迅速地提升了该国在国际贸易上的竞争力，由此引发欧洲国家因贸易税负不平等导致的冲突，欧洲经济共同体（以下简称共同体）开始为解决税收争端推动成员国流转税的统一，主张消除内部"税收边境"，采用来源地原则征收欧共体税收，最初欧共体6国率先实行增值税，随后欧盟成员国也纷纷引进了增值税，以避免因成员国之间的税制差异而产生的贸易转移效应。对于多数发展中国家，随着贸易自由化导致关税下降和消除国内商品和劳务的重复征收，也仿效欧盟采用了增值税制度，以改善国内营商环境和增加税收收入。增值税自诞生后的50多年间以其强大的生命力很快被世界多数国家所接受，这在增值税史上具有里程碑意义。目前，世界上共有166个国家实行了增值税（包括2017年7月1日起印度实行增值税），半数以上的国家采用了消费型增值税，只有美国等少数国家至今未开征增值税。

（二）增值税一般原理

1. 增值税的理论起源。美国耶鲁大学教授亚当斯（T. S. Adams）在其1917年发表的《营业税》一文中指出，从会计学角度看，毛利润是工资、租金、利息和利润的总和，即国民所得的价值增加部分，对毛利润征税比对利润征税要好。他认为，对毛利润征税不是一种新税，而是一种经过改造的企业所得税。1921年德国的西蒙士（C. F. V. Siemens）正式提出增值税的名称，当时并没有引起重视，后来，增值税的优点逐步被更多的人所认识，才被西方税收学者所接受和并加以倡导。

增值税是对在一国境内销售货物（商品）或者提供加工、修理修配、劳务以及进口货物的企业和个人，就其货物销售或者提供劳务的增值额和货物进口为征收对象所征收的一种间接税。按照中国现行增值税的规定，一般纳税人适用17%的基本税率计算，应纳税额为当期销售额乘以税率扣除当期购进时征缴的税额，其基本运行原理如图1所示。

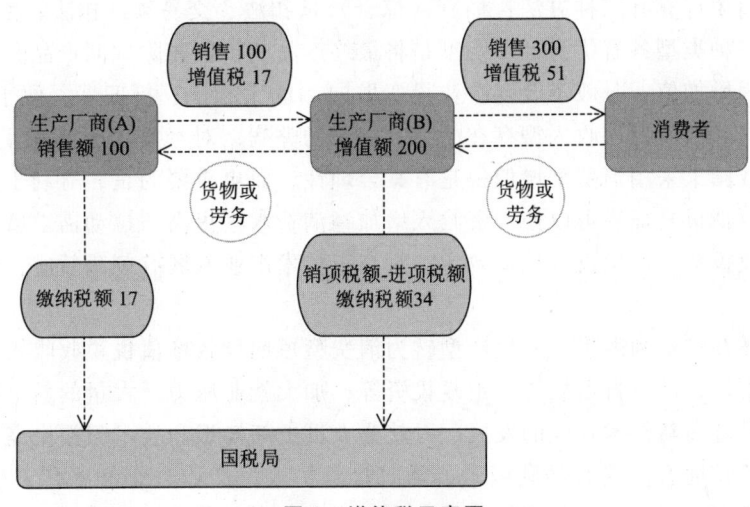

图1 增值税示意图

2. 增值税的特征：

（1）纳税人负担的确定性。对于大多数纳税人而言，无论商品或者劳务经过多少生产或流通环节，都不影响本阶段纳税人的负担，体现了税收"中性"原则。

（2）税收负担的"隐蔽性"。由于税收负担前移，纳税人与负担人并不一致，纳税人不是实际税收的承担者，只是代向政府的缴税者，最终税收负担者为商品和服务的购买者或消费者，符合谁消费谁付税的原则。

（3）征收范围的普遍性。适应所有可以纳入的商品生产、流通领域及劳务的购买，覆盖社会经济活动的各个部门、领域和环节，能够对规定的所有商品消费和服务起到调节作用。

（4）征管的安全性。根据增值税原理，增值税完成进项税额的抵扣需要形成完整增值税抵扣链条，这就要求企业或纳税人建立完善的财务制度，保留按规定进出货物的商品票据，既用于增值税销项税额抵扣用，又便于税务管理部门征管，而"以票抵税"专用发票稽核系统的应用与完善，有效地减少了偷漏税。

（5）收入的稳定性。在既定的税率下，只要商品或者劳务被购买和消费，税收就是确定的，但也不是绝对，假如由于种种原因商品和劳务没有被消费，或者降价就不是100%销售或提供，税收确定性就受到一定的影响。

3. 增值税类型。根据增加值的范围可分为生产型、收入型、消费型三种。也就是说，针对固定资产进项税额的处理方式不同，而构成三种不同的增值税税基（参见表1）。

表1 增值税征收类型表

类型	征税范围		进项税额抵扣		计算方法
	货物	劳务	全部固定资产	机器设备	
生产型	包括全部货物和劳务		不允许		加算（综合）法
收入型			允许，分期抵扣		交易额和税额法
消费型			允许		税额法

对应的增值税计算有三种方法：加算（综合）抵扣法、交易额抵扣法、税额抵扣法。

增值税这三种类型各有优劣。消费型是将最终产品的价值扣除中间产品和投资品购买成本后的费用视为增加值，一般不改变企业投资取向，也无需计算折旧费，便于使用和管理。最主要的是克服了生产型、收入型存在的重复征税的弊病，对经济增长影响呈"中性"。因此，世界上多数国家采用消费型增值税是有其合理性，而更重要的是，有利于建立经济增长的传递机制：取消重复征税可以使工资收入增加→消费水平提高→拉动需求增加→促进经济增长；鼓励企业投资，产生投资拉动效应；对高新技术产业发展有刺激效应；实现出口彻底退税。

增值税同样存在不利因素：从生产型转为消费型短期导致增值税税收收入剧减；容易形成新一轮通货膨胀，诱发盲目投资、重复投资等；加大就业压力，大量的新机器设备的使用和技术改进，促进高新技术企业的发展，对就业人员更新知识和技术门槛提高，使选择就业空间变小。但从长远看，这些不利因素，随着投资扩大，产业升级和换代，生产规模的扩大，也会出现更多的就业渠道和新的工作岗位，所以政府在推动增值税转型的过程中将冒一定的经济风险。

当然，最大的不利因素，还是税务部门面临巨大的征管风险，即如何解决增值税的缺口问题：税务人员的素质和税收管理手段是否适应？增值税纳税人众多且情况复杂，社会上存在大量的现金交易、企业建账建制不完善或缺乏或做假账、企业破产、专用发票监管漏洞，对各种支付手段缺乏监管等，都可能导致偷、漏、骗税的出现。

一般来说，采用扣税法，全面实施增值税，减少税率，建立健全发票注明税款制度，增值税的征收才会产生比较好的效果。中国增值税转型以后，主要通过以票管税的办法，形成了一套增值税发票交叉稽核系统，提高了税收征管的有效性。但是，随着经济多元化、数字化的发展、互联网等信息革命到来，跨境贸易服务复杂频繁，各种支付手段不断推陈出新，如果仍然以票管税这种单一办法，就将面临税收征管的风险，信息管税（如电子发票、第三方支付平台管理等）势在必行。

（三）欧盟增值税发展进程

从欧盟增值税50年发展进程看，大体分为二大阶段：

1. 形成阶段（1967—1992年），颁布法令，统一成员国增值税，努力取消税收边界。自法国实行增值税后，对欧洲国家产生很大影响，经过多次研究和磋商，共同体委员会于1967年4月11日发布了关于实行增值税的第一号和第二号法令，决定六个成员国（即法国、联邦德国、卢森堡、比利时、意大利和荷兰）必须在1972年1月1日起实行增值税。此后又陆续增加了爱尔兰、丹麦、英国、希腊、西班牙、葡萄牙、希腊等，如果再加上后来的瑞典、芬兰、奥地利（1995年加入）总数达到了15个国家。这一阶段欧共体国家致力于用增值税取代原先的级联税（即累计征税），取消税收壁垒，使货物和产品在欧共体内部自由流通，打造一个真正的欧洲统一市场。但是，税收属于国家主权，成员国内部的税制要素不一，包括纳税人注册门槛、征税范围、税率、免税项目等等，易导致税收冲突或有害竞争，需要建立协调机制消除影响各国征税的主要屏障。同时，为了遵行增值税中性原则，在成员国意愿税制趋同的推动下，欧共体于1977年发布了增值税第六号指令，作为增值税的协调规则，明确消费型增值税基本内涵，规定了纳税人抵扣权、增值税适用范围并相应扩大到所有的经济活动，以及抵扣税额和应纳税额的计算调整标准，免税交易等等，以后六号指令经过多次修订，促进了欧共体增值税制度的形成。

2. 完善阶段（1993年至今），艰难协调，力促增值税税率和征管的统一。欧共体曾在1985年、1987年两度提出包括消除财政边界，取消边境税，实施来源地原则，协调增值税税率等内容的议案，但均未取得通过。直到1992年12月17日通过一项"尽量统一税率"的指令，规定将成员国置于统一框架下设置一个正常税率，或者将高税率降低，但这只是一个过渡性体制。本来这个设想用4年完成，却过了22年也没有完成。1993年欧共体15国时还曾设想通过成员国让渡部分金融主权及税收主权，设立税收均等化机构，负责征收统一的增值税，但随着欧盟成员国的增加，这项政策实施变得越来越困难。其中，最为关键的是欧盟是否有能力确定增值税的税率。目前，欧盟28（或27个英国脱欧）个成员国（2017年）增值税基本制度，如表2所示。

表 2　　　　　　　　　　欧盟成员国增值税制度一览表

国家	实施时间（年）	税率（%） 标准税率	税率（%） 低税率	税率（%） 较低税率	征税范围	加入欧共体或欧盟时间（年）
法国	1968	20	10；5.5	2.1	农业、工业、批发、零售、服务	欧共体成立时的6国
德国	1968	19	7	—		
卢森堡	1970	17	14；8	3		
比利时	1971	21	12	6		
意大利	1973	22	10	5；4		
荷兰	1969	21	6			
爱尔兰	1972	23	13.5；9%	4.8		1973
丹麦	1967	25		—		
英国	1973	20	5	—		
希腊	1987	24	13	6		1981
葡萄牙	1986	23	13	6		1986
西班牙	1986	21	10	4		
瑞典	1990	25	12	6		1995
芬兰	1990	24	14	10		
奥地利	1973	20	13	10		
捷克	1993	21	15	10	工业、批发、零售、服务	2003
爱沙尼亚	1994	20	9	—		
匈牙利	1988	27	18	5		
拉脱维亚	1992	21	12	—		
波兰	1993	23	8			
斯洛伐克	1993	20	10	6		
立陶宛	1994	21	9	5		
斯洛文尼亚	1999	22	9.5			
马耳他	1992	18	7	5		
塞浦路斯	1992	19	9	5		
罗马尼亚	1993	20	9	5		2007
保加利亚	1994	20	9			
克罗地亚	1998	25	13	5	部分农业、工业、批发、零售、服务	2013

备注：(1) IBFD（荷兰国际财政文献局）在线数据库，截至 2017 年 9 月 13 日；(2) 希腊 1981 年加入欧共体，到 1987 年才开征增值税，主要受制于技术、经济等原因，希腊政府多次申请延期开征增值税；(3) 英国已决定脱离欧盟，但尚未完成正式的程序，因此，仍列入本表。

从表 2 可知，欧盟国家普遍实行多档税率，采用单一税率只有丹麦，多数成员国的税率为 2—3 档，较少采用 4—5 档税率。其中，基本税率较高，多为 17%—27% 之间，大多数国家又选择 20% 以上。一般低税率为 10% 以下，适用范围主要集中在食品、饮料等基本生活用品、药品、报纸、书籍等印刷品，旅游、住宿、餐饮食、交通运输等服务。适用零税率范围主要包括国际运输、书报、食品、童装等；免税范围多集中的项目有金融、不动产，医疗卫生、社会福利服务、教育、文化、体育等服务，邮政服务与用品、彩票、博彩等服务方面，总体上看，这些项目是为了满足民生的基本需要，还包括金融、不动产等有争议的项目和难以确定的进项税额。根据欧盟最新规定，从2011年1月1日至2015年12月1日成员国增值税税率不得低于15%，后这一规定又延长到2017年12月1日，但成员国的平均标准税率为21.5%，仍高于经合组织的平均税率19.2%。这些年来欧盟平均税率呈现不降反升的趋势，说明成员国政府更依赖增值税的收入功能，较之所得税税率上升对经济增长和竞争力的影响会小些。

总之，这一阶段欧盟税收协调仍然很艰巨，随着征收增值税的国家数量的增加，税率呈上升趋势，但注册门槛不一，税率不一，收入比重不一等差异化十分突出；采用目的原则取代来源地原则；建立唯一的信息系统，最好成立一个统一的征收机构等都将成为欧盟税收协调的取向。其中，过渡体制是否达到预想的目标、怎样规范成员国的税收行为和加强管辖范围之外的征管问题，都在考量欧盟指令的法律基础和成员国的向心力。

二、中国增值税引进与发展

从历史上看，增值税实施受制于财务制度和征管监控手段等完备的条件，欧盟国家采用增值税取代营业税多经历了"渐进式"的过程，主要基于征管不安全性和纳税遵从度的差异。中国完成营改增与当年法国相比，具有覆盖面广、力度大，落地快，见效明显等特点，因而得到国际税务界的普遍肯定，堪称当代税收史上的奇迹。

（一）增值税引进的背景

中国改革开放以后，从经济领域入手，把税制改革作为经济体制改革的突破口，建立涉外税制，为对外开放，吸引外资、引进先进技术创造良好的税收条件。同时，推进国内税收体制改革，由改革前的单一税制恢复到了适应多种经济方式发展的复合税制，以激活国内经济。为了促进国内工业改组和实现专业化，吸取国外实行增值税的成功经验，以排除货物贸易中的重复征税因素。中国于1979年引进增值税，正式开启改革流转税的征程。

（二）增值税的实施阶段

中国自引进增值税以来，增值税制改革大体经历五个阶段：

一是探索阶段。从1979年起，先在部分城市、部分行业试点，后在全国范围内扩大试点。试点率先选在湖北省襄樊市进行，随后在上海、柳州、长沙、株洲、青岛、沈阳、西安等城市相继推开，对从事生产机器机械、农业机具、日用机械三类产品的工业企业试行增值税。

二是统一实施阶段。1984年9月18日，国务院发布《中华人民共和国增值税条例（草案）》，同年10月1日起在全国试行，重点在生产领域和出口环节。1994年1月1日起在全国范围内实施规范的增值税制，并将征税范围扩大到所有货物（不动产除外）的生产、流通以及加工、修理修配劳务。

三是转型试点阶段。从2004年至2009年逐步推进增值税由生产型向消费型转变。为了消除增值税重复的问题,试点于2004年7月1日先从东北3省的装备制造业、石油化工业、冶金业、船舶制造业、汽车制造业、农产品加工业6个行业和军品、高新技术产品开始扩大进项税额抵扣范围;从2007年7月1日起,又在山西、安徽、江西、河南、湖北和湖南6省的26个老工业城市中除了东北5个行业(不包括船舶制造业)外,增加了电力业、挖掘业和高新技术产业共8个行业;从2008年7月1日起再将东北8大行业的试点扩大到内蒙古东部地区。2009年全国所有地区、所有行业推行增值税转型改革,进一步完善了增值税,减轻了企业负担,为向消费型增值税过渡奠定了基础。

四是营改增试点阶段。从2012年1月1日起,率先在上海交通运输业和部分现代服务业领域开展深化增值税制度改革试点,即增值税扩围试点;当年8月1日起这项改革又扩大到北京等8个省市;随后的2013年8月1日起试点范围扩大到了全国。2014年试点范围继续扩大到全国的铁路运输、邮政业和电信业,进一步延伸了增值税链条。2016年5月1日起营改增最后扩大到建筑业、房地产业、金融业和生活服务业,这标志着历时5年的营改增任务的完成和中国现代增值税制度的确立,实现了全国范围增值税全覆盖和抵扣链条的完整性,从此营业税走下了历史舞台。

五是增值税制定型和立法阶段。虽然这一阶段还处于酝酿和准备状态,但可以预见改革的步伐将会加快,适应中国经济发展和国际主流的现代增值税是指日可待的。

有关中国增值税演变情况如图2所示。

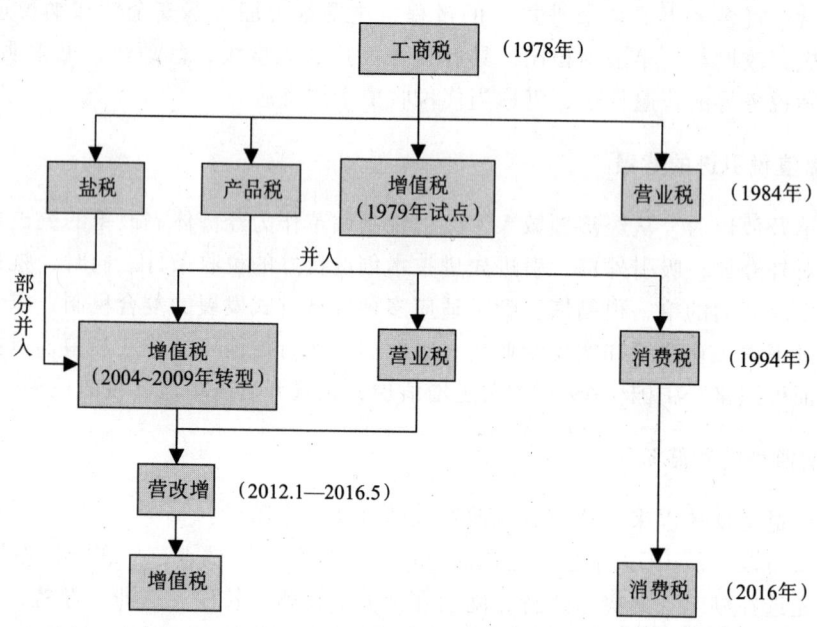

图2 中国增值税演变图

综上所述,中国取消营业税后,有效地破解了由于营业税与增值税并存所造成的经济结构失衡的问题,还解决了营业税重复征收以及增值税抵扣机制不完整导致的税负偏重的问题,促使增值税的职能和制度效应得以充分发挥,让减税效果激发税制改革红利持续释放,不仅有效助推供给侧结构性改革,促进经济结构调整和产业升级、换代,加快形成以科技创新为引领的新经济增长极,而且优化了税收结构,使税制更加简化、明晰,形成了以增值税、消费税为主体的间接税体系,为直接税和财产税的改革提供了空间。

三、中国与欧盟增值税的比较

(一) 增值税引进背景和目的不同

中国引进增值税是立足本国经济发展,并随着对外开放和市场经济发展,特别是加入WTO前后,增值税改革注意到与国际社会接轨,之后加快增值税转型。尤其是经济发展进入新常态后,为配合供给侧结构性改革,促进经济结构调整,加速经济发展方式转型,以营改增促进产业结构转型升级。通过分步实施营改增试点,逐步取消营业税,消除重复征税,一方面减轻企业税负,降低企业成本,激发市场活力;另一方面发挥增值税的"中性"特征,减少对市场主体行为的扭曲,推动公平竞争的市场环境的形成,强化和提高现代增值税的税收地位。欧盟成立之始就致力于建立欧洲统一市场,统一增值税重在经济体内部治理,加强成员国税收要素的趋同化协调,维护成员国的利益,消除税制障碍,共同抱团一致对外。

(二) 增值税发展阶段不同

中国增值税取代营业税的标志是2016年5月1日四大行业完成营改增试点。从2012年1月到2016年5月,仅用了5年的时间,中国比当年法国全部完成"营改增"少用了近10年。当然,中国从1979年引进增值税开始,同营业税并存却长达38年,可见中国推进增值税既要考虑征管条件,也要考虑财政承受力。目前增值税改革还只是全面完成了营改增试点,还没有完成后续的相关制度固化和税收立法。欧盟各成员国总体实施增值税大多早于中国,凡成为欧盟成员国就必须符合成员国的条件,包括执行欧盟的金融、税收指令等,即使一时达不到条件,往往给予宽限期,使之每个成员在最短的时间内实现税制趋同化。目前,欧盟国家主要任务是消除包括税收等在内的制度障碍,解决和处理各种税收纠纷和争议,为成员国创造良好的经济发展环境,提升整体竞争力,求得共赢。

(三) 增值税要素差异

中国与欧盟国家比较,增值税呈现比较明显的差异性,如表3所示。

从表3可以看出,中国与欧盟税制不同点主要表现在:

1. 增值税的税率和免税。目前,中国增值税的基本税率17%;欧盟国家平均税率达到21.5%,二者相比中国低于欧盟国家4.5个百分点,在税率上具有一定的竞争优势。但是根据欧盟指令未来实现预期平均15%的税率目标,实际上对中国构成了潜在挑战。同时,中国免税范围过窄,主要集中原有增值税规定的7类项目,加上在营改增中将原营业税免税项目作为过渡性项目大量地纳入增值税免税范围,再加上未到期和落实"双创"及处理特殊情况新出台的政策,使免税政策过于复杂化、碎片化。而欧盟国家增值税免征范围主要集中在金融、不动产、医疗卫生、社会福利服务、教育、文化、体育与服务,邮政服务与用品、彩票、博彩服务等,而各成员国在选择上各有侧重,上述税制要素的差异性将成为税收治理

表 3　　　　　　　　　　中国与欧盟增值税要素比较表

项目	税率	税率档次	征税范围	免税项目	征税对象
中国	17%（基本税率）	3档（17%、11%、6%）	销售或者进口货物，加工、修理修配劳务，规定的各种服务，金融商品转让，销售无形资产，转让土地使用权，销售不动产等	主要集中在自产农产品、避孕药品及用具、古旧图书、用于科研教学的进口仪器设备、国外政府和组织无偿援助的进口物资设备、残疾人物品等7类，再加上原营业税平移和新增的免税项目	1. 一般纳税人，适用不同税率 2. 一般纳税人的特定应税行为，按简易计税法，实行5%的征收率 3. 小规模纳税人，采取简易计税法，适用5%或3%征收率
欧盟	21.5%（平均标准税率）	多数成员国为2—3档；少数成员国为4—5档，低税率在10%以下，参见表2	1. 欧盟15个老成员国适用农业、工业、批发、零售、服务 2. 欧盟12个新成员国适用（不包括农业）工业、批发、零售、服务 3. 克罗地亚适用部分农业、工业、批发、零售、服务	主要集中在金融、不动产、医疗卫生、社会福利服务、教育、文化、体育与服务、邮政服务与用品、彩票、博彩服务等	除西班牙、瑞典等外，多数国家依注册门槛和起征点分为一般纳税人、小规模纳税人，有的国家专门设特殊纳税人，对于小规模纳税人无需登记，也无须纳税；但有些国家规定小规模纳税人无须纳税，但需要登记。特殊纳税人可以享受免税或按征收率征税。如英国，对特定的小规模纳税人适用固定征收率，5%—14.5%不等

注：1. 除意大利、希腊和西班牙外，中国和欧盟多数国家征收增值税设有起征点（欧盟叫注册门槛），但在确定标准上差异很大。

2. 中国适用增值税零税率的范围，包括出口货物，旅客和货物出入境，航天运输服务，符合规定在境外消费的研发、能源管理、设计、制作与发行、软件、信息系统、外包、转让技术等服务；欧盟多数国家适用零税率是针对规定的货物和服务，比较集中在国际运输、书报、食品等。

和协调的重点。

2. 增值税的链条。中国营改增完成了全覆盖，涉及货物和服务的所有领域和行业，实现了增值税抵扣链条向各经济领域的连接和延伸，但欧盟国家出于多方面考虑并没有将金融业、保险业和证券业纳入增值税。当然，对金融业征收增值税学术界一致有争论。金融业的产品并不是个人的消费品，是一种投资产品，与一般意义的消费品还是有所区别的。对投资收益征税意味着限制投资。国外一般采用征收所得税或资本得利税调节投资行为。

（四）增值税政策差异

经济全球化背景下，各国税制的差异化，将影响生产和服务要素的流动，对世界经济发展起到阻碍作用，需要各国加强税收协调和共同治理，打击偷漏税和避税行为。如，欧盟为了不损害税收中性，自1993年欧盟委员会就发布和实施了一项增值税指令，其中规定欧盟企业与非欧盟企业都可以享受退税政策，包括劳务、服务等，这说明欧盟一直努力消除税收边界。但目前中国只对出口退税，其他类似服务或劳务尚无政策安排，这在一定程度上会影响欧盟国家对华服务贸易的往来。

（五）增值税征管差距

中国现行增值税管理方式与欧盟国家相似，但欧盟国家在现金管理、电子发票、第三方信息、纳税检查、处理税收争议等的管理已经形成比较好的管控制度，特别是面对全球数字经济背景下出现的以电子商务为特征的各种交易方式（跨境交易），在传统征管方法无法确定其来源地或常设机构时，已经开始动议改变物理性"常设机构"概念，采取消费地征税或者反向征税机制。中国虽然拥有以票管税的办法，并且开发了监管系统，但在其他方面的控管制度还很欠缺，必须加快征管改革步伐，完善相关的征管制度和征管办法。中国有全国统一征管机构，可以通过征管实践逐步完善相应的征管制度。欧盟国家虽然税制趋同化，但管理机构由各国自行管理，协调问题多，解决难度大。

四、未来增值税的发展趋势

（一）税收国际化面临挑战

第四次工业革命和"互联网＋"带来的信息革命对增值税的影响。一方面广泛应用新技术必然促使生产、结构、方式和生活方式的改变，包括竞争加深、垄断升级、就业岗位的变化，社会福利剧增等；另一方促进全球资源的配置与优化，加速全球化从自由贸易向多元化转变，进一步加深新全球化时代的形成。各国税制和区域税收将面临深刻的影响，区域税收协调与全球化税收合作将成为未来世界税收发展的主基调，任何国家和地区都不可能置之度外，这让各国的增值税改革更加趋于国际化。

（二）欧盟增值税发展趋势

为了解决增值税链条不完整的问题，未来欧盟将调整和扩大征收范围，使链条完整起来，包括适用零税率和免税项目，如那些没有纳入增值税的银行业、保险业、租赁业等，对金融业如银行业可以分情况治理，属于投资性收入实行零税率，对服务性收入考虑纳入增值税征税。同时，推进适应全球数字经济条件下的增值税征收和纳税遵从，探索针对电子商务的有效征管机制和共治协调机制，在欧盟内外形成良好的增值税征收链条。从这个意义讲，强化一个协调成员国税收事务的超国家机构更为重要，以加快落实"过渡性体制"、规范成员国税收行为、协调管辖范围以外的征管，消除在征收地、遵循程序性规则和"中性"原则上的重大分歧，达到共同治理的目的，真正实现税收无国界。当然，英国脱欧可能会对欧盟税收一体化产生一定的影响，而这种反全球化倾向对各国税收的影响也是值得关注的。

（三）中国增值税发展趋势

中国增值税从2017年将营改增后的四档税率设为三档税率，意在降低部分行业的税负，也是一种减税措施。下一步应着重简并税率,控高提低,整合免税范围,将国际上较为通行的如食品、健康、卫生、文体领域等项目纳入免税范围,适应国际化趋势;规范制度,减少适用征收率项目,清理各种新旧税收优惠政策,保持增值税链条的完整性和"中性"特征,对特殊商品和服务可以采取如消费税加以调节。同时加快税务人员和企业纳税人培训,提高税务人员应对增值税复杂情况下的征管能力,提高纳税人纳税遵从度,在总结试点和借鉴欧盟经验的基础上,尽快完成增值税立法程序,适时将"条例"上升为法律。

(四)中国与欧盟增值税协调趋势

中国加快增值税改革要考虑与欧盟税收协调问题。在新全球化背景下,中国增值税建设要着眼于国内国两个方面,既要考虑有利于促进本国经济的发展,又要有利于发挥全球资源配置的优势,用国际视角审视增值税的完善,提高交易透明度,增强国际税收竞争力,包括完善出口退税、实现出口货物、服务的彻底退税。加强国际税收协调权,避免双重征税或者双重不征税的风险,积极参与国际组织有关税收协调统一行动计划,如落实防止 BEPS 项目计划等,促进公平竞争与合作发展。

参考文献

[1] 国家税务总局税收科学研究所. 西方税收理论 [M]. 北京:中国财政经济出版社,1997.

[2] 《世界税制现状与趋势》编写组. 世界税制现状与趋势(2016)[M]. 北京:中国税务出版社,2017.

[3] [奥] 迈克·兰,[比] 伊内·勒琼. 全球数字经济的增值税研究. 国家税务总局税收科学研究所译 [M]. 北京:经济科学出版社,2017.

[4] 游燕. 欧盟增值税制度发展及其启示 [J]. 地方财政研究,2015 (4).

[5] 何杨,王文静. 增值税税率结构的国际比较与优化. 税务研究,2016,(3).

[6] 管永昊,刘林林,贺伊琦. 欧盟增值税制及借鉴 [J]. 税务研究,2016,(11).

[7] 罗泰. OECD 成员国增值税最新发展及启示 [J]. 国际税收,2017,(3).